城市人民公社研究资料选编
学术顾问委员会

主 任：梁 柱

委 员（以姓氏笔划为序）

刘建武　刘德顺

朱川曲　李伯超

李　琳　郭若平

雷国珍

湖南科技大学学术著作出版基金资助项目

湖南科技大学马克思主义学院学术著作资助项目

Chengshi Renmin Gongshe Yanjiu
Ziliao Xuanbian

城市人民公社研究
资料选编

第 5 卷

李端祥 编著

人民出版社

编著说明

即将出版的《城市人民公社研究资料选编》(8卷本,下称《选编》)是2012年度国家社会科学基金重点项目《城市人民公社文献的收集、整理与研究》两项结题成果《城市人民公社文献选编》(12卷本,主结题成果)与《城市人民公社运动再研究》(专题论文集,副结题成果)的精选部分。它是集"编"与"著"为一体,融"史"和"论"于一身的大型学术著作。编入本《选编》的文献共572篇(其中专题研究论文15篇,档案资料264篇,报刊资料293篇)。其卷本构建如下:

《城市人民公社研究资料选编》

第一卷:《城市人民公社运动再研究》

第二卷:《城市人民公社档案资料》(甲)

第三卷:《城市人民公社档案资料》(乙)

第四卷:《城市人民公社档案资料》(丙)

第五卷:《城市人民公社档案资料》(丁)

第六卷:《城市人民公社报刊资料》(甲)

第七卷:《城市人民公社报刊资料》(乙)

第八卷:《城市人民公社报刊资料》(丙)

本《选编》第一卷《城市人民公社运动再研究》,之所以如此命名,自然包含着与本人第一本拙著《城市人民公社运动研究》(国家社科基金一般项目《乌托邦思想与城市人民公社研究》的最终成果,下称《研究》)的联系与区别。就研究主题而言,是《研究》的延伸与拓展。就研究内容而言,是《研究》中未曾涉及与深入的问题。此卷中的15篇专题论文,自著11篇,本人指导的硕、博士研究生论文4篇(编入本书时作了压缩与修改)。按各自论文发表或刊载先后为序,编入本卷。

第二、三、四、五卷为档案文献资料,共收录此类资料264篇。第二卷收录的是中央部委级(包括协作区)文献资料,以文献制作时间为序,将其依次编排。第三、四、五卷收录的是地方文献资料,从社至省各级都有。以文献制作者为分层标准,将其分成省市(地)级、区(县)社级两个层次,各个层次的文献按时间顺序编排。需要说明的是,由于第三、四、五卷内的文献源自多个省市,而有些文献在标题中并未标明文件的适用范围,所以在编入本书时,编者在文献标题前加注了文献的产地,放在括号内以示区别,如《(上海市)关于积极准备条件,建立城市人民公社的工作规划(草稿)》。这样,能使读者一目了然,便于查阅。

第六、七、八卷为报刊文献资料,共收录1958年至1962年间几十家官方报刊上的城市人民公社文献293篇,以报刊名称为单位,按每种报刊文献刊出的时间为序编排。值此,有两种情况需要说明,一是"(十八)《人民公社好》",不是报纸,也不是期刊,而是书名。当年由中共哈尔滨市委办公厅编辑出版的一本小册子,收集于旧书摊,因为就一本,只能将其编入报刊类。二是有多种报刊的文献篇数较少,将其统一编排在"其他报刊"条目内。

还需说明的是,整理编辑中为保持文献内容原貌,哪怕是读者明显感觉到的疑惑之处,也未作更改。比如文献原件中的数字一般有汉字和阿拉伯数字两种表达方式,在本书中均保持原样,未按统一要求予以处理。在尽量保持文献内容原意的同时,也作了一些必要的修改和添加:(1)对档案文献中一些涉及个人名誉、隐私的人名,本书只标姓,名字用××代替;(2)政治敏感性内容作了技术处理,用□□代替被删除的文字;(3)原文中没有文件名的,编入本书时加了标题,并作题注;(4)对一些文献作者(地厅级及以上人员)作了注解;(5)档案文献来源,应档案馆要求,仅注"原件现存于×××档案馆";(6)每篇文献题目下行居中有一个用汉字表达的日期(文献制作时间)为编者所加;(7)制作日期仅标明月、旬的部分文献,一般放在该月、旬的最后面;(8)文献中涉及的方言,在其后的圆括号内加了注释。

另外,原件中的错字、别字,或不规范的字,本书中分别在〈〉内校正;缺字和不能辨认的字加□号;原文中的通假字、旧式引号,本书都未校改。

城市人民公社研究资料（包括档案资料与报刊资料）是反映城市人民公社历史事件的文字史料，是城市人民公社历史研究的基础。由于城市人民公社是"左"的错误的一种表现，历史已证明，建立城市人民公社为最初探索社会主义建设道路的一次不成功尝试。所以，本书所收录的史料，适宜研究参考使用。正因为如此，对资料的整理编辑提出了更高要求。在工作中始终坚持严谨作风，一丝不苟，力求电子稿与纸质原件高度一致；体例力求清晰，为的是便于读者查阅利用，更准确地了解把握城市人民公社历史原貌。即便这样，疏漏与错误依然在所难免，敬请读者批评指正。

值此《选编》付梓之际，本人深感本书关于资料收集、整理研究、编辑出版任务之艰难。一路走来，离不开单位、师长、同事、学生以及家人的帮助与关心。一桩桩，历历在目；一件件，感恩不尽。

师恩浩荡，大爱无疆。把本套书比作一艘在学海中从此岸到彼岸的航船，启航者是我的研究生指导老师湖南省委党校雷国珍教授，而导航者当属北京大学原副校长梁柱教授、湖南省社科院院长刘建武教授、湖南科技大学党委书记刘德顺教授、湖南科技大学校长朱川曲教授、湘潭大学校长李伯超教授、湖南科技大学副校长李琳教授、中共福建省委党校郭若平教授、湘潭大学谢起章教授，护航者则是国家社会规划办、中央党史研究室、人民出版社、湖南科技大学。

新史料是史学研究创新的根本动力，也是成就本套书稿最基础、最关键、最根本的要素。感谢中央档案馆及北京、上海、天津、黑龙江、吉林、辽宁、河北、河南、湖北、湖南、江西、广东、广西、福建、江苏、浙江、四川、云南、贵州、山西、陕西、甘肃、青海、内蒙古、宁夏、新疆等省会城市档案馆的领导和工作人员，在资料收集时所提供的大力支持与无私帮助。特别要感谢上海市、湖南省、福建省、陕西省、宁夏回族自治区、广西壮族自治区、河南省、沈阳市、南京市、合肥市、哈尔滨市、南昌市、福州市、南宁市、银川市、长沙市、湘潭市、株洲市、长沙市岳麓区、湘潭市雨湖区等档案局（馆）的领导与工作人员，因其受崇尚学术、敬畏历史、共享宝贵资源等崇高精神的驱动，还将已查阅的馆藏城市人民公社资料予以授权出版。倘若没有他们的博大胸怀，本套书远没有现在这样丰富。

常言道："一个篱笆三个桩，一个好汉三个帮"。感谢《城市人民公社文献的收集、整理与研究》课题组成员吴怀友教授、许彬博士、邹华斌博士、米晓娟老师为课题研究所作的努力与贡献；感谢马克思主义学院徐德刚教授、吴怀友教授、廖和平教授、廖加林教授、吴毅君教授、米华教授、赵惜群教授、刘大禹教授、毛小平教授、李连根教授、朱春晖教授、罗建文教授、尹杰钦教授、宋劲松教授、黄利新教授、杨松菊博士、刘敏军博士、戴开尧副教授、谢忠教授、刘正妙博士、黄爱英博士、韩平博士等对课题研究与本书出版的大力支持。感谢马克思主义学院中共党史硕士点、中国近现代史纲要教研部的专家学者们对课题研究与本书出版的鞭策鼓励及人文关怀。其中李秀亚老师整理本书稿时反映出的扎实的专业功底、精益求精的职业操守、一丝不苟的治学精神、任劳任怨的劳动态度，令人敬佩。另外，由衷感谢湖南科技大学党校副校长彭雪贵先生，在本书整理、出版最需要时候的竭诚相助，有些甚至是雪中送炭。愿好人一生平安。

感谢湖南科技大学马克思主义学院中共党史专业与中国近现代史基本问题方向的硕士研究生为资料整理所付出的艰辛劳动。与此同时，特别感怀我指导的研究生刘洋（博士）、姚二涛（博士）、张家勇、汪前珍、付彩霞、米晓娟、钟俊、盘林、肖楚楚、阳文书、万建军、钟原、李鑫、刘璐、姜陆同学，因其怀有对稀缺历史资源的好奇与敬畏，不惜为本套书各个环节的工作挥洒甘露般的汗水。

本套书能在人民出版社成功出版面世，离不开该社崔继新先生、刘江波先生的独具慧眼、运筹帷幄，离不开高华梓博士为本套书编辑所付出的艰辛劳动。在此，深表谢意。

感谢我的妻子肖金玉，完成本职工作外，包揽了所有家务，让家庭环境井然有序、生活温馨和谐，为的是让我有舒畅的心情、旺盛的精力、充足的时间从事城市人民公社资料的收集、整理与研究工作。常言道，一个成功男人的背后，必定有一个贤慧女人。我算不上成功男人，但背后妻子的贤慧却是不折不扣、名符其实。还有我的儿子李博，虽然学的是金融专业，从事金融工作，但对历史问题，尤其对中国历史感兴趣并有感悟。对我的研究工作很是支持，提出的意见诚恳而宝贵，有些甚至是建设性的。

所有这些,都使我深深感到,本套书能够以现在的面貌出版,其中蕴含了多少人的聪明才智,也凝聚了很多人的辛勤劳动。在此,再次对已提及和未提及的单位和个人,表示诚挚的谢意。

李端祥

2018 年 6 月 20 日

目 录

城市人民公社档案资料（丁）

（一）省、市（地）级城市人民公社资料

（二）区（县）、社级城市人民公社档案资料

城市人民公社档案资料（丁）

（一）省、市（地）级城市
人民公社资料

中共西安市委
关于在城市试办人民公社的
情况和今后意见的报告（草稿）*

（一九六〇年二月四日）

一

　　西安市碑林区伍道什字、莲湖区城隍庙后街、新城区中山门人民公社，是在原来 3 个街道办事处的基础上，于 1958 年 8 月到年底先后建立起来的。这 3 个地区的共同特点都是劳动人民聚居的地方，一般生活比较贫苦，参加生产、参加劳动的要求都很迫切。在中山门人民公社辖区内，独立劳动者和小商小贩较多，其中旧货业（卖破烂）的从业人员约占全市该业的 80% 左右，过去有名的"鬼市"就在这个地区。解放前这里的政治情况很复杂，经济情况更为落后，人民的生活状况是"刮风赔一半，下雨连根烂"，真是个"一穷二白"的地方。在城隍庙后街人民公社辖区内，是回、汉和其他民族聚居的地方，回族和其他民族约占该地区总人数的 23% 左右，解放前这里的政治、经济、文化都很落后，特别是少数民族的经济生活更加贫困，少数人靠卖小吃、摆小摊、拉洋车、拉架子车维持生活，加之宗教仪式的约束，他们的文化生活更加悲惨，伍道什字人民公社也是劳动人民聚居的地方，生活一般也很贫困。解放以来，这 3 个地区在政治上、经济上都起了根本变化，特别是试办公社以来，生产、生活服务事业、集体福利事业有了很大的发展，消灭了失业现象，改善了人们的生活

---

　　* 原件现存于西安市档案馆。

状况和精神面貌。群众反映:"生活好比吃甘蔗,一节更比一节甜"。

现在 3 个人民公社辖区内,共有居民 13922 户(其中公共单位 306 户),有居民 65342 人(其中公共单位的职工有 12785 人),已入社的有 12036 户(公共单位 306 户),占总户数的 86.45%,入社人数 31391 人(其中公共单位职工 12785 人,但未包括 16 岁以下的儿童),占总人数的 48.04%。从入社的户数、人数来看,一般的规模较小,最大的是中山门人民公社 6888 户,14988 人,最小的是伍道什字人民公社,有 2121 户,4920 人。当时参加入社的主要是职工家属及其他劳动人民,同时也有国营企业、国家机关、学校和一些民主人士、民主党派、高级知识分子、资本家及其家属。

公社一开始,就以组织生产和生活服务事业为中心,发动群众千方百计地寻找生产门路,在社员自筹集资、自己解决房屋设备和国营企业、国家机关、学校等单位的大力支援下,各公社都举办了一批生产、生活服务事业、集体福利事业。现有厂、社、组 44 个,从业人员 3170 名;生活服务站 27 个;集体食堂 26 个,上灶 1649 人;幼托组织 15 个,收托儿童 1149 名;敬老院 2 个,入院老人 11 名。同时还举办了一些图书馆、俱乐部、诊疗所、民办中学、小学等等。

这 3 个人民公社是在党的建设社会主义总路线的光辉照耀下,在大跃进和农村人民公社化运动以及全民大办工业的高潮中,和在生产服务合作社的基础上建立起来的。

公社建立之后,我们根据党的八届六中全会决议对城市试办人民公社的指示,以生产为中心对公社进行过 2 次较大的整顿,通过这 2 次整顿,确定了公社所有制的性质,明确了公社工业发展方向和解决了原材料的途径。在经营管理上批判了资本主义经营作风,建立了一些基本的生产管理制度。在社员中广泛地进行社会主义和共产主义教育,提高了社员的社会主义觉悟,促进了生产发展。在整顿社办工业的同时对集体福利事业也进行了整顿。

经过整顿,有的合并了,有的上交了,有的划归国营企业做了辅助车间,有的按行业实行了归口领导,留在社内的厂、社、组虽然有所减少,但生产却有了很大的发展。例如,伍道什字人民公社,由建社初期的 20 个厂、社减少到现在的 10 个,而 1959 年的生产总值却达到了 168 万元,较 1958 年增长了 149%。1959 年下半年平均月产值较上半年(整顿前)的平均月产值增长了 2 倍多。

中山门人民公社 1959 年的生产总值为 901.8 万元,比 1958 年增长了 9.78 倍,整顿前 3 个月的平均产值为 42.6 万元,整顿后 9 个月的平均产值为 8.6 万元。城隍庙后街人民公社 1959 年生产总值较 1958 年提高了 15 倍多。

3 个公社集体福利事业整顿之后,食堂由 135 个(上灶人员 23520 人)减少到 26 个(上灶人员 1649 人),幼托组织由 40 个(收托儿童 3512 名)减少到 15 个(收托儿童 1149 名)。减少的原因:(1)在商业提出以女代男、以老代壮的口号之后,有许多参加了工作的退了社,带走了孩子;(2)有些社办的生产单位成立了食堂,转走了一部分,有些学生也在学校上了灶;(3)在整顿时有些食堂、幼托组织合并了,有些移交给了其他单位;(4)由于经营管理不善,加之有些人对集体生活还不够习惯,自动地退了灶,接回了孩子;(5)在去年整顿街巷工业中,忽视了公社特点,强调了独立核算、各负盈亏,取消了对食堂、托儿所的补贴,尤其在食堂问题上严重地受了右倾机会主义思想的影响,强调了自愿一面,忽视了积极办好的一面,这也是集体福利事业减少的重要原因之一。

在体制问题上,开始是实行公社、生产大队(居民委员会)、小队(生产单位)的"三级管理"和公社、小队的"两级核算"制,以后又改为公社、生产单位"两级管理、两级核算",碑林区还将一些国营和公私合营商业下放给公社领导,新城区还给公社下放了一些小学校、综合商店和零售单位,但公社仅有政治思想领导和行政监督权,在经济上并未实行统一核算,同时一般的都没有实行政社合一,只是召开了 1 次社员代表大会,通过了社章,选举了公社委员会。在公社内部除伍道什字人民公社有财商部外,其他均没有设立什么组织机构,因此,仍然沿用着办事处和居民委员会的组织形式和工作方法。

在积累分配问题上,初期是公社按照社章规定的比例,提取一定的公积金和公益金,对穷的生产单位和生活福利单位进行调剂补助。整顿后改为生产和集体福利事业单位实行分别经营管理、独立核算、各负盈亏,除公社提取少量的管理费以外,全部公共积累归生产单位所有。在工资制度方面,一般的都实行了低工资制和入股分红制。

这 3 个人民公社,虽然目前还处在试办阶段,但一年来的实践证明,它在组织街道居民生产、生活和社会主义教育等方面,都起了很大的作用。表

现在:

（一）在试办过程中始终如一地坚持了以组织发展生产为中心环节,依靠群众的力量,发挥群众建设社会主义的积极性,挖掘了街道的人力、物力、财力,白手起家,自力更生,办起了工厂。如中山门人民公社群众自筹资金204695元,自找圆车、电动机、缝纫机等主要设备154部,建立了27个生产社组。经过1年多的发展,主要设备机床、电动机、缝纫机等达306部,1959年的产值达901.8万元,比1958年增长9.78倍。在总产值中属于为大工业服务加工和为农业服务的占75%,日用小商品生产占25%,共有产品1000多种,1959年主要产品产量:服装125882件,铝钩1273打,电焊条158吨,毛衣12113件,煤铲15000个,比1958年分别增长10—35倍。同时随着生产的发展,扩大了积累,1959年收入总额达293.8万元,纯盈余89.4万元,这就为不断扩大再生产提供了有利条件。

在伍道什字人民公社,除生产产值和品种同样都有很大增长以外,公社还举办了饲养场。目前已养猪200多头,养鸡3000多只,成为全市饲养家畜家禽的红旗单位。

所有这些都说明,人民公社的建立不仅大大地促进了城市生产的发展,同时在为工农业生产和城乡人民生活服务方面也起了一定作用。

（二）在组织生产的同时,3个人民公社还组织了27个生活服务站。服务的内容大体分为两个方面:一是协助国营商业和其他有关部门进行某些商品的分配工作,如代销蔬菜、日用百货、代办邮政、代办储蓄等;二是为城市居民生活服务,如代买车票、影戏票、代办户口、传呼电话、拆洗缝补、做衣做鞋、修理家具、接待亲戚朋友等,大大地便利了群众。

由于生产和服务事业的发展,充分利用了城市一切可能利用的人力、物力和财力,变消费为生产,化闲余为有用,特别是把为数众多的家庭妇女从家务劳动中解放出来,消灭了失业现象,改变了街巷面貌。

在发展生产的基础上,社员的收入普遍增加了,生活得到了改善。社员的月平均工资一般的在34—35元,最高的为92元,最低的是8元。有些过去依靠政府救济维持生活的人都能自食其力了。在组织生产和服务事业中,对一些聋、哑、盲、残和鳏、寡、孤、独的人,安排他们参加了力所能及的劳动,进行生产自救,因此,社会救济对象大大减少,国家发放的救济款显著地下降了。中山门和城隍庙后街人民公社 1958 年共救济 416 户,1156 人,发放救济款11909 元,1959 年下降为 218 户,437 人,救济款 2893 元。伍道什字人民公社1958 年共救济了 99 户,352 人,救济款 3000 多元。1959 年除给敬老院 6 个老人继续救济外,其他就几乎已经消灭。

随着生产的发展,各公社都有了一定的积累。如中山门人民公社 1959 年就积累了 89.4 万元,伍道什字人民公社积累了 29 万元。积累除用于扩大再生产外,还兴办了一些国家暂时不能兴办的集体福利事业,现在举办的就有食堂、托儿所、幼儿园、敬老院、诊疗所、图书馆、俱乐部等等。这些集体福利事业的兴办,使参加生产的家庭妇女摆脱了家务劳动,生活走向集体化、社会化,使无依无靠的老人得到了安置,使适龄儿童得到了保托,解除了母亲的思想负担,让她们安心生产,使社员的文化生活有了提高。

(三)广大街巷居民,特别是家庭妇女参加生产和生活服务事业之后,由消费者变为生产者,由个体走向集体,由缺乏文化技术到逐步掌握文化技术,由不大过问政治到关心国家大事,他们的政治觉悟、精神面貌有了显著改变,其身心在生产劳动和集体生活中得到了锻炼,热爱劳动,热爱集体,互敬互爱的新风尚正在迅速成长。

在改善社员文化生活方面,公社也都举办了不少的业余红专学校。例如中山门人民公社举办了业余红专学校 5 所,民办中学 1 所,小学 4 所,业余高小和初中 6 个班,使社员的文化水平大大提高了一步,初步懂得了一些技术知识,基本消灭了文盲。再如伍道什字人民公社社员在红专学校的 300 多个文盲,经过学习,除 7 个人外,其他人都摘掉了文盲帽子。

由于广大妇女参加了生产劳动,拿到了工资,增加了收入,改善了生活,提高了社会地位,改善了夫妻关系。例如伍道什字人民公社的高秀珍过去被丈夫看不起,每月只给 10 元的生活费,还要"撅撅打打",自她参加了生产、当了生产社主任、每月收入 35 元后,丈夫不但能主动关心她的身体,还帮助她处理一些零碎家务事情。这一切都说明了她们在政治上、经济上的社会地位都大大提高了一步,她们的思想面貌和人与人之间的关系都大大地变了样。

(四)人民公社既是一级政权组织,又是一级经济组织,这样就有力量把小商小贩、小业主组织起来,继续深入地进行社会主义改造,堵塞他们走资本主义道路。据中山门和城隍庙后街人民公社的统计,已将散居在街巷里的80名地、富、反、坏、右、顽伪、流、杂等社会渣滓,安排到生产中去,在劳动中改造他们,政治上区别对待,经济上一视同仁,采取"十红夹一黑"的办法,把他们置于公社组织和广大群众的监督之下。这样既给他们安排了生活出路,又可以加强对他们的改造和监督。

所有这些,充分说明了人民公社具有在政治、经济、文化等各方面改变城市街道旧面貌的优越性。

一年多来,在试办三个人民公社的过程中,大家做了不少工作,取得了一定成绩,但也存在着一些缺点和问题。这些问题主要表现在:

(一)在试办过程中,我们对一些重大的带有方针政策性的问题,如入社人员的范围、体制、机构设置、分配制度、领导方法等等,没有及时地进行认真细致的调查研究,总结这一方面的经验。同时,在领导方法上也没有照顾到公社的特点,布置任务、检查工作与其他办事处基本上是一样的,没有运用公社的组织形式去推动工作。

(二)在去年整顿街巷工业时,对生产和集体福利事业都实行了分别经营管理、独立核算、各负盈亏的办法,取消了对公共食堂、托儿所等集体福利事业的补助。这样做的结果,虽然使生产得到了大大的发展,但却割断了公社对社员集体福利事业的经济补助来源,使食堂、托儿所事业的发展受到了一定的损失。

二

党的八届六中全会指出,城市中的人民公社,将来也会以适合城市特点的形式,成为改造旧城市和建设社会主义新城市的工具,成为生产、交换、分配和人民生活福利的统一组织者,成为工、农、商、学、兵相结合和政社合一的社会组织。根据这一总的目标,结合试办工作中的问题,今后试办工作的总方针是:加强领导,全面规划,积极认真地坚持继续试办,巩固提高,总结经验,逐步发展。1960年试办工作的具体要求是:3个试点单位都必须以大力发展工业生产为中心环节,把公社范围内有生产能力的人,根据人尽其才的原则,全部组织到生产或生活服务事业单位中去,在进一步发展生产的基础上大力发展公社所有制经济,在发展生产的基础上相应地积极举办集体福利事业,建立与健全公社的组织机构、职责范围、工作制度,改进公社的经营管理,提高管理水平,总结出城市举办人民公社的具体经验,从而使旧街道的面貌得到彻底改变。

为了保证上述任务和要求的实现,兹提出以下几点意见:

(一)积极认真地把试办3个人民公社的工作坚持下来。党的八届六中全会的决议和我们一年来试办人民公社的事实证明,在城市建立人民公社是改造旧城市、建设社会主义新城市、加速社会主义建设的最好组织形式,也是由社会主义过渡到共产主义的最好组织形式。但在城市试办人民公社又是一件新的工作,而且城市的情况也非常复杂,我们又没有经验,虽然经过一个时期的试办,但因时间比较短促,加之我们又抓得不紧,对一些重大的方针政策性的问题还没有完全得到解决。因此,必须自始至终地把试办工作坚持下去,要进一步加强对试办工作的领导。市委和3个试办区的区委,均应成立一定的专门组织机构(办公室或研究组),抽调若干工作人员,指定1名书记挂帅,经常地调查研究试办中的问题,总结试办经验。

根据以上要求,制定公社的全面发展规划。首先制定1960年详细具体的规划,再制定一个3—5年的远景规划。

(二)在试办过程中必须坚持以发展生产为中心的原则,大力组织生活服务事业,在发展的基础上,相应地举办一些集体福利事业。1年来的试办实践证明,只有从组织生产和生活服务事业入手,社会上的闲散劳力、物力、财力,才能得到充分利用;只有生产发展了,才能不断改善社员的生活水平,增加公共积累,同时举办集体福利事业也才有稳定的物质保证,这样公社才能得到不断的巩固和提高。因此,我们打算在今年内经过一段工作后,把尚未入社的和没有参加生产而具有劳动能力的职工家属和其他劳动人民3367人,基本上或全部组织到各种生产、生活服务、集体福利事业中去。除巩固提高现有的厂、社以外,再新建一批生产单位,扩大和增加公社的公共积累,不断扩大和发展生产,同时还准备发展一批生活服务站。在发展生产和生活服务事业的基础上,相应地举办一些集体食堂、幼托组织、图书馆、小型俱乐部等集体福利事业,逐步实现社员生活集体化、家务劳动社会化,不断提高与改善社员的文化娱乐生活。

　　(三)公社在组织生产、生活服务站和举办集体福利事业过程中,必须坚持大搞群众运动的根本工作方法。目前现有的社办工业,无论在生产管理上、技术水平上都还很低,需要进一步地改善和提高,将要新建的生产、生活服务事业、集体福利事业中,必然要遇到生产门路、人力、物力、财力及其房屋设备等问题,对这些问题的解决,主要是通过广泛地发动群众,依靠群众的力量,充分发挥群众建设社会主义的积极性,贯彻因陋就简、因地制宜、因材使用、自力更生、白手起家和勤俭办一切事业的方针,要防止铺张浪费、贪大求新、求全的现象发生。在3个试办区内都应当迅速地再掀起一个轰轰烈烈的大办生产、大办生活服务事业的群众运动。

　　(四)坚持政治挂帅,广泛深入地开展以总路线为中心的社会主义、共产主义教育运动,继续进行两条道路的斗争,贯彻阶级路线,依靠职工家属和其他劳动人民,团结改造小商小贩、小业主、资产阶级分子及其家属,防止五类分子和其他坏分子的破坏活动。

　　在城市举办人民公社是一次深刻的社会主义革命,同时也是对旧城市进行彻底的社会主义改造,一部分小商小贩、小业主和五类分子势必要采取各种形式抵制反抗这一改造。因此,必须开展两条道路的斗争,坚决依靠职工家属和其他劳动人民,对小商小贩、小业主要进行团结改造,严防和打击五类分子和其他坏分子的破坏活动,坚持走社会主义道路,反对走资本主义道路。另外,在少数社员中,有的还存在着资本主义经营观点和作风;有的嫌社办工业摊子小,搞不出名堂,学不到技术,不安心生产;有的是自由散漫,旷工迟到,劳动纪律松弛。这些都充分说明,必须向社员进行社会主义和共产主义教育,进行公社性质、任务和前途的教育,进行集体主义、互相团结、组织观念和劳动光荣的教育及政治事实的教育等等,批判和克服部分社员的资本主义思想作风,树立爱社如家、劳动光荣、团结互助、组织观念、集体观念的共产主义新风尚。

　　加强党对公社的领导,充实公社党委的领导干部,不断改进领导方法,积极进行建党建团工作,这是搞好试办工作的根本保证。

（五）在试办中需要继续研究解决的几个问题。

1.关于入社人员的范围问题。从前一阶段的试办情况来看,国营企业、国家机关、学校等公共单位,已经按照社会主义的原则高度地组织化了,在试办时期加入与不加入公社关系不大。因此,对已加入公社的公共单位暂时不包括在公社范围之内。在处理方法上不做公开宣布,只作内部掌握。对已加入公社和尚未加入公社的干部家属,则采取自愿原则处理。对已入社的资本家、民主党派、民主人士、高级知识分子及其家属,我们的意见是可暂不退社,以便继续实行对他们的改造,在试办中继续总结这方面的经验,对尚未入社的暂不动员他们。

对公共团体和其他没有加入人民公社的,仍然是辖区的居民,公社实行政社合一以后,可由公社的有关业务部门,或设立专门机构管理他们的政权工作和组织社会活动。目前城市人民公社主要的应以职工家属和其他劳动人民为基础,把尚未入社的职工家属和其他劳动人民积极组织到各种生产和生活服务事业中去,对地、富、反、坏、右等五类分子,全部组织到劳动生产中去,加强对他们的监督改造,在经济上同工同酬,在政治上未摘掉帽子的暂不给社员称号,视其情节和劳动表现,通过群众评定和政府批准摘掉帽子以后,可给预备或正式社员称号。

2.关于体制和机构设置问题。原来的街道办事处是区的派出机构,任务比较单纯,而城市人民公社既是一级政权组织,又是一级经济组织,对社内的政治、经济、生活和文化教育事业都必须实行统一管理。因此,必须实行政社合一,办事处和公社委员会应该合署办公,但不要急于挂出人民公社的牌子。对现有的生产企业除上升为合作工厂和区属国营工厂以外,其他所有生产合作社和生活服务事业同归公社领导,实行公社、生产服务合作社、生产单位"三级管理"和公社、生产单位"两级核算"的制度。公社在试办期间,各区已经下放的国营、公私合营和综合商店等商业组织,可继续留在公社试办,以便及时地、合理地把商品分配到社员中去,这也是商业上走群众路线的一种形式。公社只对这些商业组织实行政治思想领导和行政监督,提取一定的手续费。生产服务合作社除协助管理生活服务事业外,还要管理原居民委员会管理的基层工作。

为了充分发挥公社的组织作用,还必须建立与健全一些必要的组织机构。首先要定期召开社员代表大会,改选公社管理委员会。在委员会下,应设立一定的组织机构,行使政权和管理生产、生活、教育等工作。在组织机构的设置上一般应根据生产、财贸、文教卫生、武装保卫、劳动福利等具体情况设立必要的行政业务管理机构。至于名称问题,碑林区提出设立部,新城区提出设立股,我们意见都可试办。

3. 关于经营管理和分配制度问题。无论是生产单位,还是生活服务事业单位都必须逐步建立与健全管理制度,实行经济核算,贯彻勤俭办社的原则。在分配和积累问题上,应继续贯彻有利于扩大再生产、逐渐增加公社的积累、有利于调动生产者的积极性、有利于发展集体福利事业和文教事业的原则。积累和分配的关系应该是根据各个企业的不同情况,可向公社上交公积金30%—50%,公益金30%—50%,以便公社用于扩大再生产和举办一些大型的集体福利事业和文教事业。对现有的社办工业已经实行了入股分红制的生产单位,可考虑逐步废除这种制度,以便树立社员的集体主义思想和增加公社所有制成分。今后新发展的生产单位,不再实行入股分红制度。

社员的工资,一般的实行低工资制,工资标准一般不得高于同行业地方国营工厂同类工人的工资水平,并应贯彻按劳取酬、多劳多得、少劳少得、不劳不得的原则。

以上意见,如有不妥,请省委指示。

中共西安市委

一九六〇年二月四日

成立中共合肥市委
城市人民公社办公室的通知*

(一九六○年三月十三日)

为了全面组织城市人民的生产和生活及进行城市人民公社的试点工作,经研究决定成立"中共合肥市委城市人民公社化办公室",由市委政法部副部长王学芝同志任主任。办公地点:淮河路市委政法部内,电话号码:2711。

中共合肥市委员会

一九六○年三月十三日

---

* 原件现存于合肥市档案馆。

关于印发"全省六个城市
试办城市公社情况"的通知*

（一九六〇年三月十七日）

现将新华社福建分社整理的关于全省六个城市试办城市公社情况印发，供省委负责同志参考。

省委办公厅办公室

一九六〇年三月十七日

附：全省六个城市试办城市公社情况

（一九六〇年三月十一日）

一、截至目前，全省已有福州、厦门、南平三市试办城市人民公社十三个，社员 209168 人，其中福州市有公社四个，社员 57399 人，占市区总人口 10%左右；厦门市有公社八个，社员 83769 人，占应参加居民人数 98%，占市区总人口42%；南平市有公社一个，社员 68000 人，占总人口 48.5%。

二、城市居民经济生活组织工作有了很大进展，截至目前，福、厦、漳、泉和三明、南平六个市共已建立食堂 602 个，搭伙人数达 142784 人，托儿所（包括幼儿园）979 个，受托儿童 41732 人，服务站（部）1918 个，服务员 5788 人（缺厦门）。另外，福州、厦门两市已办敬老院 8 个，进院老人 82 个，各个市的分布

---

* 此标题系编者加注，其原件现存于福建省档案馆。

情况是：

项　目	福　州	厦　门	三　明	南　平	泉　州	漳　州
食堂数	176	63	69	55	14	227
搭伙人数	30200	27728	3148	16310	3840	61552
托儿所(幼儿园)	530	69	70	44	36	230
受托儿童人数	19062	5620	563	1420	5010	10057
敬老院数	3	5				
进院老人数	30	52				
服务站(部)数	1510	116	32	20	13	229
服务员人数	2648		154	81	554	1951

三、六个市到目前共已兴办街办和社办工厂 1630 个，并正向前发展中。南平市一九五九年底原有社办工厂十六个，总产值1200927.5元，比一九五八年增长一倍半；今年又新办了 157 个街办和社办工厂，合计已有 173 个厂，到年底将增加到 216 个厂，总产值保证为三千万元，争取达到三千五百万元，比一九五八年增加 24 倍到 28 倍。厦门市一九五九年有社办工厂 54 个，现已增加到 445 个，两个多月中增加了 391 个。

四、据几个市的材料分析，各街办、社办工厂都具有一定规模，产值和职工劳动生产效率也都比农业生产高得多。福州、泉州、三明三市统计：现有 800 个社办、街办工厂中，共有职工 19006 人，平均每个厂有职工二十三、四人。福州市每个工厂平均有职工二十一、二人；泉州四十一、二人，三明八十人左右；三明市五个街办工厂有职工 396 人，共分 73 个生产小组进行生产。

又据厦门、南平、泉州、漳州四个市统计，一九五九年已办的 237 个社办、街办工厂，总产值为15127827.5 元，平均每个工厂年产值为 63830.5 元。其中厦门 54 个厂，平均每厂年产值为 29346 元；泉州市 65 个厂，每厂为 85538元；南平市 16 个厂，每厂为 75058 元；漳州市 102 个厂，每厂为 13551 元。社

— 17 —

办、街办工厂职工每年劳动产值方面,南平市 16 个厂的 820 个职工,一九五九年每人平均劳动产值为 1464.54 元;泉州市 65 个厂的 2676 个职工,每人平均劳动产值为 2077.73 元。

五、六个市的社办、街办工厂的工资形式共分有计件、计时、固定、分成、基本工资加奖励、计时工资加奖励等六种,职工平均工资约二、三十元,最低工资为六、七元到一、二十元,一般职工的最高工资约三、四十元,技术人员的最高工资为七、八十元到一○五元,一般平均工资约计可维持当地两个人的生活费用。

福州市的工资水平是(按:福州市为本省生活指数中等水平地区):全劳力职工的最高工资为 35 元,最低为 10 元,一般为 20 元左右;半劳动力最高工资为 15 元,最低 5 元(辅助劳动、老年女工),一般在 10 元左右;至于技术人员的工资最高的达 70 元到 105 元。

生活指数较高的厦门、泉州、漳州三市社办、街办工厂职工平均工资为 21 元到 35 元之间,最高工资为 80 元到 95 元(技术人员)、最低工资为 18 元左右(其中漳州市最低工资为 7 元到 10 元)。

生活指数较低的南平市平均工资为 19 元,最低工资为 6.6 元,最高工资 81 元;三明市最高工资仅 13.5 元,最低 5 元(职工均为家庭妇女等)。

六、城市居民在组织起来后,政治思想觉悟、精神面貌、物质生活和人与人之间的关系都发生巨大变化。总的是集体主义思想、劳动光荣观念已普遍在居民中间开始树立,人与人之间更加团结合作,并把原来一家一户过着分散生活的非在业人口组织起来,过着以食堂、服务站街道工厂为核心的集体化劳动和生活。具体表现在:

1. 随着社会主义建设大跃进和社办、街办工厂的大量建立,在城市居民中也出现了人人忙生产、家庭无闲人的空前繁荣景象,居民生活水平也普遍提高。泉州市在组织起来后,随着生产的发展,1959 年的社会救济款即比 1958 年减少 86%。南平市街道居民组织起来从事生产后,1959 年存款余额比 1958 年增长一倍多、认购公债增加了两倍。竹市场的陈大妈(69 岁)过去靠救济维持生活(每月 4 元),现在担任街道工厂副厂长,每月可分到工资 12 元,不用救济,生活还比过去过得好,并且还有余钱储蓄。

2. 随着集体福利事业的发展,又兴办了大批街道工厂,使广大妇女从家务劳动中解放出来又有机会参加集体劳动,从而大大提高了她们的经济、政治地位,改变了她们的精神面貌,南平市 7014 个家庭妇女在分别当上工人、保育员、炊事员、教养员,从家务劳动走上社会劳动以后,都积极参加文化学习和社会活动,她们普遍反映说:过去一天到晚三件事:洗衣、煮饭、抱孩子,买针线、花布和零用钱,全靠丈夫和孩子,现在也是三件事:上工、学习、开会,不但脑筋开窍,而且用钱也能自主了。漳州市岳口街在建立各种集体生活服务组织后,参加开会、学习的妇女由过去二、三人增加到一百人,基本上做到全部参加学习和开会。

3. 随着街道居民生产、生活集体化,广大居民关心国家大事和集体生产的多了,计较个人和生活小事的少了。厦门市鼓浪屿区在办公社前,每月平均有民事案件十起,成立公社后,从 1959 年 7 月到 1960 年 2 月的八个月中仅发生四起,平均每两个月一起。

4. 劳动光荣观念也普遍在一般市民中树立起来。福、厦、漳、泉四市许多依靠侨汇和存款利息过活的富裕侨眷,现在大部分自觉自愿地参加街道工作和适合她(他)们自己兴趣的生产劳动。

5. 关心集体、关心别人已逐步成为社会风气和习惯。

七、中央上海会议精神传达贯彻后,各市都进一步大搞组织居民经济生活工作,兴办街道工业和集体福利事业、服务站等等。福、厦、漳、泉四市都成立组织居民经济生活办公室,搞试点而后全面推广。南平市委第一书记还亲自带领干部到南京、常州、无锡、上海等地参观学习街道办工业等经验,召开市委扩大会进行推广,掀起街道全民办工业高潮,在三天三夜中办起了 210 个街道工厂,占今年新建街道工厂规划的 84%,其中有 112 个已投入生产。

从各市发展趋势看来,已建立城市公社的地方,将随着全面组织居民经济生产和生活而大大充实了城市公社的内容,使城市公社真正变成基层政权、经济、文化生活的组织,在未建立城市公社的地方,也将因全面组织居民经济生活,逐步建立城市公社。同时,由于建立城市公社是从组织居民生产和生活入手的,因此受到绝大多数居民的一致称颂,大大减少思想顾虑和波动。如与 1958 年秋季开始试办城市公社时比较,即由当时争提存款、争买物资、争卖家具,一变而成存款逐月稳步上升,消灭了紧张物资的排队现象。当然,这种截然不同的变化,是与三大法宝获得史无前例的成就、深入人心息息相关的。

一九六〇年三月十一日

（福建省）关于进一步建立、巩固与发展城市人民公社的意见的报告[*]

（一九六〇年三月二十日）

一

1958 年秋季,在农村实现人民公社化运动中,我省广大县城和集镇,也都实现了人民公社化,与此同时,在福州、厦门、南平等城市中,也已经有 20 余万人口组成了 13 个人民公社。这些城市的人民公社,尽管实际上还只是试办的,并且只有短短一年多历史,却已经显示出无比的优越性和强大的生命力。在建立了公社的地方,社办工业飞跃发展,生产得到猛烈增长,南平市的社办工业 1959 年有 16 个厂,产值 12 万元,今年又办了 157 个厂,年底将发展到 216 个厂,产值将达 3000 万—3500 万元;福州市南街人民公社 1958 年办了 24 个厂,1959 年有 12 个上升为国营,留下 12 个厂、工人 280 人,最近已发展到 45 个厂、职工 1100 多人,产值将到一千万元以上;厦门市社办工厂 1958 年为 54 个,今年已发展到了 445 个。随着生产的发展,各种集体福利事业相应纷纷建立。据不完全统计,福州、厦门、南平三个城市共办了公共食堂 285 个,搭伙者 74000 多人,托儿所 643 个,托儿 26000 多人;服务站 1646 个,服务人员达 3000 人以上,此外还有医务站、敬老院等。在办了公社的地方,社会闲散劳力充分得到就业,成千上万的妇女从繁琐的家务劳动中解放了出来,人们的共产主义觉悟进一步提高,人与人的关系有了很大改善,从而大大改变了城市特

别是广大职工家属和家庭妇女的面貌,得到人民群众的热烈拥护。

城市人民公社之所以能在短时间内就得到如此振奋人心的成就,绝不是偶然的,它是在 1956 年基本上完成了三大改造和 1958 年人民公社出现基本上解决生产资料集体所有制方面社会主义革命取得了伟大胜利,是 1957 年全民整风运动和 1958 年工农业生产大跃进的必然产物,是贯彻执行党的社会主义建设总路线的必然结果,也是广大劳动人民的迫切要求。凡是在办了人民公社的地方,城市的劳动、物质和技术方面的潜力得到了充分的发挥,大大促进了生产的发展;随着生产的发展,就有可能普遍举办起集体福利事业,把许多妇女从繁琐的家务劳动中解放出来,参加生产劳动和社会活动,从而改善了居民生活,并使干部、职工更专心于自己的生产、工作;通过生产集体化、生活集体化、家务劳动社会化和集体福利事业的举办,从而又出现了居民的自觉自愿的生活互助,提高了群众的集体主义思想和共产主义道德品质,不断地改善人与人的关系;在城市建立了人民公社的地方,进一步消灭了生产资料私有制的残余,彻底地挖掉了生产资料私有制的根子;同时,也更有利于党对资产阶级分子及其家属的团结、教育、改造;在生产、生活集体化的条件下,对于五类分子的监督改造,也提供了更为有利的条件。此外,由于公社化后实行全民皆兵、劳武结合,对于保卫生产建设、维持社会治安,都有了极大好处。总之,城市人民公社已经开始担负了改造旧城市、建设社会主义新城市的光荣任务,它是彻底实现城市的社会主义改造和社会主义建设任务的一个最好的组织形式。因此,进一步建立、健全、巩固与发展城市人民公社,是当前城市工作中极为重要的一个问题。

二

城市是政治、经济、文化较集中的地方,社会主义的全民所有制在那里占着统治地位,工人阶级集中在城市,他们的社会主义觉悟和道德品质对其他阶层有很大影响,这是基本的方面。但城市情况比农村要复杂得多,那里资本家和资产阶级知识分子多、民主党派成员多、抚养人口和流动人口多,地富反坏右各类分子也比农村集中，各阶层的生活水平悬殊，生活习惯差异较大。根据这些情况特点，一方面必须积极地坚定不移地把城市人民公社有步骤地普遍建立起来，并不断加以巩固、发展，充分发挥公社的优越性，使城市人民公社真正成为生产、交换、分配和人民生活福利的统一组织者，而在进行这一工作的时候，又必须根据当地实际情况，正确地贯彻党的政策，妥善处理各方面的关系。

（一）关于城市人民公社的性质问题

城市人民公社同样应当是工农商学兵相结合、政社合一的社会组织。它的组织原则应当根据民主集中制，在组织生产和人民生活中，实行组织军事化，行动战斗化，生活集体化，劳动社会化，管理民主化。并应当以发展生产为中心，改造旧城市，建设社会主义新城市。成为生产、交换、分配和人民生活福利和文化生活的统一组织者。

（二）关于城市人民公社的组织形式和规模问题

城市人民公社以职工家属及其他劳动人民为主体，吸收其他一切自愿参加的人组成。一般也可分为三种组织形式：

1. 以街道居民为主体建立起来的公社，包括街道居民和公社范围内的机关、工厂、学校、商店的职工家属。

2. 以国营厂矿、企业为中心建立起来的公社，是以一个或几个大的厂矿、企业的职工家属为主体，包括公社范围内其他学校、商店的职工家属、街道居民以至附近农村的一部分农业生产队。

3. 以机关、学校为主体建立起来的公社，是以干部、教职人员家属为主，吸收公社范围内的其他方面成员参加。

以上各类人民公社，都根据自己的组成成员分布情况，分别按单位、按地区划分若干管理区或大队。

城市人民公社的规模，在建立之初，一般不宜过大，以免增加层次，不便领导；但也不宜过小，过小了就不能更充分地发挥"一大二公"的优越性。在10万人口上下的城市，一般可以一区一社；20万人口以上的城市，一般可以一区数社,区设联社。至于市一级,应视情况和条件,在公社基础上建立联社。

为了更好地发挥人民公社综合经营的优越性,尽可能吸收附近农村的若干生产队参加城市人民公社,以更多地增加商品生产,减少对农村的依赖。

(三) 关于城市人民公社的所有制、管理体制和领导关系问题

城市人民公社根据城市情况,一般应以全民所有制为主体,应以公社所有制为基本核算单位为原则。具体应分下列几种:

1. 城市人民公社是生产、分配的统一组织单位,实行统一领导,分级管理。社办工厂、商店、综合性或规模较大的服务站、食堂、托儿所、敬老院、医疗防治机构及经市委确定下放归公社领导的小学校等,均为公社所有的企事业单位;其余小型加工修补、小型食堂、生活服务站、小型托儿所可以归大队所有。

2. 城市人民公社的农业部分,建社初期可以按农村公社的办法处理,但应逐步过渡为公社的农牧场,实行"公社所有、统一领导、分级核算、各计盈亏、包工包产"的原则,以大队或管理区为分场,作为一级核算,生产小队实行包工包产,超产奖励。

3. 公社的集体生活福利事业,也可以采取社办和企业办相结合的办法,或把建社前各单位原有的福利事业进行合理调整,然后再加以适当补充,以更好地发挥其作用。在调整时,在不同所有制之间,应根据等价交换原则进行。

4. 全民所有制的厂矿、企业参加公社,根据"入而不归""体制不放"和"两本账"的原则处理,即厂矿、企业虽参加公社,但所有制仍可不变,在财务上全民所有制部分同公社集体所有制部分应划分清楚。

5. 城市人民公社的组织领导,根据不同的三种形式确定。即以街道居民、厂矿企业、机关学校那一方面为主体组成的,即以那一方面的党委第一书记兼任公社第一书记,其行政负责人为社长或副社长。其他参加公社的单位负责人应分别参加公社党委和行政领导。

参加公社的全民所有制厂矿、企业、机关、学校在党的关系上和业务关系上,仍应受上级党委和公社党委的双重领导。即属于国家计划和方针、政策、干部管理方面的重大问题,由上级党委直接领导,公社党委在这方面起保证和监督作用;属于地方性的工作,由公社党委统一领导。至于行政业务方面以及

特殊的非公社暂时所能办到的（如一个机关小队归公社范围，但理论学习等）仍受上级主管部门领导。

（四）关于城市人民公社的生产问题

发展生产是巩固和发展公社的中心环节，公社生产应根据国家统一计划和因地制宜的原则，实行工农业并举的方针。在工业方面，应当为现代化大型工业服务、为农业服务、为社会主义市场服务和为人民生活服务；在农业方面应当以菜肉为纲，全面发展多种经营，通过广泛地组织生产，发展生产，最大限度地组织动员社会劳动力参加生产建设。

城市人民公社的生产计划应当按照社会主义国民经济计划的要求，纳入国家计划，服从国家统一管理。根据各个公社的不同特点，在国家领导下，公社与公社之间，公社与国营企业之间实行必要的生产分工和组织社内外各生产部门之间的大协作，使工业生产和农业生产、大企业和小企业之间达到互相支援，促进整个社会经济不断地向前发展。

城市人民公社应当贯彻勤俭办社、勤俭办一切事业的方针，加强经营管理，实行经济核算，增加生产，厉行节约，采取土洋结合，因陋就简，由小到大，由低到高，大力发展社有经济。

此外，在生产中，还应大闹技术革新和技术革命，大搞工具改革，积极实现机械化半机械化和农业三化。

（五）关于城市人民经济生活的组织问题

千方百计地组织好人民经济生活，是发展生产，培养人们共产主义思想风格和改变人们精神面貌，巩固和发展人民公社的重要条件。在组织人民经济生活中，应当在党的领导下，本着"大家事情大家办，群众的生活群众管"的精神，发动群众，自己动手，相互服务。首先应当大力组织和办好集体食堂，这是组织好人民经济生活和办好集体福利事业的中心一环。食堂要保证社员吃饱、吃好、吃省、干净卫生、饭热菜香、多种多样、服务周到。对老人、小孩、病人、孕产妇和哺乳的母亲，在可能的情况下，伙食上要给予必要的照顾。此外，食堂要充分利用剩菜、剩饭，饲养家禽家畜，以改善社员生活。

在办好集体食堂的同时,应当相应地组织建立托儿所、敬老院、医疗所和生活服务站等福利事业,根据"因陋就简,因地制宜,照顾特点,便利群众"的原则,按照社员的要求,分别组织不同规模的固定托儿所、临时托儿所、计时托儿站。并认真做好幼儿保健工作。

应当开展多样性的服务项目,如修补、拆洗、缝纫、理发和婚丧喜庆、生老病死、代买代卖、清洁卫生、美化家庭等等。树立起"人人劳动,互相关心,家庭团结,邻里和睦"的新的社会风尚。

根据有利于生产,便于社员群众的原则,合理调整商业网和建立生活服务站。对合作商店、合作小组以及个体小商贩,应当通过公社化运动,进行彻底改造,把他们改组成为公社自己的分配和服务机构。合作商店、合作小组的公积金应作为公社的公积金。个人投入的股金仍暂按现行办法处理。通过商业网的合理调整和生活服务站的普遍建立,做到既有国营的专业性和综合性的商业与服务行业,又有社营的生活服务站和服务点,因地制宜地组织好人民经济生活。

应当在群众自觉自愿的原则下,组织小型的群众自我互相服务的生活互助小组。

（六）关于城市人民公社的分配问题

做好公社的分配工作,正确处理国家、公社和社员之间的关系。公社积累的比例应当随着生产的发展,多收入多积累,在公社积累中首先应保证扩大再生产的需要。同时相应地发展集体福利事业,是保证社员的物质和文化生活逐年有所改善的重要方面,因此福利设施在公社积累当中应该占一定比例;关于社员个人收入,随着生产的发展也应逐年有所增长,但增长的幅度不宜过大。

从事工业生产的社员,在现阶段应实行社会主义的按劳分配制度,有条件的适当增加按需分配的因素;同工种、同技术水平工人工资高低悬殊不宜过大,并且一般不应该超过当地国营企业同工种的工资水平。工资形式应当以计时工资为主(即固定工资加奖励)。从事农业劳动的社员实行"按劳分配、多劳多得"的原则,工资制和供给制相结合,计工评分,包工包产,超产奖励。

原实行粮食供给制的,仍应保留。

必须逐步加强商品分配的组织性计划性,合理分配商品。根据各个时期商品货源情况和居民消费需要,采取不同的分配方法,既要适当照顾重点(工矿)和特殊需要(老、弱、孕妇、婴儿、华侨),又要保证一般需要。在工作中应当贯彻群众路线的工作方法,同群众商量,通过群众进行合理分配。

(七) 关于社员的政治思想教育和文化教育问题

必须全面地抓政治、抓思想,经常地对社员进行社会主义和共产主义教育,进一步改造人们的意识形态,提高共产主义思想觉悟,发挥社员群众劳动生产的自觉性和积极性,特别是对资产阶级和资产阶级知识分子要加强对他们的思想改造。彻底批判鄙视劳动、剥削寄生、自由散漫的资产阶级思想,树立起劳动光荣、热爱公社、热爱国家的新风气,逐步以至最后消灭资产阶级法权思想残余。

在组织城市人民公社中还要广泛深入地开展文化革命运动。组织社员业余文化学习,扫清文盲。逐步提高社员理论水平和科学技术水平,同时要大力开展文化娱乐活动和体育锻炼,使社员生活丰富多彩、生动活泼,使德、智、体三育全面发展,更好地为建设社会主义服务。

(八) 关于实现全民皆兵问题

城市人民公社必须实行全民皆兵,在各级组织中建立和健全民兵组织,加强民兵训练工作,提高民兵的政治、军事技术水平,巩固社会治安。

(九) 关于城市人民公社的领导权问题

必须坚持贯彻执行党的阶级路线,保证公社的领导权掌握在劳动人民手里,以工人阶级为领导,依靠工人阶级和劳动人民,团结资产阶级中的进步分子,不断地开展两条道路的斗争,巩固人民民主专政,不断地健全和提高人民公社,全面彻底地完成社会主义改造任务,把社会主义革命和社会主义建设事业进行到底。

三

关于城市建立人民公社的几个具体问题。

（一）在城市建立人民公社必须坚持自愿原则。由于在城市中的广大劳动人民和家庭妇女，他们对建立人民公社抱有极大热情，必须满足他们的要求，但是也有一部分人，例如资产阶级分子和他们的家属、高级知识分子、华侨、侨眷等，他们对于城市人民公社还有不少顾虑，对这些人不要动员他们参加，应该有所等待。但如果他们自愿参加，应允许他们成为公社社员，也允许他们参加生产和集体生活。在他们劳动生产中，应当有表扬有批评，又团结又斗争，促使其改造成为一个自食其力的劳动者。资本家入社后不取消定息，不摘掉资本家帽子，不得担任领导职务。

（二）城市人民公社一律挂牌子。"以一新耳目，振奋人心"。但是在报上不要登载组织人民公社的消息，也不要组织群众性的庆祝游行。各地报纸可以登载组织街道生产，组织集体生活福利事业的消息。

（三）城市人民公社举办生产和福利事业中，需用社员的工具、器具、家具、房屋等，必须征得社员同意后借用，或根据等价交换原则，折价分期偿还，不要动员群众捐献物资，以避免造成错觉，发生不必要的思想紧张。对社员个人生活资料，应坚持永远归社员个人所有。属于城市房地产改造范围的房屋应按照国家规定改造办法处理。

（四）城市建设规划应当同城市人民公社的发展规划结合起来。使城市的各项建设设施更加适应公社化的要求，以便发展生产，组织生活和组织教育工作。

为了便利机关干部和企业职工生产生活和管理，在城市建立人民公社后，有条件的应该对他们居住的房屋进行必要的调整，同时结合城市房屋建设规划，逐步地合理解决职工居住问题，以便进一步提高生产效率，改善职工居住条件。

（五）居住在城市中的地、富、反、坏、右五类分子，应该把他们分别组织到生产中去，交给群众，在群众监督下强制劳动改造，经过劳动教育使他们得以改恶从善，立功赎罪。同时要教育群众，提高革命警惕性。这些人在公社及企业中不能担任任何领导职务，也不能在食堂、托儿所、医疗所等集体福利事业中工作，劳动生产中应采用同工同酬、工资照发（服刑者除外），在组织人民公社时，对个别没有严重罪恶、民愤不大、经过多年改造，证明确已改恶从善，表现好的，可以经社员讨论，个别吸收为预备社员，一般的应经过长期劳动改造。

四

为了加强城市人民公社化运动的领导，建议省委和各地市委成立领导小组，在领导小组下设立具体办事机构，各有关部门必须密切配合，在党的统一领导下，广泛深入地向人民群众展开宣传教育，大张旗鼓地宣传城市人民公社的优越性，依靠群众，发动群众，在群众思想认识提高的基础上，按照自愿原则，积极地有步骤地建立起来，已经建立的人民公社，应该加强领导。进一步整顿提高，没有建立的必须通过试点，组织参观，从生产入手，组织好人民经济生活，逐步建立起来，并不断地经过整顿，使它走上健全巩固和发展的道路。

一九六〇年三月二十日

中共南京市委关于成立街道
工作领导小组的通知 *

（一九六〇年三月二十二日）

各区委、街道党委,市委各部委,市人委各党组:

以生产事业为中心的各项街道工作,日益蓬勃发展。为了加强各街道工作的领导,研究有关组织城市人民公社问题,市委决定成立市委街道工作领导小组。其任务是:综合掌握有关街道工作的情况;定期研究和布置街道方面的主要工作;督促和检查有关部门贯彻市委对街道工作的指示和决定;组织有关部门对街道工作的调查研究。街道工作领导小组由贾世珍、王光钧、徐杰、朱刚、周兆瑜、王敏、陈乐村、董健等八位同志组成,贾世珍同志任组长。领导小组下设办公室,王光钧同志任办公室主任。街道工作领导小组办公室设在市委财贸部。

中国共产党南京市委员会

一九六〇年三月二十二日

---

* 原件现存于南京市档案馆。

中共合肥市委关于东市区委
成立鼓楼人民公社请示报告的批复[*]

（一九六〇年三月二十三日）

东市区委：

3月23日送来42、43号两份报告悉。经研究批复如下：

一、为便于统一掌握和调配劳动力，安庆路、小南门、三牌楼、四牌楼、小书院等五个居民委员会在成立鼓楼人民公社时，同意将所在地的区属厂全部包括进去，但经济性质不变，仍为地方国营。

二、鼓楼人民公社成立后，同意以公社居委会名义挂牌子和刻章。

中共合肥市委员会

一九六〇年三月二十三日

附一：中共合肥市东市区委成立鼓楼
人民公社向市委的请示报告^{**}

（一九六〇年三月二十三日）

我区正在安庆路、小南门、三牌楼、四牌楼、小书院五个居民委员会试办人民公社试点，为便于统一掌握和调配劳动力等起见，意愿将所在地的区属厂包

括进去(经济性质不变)。特此报告。妥否请予批示。

中共合肥市东市区委员会

一九六〇年三月二十三日

附二：关于在安庆路、小南门、三牌楼、四牌楼、小书院等五个居民委员会成立合肥市鼓楼人民公社雕刻公章和挂牌问题的报告*

(一九六〇年三月二十三日)

我区办社筹备工作是在 3 月 3 日开始的,同日即建立公社筹备委员会和党团员临时支部,并着手进行以下工作:首先以大办街道工业和福利事业为纲,同时进行摸底排队,指定工作计划和会议、汇报等各项制度,这一工作基本上告一段落。

其次,召开了一系列会议(党团员、基层干部、生产、福利、服务以及群众大会,层层进行宣传动员),并组织他们座谈讨论。通过宣传教育,广大群众坚定了走社会主义道路的信心和决心,积极要求早日建成人民公社。为便利对外联系工作和鼓舞群众的积极性,特此报告雕刻合肥市委鼓楼人民公社公章一枚和挂合肥市委鼓楼人民公社(筹备委员会)牌子。

中共合肥市东市区委员会

一九六〇年三月二十三日

---

*　原件现存于合肥市档案馆。

(宁夏)区工会党组关于组织城市人民公社的报告(初稿)*

(一九六〇年三月二十七日)

　　根据中央关于城市人民公社问题的批示和区党委指示精神,结合我区具体情况,工会党组及时作了研究,提出在我区积极组织城市人民公社工作的初步意见。现在报上,党委如认为可行,请批转有关地区和部门党委(党组)贯彻执行。

　　组织城市人民公社,早在党的八届六中全会《关于人民公社若干问题的决议》中作了明确规定。一年多来的实践证明:已显示出它的优越性和生命力,在改造旧城市、建设社会主义新城市、解放劳动力、组织城市人民的社会生产和集体福利事业等方面,都发挥了巨大的作用,受到了广大职工家属、街道居民的热烈欢迎和支持。现在全国城市人民公社化高潮很快就要到了,为此应立即采取积极措施,迅速在我区组织城市人民公社的试验和推广。

　　中央指示,组织城市人民公社,应以大型国营厂矿、机关、学校为中心,以职工家属、街道居民及其他劳动人民为主体,吸收其他一切自愿参加的人入社。以组织生产劳动为中心内容,同时组织各种集体生活福利事业和服务事业(如组织公共食堂、托儿所、幼儿园、缝纫组、服务站等)。组织城市人民公社,必须在党的领导下,以积极主动的态度促进其发展,并有领导、有步骤地迅速做好有关各项具体工作,为此提出如下意见:

　　1. 在工作步骤上,要求今年上半年积极组织试点工作,取得经验后,下半年普遍推广。我们意见拟在银川、吴忠、石咀山三市和青铜峡、石炭井两工矿

区进行试点工作,积极摸索和总结经验。并要求试点地区和单位在今年上半年内把城市人民公社基本上组织起来。

2. 在工作方法上,进行试点的同时,应当做好两件事情,一是调查研究、摸底排队,二是宣传教育,发动群众。在试点过程中应摸清已经组织起来的情况、问题、经验和尚未组织的有些什么人? 有多少人? 各类人物的思想动态等。把这些情况和问题加以认真研究,分类排队,做到心中有数,便于指导工作。同时要大力进行宣传教育,放手发动群众。利用各种会议形式(大会、小会、座谈会等)同所有干部、工人、学生、职工家属、街道居民及其他劳动人民,进行正面宣传,造成声势,使之深入人心。今年城市人民公社还在试点阶段,各地报纸除了可以宣传组织街道生产、组织集体生活福利事业和服务事业等消息以外,关于组织城市人民公社的消息都不要登报,也不要组织群众性的庆祝游行。但各地组织起城市人民公社时,则应挂牌子,以一新耳目,振奋人心。

3. 要把城市人民公社组织好,必须加强党的领导。我区在区党委领导下,请书记挂帅,成立领导小组,由工会、妇联、共青团、经委、党委宣传部、组织部、商业厅、粮食厅、财政厅、民政厅等十个单位参加(领导小组的成员请党委确定),并从上述单位中各抽调得力干部一至二人成立办公室,办公室主任、副主任请党委确定,地点拟设在区工会,作为区党委城市人民公社办公室,制定工作计划,建立各种制度。办公室拟出不定期的简报,借以反映情况,互通消息,交流经验。建立汇报制度,要求各试点地区和单位,每五天定期向自治区党委城市人民公社办公室,以书面或口头汇报一次[全总党组电话会议规定,各省(市)区每七天汇报一次],以便及时掌握情况,指导工作开展。为了加强对此项工作的领导,各试点地区和单位也要建立相应的组织机构,由党委书记挂帅,吸收有关单位参加,积极开展工作。

另外,为了保证此项工作顺利进行,还必须注意以下几个问题:

(一)坚持积极组织、自愿参加的原则。一方面应大张旗鼓地宣传城市人民公社的优越性,解除各种不必要的思想顾虑,积极动员一切自愿参加的人入社。另一方面,对于经过宣传教育后,仍有顾虑,还不愿参加人民公社的人,目前可不要动员他们参加,把矛盾放在外面。

(二)组织城市人民公社,是一项新的工作,各地应当及时总结交流经验,掌握情况，发现问题及时地加以解决。

（三）搞好此项工作，还要组织做这项工作的同志，认真学习和研究党的六中全会《关于人民公社若干问题的决议》和中央关于城市人民公社的批示等有关文件，以便掌握方针政策，正确贯彻执行。

区总工会党组

一九六〇年三月二十七日

（银川）市办工交组给区工会党组罗书记的请示信*

（一九六〇年三月二十八日）

罗书记：

我们看了自治区工会党组《关于组织城市人民公社的报告》后，有以下几点意见：

一、报告提"今年上半年组织试点，取得经验，下半年普遍推广"劲不够足。这个时间安排是中央对全国的要求，我们这里不同。银川、吴忠二市去年就挂起了牌子，并有了一些组织生产和生活的经验，总结这两个市的经验，可以搞得更快一些。

二、银川、吴忠去年已经组织起来，不是重新试点的问题，而是总结经验进一步提高。所以不必再列入试点，而应明确提出：迅速总结经验，进一步充实内容（例如大办街道集体福利事业，更广泛地组织机关干部和职工家属举办工业生产、副业生产等）。

三、在做法上应当提得稍加具体些，以便党委批下去好立即行动。例如青铜峡、石炭井，是否可提为由企业的党委具体进行组织工作，工会协助，当地县委要具体领导等。

四、关于组织机构，我们认为组织个领导小组是必要的，但不必太多。具体工作由工会负责，主要吸收共青团、妇联参加，共同组织办公室，其他单位可

＊　此标题系编者加注，其原件现存于宁夏回族自治区档案馆。

以照此效仿。

　　以上意见供您参考。

市办工交组

一九六〇年三月二十八日

中共宝鸡市委关于建立城市
人民公社的规划意见*

（一九六〇年三月三十一日）

我市广大市民群众,在党的总路线的光辉照耀下,在大跃进和农村人民公社化伟大胜利的鼓舞下,社会主义觉悟大大提高,积极地参加了各项生产建设事业,随着街道工业的迅速发展,相应地建立了许多集体生活福利事业和服务事业。一九五八年,在全市街道市民中广泛地开展了组织和参加社会生产劳动的运动,使居民中百分之三十以上有劳动能力的人参加了生产劳动,先后发展街道工业达一百多个。同时,在经二路重点试办建立城市人民公社,虽未正式挂牌子,但是已经形成了人民公社的雏形,经过一年多的努力,已经在支援工业生产、组织城市居民集体福利生活、挖掘城市劳动潜力等方面,收到了显著的成效,得到了广大市民群众的热烈拥护和称赞,所有这些,都为发展城市人民公社奠定了良好的基础。党的八届八中全会《关于人民公社若干问题的决议》中指出:城市人民公社要等到经验多了,原来思想不通的人也通了,再大量兴办起来。毛主席和党中央关于组织城市人民公社的指示,市委认为,完全符合我市的实际情况,因此,我市已经具备了发展人民公社的条件,同时,我们也有决心和信心,在今年"五一"前实现城市人民公社化。现根据省委关于发展城市人民公社的意见,提出我市建立城市人民公社的规划,不妥之处,请省委批示。具体如下:

一、我市市区分散。除了旧市区外,以自然条件和工业分布情况,基本上形成了4个工业区。从这个实际情况出发,参照外地组织城市人民公社的形

---

* 原件现存于陕西省档案馆。

式,拟采取按工业区为单位,以大型国营工厂为中心,吸收闲在区域内的机关、工厂、企业、学校、财贸单位的职工家属、街道居民及附近农村人民公社的若干生产队组成4个城市人民公社。具体划分:

(1)以国营七八二厂、二一二厂、七六九厂、电厂、钢管厂等国营和省级工业企业为中心,吸收姜城、谭家村地区机关、学校、市属工厂、商店等单位职工家属、街道居民及益门人民公社的桑园圃、四家村、孔家庄、太寅、水泰路、塔稍、红塔、高家村、姜城堡、益门堡、玉泉等十二个生产队建成姜城人民公社。社的区划范围:西至太寅沟,东至十堰河,南至益门镇,北至渭河。现有国营工厂四个,省属工厂三个,市属较大工厂七个,现有职工、街道居民约三万人。

(2)以国营宝鸡工程机械制造厂、石油专业机械制造厂、市属裕民机械厂、市钢厂为中心,吸收福临堡、旧市区内机关、学校、市属工厂、财贸单位职工家属、街道居民及县功人民公社的福临堡、太平堡、新春、玉涧堡、长青、南关、金陇、北安、五星、八星、红光等十一个生产队建成金台人民公社。社的区划范围:西至宝鸡峡大坝,东至金陵河,南至渭河,北到八里桥。现有国营工厂二个,省属工厂二个,市属较大工厂十一个,现有职工、街道居民约九万人。

(3)以国营石油机械厂、省属新秦纺织厂、市属新秦机器厂为中心,吸收斗鸡地区机关、学校与工厂、企业、商店的职工家属、街道居民及县功人民公社的底店堡、南坡、刘家台、龙丰、光明、团结、工农、进新、李家岩、金星、联盟等十一个生产队,建成斗鸡人民公社。社的区划范围:西至金陵河,南至渭河,东至汧河,北至贾村塬边。现有国营工厂一个,省属工厂三个,市属较大工厂五个,现有职工、街道居民约六万人。

(4)以国营六一五、七九二厂,省属酒精、机器厂为中心,吸收虢镇东站地区的机关、学校、商店、工厂、企业等单位的职工家属、街道居民以及虢镇人民公社的冯家咀头、黎明、大众、光芒、革新、水连寨、陈家岩、卫家岩等八个生产队建成西虢人民公社。社的区划范围:西至汧河,南至渭河,北至周塬塬边,东至虢镇。现有国营工厂二个,省属工厂二个,市属工厂一个。现有职工、街道居民约二万五千人。

二、建立城市人民公社同样必须坚决实行"工、农、商、学、兵五位一体"和"政社合一"的原则。鉴于这四个城市人民公社建成后,现有金台区级组织机构已不适应,拟予撤销,重新按照新成立的五个城市人民公社分别设立区,挂两个牌子,实行"政社合一",直接受市上领导。这四个城市人民公社以下在市区内以工厂或街道为单位组织居民委员会,在农村以原本核算单位组成生产队。公社成立党委和管理委员会,由社内较大工厂的党委书记、厂长分别兼任公社党委第一书记和社长,另外再配备专职副书记、副社长若干人,再吸收其它各大工厂、学校的负责同志参加党委会和管理委员会。在党的领导关系上,中央、省属工厂企业及市属较大工厂企业仍受市委和公社党委的双重领导,并且在行政上仍受原上级主管部门领导,管理体制不变。公社中心任务是管好社办工业、农业生产、大型工厂企业、职工家属的生产及全社的文化、教育、卫生、社会治安、集体生活福利等工作。

城市人民公社的性质,现有全民所有、集体所有、集体上面的集体所有,基本上是全民所有和集体所有,以全民所有为主体。城市人民公社化运动,对城市是一次全面的彻底的社会主义改造,必须充分发挥公社的优越性,高度地发展生产,不断地提高社员的政治思想觉悟,扩大集体所有制,增加全民所有制,彻底挖掉生产资料私有制的根子,切断发展资本主义的道路。同时把城市街道上大量闲散的、没有固定职业的劳动力组织起来,变成为集体的、工厂化的、固定的生产者,挖掘城市劳动潜力,增强城市建设力量,促进社会生产力的高速度发展,逐步改造旧城市为社会主义的新城市。

三、发展城市人民公社,必须坚决贯彻执行党的阶级路线,以工人阶级为领导,依靠职工家属和其它劳动人民,团结资产阶级中的进步分子,吸收一切自愿参加的人,在党的领导和职工群众的积极赞助下组织起来。对于那些资产阶级上层人士,生活比较富裕的人,如果他们有顾虑,不愿意参加公社生产和集体生活,应当等待,多做工作,暂时不勉强动员他们参加,允许他们有一定的自由,但是,等待是为了改造。可以通过抓典型、树标兵的办法,进行劳动光荣、剥削耻辱的教育,以提高他们的社会主义觉悟,动员他们参加公社生产,逐步地将其改造成为自食其力的劳动者。资本家要求入社当社员,应当允许,但是入社后不取消定息,也不摘掉帽子,更不能分配担任领导职务。对散居在街道上的地、富、反、坏、右五类分子,经过清查登记,有计划地安排到各个生产单位,把他们置于公社组织和群众的监督之下,强制劳动改造,在经济上实行同工同酬,在政治上只有劳动义务,不给社员名义,使他们在生产中立功赎罪,劳动改造,以观后效。由于旧城市长期形成政治、经济的复杂性,社会主义改造的去留问题还很多,必须不断地加强社会主义和共产主义教育,开展两条道路的斗争,彻底批判鄙视劳动、剥削寄生、自由散漫等资产阶级思想,树立劳动光荣、集体主义和热爱国家、热爱人民公社、热爱劳动的新风尚,不断地从思想上、组织上巩固和提高人民公社。

四、发展生产是办好城市人民公社的中心环节,是改造旧城市和建设社会主义新城市的物质基础。必须坚决贯彻执行"以生产为中心,生产、生活、教育一齐抓"的方针,充分利用城市发展生产的有利条件(全民所有制的力量很雄厚,可以扶植和带动公社集体所有经济的发展;废物、废料、下脚料多,便于综合利用;生产门路比较广,技术潜力大,可以更多地发展商品生产),在"统一规划,合理布局"的前提下,在全民所有制的经济扶植下,坚决贯彻执行"六主"(以本身积累资金为主,以自有原料为主,以综合利用原材料为主,以现有技术为主,以自制设备为主,以小土群为主)、"四服务"(为城市建设服务,为大工业生产服务,为人民生活服务,为出口服务)的方针;依靠群众,勤俭办社,因地制宜,因陋就简,大力发展各项生产建设事业,广泛地与国营工厂、企业、机关、学校、基建、商业卫生部门以及农村人民公社组织配合协作,通过多种方式直接地、间接地把产、供、销纳入国家计划。组织生产事业,应在原街道工业的基础上进行发展,多办小型工厂,多办综合性的工厂,多办为大工业加工配件和半成品的卫星工厂或组织协作队、服务队进厂生产。大搞服务性的生产,发展家禽、家畜,同时,要根据需要积极组织交通运输队和建筑队。农业生产根据"以菜肉为纲,为城市服务"的方针,大抓蔬菜和养猪,并使农、林、牧、副、渔全面发展。在组织生产中,劳动力调配,要根据自愿、本人特长和生产的需要进行,要注意适当照顾妇女的特点和男半劳动力的特殊情况,不必强调统一集中,也可以划分若干小组或包活回家生产都行,开始不宜控制得过死、过严,应当灵活多样,有利生产,便于管理,便于群众。资金设备,要以自力更生为主,适当收入社金或以一定时间的义务劳动集资。为大工厂加工,应由大厂配备一定的设备、工具,动员各工厂、企业拿出一部分多余设备和陈旧设备,也可采用发动群众"献策献宝"的办法。自己武装自己。

具体步骤:第一步,搭好架子,时间约一周;第二步,全面地组织和安排生产,组织各种集体生活福利事业和服务事业,处理其它有关具体问题,时间约两周到二十天左右;第三步,制定社章,建立组织机构,正式宣布公社成立,时间约一周,要求于四月底基本实现城市人民公社化。以上三个步骤,互相穿插,紧密结合,边建社、边安排生产、边组织生活,并以建社为中心进一步促进生产运动、技术革命运动、学习毛泽东思想运动不断地高涨,全面地完成其它各项工作任务。为了吸取经验,确定以金台公社作试点,干部适当配强配多,工作走前一步,借以指导全面。

建立城市人民公社是当前全市的一项重要的中心任务,也是一件新的工作,领导经验不足,时间又有限,要完成这样伟大的、繁重的历史任务,必须全党动手,坚持政治挂帅,大搞群众运动,组织足够的力量,来突击完成城市人民公社化的任务。市委决定抽调二百五十名左右的干部,按社组成建社工作队,由市级党员、部、局长及金台区的领导干部分别担任正副队长,每一工作队四十人,各建社区域,以大型国营工厂党委书记或厂长为核心,吸收建社工作队正副队长参加,组织建社筹备委员会,具体领导建社工作。各基层党组织都要立即召开党、团员、干部、职工群众会,由内到外,由上到下,层层动员,做好思想发动工作,并且要从各方面千方百计地支持建社工作。

为了加强对建社工作的领导,在市委的领导下,由薛志仁、鲁鹏、郈光瑞、李林芳、陈光亮、沈满源、王友亭、冉连堂、钟述言、罗兆歧、罗俊耀、李□玉、曹振宇、令福华、李如霞、程博、吴纯杰等十七位同志组成宝鸡市建立城市人民公社工作委员会,由薛志仁、鲁鹏、郈光瑞担任正副主任,下设办公室,由曹振宇、李如霞、令福华、寇翘等同志担任办公室主任,办公室设秘书资料、宣传教育、生产组织、集体福利四个组,具体办理建社日常工作。

中共宝鸡市委

一九六〇年三月三十一日

（福建省）关于协助城市人民公社大办化学工业的报告[*]

（一九六〇年三月三十一日）

省委、省委工交部：

我们根据叶书记的报告和中央化工部通知的精神，考虑到目前全省各城市正在积极兴办人民公社，福厦漳泉南平各城市半年内人民公社化。随着城市人民公社化运动的到来，必将出现一个公社办工业的高潮。由于化学工业具有多行业多品种，能广泛综合利用资源，为国民经济各部门和人民生活各方面服务的特点；并且有些化工产品技术不太复杂，可以大办化工小土群；产值又较高，不仅不赔本，还有利于增加人民收入：因此化学工业完全适应于城市人民公社大量兴办。城市人民公社大办化学工业，既可促进城市人民公社化运动迅猛展开，又对发展我省化学工业大大跃进了一步。

如何协助城市社办化工问题，我们提出以下初步意见：

一、方针和任务：

我们的方针是"积极协助，大量兴办"；以福厦漳泉三明南平六个城市为对象；以福州为重点；南平以大办林产化工为主；漳泉以大搞盐卤化工为主，福厦三明以综合利用现有工厂的废渣、废液、废气、废料、下脚料和为大工厂服务为主。社办化工应以就地取材，自供原料，就地需要，为大工厂服务，不同大工厂争原料为主要方向。我们的任务是：2 季度搞 20—30 个社办化工厂，保证

---

* 原件现存于福建省档案馆。

每个社办一个,争取每个街道办一个。

二、组织形式:

1. 地方国营化工厂下放某些产品给公社搞。如技术不太复杂,设备比较简单,操作容易掌握的老产品给公社经营,这样既发展了公社化学工业,又能腾出手来搞高、大、精、尖的产品。

2. 协助公社举办化工厂。如现有化工厂所需原材料和包装容器的生产或加工,以及提供现有企业所需的粗制品和半成品,这样既协助公社办了化工厂,同时又支援了大工厂。

3. 公社自办化学工业。如综合利用或处理现有工厂的废渣、废液、废气、废料和下脚料的生产。

4. 组织公社进行某些化工产品的临时性加工。

5. 其他形式。如谷糠及其他农副产品的综合利用等。

三、协助方法:

一种是"母鸡下蛋,一包到底";另一种是以公社自力更生为主,化工企业给以必要的帮助。

一般应从小土着手,以土为主,从小到大,先土后洋,由简到繁,逐步发展。

对于有毒的化工产品,在没有解决安全措施以前,不宜举办;对于易燃易爆的化工产品和原料,必须加强教育,注意管理,保证安全。

四、技术力量:

1. 各化工行政单位和化工企业的下放干部可分配到城市公社办化工厂,一方面劳动锻炼,一方面参加办厂。

2. 公社派人到现有化工厂进行培训学习。

3. 现有化工企业派人短期进行技术指导。

我们要求省、专市各化工科学研究部门各包一个厂。各大中型化工厂、各化工学校、各化工科学研究部门都要各包一个厂。省化工局局本部包福州市南街建一个化工厂,化工设计研究院包东街建一个化工厂,立即行动,迅速办厂。

为了加速城市人民公社化,高速度发展化学工业,我们认为大搞社办化工是一个很重要的方法。因此,建议各地市委加强社办化工的领导,制订规划,大力兴办，总结经验，社社推广。

以上报告，请省委指示，如属可行，请转发各地市县委研究执行。

中共福建省化学工业局党组

一九六〇年三月三十一日

广西僮族自治区党委城市人民
公社办公室关于城市人民公社
情况的调查材料（摘录）*

（一九六〇年三月）

一、城市人民公社的基本情况。

南宁、柳州、桂林、梧州四市在一九五八年下半年都先后建立了街道人民公社，现在四市共建立人民公社三十三个，其中南宁十个，柳州九个，桂林十一个，梧州三个。公社的规模一般是三千户至三千五百户，人口一万五千人左右（不包括公共户）；个别较大的五千多户，人口超过二万；较小的只达八百户，三千六百多人。参加公社的户数，柳州市占街道居民总户数的百分之九十一，多数为散居在街道的工人家属与没有固定职业的贫民，流落在街道的个体手工业、小商贩、小业主、资本家也参加组织。五类分子参加公社劳动，但不为公社正式社员。

城市人民公社的建立，绝不是偶然的，它是一九五七年全民整风运动和一九五八年工农业生产大跃进的产物，是贯彻党的社会主义建设总路线的结果。公社的发展，大体可分为两个时期：第一个时期是一九五八年九月公社建立开始到一九五九年六月，公社的工作主要是发展街道工业生产，同时进行社办福利事业工作，组织劳动力参加城市建设，为工业生产、工业基建调配工人（临时工、合同工）；第二个时期是一九五九年七月以后，对公社进行了初步整顿。柳州市将公社管理的范围适当缩小：（1）过去入社的房屋，全部退回社员，公社过去收缴的租金也进行清退；（2）把社办工业的大多数单位收归手工业联

---

* 原件现存于南宁市档案馆。

社领导;(3)社办的街道食堂、托儿所、幼儿园等社会福利事业改为自负盈亏,"以堂养堂、以园所养园所";(4)凡有关政权工作收归区公所直属领导;(5)公社的机构、人员进行减缩,把过去的十五六名干部缩为四五人,机构从设六个部改为两三个委员会。经过整社以后,公社管理的范围大大减少,公社主要是进行劳动力的调配与开展每个时期的中心工作,南宁市一九五九年六月间对公社生产也进行了整顿,主要是调整了与国家企业有矛盾的少部分生产,减少发展的盲目性,对于公社工作的管理范围未作重大变动。

公社的组织,从现在已建立起来的形式,大体可划分为三种类型:

第一,以街道居民为主建立起来的人民公社。这种公社数量较多,在四市三十三个公社中有二十九个,一般是把城市街道分散的居民组织起来,以过去的街道办事处为单位建立组织,公社下面设若干个生产劳动组织,如社办工厂、生产小组、生产服务站、劳动大队、副业生产队、打鱼队等。为了配合生产上的需要,街道食堂、街道幼儿园、街道托儿所等福利事业也相应地建立了起来,柳州市公社开始建立时,以居委会成立生产大队,居委会主任为大队长,大队下面设中队、小队,把住宿在街道的居民都编进生产队里面。

第二,以国营工厂为中心,联合附近的工厂、学校,包括一部分的街道及农业生产大队,共同组织人民公社。这种办法在四市三十三个公社中有三个,如南宁市的古城人民公社,以南宁人民印刷厂为中心,联合南宁水厂,南宁第六中学,天桃、桃源、七星三个小学,包括七星路、桃源路、河堤路三个居委会,古城、凌铁的两个农业生产大队,共同组织人民公社,南宁人民印刷厂的党委书记、厂长分别兼任公社的党委书记和社长,公社的部分干部也由工厂派去。这个公社的特点是以国营工厂为主导,社办的部分工厂为国营企业服务,如装订厂、冶炼厂等,农业的比重也较大(主要种植蔬菜),约占集体所有制产值的百分之八十。这是与一般街道公社不同的地方。

第三,以机关、学校为中心建立的公社。一般是由机关干部、教职人员的家属组织起来的,从事工业生产、副业生产以及服务性的生产,在三十三个公社中只有一个。机关、学校建立公社后,使职工家属走上集体化,组织家属力量为企业生产服务,为职工生活服务,同时也解决了职工家属中的劳动就业和生活管理等问题。

二、城市人民公社显示了无比的优越性和强大的生命力。

城市人民公社建立一年多来,各方面的工作都取得了显著的成绩,受到群众热诚的爱护,充分显示了城市人民公社无比的优越性和强大的生命力。

第一,城市人民公社化运动,对城市是一次全面彻底的社会主义改造,进一步把生产资料私有制的残余进行了消灭,城市人民公社把分散的街道居民组织起来,从事生产活动,扩大了社会主义集体所有制与全民所有制。公社化之前,城市虽然经过社会主义的三大改造,但街道还有一部分手工业生产个体户,他们进行一些如搞私捞、开地下工厂等资本主义活动,这些人多数有些技术,有的还拥有简单的工具,公社化运动都把这些人动员出来,参加街道社办工厂的生产劳动,街道搞私捞的现象消灭了,这就使最后的资本主义活动的残余部分肃清了,闲散的劳动力也组织起来了,这不仅扩大了社会主义集体所有制与全民所有制,同时也促进了社会主义生产力高速度向前发展。

第二,建立了社办工业,增加和发展了社会主义生产力,有力地支援了城市社会主义建设,并为今后工业生产建设的继续跃进打下良好的基础。自一九五八年大跃进以来,四个市都先后建立了一批社办、街办工业,据四市统计,共有社办、街办工业四百五十七个,从业人员二万〇一百八十五人,固定资产一百二十二万元,一九五九年总产值四千五百七十八万元。经过一年多来不断地整顿和调整,一部分同类型的厂、组进行了合并,少数与国营企业有矛盾的进行了淘汰。现在生产一般地都稳定了下来,少部分工厂且已转为全民所有制,如南宁市已转为市区直属领导的有二十六个单位,占社办工厂的百分之一十四点一。

街道工业贯彻了自力更生、因陋就简、从无到有、从小到大、从土到洋、土洋结合的方针,资金一般都是自筹,小部分由民政部门的社会救济款投资,厂房自找,技术自学,工具、原料也都是群众自己设法解决。有的过去只有几个人的小组,现在已发展成为一定规模的工厂,如柳州市的城中五金厂,开始建立时只有几个人,使用的工具是锄头、扁锉,现在是一个共有二百〇九人,有着简单车床、牛头刨床、龙门刨床、电动钻床的机械厂了。工业生产发展非常迅速,桂林市街道工业总产值一九五九年比一九五八年增长十倍以上,工业品种由过去的一百四十种增加到四百〇四种。大部分主要产品都能按国家下达计划完成,质量也不断地提高,由于广泛开展增产节约运动、大闹技术革新和技术革命,劳动生产率大大提高,成本大大降低。桂林市一九五九年街道工业利润共有四十二万元,这为今年工业扩大再生产打下一定的基础。

在支援城市工业建设、为人民生活服务方面,街道工业也发挥了一定作用。如在大办钢铁运动中,柳州市鱼峰区五金修理厂等十二个小厂,为柳州机械厂加工了四万多个螺丝,有的支援了该厂提前完成六十台五吨吊车的任务。据柳州反映,现在街道的五金厂,任务非常饱满,大多数是为大工业生产和基建部门加工零件、配件。街道工业生产的小百货、小五金、文具用品等日用产品,现在也已成为市场供应不可缺少的部分,逐步成为国营企业供应生产、生活需要的助手。

第三,随着城市公社的建立与发展,社办的食堂、托儿所、幼儿园也随之出现,有力地促进了街道社会福利事业蓬勃的发展。据四市统计,各机关、企业、社办、街办的公共食堂共有一千三百〇四个,入伙人数三十二万人,机关、企业、社办、街办托幼组织共七百三十五个,入托儿童四万〇九百六十八人,经过一年来的不断提高整顿,现在已办的街道食堂、托儿所、幼儿园基本上巩固下来。社办食堂一般都注意发展副业,少数的食堂且做到蔬菜半自给,如南宁市解放公社仁爱食堂,自己建立了副业场,由食堂的工作人员轮流参加劳动,养了十头肥猪与几百只鸡,自己种的青菜已能半自给,饭菜的质量都很好,受到街道广大居民的好评,被评为市的先进集体单位,出席全市的群英会。

第四,随着生产建设的发展,把消闲的力量变为生产的力量,解放了大批劳动力,许多妇女从繁琐的家务劳动中解放出来参加社会劳动,有力地支援了社会主义建设。据四市统计,自一九五八年大跃进以来,共解放出劳动力十万六千七百五十五人,妇女占百分之五十八点一,其中参加国营企业、事业及机关单位的人员七万九千二百一十三人,参加社办、街办工业的人员二万三千五百七十三人。组织企业内部职工家属从事生产劳动,不仅支援了企业内部生产,而且解决了企业长期以来对职工家属的劳动安排问题。由于公社建立起来的生产组织比较灵活,家务拖累较重的妇女与半劳动力也得到适当的照顾,从工厂退休的老工人,能参加轻微劳动的也入了社。

第五,增加了社员收入,改善了职工生活。城市人民公社化后,家属、居民的收入一般都大大增加,据四市统计,社办、街办工业一九五九年从业人员月平均工资为二十九点八一元。柳州市文笔路,全街居民三百四十二户,一千六百八十四人,其中参加生产劳动的八十人,每月总收入二万五千元左右,个人最高收入九十四元,最低收入二十五元,平均每人每月三十一元,全街每人平均生活水平一十四点八元,与公社化前一般生活水平五元至八元比较,增长百分之五十以上。有的居民过去长期要政府救济,职工要工会补助,现在自己不仅能够维持,生活也改善了,城市社会救济款发放在这个时期也大大减少,据桂林市的统计,一九五八年社会救济款共使用一万一千七百六十元,一九五九年只发放四百四十元,为国家节约了大量救济款的开支。

第六,促进了街道文化教育事业的迅速发展,在解决街道少年儿童的就学问题、扫除文盲、活跃街道居民文化生活等方面,起了重要的作用。各个市的街道都成立了民办中学、民办小学,组成了业余文工团、文艺队。柳州市有社办中学十二所,学生二千七百多人;组织起来的街道业余文工团、文艺队、采调团、桂剧团、京剧团等三十五个,参加人员一千多人,经常组织演出,参加每个时期的宣传工作。桂林市各公社成立的文化站,每逢节日都到街头小巷进行群众性的文娱宣传活动,受到群众热烈的欢迎。群众性的体育活动与消灭病虫害卫生运动,在街道也有了发展,特别是除"五害"工作,已成为城市街道公社经常的业务工作之一。

第七,改变街道的面貌,密切了人与人之间的关系,团结互助、集体主义的精神在街道大大地发扬起来,组织性与纪律性也大大地加强。公社化后,街道的面貌大为改观,做到了"家家闹生产,户户无闲人",过去闲散的劳动力都参加了劳动生产的队伍,一般都能做到服从调动,团结互助,完全改变了过去旧社会遗留下来的恶习。柳州市东一街公社化前每月都有二十多宗家庭纠纷或其他案件发生,公社化后一年多来只发生过一件,经调解很快就解决了。妇女谢玉,过去以经常与别人争吵打架著名,有时还因争吵忘记了吃饭,嘴巴扯破、牙齿打脱,参加街道工厂劳动后情况完全改变,现在是劳动积极、夫妇婆媳团结互助,与邻居之间和睦相亲,一反过去吵闹的情况,群众因而反映现在的街道调解委员会"失业"了,就是区公所的调解室,一年多来也不开张了。

第八,加强了党对城市街道居民的领导,密切了党与群众的关系,街道分散的居民,现在绝大多数都已参加了公社组织,街道党团的组织也都建立起来。党领导下的人民公社,在群众中有着很高的威望,公社的号召力很强,群众都把它看成是自己的组织,称公社是一个大家庭,认为参加公社就有了靠主,往往把公社的一切事业与自己联在一起,党与群众的关系是比任何一个时期都密切了。干部一般都反映现在的街道工作好做,凡是党的号召,一般都是百分之百的超额完成,经过几个政治运动,加强对街道群众的社会主义教育,广大居民思想觉悟普遍提高,对五类分子的监督改造也加强了。

三、对今后城市人民公社工作的意见(下略)。

广西僮族自治区党委城市人民公社办公室

一九六〇年三月

广西僮族自治区党委
关于建立城市人民公社的指示*

（一九六〇年四月十五日）

地、市委：

现将《中南协作区委员会关于城市人民公社若干问题的规定》和《吴芝圃同志在中南区城市人民公社现场会议上的报告》、《王任重同志在中南城市人民公社现场会议上的总结发言》三个文件印发给你们，望认真研究参照执行。

城市人民公社的建立是随着农村人民公社化的日益巩固、社会主义建设大跃进和广大人民群众觉悟提高的必然趋势，城市人民公社已成为城镇广大人民群众的强烈愿望。现在大办城市人民公社的条件已经完全成熟了。目前，我区城市和县城不少地方已建立起人民公社，虽然有的尚未建立，但也做了不少工作，兴办了街道工业生产、公共食堂、托儿所等集体福利事业。城市人民公社虽然时间不长，但在发展生产、组织协作、提高群众觉悟、移风易俗等方面，已经显示了它巨大的优越性，取得了巨大成绩，已为全面实现城市人民公社化打下了良好的基础和积累了丰富的经验。

根据中南协作区城市人民公社现场会议的精神和我区城市人民公社的发展情况，区党委认为：凡已办起来的城市人民公社，应进一步地整顿、巩固、提高，充实内容，总结经验；尚未建立城市人民公社的地区，必须采取积极的态度，有计划、有步骤地由点到面逐步展开，并要求四市及玉林、贵县、全州、宜山、百色、贺县、宾阳等较大县城和五千人以上的厂矿要做好全面发展城市人民公社的规划。

---

* 原件现存于广西壮族自治区档案馆。

在城市人民公社化运动中，必须坚决贯彻执行"加强领导，放手发动群众"的方针，根据各个城市的不同特点，大张旗鼓，大造声势，大鸣大放大辩论，广泛深入地掀起一个声势浩大的宣传城市人民公社优越性的高潮，做到家喻户晓，深入人心。不论已建和即将建立城市人民公社的中心问题是：搞好生产，并以工业生产为中心，实行工业和农副业并举，在抓生产的同时，抓好生活，以办好公共食堂、托儿所为中心，举办各种群众性的集体福利事业。

为了加强城市人民公社化运动的领导，要求各地、市委以及需要建立城镇人民公社的县委应立即组织力量，成立领导机构，并指定一位书记专管城市人民公社工作。区党委准备于四月底召开地、市委书记会议，专门研究城市人民公社问题，希各地、市委将发展城市人民公社的规划、经验、问题写成书面材料于四月底前报来。

广西僮族自治区党委

一九六○年四月十五日

中共沈阳市委关于实现全市城市
人民公社化的指示 *

（一九六〇年四月十八日）

中共沈阳市委第三届全体委员会第三次扩大会议,讨论了关于实现全市人民公社化的问题。与会同志一致认为我市城市人民公社的出现,是总路线、大跃进的必然产物,是毛泽东思想的光辉胜利。它是改造社会,移风易俗,发展生产,提高觉悟的最好组织形式。市委号召各级领导和各个部门要站在这一运动的最前面,充分发挥工人阶级和国营经济的领导作用,全党全民同心协力,为实现我市城市人民公社化的伟大历史任务而奋斗。为此,作如下指示:

一、在中央和省委的正确领导下,我市街道人民公社化,已经有一年半了。实践证明,方向是正确的,发展是健康的,成绩是巨大的。它为我市实现城市人民公社化奠定了强有力的物质基础和思想基础。

根据中央和省委的指示,全国城市公社化的形势,以及我市街道人民公社化的工作基础,与广大职工群众的迫切要求,我们必须抓紧时机,大做宣传、乘胜前进,在"五一"前实现城市人民公社化。当前我们的基本任务是:在街道人民公社化的基础上,全市所有工厂、企业、机关、学校都要参加城市人民公社化。在运动中,必须加强党的领导,放手发动群众,大抓思想,大抓生产,大抓生活,改造旧城市和建设社会主义新城市,全面开展城市人民公社化运动,为逐步向共产主义过渡创造条件。

二、为了进一步发挥城市人民公社的优越性,使之"成为生产、交换、分配和人民生活福利的统一组织者",根据我市现行区划,各区应普遍建立区人民

  ＊ 原件现存于沈阳市档案馆。

公社。

为适应城市各项事业发展的需要,对现有街道人民公社化进行调整合并,工厂、企业、机关、学校参加,组成城市基层人民公社。街道公社调整的原则是:既考虑到现有的实际情况,又考虑到将来的城市发展规划;既考虑到社办各项事业的发展情况,也适当照顾国家机关、企业、事业单位的分布情况;既便于发展生产,又便于组织人民生活;既便于市、区的集中统一领导,又便于发挥基层人民公社的作用。基层人民公社的规模,由现在的三万左右人口,调整到五万到八万左右人口。基层公社的形式,主要有以大工厂、以街道、以机关学校为中心的三种类型。为便于领导,基层下设若干管理区,但不作为正式的一级组织。

三、城市工厂、企业不仅是城市经济事业中的基本力量,而且工厂、企业的职工及其家属也是城市居民的主要构成部分,根据我市工厂、企业、机关、学校、街道居民分布情况互相交错,隶属关系也很复杂,本着政社合一,有利于发展生产和组织人民生活,彻底改造旧城市,建设社会主义新城市的精神,采取"以全民带集体,以大代小,按片结合"的原则,所有工厂、企业、机关、学校的职工和学生,要全部以集体社员身份参加所在地区的城市基层人民公社。入社后,原管理体制不变,工资福利制度不变,业务领导关系不变,经济上实行"两本账",与公社经济互不混淆。在行政工作上,除地区性的工作由公社统一领导外,其它各项工作仍受上级行政主管部门领导。党的领导关系,除受基层公社统一领导外,同时受上级党委的双重领导。

四、以大工厂(企业)为中心的基层人民公社,吸收现有街道人民公社及其公社范围内的其它工厂、企业、机关、学校参加。基层公社党委书记由大厂党委书记兼任,并设专职书记,由公社范围内单位党的负责干部组成公社党委,对公社范围内党的组织实行领导。公社社长由大工厂厂长兼任,并设专职副社长,吸收公社范围内各单位的负责干部和积极分子组成公社管理委员会。以几个大工厂为中心的人民公社,其主要党政负责干部由市委确定。

以街道为中心的基层人民公社,吸收公社范围内的所有工厂、企业、机关、学校参加。以街道公社党委为主,吸收公社范围内的有关单位党的负责干部组成公社党委。

以机关、学校为中心的基层人民公社,可参考上述精神组成。

五、凡住在公社范围内,年满 16 岁以上,有政治权利的居民,只要自愿参加,遵守公社章程,均可成为社员。国家厂矿、企业、机关、学校等单位的集体社员,他们主要的职责是完成党和国家交给的任务,公社分配任务时,不应该影响他们的职责。但是他们应该在业余时间主动积极地完成公社分配的各项任务,并且按照规定与其他社员享有同等权利。

六、为了促进各项社会主义经济事业的共同跃进,必须本着"保证重点,带动一般"的原则,组织国营企业与社办企业广泛开展大协作。工业生产方面,各区大力组织协作站和建立专业性的协作组织,按生产性质把国营企业与社办工业固定对象,编成"辫子",国营工厂对社办工业实行"四包":包技术业务培训;包供应边角废料;包支援设备;包企业管理指导。公社对国营工厂也要实行"四包":包组织职工生活;包输送与安排劳动力;包加工订货;包短途运输。使大、中、小互相结合,以大代小,以骨干带动一般,互相促进,共同提高。

公社内部,在技术、设备、物资等方面。也要互通有无,调剂余缺和统一进行共同性的基本建设,以便更大地发挥经济效果。

工农业之间,要互相支援,密切协作。城市公社应适当组织社员对农业进行支援,并积极帮助郊区农业实现机械化、水利化、电气化,发展农业生产。农村公社应在工业原料,特别是农副产品方面大力支援城市广大人民的需要。

上述协作关系,无论是地区性的协作或专业性的协作,都应该不断地加强和提高,使之固定化,经常化,制度化,计划化。

七、我市各种类型的城市人民公社,是包括全民所有制,公社集体所有制和社以下集体所有制。这三种所有制在一个公社中同时存在在当前是不可避免的,也是很好的。

随着公社生产的发展,积累的不断增加和群众思想觉悟的提高,将逐步过渡到单一的社会主义全民所有制。

为扩大公社的全民所有制的成分,便于加强领导,将区办工业一律改为社办工业,手工业合作工厂、社、组,按其规模和服务范围,分别由区社或下放到基层公社领导。或同时受上一级主管部门的双重领导。商店、粮食企业、服务行业,除批发单位、大型加工企业和为全市服务的大型商店、饭店等以外,其他一律下放区社办或基层公社管理;小学校、小人书店等文化事业单位一律下放基础公社管理。上述下放单位,凡是全民所有制的,下放后其经济性质不变,凡是集体所有制的,一律改为公社集体所有制。

根据当前情况城市人民公社,实行三级(区社、基层社、管理区)管理,两级(区社、基层社)核算。管理区不作为一级结算单位,但根据需要,给予一定的管理权力。

八、城市基层人民公社必须以发展生产为中心。社办工业在发展生产中,必须继续贯彻为工业、为市场和人民生活、为农业服务的方针。目前仍以为市场和人民生活服务为重点,大搞"缺门"产品生产,做好"拾遗补缺"。要大抓小商品生产,积极增加一些高、精、尖、新、美的产品,以适应工农业生产大跃进的新形势和人民生活的需要。同时,还要适当扩大现有小型农业机具、农药的生产,积极生产一些电气、排灌设备,大力支援农业生产。

为进一步贯彻执行大中小并举和两条腿走路的方针,国营大工厂要在技术、设备等方面协助区社和基层社新建、扩建一些工厂(车间),为国营工业生产部件、配件、小型工具和辅助材料等,促进社办工业的发展和有利于大工业生产计划的完成。机关学校等单位也要仿照上述精神,积极帮助发展社办工业,高等学校在贯彻"一主、二从、三结合"的原则下,大力帮助公社开展科学技术研究活动。

社办工业要大力开展以机械化、半机械化,自动化、半自动化为中心的技术革新和技术革命运动,沿着全民的、全面的、科学的道路前进,加速技术改造,提高企业管理水平;广泛开展对大企业的废气、废液、废渣、废屑的回收工作,大搞原材料的综合利用;迅速推广已经试验成功、具有普遍意义的、带有方向性的新技术。把当前技术革新和技术革命运动,推向新的高潮。

九、城市人民公社要从全市人口出发,大力组织人民经济生活,为全市人民生活、为社会主义建设服务。在组织人民经济生活中,以食堂为中心,积极发展集体福利和服务事业,逐步使家务劳动社会化,生活集体化,提高人民的共产主义觉悟,改变人民旧有的生活方式和进一步促进生产的发展。城市人民公社要大力发展公共食堂,到年末参加食堂就餐人数到达应就餐人的80%

以上。为方便群众,要办多种多样的食堂。积极实现饮具机械化。每个公社都要办几个机械化的中心食堂或主食加工厂。积极提高食堂的饭菜质量,保证社员吃得饱、吃得好、吃得省。所有公社,均须大搞副食品生产,以菜、肉为纲,建立副食品基地,大搞温室种菜,积极发展肉、蛋、鱼的生产,尽快地做到自给。积极兴办托儿所、幼儿园等集体福利事业,年末入托儿童达到应入托儿童的80%以上,并积极举办长托,培养保教人员,提高保教质量。根据需要积极发展和办好敬老院、妇产院。要逐步改善劳动条件,做好劳动保护工作。

大力发展服务事业。目前我市出现的互助大院(楼),是全面组织人民经济生活的一种很好形式,应予以积极扶植,使之迅速发展。现有的服务事业应全面规划,调整布局,增加服务项目,提高服务质量,合理确定收费标准,积极地进行一系列的巩固提高工作。达到方便群众,真正成为广大社员的"管家人"。

对于新组织起来的参加生产和服务劳动的人员的工资问题,是关系到个人、集体、国家三者关系的重要问题,必须认真加以处理。原则上新参加人员的工资水平略低于老社员,月工资水平在12—19元之间,平均17元左右为宜。其中炊事、保教人员的工资水平可略高于生产人员的工资水平。行政管理人员的工资水平,不应高于服务人员的水平。

国家机关、企业、事业单位的福利事业,待条件成熟后,可逐步地交公社统一管理。这样既便于公社统筹安排,全面地组织好城市人民的经济生活,也便于各单位集中力量完成自己的生产(工作)任务。公社接管各单位的福利事业后,必须保证原单位职工使用方便和不降低原来的生活福利标准。所有工厂、企业、机关的福利费,民政部门的救济费,工会的部分经费,有计划地交区公社管理,由市统一平衡,用于基层公社成兴办全区范围的大型集体福利事业。

十、城市人民公社应积极开展文化革命和教育革命运动。以学习毛主席思想为纲,加强对社员的政治、文化、技术教育,培养出大批又红又专的劳动者。在社办企业事业当中,要继续坚持六小时劳动、一小时学习的劳动教育制度,积极办好和扩大业余红专学校,逐步建立起一套完整的业余教育体系,进一步推广"政治统一学,文化分开班,技术分头继"的教育方法。积极开展群众性的文化娱乐活动,依靠群众,举办图书馆、文化馆、俱乐部,组织业余剧团、歌舞队,丰富广大群众的文化生活。大力开展以除害、灭病为中心的爱国卫生运动,积极组织体育运动,增强人民体质,保证群众的身体健康。综合技术革新、技术革命运动,开展运作性的科学研究工作,普遍提高群众的科学知识,支持群众的发明创造,促进科学、技术大大发展。

十一、大力改造旧城市,建设社会主义新城市。积极改善城市人民现有的居住条件,有计划地拆除旧房屋,建设新的住宅区。大东区红旗人民公社今年试点建立起 10 万平方米的新住宅。各区亦要根据本区情况,积极兴建。为适应建设新住宅的需要,必须发动广大群众,大搞建筑材料的生产。各区在今年内均要建立起铬酸盐砌块厂、水泥厂、砖瓦厂,有条件的还可建立矿渣水泥厂、玻璃厂、木材综合利用厂等,其他建筑材料的生产根据需要适当安排。同时要修筑道路,大搞绿化运动,美化城市。

十二、认真贯彻执行党的各项方针政策,贯彻阶级路线,继续进行城市的社会主义改造。

在城市人民公社化运动中,必须坚持贯彻党中央的各项政策、指示,对于资产阶级及其知识分子和他们的家属,由于他们的政治觉悟、经济收入,以及生活习惯等方面与劳动人民还有差别,对加入公社还有若干思想顾虑,因此,暂不急于动员他们入社,也不急于组织他们参加公社的集体生活福利事业。在运动中组织生产特别是组织人民经济生活时,要严格防止形式主义、命令主义、平均主义和简单粗糙的做法。

城市人民公社的阶级路线是,依靠工人阶级,团结其他劳动人民,加强对资产阶级及其知识分子的团结、教育、改造工作,监督地、富、反、坏、右五类分子进行劳动改造。资产阶级家属凡是已经入社的要加强对他们进行教育改造,逐步使其成为自食其力的劳动者。

十三、各县委要认真贯彻执行市委城市人民公社工作会议的精神,进一步加强城市建立人民公社工作的领导。当前要积极组织职工家属和散在劳动力,以发展生产为中心,相应地全面组织人民的经济、文化生活,在"六一"以前实现县镇人民公社化。各县镇基本上建立一镇一社,较大的县镇为便于领导,在公社下面可设若干个管理区。

十四、城市人民公社要进一步发扬民主,定期召开社员代表大会,报告工作,公社账目。听取社员的批评建议,建立和健全各项民主管理制度;公社所有干部应不断地改进作风,密切联系群众,参加生产,领导生产,减少脱产人员;继续贯彻勤俭办社,勤俭办一切事业的方针,反对铺张浪费、反对官僚主义;领导干部要经常深入群众,听取群众的意见,有事与群众商量,继续坚持与发扬相信群众依靠群众的优良作风。

十五、城市人民公社的建立和发展,是伟大的社会主义革命运动的继续,因此,必须坚持政治挂帅,做好全面规划,加强党的领导。在全市广大人民群众中广泛深入地开展社会主义教育运动。运用各种宣传工具和有效形式,大张旗鼓地宣传城市人民公社的优越性,使其家喻户晓,深入人心。在城市人民公社化运动中,要进行一次群众性的鸣放辩论,澄清思想,提高认识,教育全体职工及其家属,正确地对待这个新事物,积极地支持,积极地参加;并且要同那些反对这个运动的思想和行为进行斗争,使其自觉自愿地投入到公社化运动中来,从中受到教育。市委机关、报社、电台、工业、商业、政法、文教、卫生等各个部门的党组,都要围绕实现全市城市人民公社化做出行动计划,各区委和基层党委也必须制订出相应的规划,配备干部,加强党的领导,坚持大搞群众运动的方针,完成我市城市人民公社化运动的历史任务。

城市人民公社化运动是一个大规模的群众运动,各级党的组织和各部、委,必须加强调查研究,掌握动向,贯彻政策,总结经验,发现问题,就地解决,使这一运动更健康、更迅速地发展。

中共沈阳市委员会

一九六〇年四月十八日

中共合肥市委关于组织
城市人民公社工作简要情况的报告[*]

（一九六〇年四月十九日）

省委：

我市从今年1月份起在开展全民性的社会主义教育运动中，即成立了组织城市人民公社的办事机构，指定书记处书记顾浩同志负责，一方面组织专门力量在西市区的庙街、东市区的古楼、东站区的三里街等3个地区进行城市人民公社的试点工作，同时又在全市范围内掀起了一个以发展生产为中心、全面组织人民经济生活的新高潮。到目前为止，全市共组织街道居民8839人，机关企事业职工家属1493人参加了社会劳动。其中居民中已组织起来的占总组织人数11001人的80.3%，职工家属已组织起来的占总组织人数11087人的12.7%。现在全市共有街道生产单位363个，生产人员6511人。

在发展生产的同时，街道居民的集体福利服务事业也有了很大的发展。到目前止，全市已办起283个集体福利组织，服务人员2328人。其中：街道公共食堂86个，入伙人数有18323人，占街道居民中总入伙人数的37.4%，食堂管理费一般都从10%下降到5%；各种形式的托儿组织108个，入托儿童4642人，占街道居民中总入托儿童的20.4%；生活服务站89个。

目前建社试点工作基本结束，庙街人民公社已正式成立。该社是以4个居民委员会的居民和职工家属为主体建立起来的，全社居民有1514户，计6266人，机关、学校、工厂36个单位，计17457人（其中家属保姆2863人）。该社街道居民中已组织起来参加集体劳动的人数占闲散居民总人数的

---

* 原件现存于合肥市档案馆。

98.6%，生产单位已有 28 个，商品达 113 种，3 月份生产总值达 117800 元，比去年平均月产值增长 4 倍多。同时举办了 11 个公共食堂、18 个托儿所以及红专学校、保健院、卫生所、广播站、业余剧团等集体福利和文教卫生事业。该社目前入伙人数和入托儿童已达 80% 以上。公社的管理体制基本上实行公社和街道委员会两级所有；工资分配形式采用以计时为主和计件工资两种。庙街人民公社的建立，使居民从生产到生活全面组织起来了，不仅挖掘了社会劳动潜力，有利于生产的发展，而且增加了居民的收入，改善了生活，同时人们的精神面貌也发生了深刻的变化。所有这些都充分显示了城市人民公社的无比优越性。

由于街道生产和服务性事业的迅速发展，加上市区政治、经济、文化比较集中，社会主义全民所有制是主要形式等有利条件，以及试点工作取得的经验，因此，在全市范围内分批组织城市人民公社已具备基本条件。

关于在全市范围内组织城市人民公社问题，市委常委做了多次研究，决定作为当前城市的中心工作来抓，现在正在进行以下工作：

一、在 3 月份进行的宣传城市人民公社和试点工作的基础上，进一步在市区范围内深入细致地开展宣传和组织学习城市人民公社问题的各项活动。在各机关、工厂、学校和居民中组织专门学习，广泛进行座谈讨论，大谈城市人民公社的优越性，同时注意搜集各阶层思想反映，为即将进行的全市人民公社化做好思想准备。

二、已组织专门力量，进一步做好公社划分、组织形式、管理体制和方法步骤的规划方案，正在分别征求省、市有关单位的意见，待讨论修订以后，再正式报请省委批准后，分批进行，计划在 7 月 1 号前分 2 批实行城市公社化。

三、在进行广泛宣传的同时，继续大搞街道生产，郊区集中力量扩大现有蔬菜种植面积，抓好蔬菜生产；大力组织城市人民经济生活，扩大服务性事业，为成立人民公社创造更好的条件。

为了防止基层组织和群众中可能产生的思想波动和误解，我们规定，现有区划和干部在新的公社未成立和就绪前一律不做变动，原有的财产和物资也不准转移；对居民的基层组织单位（居民委员会、户口段）今年采取一般不动、个别不合理的适当进行调整的办法。

四、加强城市人民公社工作的领导。市委已抽调一批干部充实原有城市人民公社办公室和工作组，因顾浩同志调省学习改由赵凯同志任办公室主任。目前正在进一步摸清全市人口、职业、政治和房产等基本情况，积极进行组织城市人民公社的各项准备工作。

中共合肥市委员会

一九六〇年四月十九日

中共合肥市委关于广泛深入宣传和组织学习城市人民公社问题的通知*

（一九六〇年四月二十日）

今春以来，一个组织城市人民公社的群众运动已经席卷全国各地。城市人民公社的建立，在发展生产、组织人民经济、文化生活等各方面显示了极大的优越性，它不仅是组织城市人民的生产和生活的最好形式，而且也是彻底改造旧城市使之适合于现阶段的社会主义建设和未来的共产主义理想的重要工具。我市在大办街道工业和集体福利事业的同时，进行了城市人民公社的试点工作，建立了庙街人民公社，受到了广大群众的热烈拥护。

为了使广大干部和群众认识到建立城市人民公社的重大意义，做好大办城市人民公社的思想准备，各级党委应在已经进行的宣传工作的基础上，进一步广泛深入宣传和组织学习城市人民公社问题，具体要求如下：

一、各机关、工厂、团体、学校、居民委员会要立即组织全体人员学习最近《人民日报》有关城市人民公社的社论和北京、上海等五大城市代表联合发言及有关报道。学习方法可采用报告会、座谈会、漫谈会等形式。

二、各机关、工厂、学校、公园等公共场所内部，都要采用各种形式（如黑板报、墙报、大幅标语、幻灯、银幕报等）进行宣传。

三、新华书店各门市部及图书馆，要设立城市人民公社书籍专台，以满足广大读者的需要。

各级党组织在进行宣传教育工作的同时，还要即时收集各方面的思想反映，由各系统汇总，每两天向市委城市人民公社办公室做书面汇报一次。

---

*　原件现存于合肥市档案馆。

以上望立即贯彻执行。

附:市委城市人民公社办公室地址:淮河路市委宿舍内,电话:4441 或市委总机转。

中共合肥市委

一九六〇年四月二十日

附：标语口号 *

（一九六〇年四月二十日）

1. 大办城市人民公社！

2. 办好城乡公共食堂！

3. 城市人民公社万岁！

4. 高举总路线、大跃进、人民公社的旗帜,继续跃进！

5. 人民公社一枝花,花开一朵香万家！

6. 共产主义是天堂,人民公社是桥梁！

7. 大办城市人民公社,促进文化、教育和科学技术高速度的发展！

8. 大办城市人民公社,发扬人民民主,增强人民内部团结！

9. 大办城市人民公社,加强无产阶级专政！

10. 大办城市人民公社,加速社会主义建设！

11. 大办城市人民公社,促进工业生产和建设全面大跃进！

12. 大办城市人民公社,促进农林牧副渔全面发展！

13. 大办城市人民公社,把城市人民进一步组织起来！

14. 全市人民积极行动起来,为大办城市人民公社而奋斗！

15. 全市人民立即行动起来,为建设社会主义的新城市而奋斗！

16. 大办城市人民公社,把街道妇女彻底解放出来！

---

* 原件现存于合肥市档案馆。

17. 大办城市人民公社,是在城市中贯彻执行社会主义建设总路线的最好组织形式!

18. 大办城市人民公社,建立幸福的大家庭!

19. 大办城市人民公社,提高广大人民的文化、科学技术和物质生活水平!

20. 大办城市人民公社,把全市工农业生产和人民生活全部组织起来!

中共合肥市委

一九六〇年四月二十日

沈阳市 1960 年城乡公共
食堂规划纲要*

（一九六〇年四月二十八日）

城乡公共食堂是巩固人民公社制度的主要阵地，是促进集体生产、丰富集体生活、培养集体主义新精神的重要组织形式。为了适应我市社会主义建设事业高速发展和改造人民生活的需要，必须大力发展公共食堂，并下决心把它办好。我市城乡公共食堂随着城乡人民公社化的实现，集体生产规模的扩大和生产的迅速提高，有了很大的发展。目前城乡公共食堂已有 40% 左右的城市人口在食堂吃饭，农村人口已有 30% 左右在食堂吃饭。这些食堂正在迅速地走向巩固提高的道路，对于解放妇女劳动力促进生产的发展，节约粮食、改善社员生活，增强社员集体主义思想，巩固人民公社等方面都起到了重大的作用。

为了使城乡公共食堂更进一步适应生产迅速发展的需要和满足广大群众的迫切要求，根据中央和省委的指示精神，对我市城乡公共食堂的发展提出如下规则：

城市公共食堂

一、大力发展城市公共食堂。根据"积极办好，自愿参加"的原则，要求城市在今年内在公共食堂吃饭的人数达到城市人口总数的百分之八十以上，基

---

* 原件现存于沈阳市档案馆。

本实现食堂化。

二、城市公共食堂应多种多样,贯彻两条腿走路的方针。采取大、中、小相结合,国家机关、工厂、企业、城市公社和群众自办等各种办法,兴办各种各样的公共食堂,并做到合理地布局,便于广大职工和居民群众就餐。

三、适应公共食堂需要,大办主食加工厂。为了使食堂饭菜多样化、减少炊事服务人员和节约粮食煤炭,并便于实现炊事工作的机械化、半机械化,要求在今年"六一"前各人民公社均应建立二个以上能供应一至两万人左右的大型主食加工厂。以逐步实现主食生产的工厂化、机械化。

四、大搞牲畜、家禽饲养和蔬菜及其他副食品生产。为适应人民生活日益提高的需要,各公社均应以油、菜、蛋为纲,大搞副食生产。各区在60年内应增加温室面积十万平方米以上,大搞温室种菜。此外各城市公社均应与农村公社挂钩协作,建立副食品生产基地。除大力发展蔬菜生产外积极发展肉、蛋、鱼的生产,以逐步达到蔬菜数量充足,品种多样,四季不缺,其他副食品也逐步达到部分自给。

五、大搞技术改革,实行炊具机械化、半机械化。今年部分食堂实现炊具的机械化、半机械化,做饭蒸汽化和煤气化。三年内全部食堂实现炊具机械化,做饭蒸汽化和煤气化,以减少炊事人员的劳动强度。

六、加强经营管理,降低成本,不断提高蒸调技术提高饭菜质量,增加品种,提高服务质量,保证使就餐人员吃得饱、吃得省、吃得方便、吃得卫生、吃得满意。

为保证上述规划的实现,必须加强对食堂工作的领导,认真贯彻抓好以下几项措施:

1. 公社各级党委必须加强对食堂工作的领导,抽调政治上完全可靠的人作为管理人员和炊事人员。此外并组织有关部门的力量经常给予公共食堂以各种帮助,使全食堂不断巩固提高。

2. 各有关部门必须密切配合公共食堂的发展,积极培育典型,不断总结与推广所得的经验并通过各种形式加以推广,以促进公共食堂的发展。

3. 每个食堂应建立财务管理制度,实行经济核算。按期向社员公布账目,发挥群众的监督作用。此外应建立民主管理制度,以便充分发挥群众智慧,办好食堂。

4.食堂的粮食应设专人保管,大力推广粮食食用增量法,千方百计地节约粮食。

5.认真搞好食堂卫生工作。室内、室外及一切炊具应经常保持清洁。对饮食器具要经常进行卫生及安全教育,防止食物中毒,以保证就餐人员的身体健康。

农村公共食堂

一、根据"积极办好,自愿参加"的原则,坚决把农村公共食堂办好。要求在今年内,我市农村公共食堂吃饭的人数占农村人口总数的百分之八十以上,并逐步实现农村全面食堂化。

二、食堂范围大小应因地制宜,根据具体情况决定。在目前,一般的以生产小队或者自然屯设立一个为适宜,如果生产小队太大或居住过于分散,在没有相应的餐厅和设备的情况下,可以根据需要分设。今后则要根据生产的发展和餐厅炊具基本建设发展的情况,逐步地扩大提高,使农村食堂成为群众在农村的政治、经济、文化活动的中心。

三、根据勤俭办食堂的原则;依靠群众自力更生进行食堂的基本建设,逐步做到设备齐全。今年,要依靠群众,因陋就简筹备炊具、食具、桌凳和房舍,做到队队有粮食集中保管的仓库;今后并逐渐修补、扩建部分简易餐厅,增添饮具、食具等设备。

四、普遍建立食堂的副食品生产基地,做到副食自给有余。大力建立食堂的副食品生产基地,作到今年夏季蔬菜自给。所有食堂都要养猪、养家禽,腌菜、做酱和储藏蔬菜,至 1961 年逐渐做到全部副食品自给。此外每个食堂要有一定数量的宿根菜、细菜的生产和水菜园,力争做到每个食堂都有简易温室、阳畦生产,达到一年四季都能吃到蔬菜。

五、大搞技术改革,实现粮米加工和炊具机械化、半机械化。有条件的食堂今年实现推米磨面和炊具半机械化;今后逐渐实现全部机械化、半机械化,以节省人、畜力,减轻炊事人员的劳动强度,提高饭菜质量。

六、食堂要做到有稀有干,饭菜多样化,要普遍设有开水,冬季做到屋子暖、饭菜热,使社员吃饱、吃好、节约、卫生,为了方便社员,对来客、产妇、病人、老幼、学生以及婚丧嫁娶等,食堂都应给与适当安排和照顾。托儿所、幼儿园、敬老院和学生,可以根据不同的需要实行分别就餐或分设食堂。一般的都应设立为社员生活服务的小卖部,代卖烟酒小菜等,有条件的可以大搞食堂综合性的服务站,以便全面地组织好社员的经济生活。

为了确保上述规划的实现,各级党委必须加强对食堂工作的领导,认真抓好以下几项措施:

1. 市、县、社三级组织,都要组织生活福利委员会,有一名书记挂帅,组织有关业务部门具体领导农村公共食堂的日常工作。

2. 农村各级党委都要经常不断地抓公共食堂工作,派干部深入到食堂搞试验田,做出样子,总结推广经验和召开食堂现场会议组织检查、参观、评比,表扬奖励红旗食堂和先进人物,培养、训练食堂工作人员,不断地提高他们的政治觉悟和业务技术水平。

3. 农村所有基层干部和党、团员以及下乡工作的干部,一律参加食堂吃饭,和群众打成一片,同甘共苦,下放锻炼的干部要有人充实到食堂去劳动,千方百计地把食堂办好。

4. 每个食堂都要组织食堂管理委员会,加强对食堂的领导。管理委员会的委员必须经过群众民主推选,把领导权掌握在贫农和中农手里,食堂管理员、炊事员必须是热爱食堂工作,公正能干和身体健康的贫农和下中农来担任,并要经常不断地深入群众,发挥群众智慧研究改进工作。

5. 食堂的粮食设专人专仓由大队集中保管,口粮分配要实行"以人定量、指标到户、实物到食堂、凭票吃饭、节约归己"的办法,所有食堂都要大力推广粮食食用增量法,千方百计地节约粮食,根据忙时多吃,闲时少吃,忙时吃干,闲时半干半稀和粮菜混吃的精神;确定各个不同时期的吃粮标准。

6. 要建立食堂的财务管理制度,实行经济核算,制定年度、季度和分月、分旬的计划,并要认真贯彻执行和按月向社员公布账目,使社员了解食堂的家底,发挥群众的监督作用。

7. 建立经常性的卫生制度,培养食堂成员的卫生习惯,搞好环境卫生和个人卫生,学习食物营养知识,讲究食物的卫生,做好食具定期消毒,严防疾病传染和食物中毒,保证社员的身体健康。

中共沈阳市委员会

一九六〇年四月二十八日

（福建省）城市人民公社情况简报*

（一九六〇年四月二十九日）

兹将福州、厦门、三明市委和南平、晋江、龙溪地委四月二十八日关于城市人民公社化运动情况，简报如下：

福州市

省委六级干部会议后，市委立即建立了市、区两级城市人民公社领导小组，并设专门办公室，着手进行各项工作。首先着重发展巩固街道生产，进一步组织人民经济生活。目前已有51%的居民参加食堂，有37%儿童进了托儿所和幼儿园，使三万多居民群众特别是家庭妇女兴高采烈地走上生产岗位。

四月十六日开始，全市开展了一个声势浩大的宣传教育运动，仅三天就出动了300多个由干部和居民组成的街道宣传队，组织300多场报告会，受教育的群众达90%以上，做到家喻户晓，人人皆知。随着宣传教育运动的深入发展，大大提高了广大群众的觉悟，培养了大批骨干力量，特别是家庭妇女认识到只有实现生活集体化，家务劳动社会化，才能与"灶猫"离婚，摘掉"家庭妇女"的帽子，他们欢欣鼓舞地要求迅速组织参加人民公社，如鼓楼区石井居委会居民106人，听了报告会，除6个五类分子、1个反属外，其余99人当场报名。但另一个方面资产阶级、资产阶级知识分子和他们的家属却是七上八下、进退两难，参加吃不消，不参加又怕孤立，有的还有抵触不满情绪，社会上的五

* 原件现存于福建省档案馆。

类分子蠢蠢欲动,造谣破坏,他们以食堂作为进攻重点,把食堂形容为十不好,不自由、吃不好、花样少、不卫生、照顾不好,挤、吵、贵、偷、节约粮食不归己。同时还暴露了某些人资本主义非法活动的严重情况,反映了两条道路斗争非常尖锐,初步统计全市搞投机活动的有 2495 人,其中有包工头、二盘商,地下工厂以及为数不少的"老鼠工",有的还勾结国家工作人员,进行盗窃、黑市投机等各种非法活动,根据揭发资料,他们活动的方式是:(1)借民办工厂的招牌,干资本主义活动,到处拉工,进行中间剥削,如邱马昌集团拉工达 120 多人,盗用水部民办建筑社招牌,到处承包工程,非法牟利 1770 元;(2)怠工跳厂,做老鼠工,不少人利用业余时间或借故请假去做老鼠工,白天干社会主义的活无精打采,晚上做老鼠工"劲头十足",有的干脆跳厂离社到处乱窜,这些老鼠工有 1418 人;(3)集伙开设地下工厂,如省建设厅机械厂沈××(党支部副书记),拉工 15 名开设地下工厂,联合包商或利用已开除徒工作秘密联络员,公开盗窃厂内材料和工具器材达 1700 多元,开假发票,抽利 20%。这些资本主义活动已经严重地危害了社会主义建设,破坏生产计划,影响工农业生产持续大跃进,影响人民公社的巩固。

这段工作中也遇到一些问题,并经研究解决,主要是:

(一)组织规模问题,根据南街等几个公社的实践经验,在建社初期公社的规模小一点好,我们以一个街道成立一个公社,这样有利于发挥街道干部和居民群众的积极性,建社也容易,将来再由小到大逐步发展。对机关建社问题,凡是人数多、居民集中的单位可以单独成立公社,其余按人数多少参加街道公社为分社或大队,分别核算,入而不归,这样可便于当地党委的统一领导,便于机关与居民群众的联系。

(二)体制问题,实行统一领导、分级管理、分级核算的原则,以公社为基本核算单位,实行公社和大队的两级管理、两级核算,这样更有利于生产,有利于调动街道的积极性。公社的公共积累,首先用于扩大再生产,然后适当用于集体福利事业,在一、二年内不上缴区,但必须掌握:(1)公社生产的产品统一由国家收购。(2)参加生产人员的工资不超过国营同工种的工资水平。(3)加强公社财务制度,防止浪费。

(三)阶级斗争问题,这是长期复杂的,必须广泛深入开展社会主义教育提高广大人民的政治觉悟,把资本主义挖深搞臭,在群众监督下使其没有活动余地。

在思想教育成熟基础上,"五一"节前组织报名入社,全市可普遍挂起牌子搭起公社架子。

厦门市

1958 年 10 月间建立起来的 8 个城市人民公社,一年多以来贯彻了以生产为中心,生产、生活一齐抓。到四月廿日的统计,全市有 508 个工厂,其中社办厂 373 个,街办厂、机关、学校团体办的厂 135 个。职工有 13866 人,其中街道的有 8334 人。居民参加生产劳动达 90%,鹭江、思明两个公社已达 95% 以上。产品有二百多种,今年民办厂产值计划一亿五千万元,街道办的占一亿元。当前在城市人民公社普遍化运动中主要做了下列工作:

1. 积极办好公共食堂,贯彻大、中、小并举,不断发展巩固。四月中旬止共有食堂 234 个,比 1959 年增加 52 个,入膳人数从 1959 年底的 66408 人增加到 113317 人,占总人口的 56.6%。大搞炊具革新,已创造成功的有电动磨粉机、自动切菜机、洗米机、包饺子机等共 17 件,提高工效 1—50 倍。已实现蒸汽化的有 31 个食堂,实现机械化、半机械化的有 85 个食堂。并普遍推行做饭增量法,改善经营管理,实行计划用粮,简化手续,同时建立蔬菜、生猪、家禽等生产基地。

2. 组织托儿所、幼儿园,根据因陋就简,因地制宜,照顾特点,便利群众的原则,采取大、中、小相结合的办法,发展全托、半托、简托,做到形式多样化,以满足群众的要求。到四月中旬止,已建托儿所、幼儿园 201 个,入托儿童 14051 人,比 1959 年增加 81 个,6190 人。为了加强保教人员的思想教育和业务辅导工作,还建立了各公社托儿所、幼儿园的辅导网。召开了保教人员积极分子代表会,树标兵,推动工作。

3. 大办生活服务站,建立居民邻里互助组,结合进一步调整商业网,合理分配商品,改造小商小贩,确定鹭江、中华、鼓浪屿三个公社进行试点。全市已有 355 个服务站（组），比 1959 年增加 305 个，服务员由原来的 255 人增加到 1082 人，居民邻里互助组有 500 个，1500 人。

目前问题是：宣传、教育工作还不够深入细致，部分群众对食堂、托儿所、幼儿园还存在顾虑。公共食堂和托儿所工作还赶不上形势发展的需要，保教人员还不够，服务站有一小部分服务员还不够安心工作。街道新办厂原材料不足。市委准备在最近根据中央、省委的指示进一步研究布置城市人民公社，使运动更加深入发展。

三明市

自省委六级干部会议结束后，为了迅速贯彻省委提出在上半年实现城市人民公社化的要求，市委连续召开了三次会议作了专门研究。根据三明地区的特点，确定以原来城关公社为基础，下设四个分社，其中三个以工厂为主，一个以街道为主，同时研究了有关政策问题；确定由一个书记和一个委员负责领导这个运动，抽调了机关、工厂八十五个干部参加到这项工作；并先以三钢分社作试点。

全市截至目前，已组织城区居民参加生产占应该组织生产的 64.2%；生活集体化以组织 40%；入托入园儿童已达 30%。当前存在二个问题：（1）街道办厂的所有制和分配问题还未确定；（2）食堂、托儿所的组织和家务劳动社会化、生活集体化还跟不上生产的发展需要。为此，市委要求大力举办集体生活福利事业和各种服务性事业，以进一步解放劳动力，要求在五十天内实现：（1）组织入社人数达 80% 以上；（2）参加食堂人数达入社人数的 80%；（3）入托入园儿童达 90% 以上；（4）大办各种服务性事业。

根据上述要求，采取如下步骤和方法：

第一步，开展一个大张旗鼓、轰轰烈烈、声势浩大的宣传教育运动，组织群众辩论大办城市人民公社的意义、优越性和有利条件，以提高群众觉悟，同时大抓生产，大办集体生活福利事业和服务事业。方法是：边宣传、边组织、边生产、边发动。时间要求二十五到三十天之内完成。

第二步,组织报名入社,研究处理有关政策性问题。时间要求十天左右完成。

第三步,产生社员代表,召开社员代表大会,选举公社管理委员会和社长,建立各级组织,制定社章,并建立健全各项管理制度。

以上步骤和方法,在这次市委召开四级干部会议上都作了布置和贯彻。

南平市

省委六级干部会后,市委召开了城市四级干部会议。着重解决了城市公社普遍化的问题。通过回忆、算账、对比、参观,认识有很大提高。一致认为:我市已经出现城市公社普遍化。一年多来,全市办起了小型工厂231个,组织了12000多个居民参加生产;办起了街道食堂63个,入膳居民达80%;建立了托儿所,幼儿园42个;服务站、服务组23个。总之,在组织城市人民生产、生活方面成绩很大,但是,亦存在以下几个问题:

1. 组织机构不够健全;

2. 社会活动还没有按管理区组织起来;

3. 部分职工家属还没有及时组织生产;

4. 生产大协作还做得不够;

5. 集体福利事业还需要大力发展。

根据上述情况,市委安排:

1. 健全公社组织机构。把原来三个管理区按区域划分为六个管理区,其中以居民为主的管理区三个,以工厂、工地为主的管理区三个(南平造纸厂、水泥厂、建溪工地各为一个管理区)。

2. 城市公社所有制包括全民所有制、公社所有制、大队所有制。全民所有制一律入而不归,公社所有制是基本的,大队所有制是部分的。参加延平公社的机关、工厂、企业、学校、团体等行政体制不变,所有制维持现状,但在组织经济生活和社会活动,如集体福利事业、除害灭病等,由公社党委统一领导。

3. 大抓生产,进一步发展社办、街道工业,要求今年全社工业产值达到

2000万元，比去年全年产值121万元增加16.5倍，并大力搞好协作。

4.继续巩固、发展食堂、托儿所、幼儿园、服务站、服务组等集体福利事业，要求5月份街道居民的入托儿童占应托儿童80%以上。

目前，已组织宣传队伍，深入街道、基层，开展大宣传、大发动，全市受到教育的群众达90%以上，受二次、三次教育的群众达70%，城市公社的优越性更加深入人心。同时大抓生产、生活，大抓技术革命。全社第一季度工业产值完成117万元，而4月1日到26日又完成了63万元，预计全月可完成80万元；技术革新、技术革命运动亦已形成高潮，据全社62个厂的统计：机械化、半机械化程度由去年年底的10%提高到62%。目前居民入膳人数由15000多人增加到16600多人，占应入膳居民的98%；街道入托儿童由899人增加到1520人，服务站、服务组的服务内容亦大大增加。

通过以上工作，计划在5月份召开社员代表大会，健全组织机构，建立各项制度。

从目前情况看：南平专区各县城关公社进展较慢，有些县城参加公社户数比重很小，如建瓯县城关有11000多户，参加公社的只有三千多户。

泉州市

省委六级干部会议后，市委立即成立了城市公社领导小组，建立办公室，拟订了城市公社工作方案。要求在"五一"节前全市所有新建社办工厂全部投入生产，参加生产人数应达城市人口60%以上，收托儿童达到应托儿童50%—60%；每个生产队都要有服务站。

4月16日，市委召开了四级干部会议，城市人民公社普遍化是会议主要内容之一，边开会边行动，从生产入手，抓思想发动，26日全市组织了100多个报告员，分头深入基层开展大宣传、大动员。通过宣传动员，城市人民公社更加深入人心，广大群众热烈拥护，他们以大搞生产，大办集体福利事业的实际行动迎接公社的建立。同时，确定以鲤东大队为重点，先走一步，大抓组织生产、生活，推动全面。截至25日，全市已建社办工厂321个，参加生产人数达 6700 人,四月份产值计划 376 万元,到 24 日已超额 7.2%;参加食堂 28346 人,占应入膳数 72%(包括机关、团体);建立托儿所 100 个(新建 18 个),入托儿童 1364 人,占应托儿童 20.3%;幼儿园 38 个(新办三个),入园儿童 5815 人,占应入园儿童 82%;服务站、组 190 个(新建 18 个),有服务员 584 人。

在宣传教育运动中亦暴露了以下几种思想顾虑:

1. 怕房屋、缝纫机、果树要归公社。如有些人把已出租的房屋收回自用。

2. 资产阶级家属和部分侨属在组织生产中,怕参加重体力劳动,怕集体劳动不习惯,开会多、太紧张;有些小手工业者怕组织起来后收入减少。

3. 有些人怕参加食堂后生活拉平,饭菜不合口味,怕增加负担。有个资本家不信任食堂,说食堂要一不赚钱,二不赚粮。有些人怕托儿所照顾小孩不周到。

此外,在办集体福利事业过程中,有些人要求过高,喜洋喜大,认为要办就得办大办洋的,这样才象样,解决问题。

目前主要抓住以下几个工作:

1. 召开不同类型座谈会,进一步摸清思想,组织参观,运用各种宣传工具,向广大群众进行人民公社优越性和有关方针、政策的宣传教育,解除思想顾虑。

2. 大抓生产。贯彻自力更生、因地制宜、就地取材、因陋就简的方针,广开生产门路,大建社、队工厂,发展生产。

3. 大办以食堂为中心的集体福利事业,依靠群众,因地制宜,灵活多样,把全市经济生活进一步组织起来。

经过以上工作,计划在"五一"节前普遍把公社的架子搭起来。

漳州市

漳州市在三月下旬组织了一个三十多人的工作组,深入到街道开展组织生产和组织人民经济生活,筹办人民公社,在全市掀起一个轰轰烈烈的大办人民公社的宣传教育运动。召开各种座谈会 32 次,组织街头宣传队 116 队,演出 156 场,利用有线广播、电影院、说书场和写标语、出黑板报等形式进行宣传教育。居民受教育达到每人最少一次,有百分之五十的居民接受三到四次的教育,最近还以街道为单位召开群众大会,组织讨论。

通过大规模的思想发动和教育,有百分之九十以上的干部、职工、居民群众纷纷表示热烈拥护,迫切要求参加人民公社,走集体生产生活道路。如民主街有一个妇女黄爪说:"办人民公社妇女才算是真正得到翻身,不必整天为家务事操心";北京街一个老太婆说:"办公社是毛主席的好领导,人人有工作,可以过好日子,我要第一个报名";许多群众反映:"参加公社后,人人都有事做,不会吃闲饭",纷纷写决心书,有的用红纸条报名;延安街有个回国探亲的华侨林有同,听了办公社的消息,立即把家属户口簿拿到居委会去报名。到目前止,城市已办起工厂236个,职工2814人;食堂43个,参加人数占应参加数71.58%;儿童占应入托数57%,入幼儿园占应入园数72.68%;街道居民有三千多人参加了生产,占应组织生产的84.98%。

另方面,还有百分之十左右的人对公社有怀疑、有顾虑,甚至个别反对。这些人一般都是资方人员、归国华侨和资产阶级分子,他们存在有五怕:①怕参加体力劳动吃不消;②怕小孩在托儿所带不好;③怕参加食堂不自由;④怕生产资料归公;⑤怕股息取消。特别是侨眷从来没参加过生产,怕吃不消,问干部说不参加公社行不行。少数人家里有果树、母猪、缝纫机怕归公,问干部说这些东西要不要归公。另外,街办工厂和集体福利事业还未经过整顿和巩固工作,有些生产和生活的管理人员不纯。初步统计,食堂、托儿所、幼儿园的工作人员不纯和不称职的占12.9%;街道工厂缺乏经验,还没有健全的生产制度,生产效率较低。

根据以上情况,漳州市委确定当前主要是大抓生产和集体福利事业的整顿和巩固工作。组织机关干部一百多人分头深入各个街道,要求在最近期间内发动报名,搭起公社架子。全市成立了四个公社,争取"五一"挂牌,5月3日召开第一次人民公社代表会议,并研究解决有关具体政策问题。

中共福建省委办公厅办公室编印

一九六〇年四月二十九日

福州城市人民公社
工作组关于福州市当前街道工业
生产情况汇报*

（一九六〇年五月四日）

最近一个多月来，本市街道工业通过整顿、巩固和建立城市人民公社的推动下，又有了新的发展，为城市人民公社化奠定了初步的基础，至四月三十日统计全市计有街道民办工厂 855 个，其中鼓楼区 574 个，台江区 204 个，仓山区 77 个；参加生产的人数达 32743 人，其中：鼓楼区 11280 人，台江区 15148人，仓山区 6315 人。从工厂类型看发展较多的是化工、五金和机电修配，其次是打绳、酿酒和为建筑服务的运输安装社。这些工厂绝大部分是白手起家，土法上马、因陋就简、穷办苦干起来的。它们在为大型企业服务、为人民生活服务，以及为农业、出口等服务方面，日益显示了显著的作用，全市街道工业产品近 2000 种，平均日产值近百万元，已成为大型企业的有力助手。街道工业的发展，进一步解决了社会劳动力，百分之八十五以上的社会闲散劳动力参加到社会主义建设的行列中，不少地区已形成了"人人搞生产、家家无闲人"的新气象，我为人人、人人为我，团结互助、共同提高的共产主义的风格到处出现。

街道工业的迅速巩固发展，主要是在省委、市委的领导下，以发展生产为中心，贯彻了"三不争""五服务"的方针，依靠群众、政治挂帅、坚持自力更生、土法上马、因陋就简、勤俭办一切企业的原则，不断地巩固、发展、提高，在巩固发展过程中，大厂与商业部门进行了积极支援。本市八一钢厂、一化、二化、火柴厂、省汽车修配厂、制药厂、绳缆厂、玻璃厂、福机、六机等二十多个单位都主

---

* 原件现存于福建省档案馆。

动与各街道挂钩,他们采取了以大带小、以老带新、以师带徒、以点带面的办法,大力支持街道工业,他们还把一部分的边角、废料和设备支持和武装了街道工业,将简单的产品和制造部件、零件的辅助车间下放给街道,如一化厂把海藻胶生产整套设备下放到仓山区下渡化工厂,制药厂的两个车间连同设备、原材料以及技术力量下放给临江人民公社。不少的厂还替街道培训工人。单市电讯器材厂、火柴厂二个厂培训的工人达 200 多人。商业部门中百、中文、化工、土产、工业器材等批发站,也在设备及技术、原料方面给街道工业以大力支援,他们采取四帮(帮原材料、设备、技术、管理)、四定(定人员、定品种、定数量、定时间)的措施,在一个月左右的时间内,仅中百站针织批发部就帮助街道办了十三个工厂和四十六个车间,生产品种达 83 种。东街口百货商店也协助鼓楼南街人民公社,办起六个街道生产小组。他们并为街道工业寻找原材料,废品公司已成为街道工业的后勤部,商业部门通过参与生产、组织生产、服务生产,促进了街道工业的发展,扩大了小商品的生产。

街道工业发展形势是良好的,老厂规模正在扩大,新厂相继投入生产,部分工厂产品的品种数量有所增加,质量有所提高。但由于生产发展很快、时间又短、企业的管理工作还跟不上,主要表现在以下几个问题:

一、部分工厂生产不够稳定。据鼓楼区六个人民公社四百多个厂、组调查,正常生产的有 294 个厂、组,生产不正常的有 60 个厂、组,停工的有 46 个厂、组,占 11.5%。总的看来有两种情况:凡是坚持政治挂帅,依靠群众,自力更生,采取"穷"办法办厂,同时坚决贯彻为大厂、为人民生活需要服务的厂,并采取以加工方式为主、与国营商业部门和大厂取得密切联系的,生产就不断增长,工厂不断扩大(如瀛洲公社、后洲公社和南街公社);凡是面向高、精、尖,单纯抓产值,强调自造,放松产品生产,与大厂和商业部门挂钩不够好,方向不明确,没有根据街道居民实际情况出发办起来的厂,就困难重重,今天缺煤,明天缺铁,生产就不正常,甚至停工(如茶亭、双杭、新港、仓山和东街等公社的一部分厂都是这样)。

二、工资形式不一,工资水平高低悬殊。总的来看,街道工业刚办起来,工资收入比较低,这是正常的。但有些营业好的厂有偏高的现象。据典型调查,目前街道工业的工资形式各式各样:有计件工资制。计件工资中有的只有单价没有定额和标准(如茶亭的木模、煤粉、纱织等车间);有的实行类似分成制的集体计件,即在企业总收入中扣除上缴管理费、税收、公积金、公益金及成员、学徒计时工资外,所余部分全部作为生产工人工资,再以死分活值办法分给个人(如南街电工安装队);有的则实行类似"包工"的计件制,即根据产品临时估计,确定工资(如茶亭木器厂)。有计时工资制。建筑业自己确定了比国营同行业还高的等级标准。三八化工厂则不分技术高低、劳力强弱,工资都是一样。从分类型看,社办直属企业由于"老鼠工"工资的影响,部分企业超过同行业国营企业水平,如南街建筑厂最高月工资174元,澳门建筑社148元,纺织厂平均工资30元,比国营高17%。大队办的生产小组,工资收入大部分是较低的。如文儒坊综合厂棉绒车间60人,其中车工6人平均月收入20元,其余收入都在10元左右;纸袋车间每人每月仅6元左右;还有不少生产小组,只给些生活补贴,如文坊大队化工车间,每月只补贴三元伙食费。

三、领导权问题。公社各厂领导骨干少,部分政治质量不高,少数单位领导权还为五类分子、小业主等所掌握。据南街公社14个厂15个负责人调查,其中工人2人,职工家属2人,民主人士、教员、侨眷各1人,旧职员4人,小业主4人。瀛洲公社12个厂12个负责人调查,其中工人3人,城市贫民1人,学生2人,家庭妇女2人,华侨及侨属3人,老板娘1人,仓前机械厂会计是一个因一贯贪污而被三个单位清洗的分子,供销员是刑满释放分子。虽然各公社也配备了一部分领导骨干,但由于业务不熟悉,实质上曾被那些不纯分子所掌握。

四、企业生产管理制度还未很好建立起来,特别是财务制度比较乱,部分工厂收支还没有账目。据瀛洲公社了解,15个社办工厂中,财务制度不健全,账目不够清楚的约有三分之一。虽然建立了账簿,对支出款项没有审批制度和批准权限。对生产管理上的一些制度和原材料的保管、劳动制度等还未建立起来。已经有个别工厂发生贪污现象。

目前全市基本实现了公社化,为了进一步巩固和发展城市人民公社,必须以生产为基础,大力发展街道工业,使街道工业推向新的阶段,因此,提出如下意见:

一、继续贯彻"三不争、五服务"和土法上马,自力更生,因陋就简,勤俭办一切企业的方针,这是街道工业正确的发展方向。首先,要为大工厂服务,这也是为煤、铁、钢服务,做到大厂需要什么加工什么,什么时候要什么时候完成。这样的加工生产,简便灵活,不需建设厂房,不必筹备原料,工具简单,操作方便,人员能多能少,加工单位与任务可随时变化,同时,使大厂腾出手来向高精尖发展。在大厂方面将原来生产简单的产品车间和制造部件、零件的辅助车间,继续下放给公社(街办)生产,并给以技术和设备上的支持,把这种关系固定下来。其次,充分利用大厂的边角废料、下脚料生产人民生活必需的日用小商品,这也是街道工业的方向问题,在领导思想上应该明确,不能因为小商品产值低而忽视生产,街道工业应该在这方面发挥更大的作用,而支持生产建设、满足人民生活日益增长的需要。但在下放给街道工业生产的小商品,在技术、设备、生产任务都要衔接好,各区应统一安排,不能脱节。

二、街道工业应该有必要的积累,不断地扩大再生产和举办集体福利事业,分配收入部分大致占总收入(除了生产成本)的四分之一左右。工资水平应不高于地方国营工业同工种的平均工资,一般可比国营企业低5%左右。目前,由于街道工业创办不久,基础薄弱,应本着先谈生产后谈分配的原则,不急于建立工资制度,一般可先给予适当伙食贴补,不发工资,生产稳定后再增加贴补,逐步建立工资制度。对现行少数老的街道工厂平均工资已超过国营企业的,在思想教育的基础上进行合理调整。

三、建立健全生产经营管理制度,鉴于街道工业的特点,必须相应地建立财务、计划生产管理制度,这些制度办法不能硬套大厂的,应该是简便易行,公社的工厂可实行"一账、二表",大队的综合工厂可设立收付账和实物保管制度。各级税务部门应有计划地培训街道工业的财务人员,指导财务工作。

四、加强领导,进一步发挥街道工业的作用。街道工厂领导权必须紧紧地掌握在劳动人民的手里,积极组织阶级队伍,适当调配一部分老工人,充实街道工业的骨干力量。同时也要积极培养现有街道工业的领导干部,由各区统一领导和组织政治、业务学习,最少每星期有二个晚上的学习时间,提高其政治觉悟,熟悉工厂的业务知识和管理水平。为了进一步加强街道工业的领导,市财办应负责街道工业的生产计划的平衡,物资部门按计划分配原材料,市轻工局手管处和区工业局应增设街道工业科,负责街道工业的业务指导。

（城市人民公社情况简报第4期）

中共福建省委办公厅办公室编印

一九六〇年五月四日

西安市实现城市人民公社化的总结[*]

（一九六〇年五月七日）

省委：

四月份，我市在全市掀起了一个具有伟大历史意义的城市人民公社化运动。在短短的一个月中，城郊和市属四个县，分别成立了十九个城市人民公社。这十九个城市公社以大工厂为中心的有十一个，以大机关为中心的有四个，以大学校为中心的有两个，以街道居民为中心的有两个。全市已胜利地实现了城市人民公社化。

一

为了保证公社化运动的顺利开展，各级党组织都大抓了政治思想工作。一个月来，宣传工作采取了大报告与座谈会讨论结合、文字宣传与口头宣传结合、街头宣传与家庭访问结合等多种多样的方法，步步深入。在步骤上，分为上、中、下旬三个阶段。

在四月上旬运动初期，各区着重对城市人民公社化的必然性和优越性大张旗鼓地向群众进行了宣传教育，特别是市委提出"全体总动员，大干三十天，实现公社化，'五一'把礼献"和"每人为公社做一件好事"的号召后，立即得到了大多数职工家属和贫苦劳动群众的积极响应和热烈拥护。他们歌颂城市人民公社说："河儿湾湾流水长，共产主义是天堂，要想上到天堂去，人民公

---

*　原件现存于陕西省档案馆。

社搭桥梁"。广大家庭妇女称赞说："党的恩情重如山,领导妇女把身翻,自己劳动自己穿,再不围绕锅台转",把成立公社看成是彻底解放的道路。孤、寡老人称赞将来进敬老院是"上天堂"。群众纷纷以实际行动支援人民公社,如纺建公司有三百多名家属和学生,在公司党、政领导下,奋战两昼夜,盖起了一座六百平方米的食堂,许多职工主动腾房子,拿出家具和资金支持公社。

广大劳动群众热烈拥护和支持人民公社这是主流。但是,由于阶级出身、生活水平和觉悟程度的不同,所以对公社的认识和态度也就不同,加上我们对某些政策问题宣传解释得还不够深透,因而,一些生活较富裕的人,对公社抱有观望态度,他们怕实行供给制降低工资,怕入食堂吃不好,怕孩子入托儿所看不好,怕劳动,留恋小家庭生活等。如有的说:"别人先参加,我再看一看。"有些人口多、拖累大、生活较困难的家庭,害怕加入食堂和托儿所后,花钱多,入不敷出。一些年轻、有一定文化程度的家属,好高骛远,轻视服务性的劳动,怕当服务员、炊事员和保育员,怕干脏活、重活,认为参加社办事业没有前途,在分配工作时,挑挑拣拣。

绝大多数干部积极拥护公社,也有少数人怕街道社办食堂、托儿所不好,想让自己的爱人上机关食堂吃饭,想让自己的孩子上机关托儿所,想叫自己的爱人上大工厂工作,不愿上民办工厂;生活较宽裕的,怕入了社办食堂满足不了要求;家属在农村的觉得城市公社化与自己无关。

一些小业主和小商小贩及其家属消极抵触情绪较多,主要是怕入社后降低收入,怕个人的生产资料与生活资料归公,因而产生变卖缝纫机、架子车等,甚至拒绝入社。有的说:"什么组社,我都不愿参加,我愿参加独立社。"甚至说:"挣钱少,我不参加,我不是反革命,枪毙不了我。"在分配工作时,挑肥拣瘦,报名后不上班。

资产阶级分子和资产阶级知识分子及其家属,对公社抵触情绪也较大,有的公开说:"这几天把我的家都震动了。"他们主要是不愿过集体生活,怕降低生活水平,怕入社后不自由,怕孩子入托儿所受委屈,不少人好逸恶劳,怕劳动、怕脏怕累,怕自己的生活资料和银行存款归公,特别是怕占用自己的房子,因而对成立公社态度冷淡,寻找借口,不愿参加。个别人还谩骂污蔑说:"人民公社的优越性多,搞两个月(农村和城市公社)连草都吃不上了","公社化后还要分老婆哩"。

为了把思想工作做扎实，把运动放在可靠的思想基础上，我们在中旬又掀起了一个以"大讲公社优越性、大讲政策"为中心的宣传高潮。四月十一日，市委第一书记张策同志，向全市街道居民委员会以上干部和部分群众共三十五万人作了广播动员报告，针对群众的思想问题，进一步全面透彻地阐述了建立城市人民公社的伟大意义、必然性和私人生活资料一律归个人所有等一系列的重大方针政策问题，报告后又以市委常委、区委书记、国营大工厂和大专院校的党政负责同志为主，按地区分片包干作报告，结合报告，组织群众大鸣大放大辩论，组织参观访问，回忆对比，上门具体讲解政策等，进行了细致的思想教育，并通过街头宣传、广播、戏剧、电影等，造成声势，轰开局面。全市组织了各种报告会四千二百一十多次，听众九十七万人次，各种讨论会一千五百次，参加的有一百〇一万人次，组织宣传队一千一百七十八个，有六万多人参加，受到教育的有九十九万五千人次。下旬，正式成立公社后，通过庆祝活动，对群众又进行了一次深入的宣传教育。这样，就把轰轰烈烈的宣传和扎扎实实的思想教育工作结合起来，切实做到方针政策家喻户晓，大大地提高了劳动群众的觉悟。据对西安机械厂、六〇一厂、西安第一航空技校、前进化工厂、市政协、新城区西新街等六个单位三百一十二名职工、家属、居民群众和资产阶级及其知识分子的了解，经过宣传教育后，各阶层的思想变化大致如下：

职工和家属及其他劳动人民共二百〇九名，其中积极拥护并以实际行动支持人民公社的为第一类，由原来百分之五十点九六上升到百分之六十九点二；基本拥护人民公社，但有若干顾虑和模糊认识的为第二类，由原来百分之四十五点二下降到百分之二十九点二；对公社抱消极抵触情绪的为第三类，由原来的百分之三点八四，减少到百分之一点六。这个情况，基本上可以代表一般劳动群众的思想变化状况。在各方面积极拥护公社的人，经过工作已占绝对优势，而且还在不断增加，处于中间状态的，多是生活富裕或拖累较大的，他们想再看一看，目前还抱着观望态度，只要我们进一步办好生产和集体福利事业等，加强思想教育工作，他们也是会很快得到转变的。

资产阶级和资产阶级知识分子共七十人，第一类由百分之七点五上升到百分之三十；第二类由百分之六十减少到百分之五十二；第三类由百分之三十二点五减少到百分之十六。另据碑林区、西北大学、西安师院的调查,积极的约占百分之二十左右,多数处于犹豫观望的中间状态。有些人觉得"这样大的运动,不能不有所表示",于是在表面上表示参加公社,实际上勉强应付,并非完全自愿。如有的说:"不积极参加,又该说我们这些人落后",有的见了工作组同志催着给他爱人找工作,但在背后又说他每天要一斤豆腐八个鸡蛋,要他爱人给买。

小业主和小商小贩共二十人,第一类由百分之四十五增加到百分之五十五;第二类由百分之三十五减少到百分之二十五;第三类占百分之二十没有变动。在第二、三类中大多数人嫌入社收入减少,有的参加公社后,又要求退社,个别的还进行违法倒贩活动,但他们又觉得,这是大势所趋,非改造不可,如说:"没办法了,非走这条路不可。"有的三轮车工人说:"人家小商小贩都改造了,就剩下咱们了,只有咱们是空白点,人家迟早要消灭这个空白点","无论如何今年跑不出去"。这些情况说明了对小商小贩、个体劳动者进行彻底的改造是一场复杂的较长时间的思想斗争过程,我们必须认真做好这方面的工作。

二

实践证明,组织生产是办好城市公社的中心工作,是改造旧城市的物质基础,以生产为纲,带动生活福利和服务事业,只要把生产组织起来,就使公社有了物质基础。由于各级领导明确了这个思想,因而在短短一个月内,生产有了飞跃的发展,截至五月一日,已组织起来的生产、集体福利事业和服务单位达八千八百零四个,新参加劳动的有九万五千三百七十二人,占全市闲散劳动力一十二万四千四百九十九人的百分之七十六点六,其中有生产单位二千六百六十六个,参加生产的六万零六百一十四人,占已组织起来人数的百分之六十三点五。这些生产单位主要是为大工业生产服务,为城乡人民经济生活服务。据新城、碑林、莲湖三个区调查,为大工业服务的社员占百分之三十二点二,为城乡人民生活服务的占百分之六十三点八。

在这次城市公社化运动中,除对原来的生产组织给以扩大外,还采取以下

办法,大大地发展了新的社办企业:

1.依靠群众,自筹资金,自找生产门路,利用一切边角废料,因人因材使用,采用穷法、土法开工生产。莲湖区"三八"麻绳厂,由参加生产的十七名妇女自筹资金一百六十五元,买了一些简单的工具就开始生产,不到一个月厂子就扩大到四十多人。建国路童鞋厂,利用碑林区绱鞋厂布头、皮块生产童鞋,充分挖掘了城市的财、物的潜力,变废物为有用,增加了社会财富。

2.大工厂、老厂采取"母鸡下蛋"的方式,大办卫星工厂,组织职工家属和居民参加生产。据长乐、三桥两个分社十一个工厂企业的初步统计,共办了三十八个卫星工厂,这些厂都是为大工厂生产服务,制造一些"低、粗、小"的部件、零件、半成品和加工处理或为工厂处理废料。这既补充了大工厂劳力的不足,使其能集中力量搞高、大、精、尖产品,同时也发展了社办工业。

3.国营、地方国营工厂下放一些产品、工序给公社工业,支援一些设备、工具和技术力量转给公社工业。如市第二黑白铁合作工厂等十个单位就下放了十个车间和工序给和平路办事处;莲湖区前进日用化工厂,将第五车间的厂房、设备、工具全部下放给南院公社,调配去几个技工作为骨干,帮助提高技术水平;有些区还组织老厂、大厂包建小厂;新城区顺风中具厂包建一个五金制造厂;五一橡胶厂包建一个日用橡胶加工厂。这些做法都体现了共产主义协作精神,对群众也是生动的社会主义教育。

为了组织厂社之间的大协作,各区、各街道办事处,共召开了辖区内工厂企业党委书记、厂长会议达二百三十多次,并多次召开所有公共单位的协作会议,研究厂社互相支援问题。市区工业局所属工厂初步规划帮助公社新办工厂、卫星工厂二十九个,下放工厂和车间九十二个,工序、产品九十八种。这些都将有效促进社办工业的迅速发展。

随着生产的发展,我们进一步发展了集体福利事业。截至五月三日,全市共新办公共食堂一千七百二十一个,就餐达二十万二千二百零五人,托幼组织一千七百一十六个,入托儿童七万一千六百〇二名,服务站二千七百〇一个,从业人员二十万〇八百一十七名,服务项目达二百多种。举办这些事业都坚持了实事求是和"积极办好,自愿参加"的原则,先解决已参加生产社员的吃饭和孩子入托问题,再扩大参加面,逐步实现食堂化和托儿化。有些地区和单位,社员的家务拖累较大,生产门路又好解决的,他们从安排生活入手,先把妇女从家务中解放出来,再安排生产。这些保证了生产和生活事业互相促进及健康发展。

这些生活事业大多数是依靠群众、因陋就简、白手起家办起来的,街道的许多食堂,从房屋到碗筷都由群众自筹。为了不受大锅、大笼等大型灶具的限制,采取大中小相结合的办法,重点试办大型的,多办中型的,有的街道办容纳三十人至五十个人吃饭的院落食堂,各工厂企业、机关、学校都负责组织了本单位集中居住的家属举办食堂,并在房屋和一些大型设备上给以支持。街道举办这些事业也得到工厂、机关和商业、粮食等部门的协助,如碑林区,由公共单位调剂出房子五百多间,大型的灶具一千多件,及大量资金,组织老食堂和老托儿所具体帮助新办公共食堂和托幼组织;此外,还通过办训练班,"请进来""派出去",师傅带徒弟,交流经验等办法,积极培训保育、炊事管理等业务人员。有些食堂办起来后,立即加强了管理和核算,在伙食标准、开饭时间上灵活多样,照顾到各类不同人的需要,积极推进新法做饭,节约粮食。国棉五厂的八个食堂,由于加强管理,不仅饭菜群众满意,而且还节余了粮食。

吃饭是人们生活中的大事。在办食堂过程中,有的却贪多求新,有的怕房子不好解决,怕粮食吃超等顾虑,但我们及时纠正了这些思想,就使食堂得到了健康的发展。如南院门原来食堂发展很慢,后来由于书记亲自率领八十多名干部,按门按户宣传访问,三天之内,参加食堂的人数就由百分之四十增长到百分之七十六。

社办各种事业的资金,都是由工厂企业、机关、学校投资和群众自筹解决的。一般来说,以工厂为主帮助举办的事业单位,多是由工厂投资;以居民为主举办的多是由群众自筹。在取得资金的方法上,通过公社和分社与公共单位协商解决。群众投资则完全自愿,不搞捐献,不进行发动。对群众自愿投入的一切财物,折价记载,以备偿还。对资产阶级捐献的一切财物,都没有接受,特别是吸取一九五八年的经验,对原享受劳动保险待遇的社员,参加工作的暂不变动。所有这些措施都使我们的工作居于主动地位,也受到了劳动人民的欢迎。

三

实现城市人民公社化，是一次调整生产关系、解放生产力的巨大革命性的群众运动，全市各级党委都把城市公社化当作当前的中心任务之一，集中力量领导这一运动。市、县、区、公社和大工厂、学校等单位，都根据省、市委指示，由一位书记挂帅，分别成立了公社工作委员会、筹委会或领导小组，抽出四千多名干部专责进行工作，这是推动运动的重要力量。

为了有计划有步骤地实现公社化，运动一开始市委就作出全面规划，确定公社形式、运动的步骤和有关方针政策问题。各区、公社和工厂、学校等单位，在对闲散劳动力、生产出路等问题调查摸底的基础上，都制订出了行动规划，做到领导心中有数，目的明确，这样就使全市波澜壮阔的公社化运动有条不紊地迅速发展。此外，还组织有领导同志，深入基层检查督促，帮助解决有关问题。许多单位的党委书记，也深入现场，领导运动。在运动中，全市有关部门都主动发扬共产主义协作精神，支持这一新生事物的成长。所有这些，都有力地支持了公社化运动，从而把建社工作和有关部门的业务工作密切结合起来。

一个新事物的出现，总会受到一些阻碍，各级各部门领导同志，都注意在运动中与各种保守思想作斗争。譬如有人认为："在职工家属和居民中，年轻力壮的人早就已经工作，现在剩下的多是老弱和小孩，能劳动的人不多，油水不大"；有的顾虑："把这些人组织起来后要背包袱"；有的强调"房子问题难解决"，表现束手束脚等等。各级党委都抱着为新生事物鸣锣开道的坚决态度，对以上各种保守畏难情绪作了批判和纠正，为运动的开展扫清了道路。

四

总之，我市的公社化运动，基本是健康地、正确地执行了政策，因而顺利地实现了全市公社化。除此以外，在我们的工作中，还存在着以下几个问题。

（一）新建立的一部分社办工业尚来不及巩固。由于有些生产项目原料来源未落实，有些还缺乏设备，有些从业人员一时还未安下心来，嫌脏怕累、看不起社办工业、挑拣工作等等，这些实际问题和思想问题，使新组织起来的工业事业和人员还约有百分之十至百分之三十没有真正从事生产。如青年路办事处，已组织起来一百二十六个生产单位，从业的二千一百一十八人，能正常出勤的有一千六百一十八人，占百分之七十六点四。目前组织起来的生产单位，加工服务性的较多，利用边废料、下脚料生产和制造性的较少；分散生产的多，集中生产的少，少数大、中工厂的领导干部对大办卫星工厂有抵触情绪，怕办起来打乱了原来的生产，怕将来交给公社，不归自己管理，有的强调特殊，既不办卫星工厂，也不要社办工业的支援，抱着与己无关的态度。不少工厂对大办卫星工厂和支援社办工业还缺乏规划和长远打算。

（二）集体生活福利事业跟不上生产发展的需要，在组织这些事业过程中，还有贪大贪新的思想。有些大工厂、大机关、大学校还没有认真帮助家属组织生活；有些应该入食堂的基层干部，不能带头上食堂吃饭；部分群众对改变旧生活习惯，参加食堂和托儿所思想上还有不少顾虑；有些食堂的管理制度还不够健全；有些食堂托儿所的房子没有很好解决。所有这些对发展食堂和托儿所都有一定影响。由于集体生活福利事业跟不上，使家庭妇女不能很快地摆脱家务。如土门煤球厂有五十多名妇女报名参加生产，由于食堂和托儿所没有解决，经常上班的只有八人至九人。

在已办起来的生产、生活和服务事业中，工资制度还来不及妥善规定，有的计时，有的计件，有的提成，甚至个别单位还是挣多少分多少。计时工资的高低也很悬殊，最低是月工资十元，最高是三十八元，甚至有的六十元。目前服务事业的收费标准一般较高，有的服务人员还没有树立起巩固地为群众服务的思想。

（三）我们在这次运动中，坚决贯彻了以工人阶级为领导、以劳动人民为主体、团结改造资产阶级分子的阶级路线。凡五类分子和一切被剥夺政治权利的人，都暂不给社员资格，更不得担任领导和要害职务。但由于各项事业发展非常迅速，所需基层骨干数量较大，以及公社领导来不及对基层干部详细审查等原因，致使少数基层领导和会计员、炊事员等职务被不纯分子所窃取，据碑林区在和平路办事处的一百四十七个基层干部中摸底,有地、反、坏分子、严重不满分子和反革命嫌疑分子共二十五人,现在对这些人已着手进行清理调整。

(四)为了充分发挥城市人民公社"一大二公"和工农商学兵相结合的特点,加强对人民公社的领导,在建社的过程中,我们根据省委的指示,将城关和近郊的七个区,合并为四个区,十五个城市公社,并使城内四个公社与郊区结合起来。在公社新成立、已经有新调整的情况下,建社工作和日常行政工作一时结合不起来,公社正式成立后,公社在行使职权上将会出现许多问题。因此,及早按新区划调整区一级的机构,加强对公社的领导,感到非常迫切。

(五)我们对民主人士、高级知识分子和资本家及其家属,曾主动地向他们表示暂时不要加入公社,但他们中有些人,曾表面上积极报名入社,而多数在取得社员身份以后,既不参加生产,又不上食堂吃饭。如黄河水利局一工程师的老婆,嫌和群众在一起吃饭脏,使我们感到被动。有些独立经营的鞋匠、木匠、架子车工和医生等害怕降低收入而坚决不入社,我们对一些个人入社与否、参加集体生活与均采取自愿态度,但对架子车、三轮车及一切独立手工业者、个体工商户,我们拟订方案,对其坚决地进行社会主义改造。

五

本市已胜利实现了公社化,我们的工作已转入一个新的阶段。根据省委指示和当前的实际情况,我们在五月至六月两个月,准备仍然以社会主义教育为纲,以发展生产为中心,大搞集体生活福利和服务事业,健全公社机构,推动公社各项工作全面发展和提高。具体抓好以下工作:

(一)继续进行以人民公社为中心的社会主义和共产主义教育。针对当前各阶层群众的思想情况,结合各种事业的发展和整顿,继续深入具体地反复宣传城市人民公社化的伟大意义、优越性和有关各项具体政策,有计划地向社员群众进行劳动光荣的教育,进行集体主义的教育,进行勤俭办社、团结互助、大搞协作的教育等。通过这些教育,提高社员觉悟,使他们热爱劳动,热爱集体,自愿地愉快地参加生产劳动和集体福利事业,树立以社为家的主人翁思想,做一名名符其实的社员,从思想上进一步巩固人民公社。

(二)继续发展和大力整顿社办工业。当前的重要任务是:使已组织起来的生产单位和从事生产的人员迅速参加生产;对能够从事生产劳动的闲散劳动力在五月份内要基本上或全部组织到生产中去;对已组织起来的单位从生产上、经营管理上、组织上、思想上进行初步整顿。具体抓以下几点:

1.确定社办工业的生产方向问题。公社工业是国营工业的"配角",发展方向主要是"拾遗补缺",为工农业生产服务,为城市人民生活服务。凡是现代工业产品能满足市场需要的、和现代工业争原料的不要办。公社工业应当努力提高产量,不断扩大品种和提高质量,防止单纯地追求产值的现象。要加强供销和产品价格的管理,逐步加强生产计划性。公社工业的产品在保证质量的条件下,尽可能地由国营商业部门通过加工订货的方式进行包销。

2.继续组织大厂帮小厂、老厂帮新厂,大办卫星工厂。各大工厂都应该有计划地大办卫星工厂,一个工厂办不起的可采取就近数厂联合举办。生产性质相同的也可集中起来。有生产门路,但没有劳动力的,可以在一个公社内进行统一调剂。卫星工厂要在保证完成本厂生产任务的前提下,有余力也可搞外来加工或为人民生活服务。卫星工厂应属公社领导。国营企业支援的一切财物,系全民所有制性质,公社必须记一笔账,作为国家投资。卫星工厂的产值和某些产品、工序下放后的产值,均算作公社的产值,不得算作大工厂的产值。卫星工厂也不给原办工厂上缴利润。大工厂要对卫星工厂的生产任务和原材料给以照顾和安排,同时条块结合,市、区工业局和公社都要对社办工业的生产进行安排和领导。

3.管理体制问题。社办工业根据产品技术和家庭妇女的特点,可以集中生产,也可分散生产,但分散不宜过多,集中不要过大,社员劳动时间可根据生产任务不同,分别实行二、四、六、八、十等制度。要加强管理,健全制度,实行经济核算,严格防止资本主义经营作风和贪污盗窃行为。

领导体制实行条块结合,市手工业局专管县、区、公社工业,负责计划平衡,加强业务和技术指导,并实行区、公社、分社分级管理,公社和生产单位两级核算,区工业局领导区属工厂外,对社办工业进行业务和行政领导。公社直接管理社属工厂和综合工厂。分社和综合工厂领导分散的小组。

4.盈余分配问题。分配的原则是:在目前应着重有利于扩大再生产,有利于调动各方面的积极性。因为新办的公社工业一般底子较薄,公社不宜过多地提取企业的积累。我们意见:社办工业的盈余除交纳税收外,一般可采取二八分配办法,即上交公社百分之二十,生产单位留百分之八十。但根据各公社和各生产单位的不同情况,盈余多的公社可以多提积累,盈余少的就少提积累或不提积累。

社办工业的工资问题。因为社办工业的劳动生产率一般都还较低,有些单位的生产还不正常,目前不宜提出正规的工资制度,但为了使各公社有所遵循,暂确定凡新吸收的、没有技术的从业人员的工资,一般为十五元到二十元,有技术的可以控制在二十元到三十元。工资形式以计时为主,根据不同情况,还可以实行计件或计时工资加奖励的制度。

凡社办公共食堂、托儿所、服务站等各种事业人员的工资,均按以上办法处理。从工厂调来的支援公社工业的生产工人按原工资标准发给。

5.全面规划,大力发展和整顿社办工业。为了继续发展和大力整顿社办工业,要求各公社、分社都制订出今年发展社办工业和当前整顿社办工业的两个规划,通过规划落实生产门路和原材料的来源,实行定点、定方向、定任务、定品种、定制度、定厂名,发展一批,巩固一批,在发展的基础上再巩固,当前应着重抓一下巩固提高工作。市手工业管理局应制订出一个全市社办工业布局和生产发展规划。各县、区工业部门要加强对新建社办工业的领导。

进一步组织国营工厂、机关、学校和社办工业之间的大协作,使小量的、分散的小协作,逐步形成经常的有组织的大协作。在社办工业中要广泛地运用已有技术革新的成果,并大搞技术革新和技术革命,广泛开展劳动竞赛,迅速提高机械化程度。

(三)大力发展、巩固和提高以公共食堂为中心的集体生活福利和服务事业。

集体福利事业是城市人民公社的重要组成部分。当前组织生活服务事业的中心环节是积极办好公共食堂,同时办好托儿所、幼儿园和各种服务事业。举办这些事业要坚持"积极办好,自愿参加"的原则,要求在五月份至六月份上公共食堂吃饭的人数占已参加生产的社员及其家属的百分之八十,入托儿童占已参加生产社员的儿童数的百分之八十左右。

为了推动集体生活福利工作,各区、公社都要大力整顿现已组织起来的福利事业,一方面要有办得好的典型,介绍经验,教育群众,同时,要开展一次声势浩大的生活集体化和家务劳动社会化优越性的宣传教育活动,以解除群众的各种疑虑,为大发展创造思想条件。

为推动食堂工作,解决当前炊事人员和大型灶具不足的困难,要充分发挥工厂、机关、学校和国营食堂的设备潜力,举办主食加工站,由加工站大量加工主食品,分别供应各食堂。各公共食堂从一开始就要加强管理和核算,严防贪污浪费发生。在饭菜花样和开饭时间上可灵活多样,尽可能满足各种不同人员的要求。

整顿服务事业,对某些服务网点,可以实行联办,在一个大院落或一个小地区举办综合性的"万能服务站"。提倡租赁办法(如旅店可租赁自行车、雨伞、胶鞋等),尽可能满足群众日常生活的一般需要。集体生活福利和服务事业,是为生产为群众服务的,因此,收费标准应低于国营。食堂、托儿所不应有积累,服务事业应少积累。

本市各区、各公社要组织各公共单位,大力帮助整顿和发展各种生活福利和服务事业,公共单位对本单位集中居住的家属,要抽出力量负责到底,保证搞好。有关部门应为公社训练保育人员,组织老食堂帮助社办食堂,组织老托儿所帮助新托儿所,各中学还可搞幼儿师范训练班,各医疗卫生部门还可附设幼儿护理训练班等,从各方面培养干部,促进各项服务事业的迅速巩固和提高。

各集体福利事业单位,都应在现有基础上,大力开展技术革新和技术革命运动,革新设备和用具,组织竞赛,进行评比,以提高劳动效率,提高服务质量,节约劳动力,降低费用。

中共西安市委

一九六〇年五月七日

合肥市城市人民公社工作
领导小组通知[*]

（一九六〇年五月七日）

省委同意成立合肥市城市人民公社工作领导小组和各区公社筹备委员会。领导小组由刘征田、赵凯、郑淮舟、孙曙、丁明志、邢浩、赵洪、杨健、应宜权、杜炳南、范涡河、郑秀、顾浩、许移山、潘道一等同志组成。

兹定于五月八日上午八时在长江路市委饭厅召开领导小组和各区公社筹备委员会议，研究公社规划和筹备成立公社工作问题，请准时出席。

此致

×××同志

合肥市城市人民公社工作领导小组

一九六〇年五月七日

附：各筹备委员会名单^{**}

（一九六〇年五月七日）

西市人民公社筹备委员会名单：

 主　任：顾　浩（中共合肥市委书记处书记）

---

　*　原件现存于合肥市档案馆。

**　原件现存于合肥市档案馆。

　　副主任：许移山(合肥市副市长)

　　　　　　张经约(省民政厅副厅长)

　　　　　　龚亦然(安徽大学党委第二副书记)

　　　　　　陈光武(省公安厅副厅长)

　　　　　　王守愚(省科学分院副秘书长)

　　　　　　张振声(合肥起重机厂党委代理书记)

　　　　　　刘一波(西市区委第一书记)

　　　　　　金翠珍(蜀山区委第一书记)

　　委　员：王文元(省农业厅副厅长)

　　　　　　姚文林(农学院党委副书记)

　　　　　　周　锐(医学院党委副书记)

　　　　　　陶光忠(合肥机床厂党委书记)

　　　　　　高　峰(师范学院党委副书记)

　　　　　　胡　文(农专党委副书记)

　　　　　　郭敬一(农科所所长、总支书记)

　　　　　　于世民(西市区委副书记)

　　　　　　陈　耀(西市区公安分局局长)

北市人民公社筹备委员会名单：

主　任：郑　秀(中共合肥市委书记处书记)

副主任：潘道一(钢铁总厂党委副书记)

　　　　杨　健(省工会副主席)

　　　　华云飞(合肥市直属机关党委书记)

　　　　吴作材(钢铁总厂办公室主任)

委　员：徐金林(省委钢厂党委第一书记)

　　　　房　干(安徽日报社副总编、总支书记)

　　　　胡绍廉(铝厂党委书记)

　　　　马忠义(合肥市建筑工程局局长)

　　　　王公辑(钢铁总厂党委组织部副部长)

　　　　李植民(合肥市委办公室主任)

　　　　张维民(蜀山区副区长)

　　　　钱　振(蜀山区公安分局局长)

蜀山人民公社筹备委员会名单:

党委书记:金翠珍(兼)

副 书 记:霍修成(蜀山区区长)

　　　　张家普(园林公社党委书记)

　　　　魏思远(省林业厅处长兼园林公社党委书记)

　　　　钱朝圣(蜀山公社党委书记)

合肥市城市人民公社工作领导小组名单:

刘征田　赵　凯　郑淮舟　孙　曙　丁明志　邢　浩　赵　洪

杨　健　应宜权　范涡河　郑　秀　顾　浩　许移山　潘道一

东市人民公社筹备委员会名单:

主　任:范涡河(中共合肥市委书记处书记)

副主任:徐传奇(合肥市副市长)

　　　　刘品三(合肥特殊钢厂党委书记)

　　　　蒋　琳(合肥铁路工委党委副书记)

　　　　谢鸿溶(中共合肥市车站区委第一书记)

　　　　唐世伦(合肥市工会副主席)

　　　　高慎伍(中共合肥市蜀山区委第二书记)

　　　　黄德耀(安徽省交通厅办公室主任)

委　员:左　政(安纺一厂党委书记)

　　　　谷　浪(合肥化工厂党委书记)

　　　　宣育华(合肥市工会主席)

　　　　张明朗(合肥电机厂党委第一书记)

　　　　刘本学(合肥矿机厂党委代理书记)

宋子芳(中共合肥市车站区委副书记)

张　恕(共青团合肥市委副书记)

倪春林(合肥市车站区公安分局局长)

南市人民公社筹备委员会名单:

主　任:赵　凯(中共合肥市委书记处书记)

副主任:潘　毅(合肥市副市长)

孙　曙(省直属机关党委书记)

吴定远(省人委办公室主任)

陈　玉(军区政治部副主任)

李延泽(省水电厅副厅长)

鹿崇山(省委办公厅副主任)

徐　毅(东市区委第一书记)

肖凡九(合肥工业大学党委组织部长)

张德辉(蜀山区委副书记)

委　员:黄静波(省商业厅党组副书记)

连学文(省粮食厅机关党委书记)

胡　林(省委中级党校副校长)

杨哲伦(省妇联副主任)

王一耕(省文化局副局长)

王　涛(江淮化肥厂党支部书记)

何长合(东市区区长)

王贵文(东市区公安分局局长)

一九六〇年五月七日

（福建）省委办公厅办公室
关于城市人民公社化运动发展的简况[*]

（一九六〇年五月十二日）

一

　　省委六级干部会议后，一个多月来，城市人民公社化运动发展迅速，广泛地进行了思想教育工作，大办街道工业和集体生活福利事业，组织报名入社，普遍挂起了公社的牌子，成绩显著。为了加强对城市公社化运动的领导，各地、市委普遍成立了城市公社领导小组，建立了办公室，派出工作组深入街办、居委会开展工作，并组织大批宣传队伍，运用各种宣传工具和形式，深入街头、巷口，对广大群众进行了城市人民公社优越性和方针、政策的教育。有些地方还组织机关干部，分片包干，深入居民点挨家挨户地进行宣传教育，从而迅速掀起了一个声势浩大的城市人民公社化的宣传教育运动，受教育群众达 90%以上。通过宣传动员，公社优越性深入人心，运动进展迅速。到"五一"节前后，六个市共建立了 57 个公社，其中以街道为主的公社 39 个，以工厂企业为主的公社 6 个，以机关、学校为主的公社 11 个，入社人数达 555040 人，占应入社人数的 90%以上，基本上实现了城市人民公社普遍化。

　　从目前各地组织公社的规模、形式来看，有以下几种情况：福州、厦门、三明、泉州、漳州等市是以原来街道办事处为单位建立人民公社，原来居委会为生产大队，居民小组为生产队；南平市是以一市建立一个公社，下设六个管理

---

* 原件现存于福建省档案馆。

— 101 —

区(其中三个管理区以工厂、工地为主,三个管理区以居民为主)。福州、三明二市除大型厂矿企业、机关、学校单独建立公社外,其余厂矿企业、机关、学校都划为所在地公社的分社或生产大队(泉州市地直、市直机关单独建立公社)。国营厂矿企业、机关、学校参加街道人民公社后,仍是全民所有制,入而不归。

在管理体制方面,各地根据统一领导,分级管理,分级核算的原则,实现二级管理,三级核算,公社所有制是基本的,大队所有制是部分的。目前福州市正在研究,确定公社,大队的企、事业单位的管理权限,以便加强领导,便利群众,有利于发展生产和发挥各级管理的积极性。

二

在建社过程中,各地紧紧地掌握了从生产入手,大办街道工业,并坚决贯彻"三不争""五服务"的办厂方针,依靠群众,自力更生,土法上马,因陋就简,从而使街道工业迅速地发展,截至四月三十日,六市共办了街道工厂2287个,其中社办工厂828个,街办工厂1456个,参加生产人数达48472人。产品品种和质量迅速地提高,福州市街道工业产品多达3070种,一般都在2000种左右,日产值高达125万元,一般稳定在90万元左右。福州市四月份完成产值532万元,平均日产值将近20万元。从街办工业的产品来看,绝大部分是为大厂、为群众生活服务的。据福州、南平、泉州、漳州四市2040个街道工厂的统计,为大厂服务的957个,为群众生活服务的958个,二项共计1915个,占街办工厂总数94%。这些工厂产品原料主要也是利用大厂的下脚料、废料或为大厂加工,如生产化工、小五金、电机修配、绳缆、酿造和为大厂运输服务的工厂企业。社办工业的发展已成为国营工业的有力助手,促进了国营工业的发展,如瀛洲五金厂代福建变压器厂加工钢链杆,改变了该厂从上海进货赶不上需要的局面,保证了生产大跃进;瀛洲石料厂供应六三钢厂大批石英沙、灰石,基本上解决了该厂生产的需要。同时,由于街道工业生产了大批小商品,保证了生活的供应,满足了人民生活的需要,如福州市过去每月需要灯芯一千斤不能解决，要从省外进，现在街道工业组织灯芯生产后，每月可产 1800 斤；又如玻璃灯罩过去脱销了很久，一直没法解决，最近街道工业大量生产，保证了需要。但是也有一些街道工业方向不够明确，没有很好地与大厂、商业部门挂钩，没有根据街道居民实际情况出发，喜洋，喜大，追求产值，生产不够稳定，造成停工、停产的现象。据鼓楼区 6 个公社 400 多个厂、组的调查，经常生产的厂、组有 294 个；半停半开不正常生产的厂、组有 60 个，占 15%，全部停工的有 45 个，占 11.5%。现在各地已进行了整顿提高，按地区合理布局，采取"梳辫子"办法，通过并厂，生产走上正常，产值迅速增加，如厦门市由原来社办工厂 373 个，调整合并为 141 个，日产值由 4 月份平均 10 万元，上升到 23 万元。

街道工业工资形式不一，有计划工资，有固定工资，有计时工资加奖励，也有采取死级活评的办法。工资水平从总的看来，一般较低，这是正常的，但也有些工厂偏高，有些社办工厂与队办工厂的工资悬殊过大，影响生产，影响团结。如福州南街建筑厂月工资高达 174 元，不少厂平均工资 30 元，比国营厂高 17%，而南街文儒坊（队办）棉绒综合厂车间 60 人，其中 36 人平均月工资 20 元外，其余收入都在 10 元左右；纸袋厂每人每月收入仅六元左右；还有不少生产小组只是每月补贴伙食费三元。

由于街道工业发展迅速，企业生产管理制度尚未相应建立健全起来，特别是财务制度较薄弱，部分工厂收支没有账目。福州瀛洲公社 15 个工厂中，财务制度不健全，账目不清的约占三分之一，有些工厂虽然建立了账簿，但支出款项没有审批制度和批准权限，不少工厂还没有建立原材料保管制度，目前已发现个别厂有贪污现象。

三

为了适应生产发展的需要，各地在大抓生产的同时，大办以公共食堂为中心的集体生活福利事业，全面组织人民经济生活。截至四月底统计六市共办起 765 个公共食堂，入膳人数达 65861 人，占应入膳人数 50% 左右，其中漳州市入膳人数达 75.7%；办起幼儿园、托儿所 422 个，入园、入托儿童 65412 人；建立服务站 1802 个，共有服务人员 7023 人。由于贯彻了依靠群众、自力更生，采取边发展、边巩固、边整顿、边提高的办法，公共食堂、托儿所、幼儿园、服务站的质量迅速地提高。据对福州市 263 个公共食堂的调查，花样多、形式灵活、制度健全、技术革新好，很受群众欢迎的食堂有 33 个，群众反映好的有 155 个，较差的只有几个。有些食堂实行了"店堂"（粮店、食堂）合一，凭票吃饭，节约归己的办法，便利群众，大大提高了工作效率。托儿所、幼儿园也从半托、日托发展到全托、临时托、计时托等多种形式，有些公社已建立了托儿网（公社有中心托儿所、大队有托儿所、生产队有托儿组织），福州市金汤公社（省商业厅）还建立了从哺乳室、托儿所、幼儿园到小学部一整套较完整的托儿组织，满足了家长的需要。服务站的服务项目也大大增加，从吃到穿，从用到住，婚丧喜庆，生老病死，代买东西，照顾家务等共有六、七十项，有的几乎把群众生活全部包下来，成为群众的"管家人"。在居民小组或院落中，还把群众中所固有的亲邻互助关系加以提高和组织，建立起不计报酬、互相服务的生活互助组。由于集体生活福利事业的发展，解放了大批妇女劳动力，据省统计局到四月三十日止统计数字，六个城市中已解放出来参加社会劳动的妇女有 101509 个，占应参加社会劳动的 90.54%，为逐步实现家务劳动社会化、生产生活集体化打下有利基础。

四

在城市人民公社化运动中，反映两条道路的阶级斗争是尖锐的、复杂的。社会上的不法分子乘机活动，造谣破坏，他们以食堂作为进攻重点，说食堂是十不好："不自由、不卫生、吃不好、花样少、照顾不好，挤、吵、贵、偷、节约粮食不归己"。泉州市五类分子×××煽动华侨说："公社化了，东西没有用，反正要归公"；五类分子林××造谣说："社办工厂周围有鬼"，恐吓社员晚上不敢去生产。有的地方还发现反动标语。同时还暴露一部分二盘商、小业主非法进行资本主义活动的情况很严重。少数工人受到他们的拉拢也沆瀣一气做老鼠工，仅福州、泉州、南平三个市的初步统计就有2573人。他们活动的方式是：①假借民办工厂的招牌，干资本主义活动，到处拉工，进行中间剥削，如福州市邱马昌集团就达120多人，盗用水部民办建筑社招牌，到处承包工程，非法牟利1770元。又如流氓潘××集团以闽侯浦里公社的牌子，大量承包香料厂、电线厂等基建土方石料工程，三个月得暴利3万多元。②偷工减料，偷税漏税。南平市包工头朱××包修六幢房屋，偷工减料非法牟取暴利4200元。福州市包工头万××承包第一印刷水塔，价值4000元，还没有完工，水塔已倾斜。③集伙开设地下工厂，如省建设厅机械厂沈福官（党支部书记），拉工15名开设地下工厂联合包商或利用已开除的徒工作秘密联络员，公开盗窃厂内材料和工具器材达1700多元，开假发票，抽利20%。④套购物资，投机倒把。福州市二盘商余××向闽清、古田等地套进麻绳，买进一斤19元，卖出100元，两个月非法牟利一千多元。南平市二盘商连××通过其亲戚关系，从杭州买副食品到南平高价出卖，目鱼每斤原价0.96元，卖出3.5元，又从古田购毛猪61头，一次获利三四百元。⑤拉工剥削，泉州市包工头曾××到农村拉了19个农民到城里做工，每天每人抽三角—五角，19个农民共被剥削一千多元。坏分子柯××做人贩，每贩卖一个小孩从中抽三四元。南平市工头郑××，私自包公，包运木材、毛竹，从南平到福州，每次从中私赚运费100元，每月运10次，私购一千元。⑥盗改购粮证，进行黑市买卖，泉州市统计有64人进行粮食投机，黑市卖米一斤达一元。⑦少数工人怠工跳厂做"老鼠工"，福州市有1418人利用业余时间或借故请假去做"老鼠工"，白天干社会主义的活无精打采，晚上做老鼠工"干劲十足"。有的干脆跳厂离社到处乱窜。这些五类分子的造谣破坏和资本主义非法活动，造成少数居民群众产生了疑虑，有些家庭妇女不愿出来参加街道工业和生活福利事业，一些在厂工人不能安心生产，市场受到影响，生产受损失。为了使城市人民公社化运动胜利发展和社会主义建设持续大跃进，各地开展了打击五类分子造谣破坏和资本主义非法活动的斗争。如福州、南平市采取召开群众大会开展斗争，教育群众，擦亮眼睛，提高警惕，使这些人彻底孤立。严重破坏分子由公安部门逮捕法办，"老鼠工"则采取批判、审查。如福州市由市集中审查的292人，由各区集中审查有512人。同时搜出大量大米、谷子、布匹、毛线、高级香烟、自行车、铁、矽、黄金、硬币等。如中洲李××(原系被清洗的贪污分子)家中搜出一个小仓库,有现金435元,存款2218元、高级香烟几十条和烟丝300包、烟丝一箱、白糖四、五十斤,还有空白的机关单位介绍信49张、各种商品专用证56张。茶亭×××地下洞存有焦炭二吨。这些人集中以后,还狡猾顽抗,声称要"上告""申冤",黑工郭××当他接到集中通知单时,当场撕毁对抗。在斗争中广大群众拍手称快,积极拥护,如金星印刷厂工人说:"集中教育是合情合理,我们要建设社会主义,而他们搞资本主义,是水火不相容。"经过斗争五类分子在群众中更加孤立,资本主义的市场更加缩小了。

五

　　资产阶级、民主党派、华侨、少数民族和宗教等五方面人士入社情况是:有的在1958年试办城市人民公社中吸收入社,有的在目前城市人民公社化运动中,全部(如泉州、漳州)或大部分(福州)批准入社。仅据福州、漳州、南平三个市统计已入社的资本家2008人,高级知识分子和民主人士783人,华侨482人。资本家、高级知识分子、民主党派、华侨中上层人物与他们的家属表现愿意入社,多数出于政治原因,认为入了社面上光彩,想提前摘掉帽子,找回失去的政治资本。有些是随大流,在群众热烈报名中,也跟上报名,实际上内心害怕入社,他们怕入社不自由,怕参加重体力劳动,怕参加食堂,怕缝纫机、房居归公等。他们的情绪七上八下,彷徨不安。自中央指示下达后,福州市一方面采取内部研究排队,另一方面由区统战部门出面召开座谈会讲清政策,说明不必急于入社的道理,安定他们的情绪。根据中央指示精神,在五月九日有各市统战部长和省直有关部门负责同志参加的座谈会上,进行了认真的讨论,大家认为应根据自愿原则。对已经参加入社的不进行个别动员退出,可召开座谈会正面讲清政策,参加不参加由他们自己选择。暂时不参加,我们同意,一定要入社的,在参加生产、食堂、托儿所方面仍坚持自愿原则。但他们不能担任公社、大队、小队的领导职务,对极少数一贯表现好的,可在生产、食堂、托儿所有关委员会为委员,但也不能担任主要领导职务。在公社各级组织中,都

（福建）省委办公厅办公室关于城市人民公社化运动发展的简况

要坚持树立以工人和工人家属为主的领导优势。此外少数民族和宗教人士自愿入社后,仍然要贯彻民族和宗教政策,在生产和生活福利方面给予适当照顾。

（城市人民公社情况简报第 5 期）

中共福建省委办公厅办公室编印
一九六〇年五月十二日

— 107 —

中共沈阳市委关于第二次
城市人民公社工作会议情况的报告[*]

（一九六○年五月十六日）

省委：

市委在 5 月 6 日召开了第二次城市人民公社工作会议，会期四天，到会的有区委主管城市公社工作的书记、区长，区公社办公室主任，各基层人民公社的党委书记、社长，各县镇人民公社的党委书记，共一百三十余人，会上首先由宋光同志作了《为城市人民公社进一步发展、健全、巩固、提高而奋斗》的报告，经过小组讨论，大会发言，最后市委书记刘宝田同志作了大会总结，市委第一书记焦若愚同志到会作了指示。会议分析了形势，交流了经验，提高了认识，明确了任务，鼓足了干劲，增强了信心，大家一致认为这次会议开得及时，收获很大。现将会议情况报告如下：

一

自从市委在 8 月末召开了第一次城市公社工作会议以后，我市的城市人民公社化运动进入了一个新的阶段，4 月间人民公社的生产、福利事业有了飞跃的发展，并在 4 月下旬全市所有的工厂、企业、机关、学校的职工、学生等全部参加了人民公社，实现了全市城市人民公社化，全市共组成了 47 个基层人

---

* 原件现存于沈阳市档案馆。

民公社,其中以国营厂矿为中心的 27 个,以机关为中心的 6 个,以学校为中心的 5 个,以街道为中心的 2 个,郊区人民公社 7 个。在此基础上市内七个区分别建立了区人民公社。由于实现了城市人民公社化,生产关系上发生了巨大变化,出现了许多新的问题,需要进一步研究解决,我们根据不断革命论和革命发展阶段论的原理,妥善地解决这些新问题,使城市人民公社得到进一步发展、健全、巩固、提高,促进社会主义建设事业高速度发展。

二

参加会议的同志认为:我市城市人民公社化的发展是迅速的,运动是健康的,成绩是巨大的,贯彻了中央和省委的指示精神。第一,从 3 月末市委第一次城市人民公社工作会议以后,我市的城市人民公社进一步发展成为有工厂、企业、机关、学校参加的,工农商学兵相结合政社合一的基层人民公社,更便于发挥它的"发展生产,提高觉悟,改造社会,移风易俗"的作用。同时,各基层人民公社都配备了主要领导干部,组成了公社党委和管委会,进行了各项组织建设工作,进一步加强了党的领导。第二,在城市人民公社化运动中使全市人民又受到了一次极为深刻的以三面红旗为中心的社会主义、共产主义教育,更加热爱人民公社,把公社当成了自己的家,把参加公社当作无上的光荣,人人争先恐后地参加了为人民公社办几件好事的运动。第三,城市人民公社化运动推动了生产的大发展,4 月份产值比 3 月份提高了 43.7%。各国营工厂积极帮助公社新建小工厂,初步计划建立 600 多个,现已投产 80 多个。加强了共产主义生产大协作,推动了技术革新和技术革命运动的发展,促进了结合利用和多种经营,同时还促进了农副业生产的大发展。第四,城市人民公社化运动,推动了集体福利、生活服务事业的发展,各工厂、企业、机关、学校参加人民公社以后,积极参与公社兴办的集体福利、生产服务事业,新办起了三千九百多个大小食堂,就餐人数增加十万多人,新办了托儿所、幼儿园三千四百多个,增收儿童十万多名,新办了二千九百多个互助服务大院,增加了五千多个服务站(点)。第五,进一步解放了生产力,有五万名左右家庭妇女和社会闲散劳动力新参加公社的生产劳动,为社会增加了财富。

我市城市人民公社化运动在取得上述成就的同时,也存在一些问题,主要是:有些地方的宣传教育工作还不够深透,有些人对城市人民公社、对公共食堂还存在一些糊涂认识,在实现城市公社化过程中,有些工作还不够细致,有的地方也一度出现过强迫命令和形式主义的现象,在干部配备上还不够及时等。但这些缺点是一时的、个别的,而且一经发现就很快得到了纠正。

三

会议期间,大家反映和分析了在城市人民公社化运动中各个阶级、阶层的思想动态。由于城市人民公社化运动,是社会主义革命的继续,所以在运动当中必然有两种思想和两条道路的斗争。我市在公社化运动中部分干部和各阶级、阶层的动态是:

广大干部对城市人民公社是积极、热情、拥护。但在部分干部中,对城市人民公社的重大意义认识不足,他们对建立城市人民公社有怀疑,有的提出:"这是否必要?"有的人怀疑城市人民公社的无比优越性;有的提出:"工厂、企业、机关、学校应否参加人民公社? 参加人民公社是否倒退? 会不会吃亏?"国营工厂参加公社后谁领导谁? 公社能否领导得了? 也有的把问题看得太简单了,认为一参加公社就万事如意;还有的夸大困难,顾虑重重。总之,这些人的思想落后于形势,认识落后于实际。

广大职工及其家属对实现城市人民公社化是热烈拥护和积极参加的。这是办好人民公社的主要依靠力量。当然其中也有一少部分人认识模糊。觉悟不高,对人民公社存在一些糊涂思想。其中有些是生活比较富裕的和个人主义思想比较严重的人,他们怕公社化以后降低生活水平,怕不方便,怕食堂饭菜做的不好等等。

小商小贩在城市公社化运动中的表现,可分为三种类型:第一,约有60%

以上的人，由于他们过去资金少，收入不固定，生活不富裕，因之他们主动地让出多余房间，积极拥护和参加人民公社，听从公社分配；第二，约有30%左右的人，因为过去赢利较多，生活富裕，发展资本主义的愿望比较强烈，所以对人民公社缺乏感情，怕降低收入，怕受拘束，不自由，但是，不参加公社又怕于己不利，怕失掉机会，前进不得，后退不能，顾虑重重，犹豫不定；第三，约有百分之几的人抗拒改造，企图继续单干发展资本主义，拒绝参加公社，个别的甚至辱骂干部，污蔑公社。

资产阶级分子、民主人士、高级知识分子及其家属，在运动中大致也可分为三种类型：第一，约有40%左右的人，认清了形势，知道必须"顾一头，一边倒"，因而表示拥护人民公社，如辽宁大学教授秦跃庭听了本单位关于城市人民公社的报告以后，主动报名，要求入社。第二，约有45%左右的人，由于大势所趋，口头上表示赞成人民公社化，但言不由衷，内心怀疑，存在五怕：怕劳动特别是怕重体力劳动和服务性劳动、怕降低生活水平、怕不自由、怕到食堂吃饭、怕孩子入托；有的假积极，表面上拿钱给公社买东西，实际上阻止家属参加公社的劳动和集体生活，如资本家葛志忠，表面上拥护公社，但在行动中拒绝参加公社。第三，有百分之十几的人，对公社不满，进行诽谤，说托儿所"影响父子感情"，说公社是"更大的剥削"。如资本家兼房主黄树仁说："我不参加公社，让我腾（多余的）房子，除非我死，将来总有一天（把手一翻）物归原主。"

五类分子在城市公社化运动中，由于我们加强了对这些人的监督改造，一部分人表现比较老实，有的是表面上愿意参加，实际上怕参加，人前人后两副面孔。但是有些人在这场革命运动中，他们的反动言行很嚣张。他们说搞大院是"剿家"，说"五化大院"是"五大坑人"，如坏分子张露如（已逮捕法办）殴打公社干部，阻止小院变大院。

与会同志经过对上述的部分干部和各阶级、阶层动态的分析，一致认为在工作中，要加强阶级观点，进行阶级分析，贯彻阶级路线，及时掌握各阶级思想动态，实行政治挂帅，做好政治思想教育工作是使运动健康发展的重要保证。我们今后必须进一步加强这方面的工作。

四

会议认为,当前我市城市人民公社的基本任务是:加强党的领导,放手发动群众,为城市人民公社的进一步发展、健全、巩固、提高而奋斗。为了实现这一任务,在通过"三抓"(抓思想、抓生产、抓生活),实现"六化"(生产机械化、吃饭食堂化、孩子托儿化、服务网点化、学习制度化、卫生经常化)的基础上,组成"十网"(工业生产网、短途运输网、公社建设网、副食生产网、协作网、食堂网、托儿网、服务网、卫生保健网、文化教育网),形成"一条龙"(经验配套,成网成龙),简言之,即:三抓、六化、十网、一条龙。连锁般地一环扣一环,互相结合,一浪推一浪,互相促进,力求全面发展。

根据目前形势和社办各项事业的发展情况,会议认为,在全面实现上述任务中,当前,应突出地抓住以下几方面的重要工作:

1. 调动一切积极因素,大力发展社办工业生产。继续贯彻"自力更生、自筹自办、白手起家、因陋就简、由小到大、从简到繁"的方针,1960年社办工业总产值在1959年一亿七千万元的基础上增加到八亿元以上。社办工业继续贯彻为国营工业、为农业、为市场和人民生活服务的生产方针,在保证国营工厂完成生产任务的同时,大搞日用小商品生产,并适当生产一些农具、农药、灌溉设备等,支援农业生产。国营工业要积极帮助公社新建和扩建一些新的生产企业,并采取以全民带集体,以大带小定点包干,厂社挂钩等办法,把国营工业与社办工业逐步编成"辫子"。同时,要大搞原材料生产,积极开展原材料的综合利用,把国营工厂的下角料和废气、废液、废渣、废屑等充分地利用起来,变害为利,变废物为有用,变一用为多用。大抓新技术,积极增加新品种,大搞"缺门"产品,提高产品质量,生产一些高、精、尖、新、美的产品。充分发挥社办工业"拾遗补缺"的作用,当好国营工业的助手。此外,还要大搞建筑材料生产,相应地发展短途运输业,以适应大办集体福利事业、改造旧城市和生产不断发展的需要。

2. 在继续坚持以发展生产为中心的原则下,坚持一手抓生产、一手抓生活的方针,大力组织群众生活。大干五、六、七三个月,以大办公共食堂为中心,积极发展托儿所、幼儿园,组织食堂网和托儿网。在"七一"以前基本实现吃饭食堂化、孩子托儿化。把公社生产的建筑材料,主要用于这方面。每个基层社都要在最短时间内办起一个最好的食堂,作为标兵,从中总结经验,大力推广,掀起一个群众性的大办公共食堂的运动。并组织推广"少年之家"的经验,把学校教育与社会教育密切地结合起来,积极培训炊事员和保教人员、服务员,不断提高烹调技术和保教工作业务水平。在兴办集体福利事业中,必须继续贯彻大集体小自由的原则,坚持积极办好,自愿参加的方针。要发展一批,巩固一批,边发展边巩固。为了加强福利事业的领导,决定派选一批党、团员和最好的干部到食堂和托儿组织中,并在食堂和托儿所组织中逐步建立起党、团组织,充实领导和骨干力量。为了办好食堂和托儿组织,必须大搞副食品生产,积极发展"五养",兴建温室,生产蔬菜。此外,还要普遍推广独身宿舍"旅馆化"的经验,并使之逐步在职工宿舍和集体居住的家属宿舍推广。

继续贯彻劳逸结合的方针,坚持"六、二制",保证社员的学习和休息时间,使他们经常保持充沛的精力,有效地从事生产劳动。

3. 全面组织大协作,深入开展国营企业之间,国营企业与公社之间,公社与公社之间,工农商交之间的共产主义大协作。国营企业与公社之间,采取"四包""三保""一援"的形式,互相支援,把大协作推向更高阶段,开展一个大规模的国营工厂支援公社的运动。公社要把支援国营企业完成国家计划当成自己的首要任务;国营工厂企业要采取定单位、定品种、定时间、定专人的方法,帮助公社有计划地新建、扩建工厂(车间),协作社办工业大力开展原材料的综合利用,积极改进生产技术,增加产品品种,提高产品质量。并根据需要与可能把某些辅助性生产下放给基层公社统一管理。在组织协作中,要严格防止对外"封锁"的现象,大力提倡帮助外区、外社,特别是与农村人民公社挂钩协作,大搞原材料生产,建立原材料生产基地,帮助农村发展工业。

商业部门大力开展支援公社的活动,做到"生产什么,包销什么,生产多少,包销多少",进一步促进生产,活跃市场。

4.进一步加强政治思想工作,随着运动的不断深入,各阶级、各阶层必须要有新的思想反映和动向。为此,各级党的组织,必须大抓思想,及时了解群众的思想反映,切实掌握各阶级、各阶层的思想动向,从而有效地进行思想教育工作,不断提高广大群众的政治觉悟。同时还要注意提高警觉和防止敌对分子的破坏活动,进一步加强阶级观点,贯彻阶级路线。

会议认为,在全市大张旗鼓的宣传的声势已经形成,当前,需要我们踏踏实实地进行深入细致的思想工作和组织工作。要深入实际,进一步加强党的领导,坚持政治挂帅,大搞群众运动,一切工作都要抓深、抓细、抓狠,防止任何简单粗糙的做法。既要高瞻远瞩,又要从实际出发,既要轰轰烈烈,又要踏踏实实,既要敢想敢放,又要科学分析,既要务实,又要求实,讲究效果,不求虚名,从而保证运动一浪高一浪地不断前进。

五

会议认为,为了更好地完成上述任务,必须采取以下措施:

1.健全组织,配备干部。各基层公社要进一步健全党委和公社委员会,并建立相应的办事机构,以加强党的领导,保证公社的健康发展。

2.加强各项制度的建设,迅速建立起一些必要的切实可行的管理制度,如财务管理,民主管理、生产管理等制度,以便进一步发展勤俭办社的精神和民主作风,指导各项工作更好地开展,及时防止可能产生的某些混乱现象。

3.为了适应全市公社化的新形势,应积极研究工业、商业和文教卫生等事业的体制问题,制定合理的调整方案,分期贯彻,以便逐步扩大公社的全民所有制成分,发挥基层公社的积极性,更有利于促进各项事业的不断发展。

4.城市人民公社是一个新生事物,发展很快,变化很大,各级党的组织必须大抓新的事物,经常注意发现和培养典型,总结经验,树立标兵,并大张旗鼓地进行宣传和组织推广,带动全面。要进一步改进领导作风,深入实际,密切联系群众,加强对若干政策性问题的调查研究工作。如对国营工厂帮助公社发展生产问题,积累与消费比例问题,社员工资问题,下放单位利润分成问题等等。要研究制定方案,逐步实行,以保证城市人民公社的不断巩固和发展,正确处理国家、集体和个人之间的关系。

以上报告如有不当之处,请指示。

中共沈阳市委员会

一九六〇年五月十六日

中共南宁市委关于城市人民公社几个问题的请示报告*

（一九六〇年五月十七日）

区党委并贺书记、地委并甘书记、孟书记：

13 日我们召开党委会，传达讨论了区党委财贸书记会议精神，大家一致认为这次会议关于城市人民公社的指示和规定的方针、政策、步骤是正确的，表示坚决贯彻执行。

我市大办城市人民公社的试点工作从 3 月初开始，先后搞了三个不同形式的试点，同时点面结合，在全市范围内也做了一些工作，看来进展是快的，特别是 4 月 25 日广播动员大会以后，迅速掀起了一个迎接全市公社化的高潮，全市各街道、工厂企业、机关、学校都大力组织"三化"（生产组织化、食堂公共化、幼儿入托入园化），"四网"（生产协作网、商业网、生活服务网、文教卫生网）的工作。现在和平公社已基本实现了"三化""四网"，实现了公社化。参加公共食堂开饭的人数已占应参加食堂开饭人数的 88.21%，入托入园儿童也占应入托入园儿童的 71.95%，基本上做到了"家家闹生产、户户无闲人"。永新、古城两个公社试点虽然开展工作还不到一个月，但是进展也是相当快的，不少街道和单位也基本上实现了"三化""四网"，群众对公社的热情很高，两个月来，又兴办了一批社办工业和集体福利事业，到本月 12 日为止，据不完全统计，全市一共办起了社办工厂、生产小组及各种生产专业队 972 个，公共食堂 421 个，托儿所、幼儿园 370 所，生活服务站（组）389 个，共安排了 2.0479 万人参加社办生产和服务工作，参加公共食堂开饭的人数已达 15 万多人，入

---

* 原件现存于广西壮族自治区档案馆。

托入园儿童也达 1.6093 万人。经过这次试点工作,进一步发动了群众,发现和解决了不少问题,初步摸索了一些办社的经验,为全面铺开准备了必要的条件。

基于以上情况,市委打算在 5 月 25 日以前把试点工作继续搞深搞透,基本实现"三化""四网",系统总结试点工作经验。月底召开办社的三级干部会议,并请区直、地直各单位负责同志参加,传达区党委财贸书记会议精神,总结交流试点经验,组织现场参观,研究全面铺开的规划,同时积极做好各项全面铺开的准备工作。六月初即全面铺开,分三个阶段进行:第一阶段是大宣传动员,大组织,在全市再掀起一个新的办社高潮,大力组织生产和组织各种集体事业。第二阶段是进行深入细致的组织工作,主要是组织工厂生产,办好公共食堂,托儿所、幼儿园和生活服务站等集体福利事业。同时为了便于管理和领导,准备把为数相当大的生产小组、小型的工厂和小型的公共食堂、托儿所(组)、幼儿园和生活服务站(组)有条件合并的,都按地区按性质尽可能合并为比较大的单位。第三阶段是调整建立机构,建立健全各种制度,召开社员代表大会,成立公社。六月底基本上实现城市公社化,实现"三化""四网",七月以后做整顿、巩固、提高工作。

在全面铺开的工作上,有几个问题请示如下:

(一)规模问题

根据区党委的指示,结合我市的具体情况,为了充分发挥人民公社"一大二公"的优越性,有利于工农商学兵的全面发展,我们打算在原来 3 个区的基础上,扩大到整个近郊地区和远郊的老口公社和吴圩公社,划为 6 个不同形式、不同规模的城市公社:

(1)兴宁公社:以原兴宁区为基础,包括永宁区原辖的铁路地区及郊区中苏公社的虎邱、友爱生产大队,组织以商业为中心、以街道居民为主的公社,面积约 10.7 平方公里,人口约 10.2 万多人;

(2)江宁公社:以原江宁区为基础,包括区党委、区人委机关、园艺场、医学院、兴宁区原辖的民乐路、新民路下段(即区人委大楼、公安厅、民政厅一带)及郊区长提公社、九曲湾、屯星等,组成以机关学校为中心的公社,面积约 204 平方公里,人口约 9.9 万多人;

(3)永宁公社:以原永宁区为基础,包括西郊工业区、郊区西乡塘公社的永和、雅里、尧头、中兴等生产大队,组成以工厂企业为中心的公社,面积约11.3平方公里,人口约9.9万多人;

(4)中苏公社:以河北工业区为基础,包括永宁区现辖的广西大学、农学院及安吉农场、郊区中苏公社的大部分、心圩公社的大部分,组成以工厂为中心的工厂、农场、大学"三结合"的公社,面积约117.3平方公里,人口约3.9万多人;

(5)亭子公社:以河南工业区为基础,包括郊区亭子公社、吴圩公社和沙井公社的一部分,组织以工业和副食品生产基地为中心的公社,面积约421平方公里,人口约6.4万人;

(6)西乡塘公社:以西乡塘的民族学院、机械学校、农校等学校区为基础,包括罗文农场、石埠农场及郊区沙井公社的大部分、老口公社,组成以学校和副食品生产基地为中心的公社,面积约439平方公里,人口约7.7万多人。

从上述6个公社的情况来看,总人口约48万,总面积约1200平方公里,人口最多的有10万人左右,最少的也有4万人左右,平均每社8万人左右;面积最大的达400多平方公里,最小的10多平方公里。我们在全面铺开的时候,打算就按6个公社的规模去搞,上半年就实现一区一社。市区3个区原来均设有区人委政权机构,实行一区一社、政社合一以后,仍予保留这些牌子,其他3个公社原无区一级政权机构,就不再设置了。

我们反复考虑到地委根据供应需要,分配我市7万亩蔬菜生产任务,如以一个劳动力一亩半计,就需要将近5万个劳动力,即使一人管到2亩,也需劳动力3.5万人,但近郊现在能够投入蔬菜生产的劳动力仅有1万人左右,甚感劳动力不足,而老口公社副食品生产已有基础,石埠农场又在那里,老口、吴圩两公社现有总劳动力2.0501万人,蔬菜种植面积3795亩,如果拿出一部分劳动力搞蔬菜生产,再扩大一部分蔬菜种植面积,就比较容易地解决这个蔬菜生产劳动力不足的问题了。又考虑到我市的一部分工业原料可以从吴圩、老口两公社来解决,吴圩公社有铁、铜、铝、锰等矿,我们正在组织开采冶炼,最近就要陆续上马了。吴圩、老口两公社现又有1.6729万亩的甘蔗生产,如果搞得好,就可以解决南宁糖纸厂相当一部分原料;再考虑到吴圩公社是南宁飞机场的所在地,同时还考虑到城市的远期和近期规划,需要在 2、3 年不变的原则下,规划城市人民公社,等等,因此,我们以为把老口、吴圩公社作为我市副食品生产和一部分工业原料基地,既有利于组织城市的副食品特别是蔬菜的供应,解决一部分工业原料的来源,也有利于解决我市同新机场的关系。这样一来,城市人口(36.1420 万人)与农业人口(11.9340 万人)的比例也仅 3 比 1,从目前情况看,还大体上适应城郊人口比例。除了老口、吴圩两公社,远郊的其余地区都是农业(稻谷)为主的公社,我们的意见还是全部拨归邕宁县领导为好。

(二)体制问题

鉴于目前兴办起来的社办工厂和生产小组数量很大,一般规模很小,生产水平也还很低,公共食堂、托儿所、幼儿园和生活服务站也数额大,基础也还不好,为了便于管理和领导,我们打算目前还是实行以公社管理、公社核算为主,三级管理、三级核算;生产小组、公共食堂、托儿所、幼儿园、生产服务站统由管区管理核算。将来公社生产进一步发展了,群众觉悟进一步提高了,下半年再逐步过渡到三级管理、两级核算(即公社一级、分社一级),因为即使将来实行公社、分社两级核算,但分社下面单位很多,范围很大,同时,居民、职工家属为数也很多,分布也很广,如无管区一级,就必然难于管理。所以有一部分属分社核算的单位,还是分别还给管区管理更好一些。

至于分社、管区如何划分,我们的意见是:街道和农业生产队就以现有的小社为基础,分别成立 10 个街道分社和若干个农业分社。这样有的农业分社可能过小了,可作适当的调整,或者合并到附近的分社去。机关、厂企、学校、农场可以在同一公社范围内,按系统、按性质、以大单位带小单位的办法联合组成若干机关分社、工厂分社、企业分社、学校分社或农场分社等。人数很多的单位也可以单独成立分社。有些没有办法联合组织农场分社的小单位可以单独成立管区,划归街道分社领导。在初办时期,工厂、机关、学校等分社可能多一些,下半年可以再逐步合作。

原来郊区的农业生产队,现在还是按照中央的规定,仍然实行三级核算,生产大队是基本核算单位,将来条件成熟了,再逐步过渡。

为了适应公社发展的需要,充分发挥公社的积极性,更好地促进各项事业的继续跃进,我们打算将一部分市属的生产单位和事业单位下放给公社管理:在手工业和轻化工业方面,除大型厂企、试验性质的工厂和产品属中央、区、市掌握,主要原料又是市配给的工厂以外,其余的小厂、合营厂均下放公社管理;财贸商业除粮食、银行、批发机构、储运站、仓库、大型加工企业和为全市服务的大型商店、门市部、饭店、旅店以外,其余均下放公社管理;文教卫生事业只下放小学、联合诊所和文化站。此外,原属市房产局管理的私改房屋和公房,也全部下放公社管理和统一调配使用。这些机构准备分批分期逐步下放,下放以后实行双层领导。

(三)编制问题

现在兴宁、永宁、江宁 3 个区(包括区委及区人委)共有干部 444 人(最多的是 171 人,最少的是 129 人),平均占原有总人口的 1.59‰。秀田区(近郊)现在干部 265 人,占原有总人口的 2.38‰,将来实现一区一社以后,地区扩大了,人口增多了,工农商学兵各业也大大增加了,每社 80 人的编制看来是不够的。我们的意见是:根据增产节约、精简机构的精神,兴宁、江宁、永宁 3 个公社大体上保持原来的编制,并尽可能作适当的精简;其他的 3 个公社则按人口的 1.5‰的比例去配备干部。这样,6 个公社大约需要配备干部 700 人左右,约占总人口 48.07 万人的 1.45‰,平均每社配 110 多个干部。

参照上面这个原则,街道分社和农业分社的干部,大体上按原来小社的编制去配备,街道分社(原来的城市公社)的编制按实际需要和精简精神,以不超过 20 人为宜。机关、学校、厂企、农场等分社必须实行政社合一(行政管理和分社合一),一律不再另设编制,统由行政管理干部和专职政治工作干部解决。

以上报告,是否可行,请批示。

中共南宁市委员会

一九六〇年五月十七日

中共南京市委批转白下区委关于在五老村分社试行建立街道委员会的意见[*]

（一九六〇年五月十七日）

各区委、各公社分社党委：

市委同意白下区委关于在五老村分社试行建立街道委员会的意见，各公社分社成立后，均可参照办理。

街道委员会的组成人员，应从群众积极分子中选拔，按原居民委员会人员待遇处理，不脱产，不列入国家机关编制。街道委员会建立后，原有的居民委员会即可撤销。在建立街道委员会和撤销居民委员会的过程中，必须向广大街道群众，特别是其中的积极分子进行思想教育，注意工作上的衔接，避免引起不必要的思想波动，防止工作脱节。

至于所辖地区面积不大、人口不多的分社，不必成立街道委员会，由分社直接领导各个基层单位，以减少层次。

中国共产党南京市委员会

一九六〇年五月十七日

---

  * 原件现存于南京市档案馆。

（福建省）参观哈尔滨、郑州城市
人民公社汇报提纲[*]

（一九六〇年五月中旬）

我们一行 14 人，参观了哈尔滨和郑州城市人民公社。在哈尔滨参观了五天(4 月 26 日到 30 日)，在郑州参观了二天(5 月 4 日至 5 日)。参观的对象是社办工业、托儿所、食堂、服务站四方面，这个汇报以哈尔滨为主。现在将参观的情况汇报如下：

一、基本情况

哈尔滨市，有七个市区，八个县，共有人口四百三十万。其中城市人口一百七十二万，郊区农业人口二十五万，八个县有二百二十三万。这里在一九五八年就开始试办城市人民公社，当时先后试办了十二个公社，一区一社的有平坊、香坊、动力之乡三个社，以街道办的有九个社。今年三月份，调整为一区一社，七个区七个公社，一个社平均在廿万人口以上。现在入社的社员占城市人口的百分之七十五，约一百五十万人。办社方针是：以工人阶级为领导，以全民所有制为主体，以发展生产为中心。这里工厂多，而且都是大的，除道外公社是以居民为主，其他六个公社都是以国营工厂为中心建立起来的。每个公社都包括二到三个农村公社，现在改成分社，所有制不变，仍然是以大队为基本所有制。城市公社分三级：公社一级，分社一级(也有的叫管理区)、街道居

* 原件现存于福建省档案馆。

民委员会一级（相当于我们居民委员会）。再下就是居民小组。

郑州现在有 17 个人民公社，一个公社约三万人左右，相当于福州市一个街道办事处。公社下面有分社。现在已经感到这样的范围太小，准备划成一区一社，四个区四个公社，一个公社有十五万人左右。

二、所有制和社办工业问题

哈尔滨市社办的工业，都是属于公社所有制，叫全民所有制。社办工业的积累和投资扩大再生产，都集中在公社一级。理由有三条：

（一）原材料用的是大厂的下脚料、产品由国家收购，有的为大厂加工。一些重要的产品都纳入国家计划。

（二）小集体资金（街道的，资方定息的），就全市来说，仅占百分之三，百分之九十七是公社的资金。

（三）一律实行工资制度。

郑州是两级所有制，基本社有制，部分分社所有制。社办工业，发展很快，但都经过一段困难过程，白手起家，三个月不发工资。办社初期，对于社员的一些生产工具，作价记账，分期偿还。我们参观了许多有名的工厂，都是如此。香坊公社滚珠轴承厂，原来是五个老太太、两个老头子的草绳厂，一九五八年改成滚珠轴承厂，发展到现在有职工六百多人，机床六十六台，去年完成轴承十万套，今年计划生产一百万套。生产已列入国家计划。香坊公社的电器厂，开始由两个钟表修理匠和一个刻字匠搞起来的，到现在有五十六台机床，五百多工人，去年产值三百八十万元，今年计划八千万到一亿元。

（1）大厂与小厂挂钩，四包三保证。

社办工业发展迅速，是由于城市人民公社的优越性。大厂带小厂，小厂为大厂服务，叫母子关系，再没有比这种关系更加亲密了。大厂对小厂是四包，包原料、包技术、包设备、包××。小厂对大厂是三保证，保质量、保成本、保完成任务。包原料就是大厂的下脚废料供应小厂；包技术，小厂派人到大厂学习，大厂派技术工人到小厂指导；包设备，把闲置不用的机器设备，支援给小厂,记一笔账,所有权仍归你,借给小厂使用,小设备,能买的则买,有些社办工厂实际上就是大厂的一个车间与附属工厂。

在这里看不到小厂与大厂争原料的现象,与大厂争原料的就不办。大厂支持小厂,小厂为大厂服务,小厂发展起来以后,大厂把一些简单的工种,交给小厂去做,香坊公社的电器厂,每月就给××厂修理发电机六百多台,这对小厂是个支持,对大厂自己,可以腾出力量完成更多更好的任务。为了更好地协作,在公社党委的统一领导下,每月要召开几次会议,叫共产主义协作会,大厂参加,社办工业也都参加,会议上很解决问题,这已经成为一种制度。他们在协作当中深深体会到,为别人服务,就是为自己服务。

(2)工资问题。

社办工业,生产都已走向正常,没有停停歇歇的现象,工人每月都能领到工资。哈尔滨市全市平均工资三十二元,福利费算在内,就有三十五到四十元,相当高,学徒工十八元,与国营工厂的学徒工相同。郑州比哈尔滨工资低,一般在廿五元左右。哈尔滨市的社办工厂,百分之九十都是女工、职工家属和居民妇女,一九五八年参加工厂的女工,工资三十到三十五元,高的达四十多元。有基础的厂,医疗费也包下来。家庭妇女对城市人民公社最热心积极,经济独立也是个主要原因。

(3)以厂为中心的趋势。

哈市道外公社党委会(这个公社是以居民为主),在我们参观期间,作了一个决定,将社办工业,下放给街道委员会管理,所有制不变,代公社管理,以便发挥街道委员会的积极性(多分给一些福利费)。十七个街道委员会,十七个工厂,一个街委会一个。街委会主任兼厂长,而且主要搞生产。他们叫是委厂合一,就是政社厂合一,家家户户都有工人,既是公社的社员,也是工厂的工人。而且一个厂都要负责办好一个食堂,办好一个托儿所,还要搞文化革命。社办工厂将要成为城市居民中政治、经济、文化活动的中心。

这样一来,在户籍管理方面,也发生变化,入托的儿童,户口转到托儿所,工厂的工人,户口转到工厂,一家一户的,转成集体的了,治安保卫工作的重点放在工厂。哈尔滨市道外公社发生案件,不过二十四小时可以破获,郑州红旗公社,破案不过夜。组织非常严密有秩序。

三、托儿所

抓生产之后紧接着就抓托儿所。家庭妇女是社办工业的主力军，要把他们动员起来，就得把托儿所办好，相辅相成。总起来办好托儿所要两好一低。两好，就是办托儿所的人要好，政治思想觉悟高，积极热心可靠；办托儿所的房子院落要好，要干净、宽敞，使孩子有活动玩耍的地方。一低是收费低，但吃得要好。

听道外公社党委书记介绍，他们初办托儿所，都是些老婆婆思想落后的人，孩子带得不好，母亲不放心，生产不安心，后来下决心调了五百九十多名党团员积极分子，还抽调了十名小学教员，所谓十姐妹上前线，担任托儿所的教养人员。不但思想进步、热心积极，而且都是手勤脚快的年青人。保育人员的年纪，都在二十岁、二十五岁上下，除了做饭的是老婆婆之外，都是年青人。结果托儿所都办得很好，母亲都能安心生产。

郑州陇海公社办起了一所一条龙托儿所，从产妇生产婴儿扶养，直到上小学，都由托儿所包下来。很受群众欢迎。这个公社的产妇，现在大部分到这里生产，入托儿童有三百七十多名，越办越大，越办越好。这个公社的居民区，是个穷区，房子并不好，但都把较好的房子调整出来，然后打通连成一片，作为托儿所的驻所。宽敞、干净，家长看了都喜欢。

托儿所收费，高低不一，最高的全托是十二元，一般的都在十元以下。郑州红旗人民公社的托儿所，全托九元半，半托八元，日托一元半。不管收费多少，都用在小孩身上，教养人员的工资，都由社办福利费负担，郑州和哈尔滨市都是如此。所以收费虽然低，孩子吃得并不坏，一般都有牛奶吃。这实际上是城市人民公社供给制因素的增长。

保育人员的待遇，一般在二十五元上下，低的不下二十元，高的有三十多元。郑州与哈尔滨市都正在这样做，就是把托儿所的保育人员、公共食堂的炊事员、服务站的服务员的工资待遇，逐步提高到稍高于社办工业一般工人的工资。

四、食　堂

办好食堂,与办好托儿所同样重要,参观了许多模范食堂,都有下面三个条件:

(1)食堂管理人员和炊事员,都调选积极分子担任。

(2)哪个工厂职工搭伙的多,即由哪个工厂负责办好。

(3)大闹技术革新,所有参观的食堂,都实现了蒸汽万能灶,这样可以花样多,又干净卫生。

郑州陇海公社一食堂,一星期以内不吃重饭,有面条、馒头、炒面、跃进饭等花样,郑州人爱吃油条,油不够充裕怎么办? 于是炊事员就闹革新,一斤油可榨六十斤面粉的油条,一星期至少给社员吃一次。花钱不多,一个月七、八元左右,吃得又好,这样的食堂很巩固。

还有一条,郑州与哈尔滨市的公共食堂,管理人员费用,由社办工业福利费开支,用餐者不负担。

五、服务站

服务站的组织,一般是公社有服务总站。是国营的,分社或管理区有分站,分站下设有服务网点,属公社的。服务人员一律是工资制。服务项目很多,该收费的收费,不该收的不收,截长划短,自给自足,以服务为目的,决不以赚钱为目的。现在把哈尔滨市纯化分社二号大楼服务站介绍一下。这个服务站办得最早,也是哈尔滨市最好的一个服务站。对二号楼三十八户职工,是全包下来,什么都管,职工的钥匙由服务员保管,工薪也有的叫服务员代管。对这一条街的三百八十多户居民是一般性的服务。服务站有八个服务员,服务站主任是原街办事处治保主任,省市劳动模范,共产党员。一个缝衣工人,是改造进来的;一名钉鞋匠,也是改造进来的;一名理发员,是新学的;其余都是热心公益的青年家庭妇女。

服务项目很多，但不是样样都收费，就是收费的，也比市面便宜得多，掌鞋、理发、缝洗衣服收费，代买车票、理发票、戏票、电影票等不收费。对二号大楼住户，每月每户只收二角五（掌鞋、缝洗衣服等不收费），包下来。

居民通常用的东西，服务站都有，与国营商店是代销关系，抽手续费，蔬菜费百分之八，小百货百分之五，专卖品百分之三，煤百分之二，节日供应的商品，都由服务站供应，手续费百分之三。

服务站是自给自足，公社一般不补，有余也不上交。服务人员的报酬，都是固定工资，初办时，工资低，有了基础，逐步提高的。低的二十元，高的三十元。理发员、缝纫等有技术的人员按技术论定。缝衣工人是改造进来的，工资四十八元；钉鞋匠也是改造进来的，工资四十五元；理发员是新学的，定二十六元。

六、小商贩，个体手工业劳动者随城市公社化彻底改造问题

我们参观过的几个公社，哈尔滨市的香坊和道外公社，郑州的红旗和陇海公社，在城市公社化运动中小商贩和个体手工业者，都彻底改造完了，行医也改造了，改成公社的医疗站。一般都按他们原来的行业，安置到社办工业和服务行业中来，对他们的工具作价分期归还。待遇一律改成工资制。一般不低于他们原来正常的收入，被改造者一般都满意。对新改造进来的，一时来不及评定工资，采取借薪的办法，过一时期再评。

一九六〇年五月中旬

（福建省）介绍一个街道公共食堂[*]

——仓山梅坞食堂

（一九六〇年五月二十日）

一

仓山区仓前人民公社梅坞居委会，有 592 户 2317 人，是职工家属为主的居民地区。

梅坞食堂是在大跃进的 1958 年 10 月份诞生的，由四个人五斤米办起。随着社会主义建设与工农业生产更大跃进，梅坞居委会迅速发展了街道工业，今年以来办起了缝纫厂、纸盒厂、电工厂、誊写油印厂、童鞋厂，另外还组织了加工竹叶、洗衣、缝补、筷子、古董、打石子、修藤器等多种经济生产，有 90% 以上的闲散劳力组织起来，出现了"人人搞生产，户户无闲人"的新局面。广大居民群众参加生产后，对大办公共食堂，摆脱家务琐事，走上集体生活道路的要求越来越迫切。梅坞食堂在街道支部的正确领导下，为了适应形势发展需要，今年二月在原有基础上进行了一系列的整顿与提高工作，坚决贯彻了"积极办好，自愿参加"的原则，实行了"按人定量，食堂保管，凭票吃饭，节约归己"和"堂店""合一"的办法，得到了广大妇女群众热烈拥护，参加食堂用膳已占应参加食堂人数的 95% 以上，分别在第一、第二两个食堂集体用膳。从此基本上结束了过去一家一户的单锅单灶的个体生活，走上了集体化道路。

二

在整顿提高过程中,由于人们长期局限于一家一户的生活方式,对公共食堂也反映了种种不同的思想顾虑,如有的担心老人、病人、孕妇的照顾不够;顾虑换不出粮票零用;害怕在食堂吃不饱,吃不好,饭菜贵;顾虑在食堂吃饭一家人不便调剂;客人、亲戚来了不方便等等。另方面,有些资产阶级和他们的家属对食堂百般挑剔讲坏话,有一个老板娘在食堂大吵大闹,要拿回去自己煮。针对这些问题,经过分析研究,从两方面着手解决,一是大力开展宣传教育工作,以群众生活中的实际例子,说明在食堂吃饭的好处,另一方面组织群众充分讨论如何把食堂办好,发动群众提建议、想办法,集中群众的意见,不断改进食堂管理,满足群众正当要求,经过讨论后绝大多数居民积极拥护。很多群众在会议还未结束就跑回去把粮证和副食品证拿来,当场交给居民小组,大家到食堂吃饭成为群众自觉的行动。

三

食堂办起来后,不断改善经营管理,提高服务质量,做到服务方式灵活多样。目前食堂里饭菜的价格、品种、口味以及供应时间等,都是按照群众的生活习惯和生活水平来安排,一天三餐有干、有稀、有炊、有炖,有时还做菜饭,每餐菜都有好几样,有三分、五分、一角,有荤、有素、有汤,确是物美价廉味道好。为了照顾工人上班时间的不同,采取固定与临时的供应办法,早上四点开始一直到晚上八点都有供应,实际上一天到晚都有,可以随到随吃。食堂做到了"五代""五有""八可以"。"五代"(代群众加工副食品,办婚丧、喜庆饭菜,煎药,炖奶、糊,烧开水);"五有"(有干,有稀,有炊,有炖,有菜饭);"八可以"(可以零星顿饭,客人来了可以临时买饭,可以在食堂吃,也可以拿回家吃,可以单买主食,也可以单买副食,在假日可以换米换菜回家自煮,对老人、病人组织专门送饭菜到家），得到了广大群众的赞扬。

食堂账目公开，做到日清月结。账目结算出来后，先在民主管理委员会及小组长会上进行讨论审查，然后账单上墙。由于食堂的账目一清二楚，使群众更加相信食堂，拥护食堂，并且夸赞食堂说："梅坞食堂人人夸，巧厨烧饭供千家，妇女不要锅台转，单身汉子有了家。"

梅坞食堂为了把这个大家庭管好，现在已经开始建家底，开荒种菜、养猪、养家禽；食堂全体工作人员发挥了巧干精神，大搞炊具革新，实现了炊饭蒸汽化、用水自流化、切菜机械化、洗碗自动化、做饭增量化等五化。食堂还设立了服务部，一切日用品基本可以在食堂里买到，深受群众欢迎。

四

梅坞食堂已经在群众中扎下了根，成为全市办得好的一个街道公共食堂。这是由于加强了党的领导，实行了政治挂帅，充分发动群众，本着因陋就简，自力更生，勤俭办食堂的精神。所以梅坞食堂能够在很短的时间内发展巩固起来。其主要经验是：

（一）加强了党的领导，政治进食堂，书记下伙房，这是办好食堂的根本保证。公共食堂是社会主义与资本主义斗争的焦点，食堂是我们必须固守的社会主义阵地。为了加强领导，街道支部指定了街办主任亲自抓食堂工作，居委会主任亲自当食堂民主管理委员会主任，粮店主任直接参加食堂工作，把办好食堂当作自己的首要任务之一，居委治安主任也参加食堂管理工作，并吸收街办妇女委员和街办三化干事，组成食堂领导核心。他们经常研究工作，深入群众，和群众同吃、同住、同劳动，听取群众意见，发现问题，分析问题，解决问题，不断改进食堂工作。

（二）充分发动群众，依靠群众，本着因陋就简，自力更生，勤俭办食堂的原则，这是办好食堂的重要保证。梅坞食堂是白手起家，由四个人五斤米办起的，从开办到巩固全是依靠群众自力更生，共同协力。没有资金大家凑，没有房子大家让，没有炊具大家献，群众把食堂当作自己的家一样，主动、热情地要把食堂办好。这个食堂原来是在狭小凹凸不平的弄堂里，又破又旧又小，而现在已经变成了可以容纳四五百人同时用膳的饭厅。在修建中，许多群众都是自觉地参加义务劳动，不花一块砖，不买一寸铁，连木工泥水工也是群众自己做。梅坞食堂就是这样在群众支持下迅速扩大巩固起来的。

（三）食品、蔬菜、粮食供应部门的各方协作，保证了食堂饭菜多样化，这对办好食堂也起着极重要的作用。

（城市人民公社情况简报第 3 期）

中共福建省委办公厅办公室编印

一九六〇年五月二十日

（广西）区党委城市人民公社办公室召开座谈会研究办厂矿人民公社问题[*]

（一九六〇年五月二十日）

区党委城市人民公社办公室于五月十七、十八日召开贵县糖厂、桂平糖厂、合山煤矿、东洛煤矿党委书记及上述厂矿所在地县委负责同志的座谈会，根据地、市委财贸书记会议精神，就如何建立以厂矿为中心的人民公社问题进行了专门研究，现将会议研究的初步意见纪要如下，供各地参考。

一、关于厂矿人民公社的规划问题

厂矿人民公社，应以工厂或矿山为中心，划进周围的部分农业生产大队和公社组成。划多大范围，应当根据厂矿的生产性质和不同的需要来确定。糖厂的原料主要靠农业生产，划进农业部分要大一些，一般以按照今后自给原料占百分之七十左右蔬菜、肉类和饲料完全自给的要求，将糖厂附近种甘蔗为主的公社和大队划进去较为适宜。煤矿由于不靠农业提供原料，划的农业部分要小一些，一般应以能够解决矿区蔬菜、肉类主要副食品自给为限度，不宜划得过大，以免因农业生产任务过重而影响矿山生产。在确定划分区域时，不论糖厂和煤矿，都要以生产大队为单位，不能插花进行，以便于公社领导和管理。同时，还要适当照顾到交通方便、生产有基础等条件，以利组织运输和发展原

＊ 原件现存于广西壮族自治区档案馆。

料生产。划进煤矿的农业生产队,应当在口粮和饲料自给的前提下,积极搞好种菜、发展家畜、家禽、养鱼、种果树等副食品生产,以充分满足矿区人民生活的需要,但原国家分配的购粮任务可以免交,公粮改为交纳代金。矿山职工及家属,原由国家供应粮油的,暂不变更,仍由国家负责统销。划进糖厂的农业生产队,由于主要任务是生产甘蔗,除了种植一部分粮食解决畜禽饲料和部分口粮外,社员口粮、食油基本由国家安排统销,也不再派购粮任务,公粮交代金。

二、关于厂矿人民公社的体制问题

厂矿人民公社实行三级管理(如糖厂),两级核算。公社下设分社和生产大队(均由划进的农村公社、大队改称,暂不打乱原建制,以后进行调整),分社是公社派出管理机构,不搞核算。分社的组织机构实行厂社合一,党政分设。公社建立党委会,下设组织部、宣传部、监委会、办公室等工作部门和工会、共青团、妇联等群众团体。公社设立管理委员会,下设农业部、工交部、财务部、民政福利部、文教卫生部、公安武装部、计划统计室、办公室等职能部门。分社建立分党委,并根据工作需要,设立若干个工作部门或专职委员,分工掌管有关工作。

三、关于厂矿人民公社的经济关系问题

厂矿人民公社建立三套账务,分别管理厂矿、公社和大队的财务,做到厂矿、公社、大队的财产、资金、人员三分清,厂矿、公社、大队之间调拨物资和劳动力,都应按照等价交换原则进行结算,不能无偿调拨(糖厂派出支援农业的义务劳动除外)。

厂矿举办的小型卫星工厂,属于服务性的缝、洗、修补以及职工家属利用厂矿边角废料进行简单加工的小厂,可由公社组织经营;对于产品比较大宗的综合利用工厂,仍应由厂矿直接经营,不交给公社。原农村公社兴办的生产企业,大的应转为厂矿公社所有,小的仍由分社自行经营。

厂矿的国家财贸机构,全部下放给公社管理,实行县、社双重领导。这些财贸机构的收益,除商业利润按规定提成百分之十给公社外,粮食、银行部门的利润、利息和财政税收,均全部上缴县财贸主管部门,公社不留成。

国家在厂矿公社所办小学,也下放公社管理,学校经费由国家按预算拨付,公社包干使用,学校发展扩建超支的经费,由公社自行解决。

四、关于积累分配和工资制度问题

厂矿公社的分配和工资制度,仍保持原来的多种形式不变,即厂矿职工仍实行计时工资制度,按月发放工资,农业生产队仍实行粮食或伙食供给加工资的分配制度,评工记分,按劳取酬。

集体福利和文教卫生事业,由公社统一规划,统一筹办,经费统一支付。小学、幼儿园、托儿所,对入学入托儿童原则上应当收费,但收费标准不宜过高,而且应当根据家长的经济情况,照顾生活困难的社员,分别实行全费、半费和免费。

伙食费应当分别处理,厂矿职工全部自费,吃多少出多少,农业社员仍实行伙食供给或半供给的制度不变。食堂工作人员工资,不论厂矿和农业队,都应由公社或厂矿开支,不应向搭伙的人收费。

公社和积累分配比例,原则上社办企业的利润,用于扩大再生产的部分应占百分之六十,用于集体福利的部分占百分之三十左右,企业留成占百分之十左右;大队上交公社的公积金和公益金,百分之六十用于扩大社办企业生产,百分之四十用于集体福利;国营厂矿提成的福利金,也应拨出一部分,支援公社举办福利事业。

五、关于行动步骤问题

各地回去后,应立即把上述意见向县委汇报,在县委领导下,以厂矿为主,吸收县委农村部、财贸部及有关农业公社党委参加,共同酝酿和研究制定建社规划和草拟社章,于五月底前分别报送地方及区党委审批,然后召开社员代表大会讨论通过,向群众公布,开展宣传,组织实施。

区党委城市人民公社办公室

一九六〇年五月二十日

（福州市）国营工厂帮助
社办工业的情况 *

（一九六〇年五月三十一日）

　　本市城市人民公社的社办工业在国营企业的大力帮助和扶持下，不断地获得了巩固和发展，目前已有社办工业760个厂、组与全民所有制的大中型工厂挂上了钩，与国营工厂挂钩的社办工业，占城市公社的厂、组总数的55.4%，他们受到了国营工厂大厂各方面的支援和帮助。同时，社办企业为大厂服务，日益成为大厂的有力助手，这就有力地贯彻了工业生产上两条腿走路的方针。

　　市委为了促进社办工业的发展，发出了国营工厂企业帮助社办工业的号召。并指出：在支援社办工业中，应采取以大带小，以老带新，以师带徒，以点到面的办法；从设备、原材料、技术力量等方面积极主动地帮助社办工业巩固提高，发展壮大。如全民所有制的工厂企业，第一化工厂、第二化工厂、火柴厂、造纸厂、汽车修配厂、制药厂、电讯器材厂、绳缆厂、麻袋厂、玻璃厂、搪瓷厂、福建机器厂、上游造船厂、第六机器厂、古楼五金厂、五一机械厂等二十多个单位已与城市各公社的工厂、车间、生产小组挂上了钩，有的已成为固定性的协作关系。通过挂钩，国营工厂并把支持社办工业作为自己的一项重要任务。如西工业路的六个机器厂对支持社办工业列入工厂竞赛内容，他们提出每个厂要帮助一个公社建立机械厂，并制造200台的各种车床武装社办工业，使社办工业发展。

　　社办工业绝大多数是利用国营工厂的边角、废水和下脚料等进行生产。

---

　　*　原件现存于福州市档案馆。

这些物质通过协作，组织国营工厂与社办工厂挂钩，使大工厂的下脚料得到综合利用。两个月来市属工厂支持社办工厂的边角废材达140多吨，生产出不少的日用小商品供应市场需要。市属几个化工厂的废液也充分利用起来。如第一、第二化工厂的酸液成为社办厂的主要原材料。以南街人民公社所办的化工厂，主要靠一化、二化的废液，四个月来由这两个厂供应的废液就达八万八千多斤，提炼出固体烧碱、液体烧碱以及楠草、气化纳等产品两万六千多斤，本市麻袋厂的废料供应给下渡人民公社制造纤维板。由于大厂的边角废料支持了社办工业，不仅迅速促进社办工业的发展，而且使大工厂的下脚料得到了更加合理的利用。

许多国营工厂还为社办工业提供不少的设备，武装社办工业，并且为社办工业培训技术力量。不少的大厂还把简单的产品和制造部件、零件的辅助车间交给公社生产。如火柴厂把生产海藻胶的整套设备交给仓山下渡人民公社。制药厂的木箱、纸盒几个车间连同设备、技术人员、原材料全部交给临江人民公社，使大厂可以腾出手来向高、精、尖发展。不少的大厂还替公社搞起新的生产项目。如上游船厂还为台江帮洲人民公社办起了一个小型造船厂，市玻璃厂替义洲人民公社培训技术人员，拨给二架铰链机和模型，建立了一个玻璃厂，福建机器厂、第六机器厂等支持公社办起翻砂厂和五金厂，无线电器材厂象母鸡生蛋似的帮助公社办起三四个加工厂，下渡人民公社筹建的水泥厂所需的设备全部由福建造纸厂投资。第一化工厂还为南街人民公社筹建氯化钡车间，国营大厂与社办厂象母子关系一样，由大工厂给原材料、给设备，还在技术上加以指导，有的大厂还为社办厂制定生产管理制度。目前，全市国营工厂又掀起了支援社办工业的高潮，平均每个国营厂有一件或三件的设备、工具支援社办工业。

社办工业受到国营工厂的大力支持之后也更加积极主动地为大厂服务，成为大厂的有力助手。他们按期完成大厂交下来的加工任务，保证提高质量。如仓山下渡人民公社的海藻的原料有困难，派出人员向连江、平潭等地组织资源，千方百计供应火柴厂的需要。鼓楼区社办的机械厂在原材料缺少的情况下，按时为国营机器厂赶制螺丝钉达二万七千多个。水部人民公社的机电厂经常漏夜为大厂修理电机、马达，不影响大厂的生产任务。凡是国营大厂加工的部件、零件真正做到什么时候要,什么时候完成,而且质量也不断地提高。如茶亭的锉刀的产品质量已不亚于国营厂的产品。不少社办厂调配劳力支持大厂基建的需要,并动员运输站的力量帮助解决大厂短途运输任务。

(城市人民公社工作简报第二十期)

中共福州市委城市人民公社领导小组办公室

一九六〇年五月三十一日

中共福建省委批转省委财贸部"关于城市人民公社普遍化运动发展情况和若干政策性问题意见的报告"*

(一九六〇年六月九日)

各地、市、县委：

省委同意省委财贸部"关于城市人民公社普遍化运动发展情况和若干政策性问题意见的报告"，现转发给你们，望研究执行。我省自省委六级干部会议以后，城市人民公社的发展相当迅速，除三明市外，其它各市应入社的人口均发展到百分之九十三以上，运动的发展是正常健康的，广大群众是积极拥护的。随着人民公社的发展，社队办工业如同雨后春笋，在产品产量、质量、产值上均取得了巨大的成绩，但由于时间短、发展得快和经验不足，也还存在一些问题，特别是有关政策性问题，急待解决。报告中所提出的：组织规模开始从小逐步扩大；工厂企业、机关学校与街道居民分别办社，不打乱原来的街道组织；社办工业生产自力更生，小型为主，大搞综合利用；社办企业工资开始从低，以固定工资或固定工资加奖励为主；社员生产资料不急于处理，特别是资产阶级分子、资产阶级知识分子所有的花果竹木和土地暂时一律不动；资产阶级分子和各方面民主人士暂缓入社，已入社的做好工作让他们自愿退出等规定，都是必要的步骤和重要的政策性问题，请你们认真研究贯彻执行。在整顿巩固城市人民公社工作中，对各级各类组织一定要建立以工人、职工家属和劳动人民为主的领导优势，并整顿健全制度，实行民主管理，实行经济核算，使城

---

* 原件现存于福州市档案馆。

市人民公社不断走向巩固、发展和提高的阶段。

中共福建省委

一九六〇年六月九日

附：省委财贸部关于城市人民公社普遍化运动发展情况和若干政策性问题意见的报告

（一九六〇年六月一日）

省委并叶书记：

五月二十日到二十八日召开的各地市委财贸书记会议,研究了我省城市人民公社普遍化运动的情况和当前运动中的若干政策性问题,兹报告如下。

自三月省委六级干部会议以来,我省城市人民公社普遍化运动势如破竹,进展迅猛。据五月二十六日统计,福、厦、漳、泉、南平五个城市已正式成立五十四个公社,入社人口五十三万五千人（其中机关、企业、学校的职工二十八万零四十人）,占十六岁以上应入社人口的 94.07%。其中在 1958 年开始试办的有十三个公社,入社人口约二十万人（其中机关、学校的职工十万人）,其余都是最近两个月中发展起来的。在城市人民公社普遍化运动中,各地都紧紧抓住了组织生产这个中心环节,大力发展社办和队办的街道工业,目前六个城市一共有社、队工厂二千六百七十四个（而 1959 年底为四百二十九个）,直接从事生产的六万六千八百五十八人（而 1959 年底为一万五千七百五十三人）。今年头四个月的产值和加工费达三千一百三十八点三五万元,为去年全年总产值二千二百一十点三四万元的 137.46%。产品的种类也一天比一天增加。社办工业已经日益成为工业战线上与大工业相辅而行的一支新生力量。随着生产的发展,六个城市已办起了公共食堂一千二百三十九个,入膳人口四十一万八千九百七十人,占应入膳的 57.4%;托儿所、幼儿园一千一百二十个,入托入园儿童五万九千一百二十人,占应入托入园儿童的 40%;生活服务站、组一千七百零八个,从事生活服务和集体福利事业服务工作的共有五千八百一十九人。

现在,除了丧失劳动力的老人、病人、残废人和为数很少的资产阶级分子、资产阶级知识分子、旧官僚和他们的家属之外,城市人口的绝大多数已经组织起来了。对于少数参加生产和集体生活尚有实际困难的居民,正在进一步作安排。在这一运动中,通过广泛深入的以人民公社万岁为中心的宣传教育,通过组织生产、组织生活,并且结合这个运动,对城市中资本主义的投机倒把、捣乱市场的非法活动,进行了严厉的取缔和打击,从而进一步提高了人民群众的政治思想觉悟,巩固了社会主义阵地,取得了社会主义对资本主义两条道路斗争的又一次巨大胜利。在城市中出现了一派劳动光荣、热爱集体、助人为乐、团结互济的新社会风气。

总起来说,这一段运动是健康,胜利的。这是在中央和省委的领导下,在大好形势鼓舞下,大搞群众运动的结果,也是一年多来试办起来的城市人民公社所体现出来的无比优越性和强大生命力进一步的表现。实践又一次证明,广大劳动人民对于大办城市人民公社抱有极大的热情和积极性。我们的任务,就是要在党的领导下,满腔热情地支持群众的要求,同群众在一起,以高度的积极性,有计划有步骤地把城市人民公社办好。

会议着重研究了当前运动中带有普遍性的若干主要问题,研究的意见如下:

一、关于公社的组织规模、组织形式和所有制。

从这一阶段工作看,建社初期,一般以原街道办事处的范围建立公社是比较适当的,这样不仅组织起来快,而且经营管理也比较容易,原来一套行政机构暂时也不必变动,好处很多。

组织形式上,分别以街道居民、以国营企业厂矿和以机关学校为主体来组织是好的。为了便于组织、便于领导,街道居民暂时还是不同机关、学校或者国营企业、厂矿合并起来组织为好。人数少的单位可以几个单位联合组织公社,今后随着公社的生产和生活福利事业不断发展,社员共产主义觉悟不断提高,在整顿巩固的基础之上,再逐步扩大公社的规模。

由于城市人民公社主要是从事工业生产,并且主要以工资形式进行分配,其产品基本上纳入国家计划管理,企业积累的主要部分用于扩大再生产,因此，在目前城市人民公社所具有的全民所有制因素比农村人民公社要大一些，而且，将会较快地向单一的全民所有制过渡（这些，现在不向外讲）。在现阶段，公社实行公社与大队（或管理区）两级管理、两级核算的管理体制是正确的，这样更可以发挥大队的积极性，有利于公社经济的发展，必须认真贯彻执行。

二、关于发展生产。

在公社化运动的促进之下，城市街道工业飞跃发展，产品、产值增长很快，总的情况很好。当前生产中着重要抓四方面的问题：

第一，要立即把生产的经营管理问题认真抓起来，要建立必要的规章制度，推行经济核算，改善经营管理，把生产和财务工作搞好，以期不断地进行扩大再生产。公社不仅应当在政治上，而且还应当在经济上把社营企业切实领导起来。

第二，公社工业所需要的原材料，应当依靠自力更生的办法解决。要抓原料生产、大力回收废品、充分利用废水、废料、下脚料，大搞综合利用，发动群众，大家动手，不要依赖国家。国营商业和物资分配部门对于安排公社生产所需要的某些由国家统一收购和分配的物资，要尽可能予以支持和安排。

第三，国营厂矿和社办工业，应当互相帮助、互相支援。大厂要从各方面支援小厂，小厂要积极为大厂服务。凡是社办工业能够生产的各种小商品，应当积极组织和指导社办工业去生产，使大厂集中精力完成主要的生产任务或者可以节省出一批劳力来支援新厂，做到以大带小，以小辅大，全面发展工业生产。

第四，社办工业发展了，产品的花色品种应当更多，而不应当减少。国营商业部门应当经常组织和指导社办工业有计划地生产各种小商品。

三、关于组织人民经济生活。

随着社办工业的迅速发展，组织生活的工作也取得了很大成绩。应当继续坚持执行一手抓生产，一手抓生活。当前组织生活福利事业中主要的问题：领导力量薄弱，队伍比较复杂。有些公社把政治条件好的、身强力壮的人全部集中到生产方面，而把年老体弱的或政治不纯的人放在食堂和服务事业方面，这就很难保证把食堂和托儿所和其他生活福利事业办得更好，应当改变这种状况。

抓生产和抓生活是辩证的关系。生产是基础,但生活抓不好会妨碍生产,生活抓好了就会促进生产。因此必须加强领导,纯洁组织,派强的干部和政治上可靠的人到食堂和托儿所等服务部门工作。对从事食堂管理员、炊事员的人,要讲究成分,讲究政治态度,没有强烈的为人民群众服务的责任感的人,是不会去认真地做好服务工作的。从事生活服务事业的人的工资,应当一般不低于甚至有的还高于劳动条件差不多的其他工人的工资。

城市人民生活安排得好不好,在目前主要是蔬菜和商品合理分配问题,现在多数城市工矿区的蔬菜问题还没有完全过关,一定要抓紧把蔬菜的生产供应问题解决好,供应要经常、价格要合理、品种要多样。对于一部分商品应当有计划有组织地进行合理分配以保证真正的合理需要。

四、关于若干具体政策问题。

(一)社办企业的工资。现在社办工业工资总的情况是新厂低于老厂,队办厂低于社办厂,队办厂的工资水平平均 10 元左右,社办厂约 15—20 元左右,基本上是正常的、合理的,但也存在某些不平衡和不合理的情况,主要是原来一部分老厂(大都是从手工业社改造过来的)工资水平过高,甚至大大超过了国营企业同工种工人的工资水平。特别是分配方式仍采取分红制的单位收入就更加不合理。这种情况既不利于工人之间的团结,也不利于社办工业的扩大再生产和公社的巩固与发展。因此,必须根据中央和省委有关指示精神,经过充分的工作,作必要的调整。社办工业工资水平,必须略低于国营工业,新办工厂应当从低掌握。工资形式,主要应当是固定工资,或固定工资加奖励,目前某些社办企业所实行的分红制度,应当逐步加以改变。

(二)正确处理积累和消费的比例。根据各地经验:分配给社员的工资部分,一般占公社总收入的60%—70%,公共积累为30%—40%。在公共积累中以 20%左右用于社员集体福利,以 80%左右用于扩大再生产,这样的分配比例,在目前基本上是适当的。当然,每一个公社的经济条件不同,具体比例也应当有所差别,在正确执行工资政策和大力发展生产的情况下,这种比例也可能有所改变。故这种比例只能领导掌握,不要向群众公布。

(三)对于资产阶级分子和各方面民主人士入社的问题。一年多来试办城市人民公社的经验和这两个月来工作的经验证明,中央的指示完全符合我省情况的,这些人入社早了,增加了我们不少麻烦,而这些人的入社与否,正如北京市委的报告中所说的"提起来好似千钧,放下不过四两"。对我们说来,他们迟入社比早入社好。据六个市的统计,在这一部分人中目前已有80%左右报名入社了,而其中有很大一部分人是政治上想入社,经济生活上不想入社的。最近,有的地方根据中央指示,开了一些座谈会,向他们说明了党的政策,已经有一部分人自愿退出了。各地都应由统战部门出面,用召开座谈会等方式,做一些工作,让他们自愿退出去,有个退步的机会,这样做就更好地体现了党的入社自愿的政策,更有利于城市人民公社的巩固和发展。

(四)对于社员占有的生产资料的处理。鉴于生产资料所有制问题,在城市资产阶级所有制在三大改造中已经基本解决了,但也还有一些生产资料的问题需要进一步研究解决。原属个人的家前屋后,庭院内的零星果树,暂时仍归社员自己生产和管理,不要急于动员归社;对于社员个人经营的或出租的成片的果树、竹园和土地,在自愿原则下,可以作价归公社,如条件还不成熟(如系华侨财产等),也可以等一等,等到公社其他许多更迫切的问题安排停当了,社员的思想觉悟提高了,再进一步来研究处理;至于尚未入社的资产阶级分子、资产阶级知识分子所有的花果竹木和土地,应暂时一律不动;对于房屋,应按房改的政策规定处理。

五、必须结合城市人民公社普遍化运动,严厉打击城市的资本主义活动。

最近,城市中资本主义残余势力和自发倾向又有所抬头,包工头、二盘商、老鼠工、地下工厂及其他非法投机活动,在各个城市都有发现,有的结成集团,有的勾结机关、企业内部少数品质恶劣的工作人员有组织、有计划地进行偷工减料、盗买盗卖,到处兴风作浪,捣乱市场,对社会主义危害甚大,这是一场激烈的两条道路的斗争,必须坚决进行到底,各城市都必须结合人民公社普遍化和"三反"运动,广泛发动群众,大张旗鼓地进行揭发和斗争,一定要继续搞深搞透搞彻底,以巩固、发展社会主义,保卫总路线。

六、关于巩固与发展城市人民公社问题。

为了进一步巩固与发展城市人民公社,建议在六七月间对城市人民公社进行一次普遍的整顿,以保证城市人民公社普遍化运动更加健康的发展。从

六个城市的材料看,90%以上的人已经加入了人民公社,组织的面已经不小
了,当前的主要任务就是要从思想上、组织上、制度上和工作上进行一系列的
整顿和建设工作,以进一步加强党的领导,健全组织,纯洁队伍,建立制度,把
各方面工作大大提高一步。城市人民公社的各级组织的领导权必须牢牢地掌
握在工人阶级和其他劳动人民手中,政治不纯分子、资产阶级分子不得担任领
导职务,已担任的,必须坚决撤换。对于五类分子,要将他们放在群众中加以
监督和改造。在公社化初期,不要贸然将城市中原有的一套基层政权机构
(街办、派出所、居委会等)加以削弱或者打乱,对外也不急于提出"政社合一"
的问题,而在实际工作中可以逐步地由公社担负"政社合一"的任务。以利于
在城市中加强专政和进一步深入社会主义改造。

　　以上报告如无不当,请批转各地市委。

省委财贸部

一九六〇年六月一日

（广西）区党委批转城市人民公社办公室关于城市人民公社的几个具体政策问题的请示*

（一九六〇年六月十日）

各地、市、县委：

区党委同意城市人民公社办公室关于城市人民公社的几个具体政策问题的补充规定，现转发各地，请研究执行。

中共广西僮族自治区党委
一九六〇年六月十日

附：关于城市人民公社的几个具体政策问题的请示

（一九六〇年五月三十日）

区党委：

根据中央最近批转上海、北京市委关于城市人民公社的报告和本区试办城市人民公社中存在的问题，拟将有关的几个具体政策问题的补充规定如下：

一、办城市人民公社必须首先组织城市中对公社有迫切要求的劳动人民和职工家属入社，然后，在巩固的基础上，再逐步发展。对于资产阶级分子、高

---

* 原件现存于广西壮族自治区档案馆。

级知识分子及他们的家属,目前暂时不要吸收他们入社,而且应当有意识地让他们迟一些时候入社,这样对我们工作上比较便利和主动。如果他们提出要求入社,应当向他们讲明道理,暂不批准。已经批准入社了的,也应当向他们讲明政策,表明态度,愿意退社者可以允许,思想不通、生活又不习惯,虽然没有正式提出退社的,可以个别劝他退出;如果入社后,思想抵触不大、自己坚持愿意留在社内的,也可以允许,看一个时期再说。

二、公社的领导与管理权必须掌握在劳动人民手里,这是办好公社的根子。公社的一切领导职务和管理工作必须由劳动人民的积极分子担任。对此,必须从办社开始就要坚决贯彻。地、富、反、坏、右五类分子及伪军、警、宪人员,无论他有何种专长,都一律不得担任公社(包括公社所属的各个事业、企业和福利单位,以下同)的任何领导职务和参加管理工作,已经担任了的,必须坚决撤换。

资产阶级分子及小业主,一般也不能担任公社的任何领导职务和管理职务。已经担任了的,应当撤换或者调离,个别一贯表现好、有一定专长的小业主,可以允许担任局部的管理职务。

五类分子及资产阶级分子、小业主的家属,一般也不能担任公社的任何领导职务、干部和重要的管理职务。经过长期考查、本人一贯表现好的,可以担任一般的管理职务。

各地现在就应该注意大力训练公社的各种干部和劳动人民中的积极分子,使公社的干部和积极分子迅速地成长起来,形成一支坚强的骨干队伍。这是一个十分重要的问题,必须做好。当前,特别是要大力抓好食堂会计员、炊事员和幼托组织的教保人员的训练工作。

三、在办社的发展步骤上,必须发展一批、巩固一批。参加食堂的人员和入托儿童人数达百分之七十左右的时候,一般的应当暂时不再发展,大力做好整顿、巩固、提高工作,在巩固的基础上,再逐步发展。

四、办社必须采取先生产、后生活的方针。从生产入手,以生产为中心,相应发展集体生活福利事业。只有生产发展了,大办食堂、托儿所等集体生活福利事业才能成为广大群众的迫切要求,办好福利事业才有良好的物质基础。组织生产的形式,应从实际出发,多种多样,以适应生产便利群众的需要。当前,应迅速组织社办工业与国营工厂企业挂钩,建立生产协作关系,促进生产的发展。

五、各地在办社中提出"人人为公社办好事"的号召,对于鼓励群众热爱集体、热爱公社、发挥集体力量、办好公社起了积极的作用。但是,必须注意不要把为公社办好事形成一个捐献运动。为了支持公社,机关、企业、厂矿、学校多余不用的家具、玩具,可以拨交公社,多余的房屋,也可以借予公社使用,节余的福利费也可以拨出一部分交公社举办集体福利事业。在群众中不要号召捐钱、捐献房子,捐献生猪、家禽等。要教育干部发扬穷办苦干的精神,白手起家,勤俭办社,绝不要占劳动人民的便宜。对资产阶级分子也不要去动用他们的生活资料和房产等。

上述各点,是否可行,请指示各地贯彻执行。

区党委城市人民公社办公室

一九六〇年五月三十日

（西安）市委批转城市人民公社工作委员会《关于当前整顿、提高城市人民公社的工作安排意见》*

（一九六○年六月二十七日）

各县委、区委、党委并报省委：

市委同意市城市人民公社工作委员会《关于当前整顿、提高城市人民公社的工作安排意见》，现转发你们，请依照执行。

如有不妥，请省委指示。

中共西安市委

一九六○年六月二十七日

附：关于当前整顿、提高城市人民公社的工作安排意见

（一九六○年六月十八日）

在省、市委的正确领导下，4 月份以来，我市城市公社化运动的发展是迅速的、健康的，总的形势很好，目前，已进入一个巩固、提高和进一步发展的新阶段。为了更好地发挥城市人民公社的优越性，我们必须加强党对公社的领

---

* 原件现存于陕西省档案馆。

导,以社会主义和共产主义教育为纲,以发展生产为中心,积极办好集体生活福利和服务事业,到今年底,计划使组织起来的劳动力达到 12 万人,占全市居民闲散劳动力的 90% 以上;社办工业总产值达 3.6 亿元,力争达到 4 亿元(未包括县属 4 个公社工业产值 1680 万元),较去年增长 12—13 倍,产品品种力争比去年翻 3 番,达到 1500 种;参加食堂的人数占参加生产的社员及其家属的 80%,入托儿童占参加生产社员的儿童数的 80%。为了实现上述任务,当前各公社应大抓整顿社办工业、集体生活福利和服务事业,在整顿巩固的基础上,再积极发展,从而使城市人民公社逐步巩固、健全和壮大起来。

(一)大力整顿、巩固、提高和继续发展社办工业。当前在新发展起来的公社工业中,还有不少急待解决的问题:生产门路还未完全落实,约有 15%—20% 的生产还不够正常或因缺乏原材料未能完全投入生产,在行业发展上也不够平衡,企业的组织形式尚未完全定型,必要的生产、经营管理制度和正常的生产秩序尚未建立起来。因此,必须根据边整顿、边巩固、边提高、边发展和发展一批、巩固一批、在巩固提高的基础上再发展的方针,对新建的生产单位,全面进行整顿。有些公社闲散劳力的组织程度还未达到 70% 的,当前应该大力发展,同时进行整顿工作,经过整顿,使新建的社办工业,从生产方向和经营方针上逐渐纳入正轨,并掀起一个新的生产高潮,保证完成和超额完成今年的生产任务。

当前整顿社办工业主要抓:

1. 落实生产门路,安排生产计划。既要抓产值,又要抓质量和品种,力争优质高产,逐步将公社生产纳入国家计划。

2. 继续贯彻为工业生产服务、为农业生产服务、为城乡人民生活和出口服务的方针和勤俭办社、自力更生、因陋就简、因材因人使用的原则,大搞化工原料和日用小百货、小五金等小商品生产,多安排些修理、服务事业,适应市场需要,批判和纠正那种贪大求洋、单纯追求产值和利润的片面观点。

3. 按照有利于发展生产和经营方式灵活、家庭妇女多等特点,采取扩、并、辩、转等方法,合理调整企业组织形式,进行必要的经济改组。在生产方面,要注意集中与分散相结合,逐渐使集中生产占主要地位;对有发展前途

的老社办工业，应根据需要进行扩大，对同一行业、产品相同、技术要求衔接
的可适当合并；对于当前没有条件集中生产的小组，应以居民委员会为单位
成立综合工厂，实行统一领导，共负盈亏；根据便利群众的原则，对于修理服
务性生产进行调整和扩大，逐步做到街巷修理服务网点化，服务方法多
样化。

4. 根据生产必需、简单易行的原则，建立和健全生产管理制度。

社办工业是工业生产的一支新生力量，是大工业的有力助手，各大厂、老
厂应继续帮助公社大办和办好卫星工厂，以全民所有制带集体所有制，以大带
小，以老带新，一厂变多厂，这是贯彻执行全党全民办工业的一个重要措施，也
是大厂和老厂义不容辞的一项政治任务。办起来的工厂归谁领导，应该从参
加生产的人员来区别，凡组织职工家属举办的卫星厂都应由公社领导，产值也
应归公社计算。

结合整顿社办工业，还必须把个体手工业者和小商小贩，分期分批地组织
到社办事业中去；对他们从生产方式和经营方式上加以改造，变个体为集体，
一般不让他们担任领导职务和掌握经济权；对于个体手工业者带来的生产资
料，应折价记账，分期偿还；对于有技术的在工资上给予适当照顾。在经营方
式改变后，修理服务点不得减少。个体手工业者既是劳动者，又是小私有者，
其中有些人并不是真正的劳动人民，所以还必须有分析、有步骤、有区别地加
强对他们的改造。

郊区农业生产是我市副食品的商品生产基地，它承担着供应城市人民生
活所必需的蔬菜、肉类等。因此，公社在抓工业生产的同时，还必须加强对农
业生产的领导。第二季度的播种任务必须按面积、品种提前完成。对第三季
度秋菜的播种计划也应迅速落实，要做好群众的思想工作和组织工作，保证蔬
菜正常上市，满足市场需要。特别是要狠抓以生猪为首的畜牧业生产，保证养
猪事业和其它畜牧事业的迅速发展。为了实现上述生产任务，当前必须建立
与健全生产组织机构和管理制度，在新的组织机构和各种管理制度未建立以
前，原有机构和管理制度一律不要变动。夏收分配工作要坚决按中央和省委
规定的政策进行。对小寨、土门两个人民公社中农业部分过渡的试点工作，也
要加强领导，总结经验。

（二）大力整顿提高和发展集体生活福利、服务事业。

整顿提高生活服务事业，是巩固城市人民公社的一个重要环节。当前在这方面的主要问题是生活服务事业还赶不上生产的发展和劳动群众生活的需要。不少食堂、托儿所和服务站，还缺乏必要的经营管理制度；服务人员的政治思想和业务水平较低，服务质量不高；少数领导成员和服务人员中成分不纯。因此，各公社必须按照"积极办好，自愿参加"和"大集体、小自由"的原则，对现有的各种生活福利和服务事业进行整顿，在巩固提高的基础上，根据生产和群众需要积极发展。整顿工作，首先要加强和调整领导骨干，纯洁各级领导和重要部位的服务人员。其次，建立和健全各项管理制度，不断改善经营管理和服务质量，加强经济核算，公开账目，严防贪污盗窃。再次，要明确服务对象，改进服务方法。集体福利事业，当前应主要为本地区参加公社生产和工作的人员及其家属服务，对没有参加社办事业的资产阶级分子及其家属不要吸收。服务方法应灵活多样，尽量给社员以方便。第四，要大力培训服务人员，提高他们的政治觉悟和业务技术水平，财贸、民政、妇联、工会等部门，应按业务分工负责，密切配合，有计划地、分期分批地举办短期脱产或业余训练班，对各类服务人员包括一部分管理干部，进行业务训练；文教卫生部门应抓紧建立幼儿师范训练班和幼儿护理学校，以便迅速培养和提高服务人员的思想觉悟和业务技术水平，中、小学也应根据自己的条件，积极举办学生食堂。

主、副食加工站是办好食堂、节省劳力、物力的一个新的事物，是今后发展的方向，各公社党委都应本着按地区设点，积极进行推广。对由产院开始到托儿所、幼儿园、小学等完整的"母子康福乐园"也要重点试办。

各区、各公社应在整顿巩固的基础上，作出全年发展福利和文教事业的规划，继续兴办一批公共食堂、托儿所、服务组，在当前应多办些理发、缝纫、洗染等服务事业，重点举办文化站、业余学校、卫生所和保健站，逐步形成以公共食堂为中心的"五网"（公共食堂网、幼托保健网、服务代销网、文化教育网、医疗卫生网）、"三化"（网点普遍化、布局合理化、服务多样化），以满足社员多方面的需要。对生活有困难的少数职工家属和劳动人民，公社可适当给予照顾或补助。

（三）加强党的领导和政治思想教育工作。城市人民公社建立不久，领导
力量还较薄弱，各项工作尚不健全，加强党对各项工作的绝对领导，是关系到
公社发展和巩固的关键问题。因此，我们必须克服某些干部重才轻德、敌我不
分的右倾麻痹思想，坚决彻底整顿和纯洁干部队伍，这是当前整顿社办事业的
中心环节。各公社必须对各社办事业单位的领导干部和担任会计、炊事、保育
等重要职务人员的政治面貌，彻底进行一次审查，把一切不应担任上述职务的
不纯分子，要坚决予以撤换；对五类分子一定要向群众公开宣布，进行监督劳
动改造；对过去担任领导职务的，一贯表现积极的，并得到群众赞同的少数资
产阶级分子及其家属，一般可暂不调动；处理后的缺额，各区、各公社除提拔一
批经过考验的积极分子外，还可从工厂、商业、服务业中抽调一些干部、老工人
和服务人员，加强对社办事业的领导。

政治思想教育是我们的一项经常的重要任务。当前要结合整顿各项事
业，主要针对一些人不愿参加劳动和集体生活、在劳动中挑肥拣瘦、纪律松弛
等思想，继续深入具体地宣传人民公社的伟大意义、优越性和各项政策，广泛
地向社员群众进行工人阶级和劳动光荣、集体主义和组织性、纪律性、团结互
助、大搞协作等教育，以提高社员觉悟，使他们树立热爱劳动、热爱集体、以社
为家的主人翁思想，从思想上进一步巩固公社。

各公社还要结合"三反"运动，检查有的同志借口"能力差、业务生、体力
弱"不愿做公社工作，和专靠公共单位支援的依赖思想，克服种种右倾情绪和
个人主义思想，树立雄心壮志，鼓足干劲，千方百计地开展工作。公社各事业
单位要注意培养积极分子，发展党、团员，有计划而又积极地建立与健全党、团
组织，以保证党的绝对领导。

公社的各级领导和干部都必须深入生产、工作第一线，加强领导，大搞群
众运动，大力开展红旗单位和红旗手竞赛，广树标兵，大闹技术革新和技术革
命，主动与各方面大搞协作，大力推广先进经验，大搞综合利用，不断改善劳动
组织，改进操作方法，提高产品质量和劳动效率。社办工业多系土法生产，劳
动强度较重，事故也常发生，因此，要发动群众，通过革新技术的方法，改革工
具和设备，改善劳动条件，注意安全生产，切实贯彻劳逸结合精神，合理安排生
产、工作、学习和休息时间，做到有劳有逸。要特别注意社办事业中的女工保

护工作,使她们在月经、怀孕、产前、产后和哺乳期间的劳动和休息,得到必要的照顾,以促进生产和各项工作的持续跃进。

以上安排意见,妥否,请指示。

西安市城市人民公社工作委员会

一九六〇年六月十八日

中共合肥市委办公室通知[*]

（一九六〇年七月二日）

各公社、分社负责同志：

现将市委关于做好城市人民公社分配工作的决定（草案）和城市人民公社社办工业管理问题的几项规定（草案）印发征求意见，请你们于文到一周内提出书面意见，以便综合报给市委研究决定。

市委办公室

一九六〇年七月二日

附：中共合肥市委关于做好城市人民公社分配工作的决定（草案）^{**}

（一九六〇年七月二日）

我市社办工业和服务性事业，包括各行各业，生产和服务的项目有多种多样，各工种之间的劳动强度和创造价值都有悬殊，由于大部分单位多系新建，缺乏合理的工资制度和分配比例，因此，社员的收入存在着偏高偏低现象。为了统一确定积累和消费比例，正确处理国家、公社和社员之间的关系，不断发展生产，巩固人民公社，特对我市社办生产、服务单位的分配工作做如下决定：

 ＊ 此标题系编者加注。其原件现存于合肥市档案馆。

＊＊ 原件现存于合肥市档案馆。

一、城市人民公社的分配工作,应当从有利于生产的发展,有利于不断扩大全民所有制的成分出发,按照"积极扩大公共积累,逐步增加社员收入"和"多收入多积累,少收入少积累"的原则,来确定积累和消费的比例。

二、核算和分配办法:

社办工业和服务性事业,应根据"统一领导,分级管理"的原则,实行三级管理,三级核算。三级,即公社、分社、街道委员会,其中以分社为基本核算单位。

1.公社、分社、街道委员会举办的工业和服务性事业,分别由公社、分社或街道委员会统一计算盈亏,单位分别核算。企业纯收入(即生产总值除去原材料、辅助材料等直接成本和运输费用、低值易耗、房租、电费等间接成本以及税金等)的分配比例为:工资一般占百分之五十至百分之六十,管理费用百分之十以下,企业留用百分之十(用于单位的小型设备维修、公共福利和奖励等),其余全部上缴给公社、分社或街道居委会,作为公共积累。

2.机关团体举办的生产单位,由机关团体统一核算、自负盈亏。其纯收入的分配比例为:工资占百分之五十至百分之六十,管理费百分之十以下,其余作为公共积累,并从积累中上缴百分之十至百分之三十给分社,以便扩大分社经济力量,统一安排分社范围内的公共范围事业。上缴的具体比例,由单位与分社根据实际情况,在百分之十至百分之三十的幅度内商量确定。

3.街道委员会应从公共积累中抽出百分之二十左右上缴给分社;分社应从公共积累中抽出百分之十至百分之二十上缴给公社。

公社、分社、街道委员会和机关团体的公共积累,百分之六十至百分之七十作为公积金,用于扩大再生产;百分之三十至百分之四十作为公益金,用于教育、卫生、文化与其他福利事业。公积金和公益金应专款专用,不得随便开支。

三、工资形式与发放办法:

城市人民公社的工厂和生活福利事业职工的工资,应根据社会主义按劳分配的原则,在积极扩大社会主义积累的前提下,进行合理分配。社员的经济收入,一般应稍高于入社以前,并在发展生产的基础上逐步提高,但一般应低于市内国营企业同工种、同级别工人的工资水平,并注意在同一分社范围内,工种相近、技术水平相同的工人的工资不能悬殊过大,并力求逐步达到统一。

1. 社办工厂和生活福利单位职工的工资,一律实行工资制。工资形式以计时工资为主(固定工资加奖励),计件工资为辅。

计时工资。适用于生产较正常、创造价值较高的单位。如织布厂、制鞋厂、被服厂等等。在实行中应根据生产单位的实际收入和生产人员的技术水平、劳动态度、创造价值,分别评定工资级别,确定标准工资。生产人员完成生产定额的,按标准工资发给,超额完成定额的,除发给标准工资外,并给予一定的奖励。

服务性事业中的炊事员、保育员等服务人员,应分别评定级别,实行固定工资。为鼓励其工作积极性,应按季度在他们中间评选先进工作者,适当给予物质或精神奖励。

计件工资。适用于开办不久、生产不够正常的单位,和季节性、临时性较大的加工企业,以及其他不便实行计时工资的生产单位。实行计件工资的单位,要根据本单位实际情况制订生产定额和计件单价,其计件单价应低于市内国营工厂的计件工资。一般应在三个月内调整或修订一次定额,如因改变生产设备和因技术革新使产量显著增加的,必须随时调整定额或降低其计件单价。

对于目前采取拆账制的一般服务性行业,如理发、浴室、修补等,暂时仍继续采取拆账制,由分社根据各行业的纯收入情况,确定适当的拆账比例。

2. 公社或分社根据上述原则和分配比例,结合实际收入情况,确定公社或分社范围内各行业的工资级别与金额。工资级别不要太多,一般不超过十级;级距之间的差额一般以两元左右为宜。

3. 企业单位按照公社或分社确定的工资级别评定职工的工资,工资每月发放两次,奖励可采取月度评比、季度发奖的办法,并直接发给劳动者本人。升级、增加工资、降级应由公社或分社统一掌握,各单位不得自行决定。

4. 其他有关人员的工资发放问题:

①一九五九年六月份以前建立的街道工厂,生产已有一定基础,生产人员参加生产在一年以上、具有一定技术水平并已正式确定工资的,原则上应按原有工资不动。

②国营工厂企业长期支援社办企业单位的技工,由社办企业单位按本人原工资发给,临时帮助工作的,仍由原支援单位发给工资。

③社办企业行政管理人员的工资,由公社或分社根据其所担任的工作,比照生产人员的工资确定,原由国家供给的干部,仍按原来待遇不变。

④对因病请假的,可根据本人经济条件酌情发给部分工资,一般以不超过本人工资的百分之五十为宜,因事请假的工资停发,个别特殊情况可给予一定的补助。

以上决定,希各公社、分社结合具体情况,迅速研究拟订出具体实施方案,贯彻实行。

一九六〇年七月二日

中共西安市委关于审查城市人民公社基层干部政治历史问题的意见（草稿）*

（一九六〇年七月十六日）

（一）城市人民公社的基层干部大多数在政治历史上是纯洁的，都是历次运动中涌现出来的积极分子，在基层工作中起了很大作用，但是政治不纯的情况也是相当严重的。据对新城人民公社中山门等 3 个分社 1673 名基层干部的初步摸底，其中有 18.58%的人政治历史不清，有 12.4%的人有严重政治历史问题，个别地方甚至达到 50%以上。他们窃取领导权之后利用合法身份，阻挠党的政策的贯彻，甚至进行非法的破坏活动，严重地影响了党和群众的密切关系。为了从组织上巩固城市人民公社，保证各项事业和城市工作的持续跃进，对城市人民公社基层干部的政治历史问题普遍地进行一次审查，就显得十分必要。

在审查中，发现下列 11 种人，一律从基层干部队伍中清洗出去：

（1）特务、反革命分子；

（2）反动党团、会道门和其他反动组织中的骨干分子，或虽系一般成员，但有罪恶民愤的分子；

（3）敌伪保队副、保长以上各级官吏、国民党军队中排长以上军官及宪兵、警察；

（4）右派分子，反党、反社会主义分子，解放后参加过暴乱的分子；

（5）地主、富农和资产阶级中右分子中思想反动、表现很坏，或有违法行

---

* 原件现存于西安市档案馆。

为、公开散布不满言论、实质上又变为新的右派者;

(6)一切被剥夺了公民权的分子,被管制过的分子和刑满释放犯,以及被机关、团体、学校、厂矿等单位清洗的不纯分子;

(7)直系亲属被杀、关、管、斗,本人心怀不满的分子;

(8)流氓、兵痞、惯匪、蜕化变质分子、严重违法乱纪及其他坏分子;

(9)投机叛变分子和其他政治面目不清、来历不明或没有户口的分子;

(10)在港、澳、台和资本主义国家有反动关系的分子;

(11)一贯投机倒把、破坏市场管理、坚决走资本主义道路而屡教不改的分子。

(二)审查城市人民公社基层干部的范围。

1.居民委员会、调处委员会、妇女委员会、治安委员会的主任和委员,人民陪审员、民兵班长和居民组长以上基层不脱产干部。

2.社营工商企业厂、社、组长,门市部主任、车间主任、理监事会主任、委员、会计、出纳、采购和管理人员。

3.综合商店和商业门市部、代销店(3人以上的)经理、主任、会计、出纳、采购和管理人员。

4.公共食堂、托儿所、幼儿园、服务站、业余中小学等单位的负责人。

5.郊区其他公社新组织起来的职工家属和聚居区的分社或生产队以上干部。

(三)步骤、方法和时间安排。

审查工作要求在第3季度以内基本结束,分4个阶段进行:

第1阶段:做好准备工作。自上而下制订工作计划,抽调干部学习文件,进行布置、交代任务、政策和工作方法。

第2阶段:做好摸底排队和内部审查工作,摸底采取以下办法:

(1)从建立基层干部档案入手,以地区(如居委会)和部门为单位,动员基层干部填写登记表,填表前应向他们讲清填表的意义和应持的态度,教育他们必须忠诚老实地按表内项目实事求是地认真填写;

(2)为了防止遗漏,首先将基层干部造册登记,再按册收集基层干部的有关资料,用"三表见面"(即户口登记表、干部登记表、档案登记表)的办法,逐个进行排队审查；

（3）以分社为单位在分社党委领导下，按政治历史清楚、政治历史有怀疑需要查证、政治历史有严重问题属11种人需要组织处理等3种类型进行排队，做到心中有数；

（4）对排入2、3类的人，由专职干部和有关人员（如户警等）逐个进行审查了解；

（5）问题查证清楚后，在登记表上详细填写组织处理意见或整理出单行材料。

第3阶段：做好组织处理工作。组织处理是一件十分严肃的工作，应坚持既严肃又慎重的精神，对处理对象要具体分析，区别对待。对11类分子的处理基本方法是：

（1）对混入基层干部队伍的五类分子，一律当众宣布撤职，在担任基层工作做了坏事群众不满者，还应发动群众斗争后撤职，有破坏活动和违法行为，经过认真调查属实，并掌握了确凿证据者，必须发动群众斗争后依法惩办；

（2）对政治历史上有严重问题，但在担任基层干部过程中，没有做过什么坏事、工作表现一般的人，可采取选掉（选举产生的干部）和个别换掉（非选举产生的干部）的方法进行处理；

（3）对那些仅仅担任过伪政府或伪军的一般职务（如伪保长、伪军排长）、时间很短（1年左右），又是很早以前（抗日战争时期或抗日战争以前）、没有其它罪恶而且在历次运动中一贯表现工作积极、真诚拥护中国共产党、拥护总路线人民公社并和群众有一定联系的人，可调任次要工作，如个别表现很好，需要继续留任原职者，再经公社党委批准；

（4）对国家供给的基层干部，政治历史有一般问题，本人已交代清楚或虽长期隐瞒，但经过教育后自动交代了的，工作一贯表现好，可以不变动。如长期隐瞒，目前仍不老实交代，企图继续隐瞒的，应根据其具体情节，予以严肃处理，是党员的应予以党纪处分。

第4阶段：做好复查、总结和组织建设工作。对排队和处理情况，进行一次普遍的复查，发现错漏问题应及时予以适当处理，按分社逐个验收，并写出工作总结，报送市委公社办公室。这项工作结束时，还必须建立对基层干部的管理制度(档案管理、任免审批等),从组织管理方面杜绝基层干部不纯问题再次发生。

(四)组织领导。

审查基层干部工作,在市委领导下,由市委城市人民公社办公室负责,办理日常工作。各区、公社和分社党委应由1名书记挂帅,并由有关部门组成领导小组或办公室。各区各公社都应从工业、财贸、政法、文教等有关部门抽调一部分党员干部,除负责办理区、社审干的日常工作外,具体协助各分社基层单位进行工作。抽调的专职干部,必须政治历史清楚,立场坚定,观点明确,作风正派,有一定工作能力。

(五)应注意的问题。

1.加强党的领导,正确掌握审干原则。审查纯洁基层干部队伍,是具体贯彻执行党的基层路线,是关系巩固城市人民公社的重大问题,工作是非常复杂细致的。因此,自始至终都应充分做好思想工作,教育干部认真学习党的政策,加强调查研究,使他们正确地领会审查公社基层干部的目的和意义,党在城市对待资产阶级及资产阶级知识分子又团结又改造的政策,防止丢开党的政策原则,偏听偏信和草率从事的现象。

2.坚持内部审查,注意保密。在审查基层干部的方法上,应坚持内部审查,侧面查证,不公开作审干动员报告,以免在基层干部中引起波动。

3.公社基层干部的审查工作,应与公安部门的经常工作、正在进行的"三反"运动,特别是即将开展的遣返五类分子工作密切结合起来。

4.凡在城市人民公社建立前,在基层工商企业、事业及街道服务业中,安置了领导职务的资产阶级知识分子、民主人士的家属中的左派、中左,这次一般不动,但对那些中右分子如果安置得不恰当的,可进行适当调整。

5.建立严格的审批手续,防止差错。凡是法办、发动群众公开斗争以及有政治历史问题准备留用的人员的处理:一律经区委批准,其余由公社党委批准,凡是撤销或调整资本家、小业主及高级知识分子、民主人士、资本家家属的领导职务的,均应由区委统战部核定,个别有较大代表性的,应经市委统战部核定。

6.在审查过程中,同时应注意从社办工商企业、事业职工中,以及居民中积极地物色和培养那些成分好、真正觉悟高、政治上可靠、历史清楚、干劲大、对党忠诚、无产阶级立场坚定、能密切联系群众、办事公道的积极分子，作为接替的基层干部。

市委城市人民公社委员会

市　委　组　织　部

一九六〇年七月十六日

中共西安市委关于城市人民
公社工作中几个问题的请示报告[*]

（一九六〇年七月二十七日）

省委：

　　我市城市人民公社在 4 月份建立以后，经过 3 个月的初步整顿，大部分社办生产、生活福利事业得到了进一步的巩固和发展。全市现有社办生产单位 2300 多个，参加生产的社员有 8.1 万多人；有社办公共食堂 1041 个，就餐达 11.5 万多人；幼托单位 1280 个，入托儿童 4.7 万多名；服务站 1941 个，从事生活服务事业的人员 2 万多人。全市参加各项社办事业的人员共有 10.1 万人，占街道居民闲散劳力的 74%，其中有妇女 7.4 万人（以上数字均不包括城市公社内的农业部分）。总的看来，城市公社的发展是迅速的，健康的，形势很好，但还有一些问题正在研究解决。为使城市人民公社迅速巩固、健全并进一步向前发展，根据中央和省委指示，现对我市城市人民公社工作中的几个问题报告如下：

一、关于大力整顿、巩固和继续
发展社办生产事业问题

　　全市今年社办工业总产值计划达 3.6 亿元。当前社办工业中的问题是：有些公社和单位对小商品生产有所忽视，有单纯追求产值的片面观点；有些单

　　*　原件现存于陕西省档案馆。

位的生产门路和原材料问题还没有完全得到解决,生产还不正常,经营管理制度还不够健全。因此,我们必须根据边整顿、边巩固、边提高、边发展的方针,进行全面整顿,闲散劳力的组织程度不及70%的公社,还应继续发展。当前整顿的重点是:

(1)落实生产计划,广开生产门路,大搞多种经营,既要抓产值,又要抓品种、数量和质量,力争优质高产多品种。社办工业所需要的原材料,应本着就地取材、自力更生的原则加以解决。

(2)继续贯彻为大工业服务、为农业生产服务、为城乡人民生活服务、为出口服务的方针和勤俭办社的原则,特别要树立千方百计为农业生产服务的思想。社办工业要充分发挥"拾遗补缺"的作用,大力生产日用小商品和化工原料,多安排些修理服务事业,以适应市场和城乡人民生活的需要。以大工厂为中心组织的社办生产单位,应该首先为大工厂服务,满足大工厂需要,进一步取得大工厂的支援。

(3)按照有利于发展生产和经营方式灵活、家庭妇女多等特点,采取扩、并、辩、转等方法,合理调整企业的组织形式,要注意集中生产和分散生产相结合,逐步使集中生产占主要地位,对有发展前途的应该进行扩大,对同一行业产品相同、技术要求衔接的可以适当合并;以居民委员会为单位组织综合工厂,领导分散的生产小组;供、产、销困难,无发展前途的可以转业。

(4)根据生产需要和简单易行的原则,建立和健全生产管理制度。

各大厂、老厂应该继续帮助公社大办工业,对已经办起来的,其产值计算和领导问题,应该是:凡劳动力、行政干部、原材料等大部分由公社解决的,只有设备和技术干部是由工厂支援的,应为公社的工业,其产值应计算在公社;凡是劳动力是工厂职工家属,设备、技术力量部分由工厂支援,原材料供应一部分利用工厂内的边角废料,一部分由人民公社自行解决的,应由公社领导,其产值目前一般的由工厂和人民公社对半计算或四六计算;凡是劳动力、行政干部和技术干部、设备、原料等,绝大部分都由工厂方面解决的,应为工厂的卫星厂,其产值亦应计算在工厂的总产值内。

郊区农业生产是我市副食品的生产基地。公社在抓工业的同时,还必须加强对农业生产的领导,努力生产蔬菜,满足市场需要,狠抓以养猪为首的畜牧业生产,保证养猪事业和其它畜牧事业的迅速发展。对小寨、土门2个人民公社中农业部分过渡的试点工作,也要加强领导,总结经验。

二、关于大力整顿、提高和发展生活
福利事业和服务事业问题

办好集体生活福利和服务事业是巩固城市人民公社的一个重要环节,也是促进生产发展的一个重要条件。当前在这方面的主要问题是:生活服务事业还赶不上生产的发展和群众生活的需要;不少食堂、托儿所和服务站的领导骨干弱,管理和服务人员的政治业务水平较低,经营管理不善,收费标准偏高。因此,应对已办起来的生活福利和服务事业大力进行整顿,在巩固、提高的基础上继续发展。应当坚决贯彻"积极办好,自愿参加"和"大集体、小自由"的原则。整顿工作:

(1)要大力培训服务人员,财贸、民政、工会、妇联等部门,应分工负责,有计划地举办短期脱产或业余训练班,对各类服务人员(包括一部分管理干部)进行业务训练,以提高他们的政治觉悟和技术业务水平。文教卫生部门应该举办幼儿师范学校和幼儿护士学校,迅速培养这方面的人才;应将今年幼师毕业生适当分配给公社一部分;各公社应从生产事业中抽出一批年轻妇女,到幼托单位中工作。

(2)要建立和健全各项生活福利事业的管理制度,改进经营管理,严防贪污浪费,不断提高工作效率和服务质量。

(3)明确服务对象。首先为本地区参加生产和工作的社员服务,尽量降低生活福利事业的收费标准,以适应当前大多数社员收入较少的情况。对少数生活有困难的职工家属和劳动人民,公社应适当给以照顾和补助。以机关、学校为中心的公社,应该组织居住在机关、学校内或附近的家属,大搞修理服务事业,为干部、教职员和学生服务,满足机关、学校的需要。

(4)服务方式应该灵活多样,以适应参加生产的各类人员的需要。根据当前部分生产单位还不够正常的具体情况,既要举办比较正规的食堂和托儿

所,又要对初级的、属于过渡形式的各种院落食堂和幼儿队加强领导,尽量给社员以方便。重点试办由产院开始,到托儿所、幼儿园、小学一条龙的"母子健康乐园",有条件的小学校应该试办寄宿制班,重点试办免费和自费的敬老院,使生活福利和服务事业,逐步形成以公共食堂为中心的"五网"(公共食堂网、幼托保健网、服务代销网、文化教育网、医疗卫生网)、"三化"(网点普遍化、布局合理化、服务多样化)。

三、关于贯彻执行党的阶级路线问题

在运动开始时,我们提出了建立城市人民公社必须"以工人阶级为领导,以劳动人民为主体,团结改造资产阶级分子"的阶级路线。虽然我们一再表示暂时不吸收资产阶级分子及其家属入社,但是,在 4 月 10 日以前的入社高潮中,他们怕在这样大的运动中表现落后,就报名了,而我们也没有明确宣布他们是否为社员,他们中的多数人,也参加了社员代表的选举,还有个别人当了社员代表。资产阶级分子参加公社,多数不是出于真诚自愿,而是想取得社员称号;他们的家属多数人不愿意也没有参加生产劳动和集体生活。他们报名入社,对我们是利少弊多,增加了公社内部矛盾和无谓的麻烦,也容易模糊群众的阶级界限,不利于对他们进行改造。我们认为,北京市首先组织经济上有需要、政治上有觉悟的人入社,以便先巩固一批,在巩固的基础上再发展的做法是正确的。

针对上述情况,我们的意见是:

(1)凡没有报名入社的资本家、高级知识分子、民主人士和他们的家属,目前坚决不再让他们参加公社。如果他们要求参加,应给予解释,个别一再要求参加时,可吸收参加生产劳动,但不给社员称号,并说明他们什么时候不愿工作,就可以什么时候回家。

(2)对已报名入社的资本家、高级知识分子、民主人士和他们的家属,凡没有参加生产劳动的,应主动向他们讲清道理,说明公社的生产、生活事业目前还不够健全,他们可以暂不参加,等这些事业办好了再来。经过解释后,如果本人愿意退社的,可让退出;如果本人不愿意退出的,也不要强迫退社。对资本家不论退社与否,一律不摘掉资产阶级帽子,不取消定息,并要加强对他们的教育改造。

(3)对已报名入社而没有到食堂吃饭或向托儿所寄托小孩的,不再吸收他们参加;如果他们要参加食堂吃饭和向托儿所送孩子,也劝他们等把食堂、托儿所办好以后再参加;对已参加食堂吃饭和把孩子送托儿所的,不要强行他们退出;如果他们感到勉强,自动不来,那就不要挽留。

对已报名入社而没有参加生产劳动的,一般不再吸收;如果出于自愿并坚决要求参加的,也可以吸收;对已参加生产而感到勉强,自愿不来的,也可以不来。

以上意见在执行时,要向广大社员和基本群众说明,现在我们这样做,是由于公社的生产、生活福利事业目前还不够健全,在生活方面很难适应他们的要求,因此,他们暂不参加,对办好这些事业是有利的。

为了纯洁社办事业的干部队伍和要害人员,在运动开始时,我们明确规定五类分子不能参加公社,不能担任领导和要害职务,而要把他们放在公社内,由群众监督劳动。但由于公社化运动以前,原街道工业、生活服务事业的领导干部和要害人员不纯,部分街道居民委员不纯,以及在这次运动中少数干部的阶级观点模糊等原因,致使少数五类分子和资产阶级分子及其家属,窃取了社办事业的领导和要害职务。为了保证党对公社各项工作的绝对领导,我们对社办事业的干部和担任要害职务的人员进行了全面的审查,并撤换了一部分不纯分子,我们要进一步克服某些干部重才轻德、敌我不分的右倾麻痹思想,对不纯分子要全部予以撤换。对五类分子还要向群众公开宣布,监督劳动改造,对过去已担任领导职务的,一贯表现积极的,并得到群众赞同的少数资产阶级分子和其家属,一般可暂不调动。处理后的缺额,各区、各公社除提拔一批经过考验的积极分子外,应从工厂、商业、服务业中抽调或者对调一批干部、老工人和服务人员,加强社办事业的领导骨干。同时,要教育群众提高警惕,严防敌人的破坏,并要有计划地进行建党、建团工作,以加强党对人民公社各项工作的绝对领导。

四、关于对小商小贩和个体
劳动者的改造问题

我市的小商小贩、个体手工业者和其他独立劳动者,多数人已报名入社,但目前仍维持着个体经营、自负盈亏、少数还有投机经营活动、收入较高、不愿意接受改造的,我们对这些人要有步骤地进行彻底改造。对已入社的应该从生产方式和经营方式上加以改造,变个体为集体,一般不让他们担任领导职务,不要掌握经济权。小商小贩的资金在100元以下、生活有困难的,可不交社;100元以上的可存社不计息,以后再酌情处理。对个体劳动者的生产资料可折价归社,分期偿还。对有技术的,要充分发挥他们的技术专长,工资上可以适当照顾,生活有困难的可由公社适当给以补助。对那些有投机倒贩活动、收入多、坚决不愿入社的,或者入社后不愿意接受改造的,可以通过控制原料、调整税率等办法予以限制,对其违法活动要依法处理。

五、关于政社合一和体制问题

我们在建社的过程中,保留了派出所、街道办事处和居民委员会,大多数的分社和办事处是"一套人马、两个名义";少数分社和办事处对不上口的是"两套人马、两个机构";个别的摘掉了办事处的牌子,同时在区和办事处之间建立了公社一级政社合一的组织。根据我市的情况,是上合下没合,即公社一级是政社合一,办事处以下又没有政社合一,这种情况不宜再变动,个别办事处摘掉牌子的,应该挂上。

我市的人民公社是在区以下由2—5个办事处或原农村人民公社为基础组成的。在公社以下,城区基本上是以办事处为单位设分社;郊区以大工厂、大学校为主组织的公社,是以一个或几个单位建立分社的,原来的人民公社一般的作为分社。其缺点是,增加了层次,浪费了人力,城区内有的公社由于做法不当,削弱了街道办事处的干部力量。我市公社的体制,政府才命令公布,目前不宜再作大的变动。为了加强最基层组织,可从公社抽出一定的力量,加强分社工作;城区少数范围过大的分社,可以适当缩小,郊区公社下的农业分社,仍要加强领导,暂时不宜变动,以后如需变动时再考虑。公社和分社的干部来源,除由原来街道干部配备外,以大工厂、大学校为中心组织的公社或分社,工厂企业、学校除负责同志兼任第一书记或社长,参加公社党委或公社委员会的领导以外,还应抽调少数领导干部和一定数量的一般干部,离开原职,专任公社职务,这些干部的工资和一切福利待遇,目前仍由原单位供给。

六、关于公共单位和街道
居民合办公社问题

我市公社都以大工厂、机关、学校为主,分别和职工家属、街道居民、农民组织在一起。我们虽在组织形式上,将公共单位和街道居民放在一起,但在生活方面,如公共食堂和托儿所等,街道居民都没有和机关并在一起;干部、职工家属、居民,在生产标准、福利补贴和劳动保险待遇等方面仍保持着原来的差别。这样做在当前是合理的,也是必要的,公共单位的食堂、托儿所等福利事业,暂不要交给公社管理。

七、关于下放商业零售店和
服务业等问题

我市建立城市公社以来,应该下放的零售店、服务业和文教卫生事业,一般还未下放,我们的意见是:各区、各公社应该根据不同情况,有计划、有步骤地逐步下放,一般应将群众生活所必需的蔬菜、粮食和定量分配的商品等先下放,文教卫生和服务业等可以后下放,财权均不下放。

为了胜利实现以上任务,必须进一步加强党对公社的领导,加强政治思想工作,结合整顿各项事业,大力开展社会主义和共产主义教育运动,继续深入地宣传人民公社的伟大意义、优越性和各项政策,广泛深入地向社员进行勤俭办社、劳动光荣、集体主义和组织性、纪律性教育,不断提高社员的共产主义觉悟和以社为家的主人翁思想。同时,在社办事业中要大搞群众运动,大力开展红旗单位和红旗手竞赛,大闹技术革新和技术革命,不断改善劳动条件,提高劳动效率,以促进生产和各项工作的持续跃进。

以上意见妥否,请批示。

中共西安市委

一九六〇年七月二十七日

中国共产党合肥市委员会办公室通知*

（一九六○年七月二十九日）

根据市委指示,市城市人民公社办公室与城市副食品蔬菜生产办公室合署办公,并成立了党团支部,统一管理调来干部的组织生活、工作和学习,希有关单位将抽调来该两办公室工作干部的党团组织关系转来。但是供给关系仍在原单位,办公费每月应按标准交给该办公室。

附:该两办公室现有人员登记表

市委城市人民公社和副食品蔬菜生产办公室现有人员登记表

姓　名	原在单位名称	是否党团员	备　注
李菊荣	市委统战部	党　员	现在公社办公室
刘志杰	市委统战部	党　员	现在公社办公室
浦　东	市委政法部	党　员	现在公社办公室
马建明	市委政法部	党　员	现在公社办公室
魏剑锋	市公安局	党　员	现在公社办公室
王士元	市公安局	党　员	现在公社办公室
张承英	市委办公室	党　员	现在公社办公室
段炳伦	市委宣传部	党　员	现在公社办公室
张楚南	市人民银行	党　员	现在公社办公室
常雁衡	市人民银行		现在公社办公室
罗纯斌	市人民银行		现在公社办公室

---

* 原件现存于合肥市档案馆。

续表

姓　名	原在单位名称	是否党团员	备　注
吴钧智	市商业局		现在公社办公室
王素娟	市商业局		现在公社办公室
王保爱	市百货公司	团　员	现在公社办公室
孙万和	市财政局		现在公社办公室
冉增良	市财政局		现在公社办公室
叶恩浩	市石油公司		现在公社办公室
章云鹤	市医药站		现在公社办公室
陈　建	市妇联	党　员	现在公社办公室
夏英邦	市商业局		现在办公室（副）
何　涛	市商业局	党　员	现在办公室（副）
许会森	市商业局		现在办公室（副）
吴广增	市商业局	党　员	现在办公室（副）
王　斌	市商业局	党　员	现在办公室（副）
何庆荣	市商业局	团　员	现在办公室（副）
陈有道	市粮食局		现在办公室（副）
徐世德	市农业局	党　员	现在办公室（副）
杨福安	市体委	党　员	现在办公室（副）
常治明	市医药站		现在办公室（副）
刘国光	市委政法部	党　员	现在办公室（副）
李志荣	市城建局		现在办公室（副）
孙玉昌	交通机械厂	党　员	现在办公室（副）
焦锡炳	市建公司三区一段	党　员	现在办公室（副）

中共合肥市委员会办公室

一九六〇年七月二十九日

（广西）批转区党委城市人民公社办公室
关于整顿提高城市人民公社的报告*

（一九六〇年八月十三日）

各地、市委：

区党委同意城市人民公社办公室关于整顿提高城市人民公社的报告，整顿提高城市人民公社的工作很有必要，请各地在抓国营企业、厂矿"三反"运动的同时，抓好城市人民公社的整顿工作，把整顿城市人民公社与"三反"运动结合起来进行。运动中一般以反贪污盗窃、投机倒把、地下工厂、资本主义经营作风等为重点。认真贯彻阶级路线，以大鸣、大放、大字报的形式，充分发动群众，彻底把资本主义搞臭。通过运动纯洁干部队伍，健全组织，健全制度，使城市人民公社更加巩固、健全地向前发展。

区党委

一九六〇年八月十三日

附：关于整顿提高城市人民公社的报告

（一九六〇年七月二十八日）

区党委：

我们在七月十五日召开了一次有柳州、玉林地委及南宁、柳州、桂林、梧州

---

* 原件现存于广西壮族自治区档案馆。

市委城市人民公社办公室负责同志参加的座谈会，着重研究整顿提高城市人民公社问题。会议开了两天，现将会议研究的主要问题和意见报告如下：

（一）会议分析了当前城市人民公社运动的形势，认为自从大张旗鼓地开展城市人民公社运动以来，在短短的两三个月里，已经取得了伟大成绩，城市的生产和生活福利事业有了很大发展，人民公社的内容和规模更加丰富与扩大，群众的组织程度和自觉程度大大提高。目前四个市及玉林县城、宜山庆远、横县榕江、百色城关、贵县附城已建立了二十一个城市人民公社，平桂、栗木矿及贵县糖厂也分别建立了三个厂矿人民公社。四个市的入社人口已达六十九万二千多人，占十六岁以上常住人口的百分之九十一。社办工厂有九百九十九个，生产小组一千多个，职工达五万一千多人，产品一千五百多种，六月份产值比去年同期增长一倍多，占市的工业总产值的百分之十以上，已经成为工业战线上的一支重要的力量。农副业和运输业、建筑业也有很大的发展。在生产飞跃发展的同时，生活福利和文教卫生事业也迅速发展起来。四市兴办了公共食堂二千五百二十三个，参加食堂用膳的六十一万多人，占应入伙人数的百分之五十五点四。幼儿园、托儿所一千四百三十所，入托儿童六万九千多人，占应入托儿童的百分之四十五点八。服务站九百八十六个，服务员六万二千三百七十八人。并且还建立了大批的商业供应点、文化站、俱乐部、业余学校、中小学、医疗门诊部等等，解放了大批劳动力，更加丰富了社员的物质文化生活，人民的精神面貌大大改观，充分地显示和发挥了城市人民公社的优越性，有力地促进了城市的建设和改造。

然而，由于办社的时间还不长，城市的经济情况和政治情况又比较复杂，因此，城市公社当前也还存在着一些问题，主要是：在生产和福利事业大量发展中，有些出身成分不纯的人乘机混入，并且有的已经掌握了某些单位的领导权和经济权。据南宁、柳州、桂林市的不完全统计，在公社、分社、管理区及所属企业、事业单位的领导人员中，资本家、五类分子、伪军警宪人员及他们的家属所占的比重是：南宁市占百分之十九，柳州市占百分之九点七四，梧州市占百分之六点四七。柳州市城中公社公园路食堂原来是由来历不清的地主分子（居委主任）、反革命家属（福利主任）、伪军官太太（食堂管理员）所操纵，他们互相勾结，贪污盗窃，处处为难群众，使食堂由百多人搭伙下降到十二人

（最近经过整顿和撤换这些人员后，群众说"官太太走了"，又兴高采烈地回到食堂搭伙，已上升到二百多人）。部分工作人员中，贪污盗窃、投机倒把、损公利己的毛病相当严重。柳州市鱼峰公社在工业系统八十个厂（社）中，开展"三反"运动，初步揭发暴露出有贪污、盗窃及其他非法行为的就有二百五十九人，占职工总数的百分之七点四，其中五类分子、伪军政人员有六十二人，占贪污人数的百分之二十四。此外，有的公社管理制度和民主制度尚未建立和健全，部分生产企业和运输、修理业产品价格、收费比较混乱等。因此，目前进一步整顿城市人民公社，促进城市公社更加巩固、健全地向前发展是十分必要的。

鉴于目前城市"三反"运动正在开展，整顿巩固城市人民公社应当以"三反"为主要内容，而且通过"三反"有意识地解决好以下几个问题：（1）提高广大干部和社员的共产主义觉悟，进一步扫除资产阶级思想影响，加强集体主义教育，树立发展生产和为群众服务的观点；（2）建立和健全各种管理制度和财务制度，贯彻勤俭办社的方针，加强经济核算，堵塞贪污浪费漏洞；（3）贯彻分配政策，改革与调整不合理的工资、价格与收费标准；（4）健全组织，纯洁干部队伍，使公社的领导权和经济权确实掌握在劳动人民手里。

搞好整顿和巩固城市人民公社的关键在于加强领导，贯彻党的政策，充分发动群众。公社党委应当充分做好思想发动工作，把绝大多数群众发动起来，使运动进展得又快又好，又深又透。为了更好地巩固"三反"成果，要认真做好"三反"后期的思想建设和组织建设工作，开展以学习毛主席著作为中心的社会主义与共产主义教育运动。

（二）关于公社的生产问题。在运动中，公社的工业生产一般都贯彻了为大工业、为人民生活、为农业生产、为出口服务的方针，对于支援国家建设和增加市场供应起到了积极的作用。但也有部分干部存在着片面追求产值的思想，只愿搞产值多、大宗的产品，对产值低的、小宗商品有所忽视，因此，必须进一步批判和克服这种单纯追求产值的思想。目前市场对小商品的需要是十分迫切的，而社办工业生产的小商品一般已占地方工业生产的小商品的百分之六七十左右。社办工业生产设备比较简单，方式灵活多样，组织小商品生产可以充分利用社办工业的设备和劳动力、半劳动力，可以更好地综合利用废材废料与边材脚料。为了促使社办工业更好地贯彻"四服务"的方针，必须坚持政治挂帅，加强生产中的政治观点、群众观点和全面完成计划的观点，组织社办工业就地取材，挖掘潜力，努力增加日用小商品的生产，不断扩大花色品种，提高产品质量，更好地为市场需要服务。与此同时，进一步组织社办工业与大厂协作挂钩，当好大工业的助手，充分发挥社办工业拾遗补缺的作用。商业、工业等有关部门对社办工业的原料，亦应认真地安排，以适应生产建设和人民生活的需要。鉴于当前社办工业的设备和技术水平还比较低，必须大力开展技术革新和技术革命运动，不断革新生产设备、产品设计和工艺规程，逐步实现半机械化、机械化。当前要认真做好鉴定、推广工作，不断巩固与扩大革新的成果。社办工业不合理的工资，要作适当调整，但由于情况比较复杂，牵涉面广，必须采取稳步的态度逐步解决。至于不合理的价格和收费标准，应当加以认真整顿和调整，并且建立制度，加强管理。

（三）城市公社生产的另一方面，就是公社党委在继续抓好工业生产的同时，当前要以更大的力量，突出地抓好副食品生产，并以此作为城市公社当前发展生产的首要任务，大搞群众运动，千方百计增加副食品生产。公社、分社、管理区、农业大队、副业厂等各级党组织，都要指定一个书记挂帅，加强领导。公社、分社、机关、企业、厂矿、学校，凡是有条件的都应当划定一定的土地，安排好劳动力，采取专业队伍与大搞突击相结合的办法，大搞副食品生产基地。发动干部职工和他们的家属、街道居民利用大小空地、水塘种植蔬菜、饲料、养猪、养鱼、养家禽，掀起一个轰轰烈烈又扎扎实实的副食品生产高潮，力争在短的时间内，做到蔬菜自给，逐步增加肉类自给的比重，在此基础上，再进一步增加数量、品种，提高质量，不断改善群众生活，满足人民生活的需要。

（四）进一步巩固提高集体生活福利组织。当前，进一步巩固提高公共食堂除了结合"三反"、纯洁队伍、健全制度以外，还必须进一步提高服务质量，方便群众。目前，各地都试办了一批综合经营的食堂，以食堂为中心，把商业小卖部、饮食店、服务站、储蓄站、图书室、洗澡室与食堂结合起来，既丰富了食堂的服务内容，方便群众，又提高劳动效率，节省房屋设备，深受群众的欢迎，效果很好。因此，各地应当积极地总结和推广这个经验，进一步提高食堂的质量。在幼儿园、托儿所方面，由于当前正处于病疫比较容易发生的季节，有些园所卫生条件较差,而且有些保教人员缺乏卫生知识,所以做好防病保健工作,保障入托儿童健康,是十分重要的工作。因此,各公社、分社及市的卫生教育、妇女部门,应当大力做好保教人员的培训工作,搞好儿童的普检和防疫,迅速建立公社或分社的儿童保健站,以便对患病儿童进行更好的治疗和隔离。在设备过于简陋、小孩过于拥挤的地方,要进行适当分散,减少病疫传播。

　　以上意见,当否,请批示。

区党委城市人民公社办公室

一九六〇年七月二十八日

中共沈阳市委批转城市人民
公社工作领导小组关于进一步贯彻
阶级路线整顿城市人民公社
组织的报告*

（一九六〇年八月二十四日）

各区、县委，各城市人民公社党委：

市委同意城市人民公社工作领导小组关于进一步贯彻阶级路线整顿城市人民公社组织的报告，现转发给你们，望即贯彻执行。

中共沈阳市委员会

一九六〇年八月二十四日

附：关于进一步贯彻阶级路线整顿
城市人民公社组织的报告

（一九六〇年七月十二日）

市委：

我市的城市人民公社化运动，在中央和省委的正确领导下，发展是迅速的、健全的，成绩是巨大的。各基层人民公社一经建立就显示出无比的优越性和巨大的生命力，并在今后"发展生产，提高觉悟，改造社会，移风易俗"等方

---

* 原件现存于沈阳市档案馆。

面,必将发挥更大的作用。为了认真地贯彻"依靠工人阶级、团结其他劳动人民,团结、教育、改造资产阶级,对地、富、反、坏、右五类分子进行监督生产、劳动改造"的阶级路线,是保证党对城市公社工作绝对领导的重要措施,是当前整顿、巩固城市人民公社的中心环节之一,也是今后进一步健全发展城市人民公社的根本问题。各级党组织和有关部门必须予以足够的重视。

一

　　为了保证人民公社的不断健全、发展、巩固、提高,市委会一再强调办社必须认真贯彻阶级路线,把公社工作的领导权切实地掌握在工人阶级和其他劳动人民手中,因而绝大部分公社认真地贯彻了这条路线,公社的干部队伍基本上是纯洁的。但是,我市城市人民公社化运动的发展异常迅速,迫切需要组织社会上的闲散劳动力参加公社劳动,而城市中的阶级情况又比较复杂,致使社会上的一些五类分子、资产阶级分子以及其他政治不纯的分子进入了公社的各个部门。城市人民公社化运动是社会主义革命的发展和深入,它将加速对各种剥削阶级分子的社会主义改造,以致最后消灭各种反动残余势力。因此,他们一方面企图逃避改造,保持反动残余势力,另一方面,又千方百计地篡夺公社工作领导权和要害部门的工作职务,妄想破坏城市人民公社,以达到走资本主义道路的目的;同时,某些基层领导干部阶级观点模糊,政治上右倾麻痹,片面地认为他们"有技术、有才干",甚至认为"大家都入社了","是一家人了"。而看不见当前还存在着曲折的、复杂的两个阶级的斗争和两条道路的斗争,于是给他们敞开了方便之门;又由于在城市人民公社迅猛发展的过程中,各级党委主要是抓了三件事,思想、生产、生活,还没有来得及在组织上集中地、彻底地进行审查和整顿队伍;另外,随着一部分生产合作社(组)、合作商店改变为公社的工厂企业,这些单位的小业主(小资本家)、小商贩、小手工业者也随之入了公社,使基层干部中又新增加了小资产阶级成分。由于上述情况,因而,某些基层公社所属的一些企业、事业单位的某些领导环节和要害部门干部不纯的问题,还没有得到彻底的解决。

　　根据红旗、万泉、兴顺、园路、南湖、塔湾、华山等七个人民公社所属的33个社办工厂,121个食堂,94个托儿所、幼儿园,2个服务总站,4个管理区大院的 2851 名小组长以上干部和炊事、保、教、管理人员的调查，有各种各样的问题的就有 303 名，占上述人员总数的 10.97%。在这些有问题的人员中，有五类分子 26 名，占有问题人员的 8.58%；五类分子家属 42 名，占 13.86%，资产阶级分子 12 名，占 3.96%；资产阶级家属 23 名，占 7.58%；小业主、小商贩、小手工业者(以下简称"三小")119 名，占 39.28%；"三小"家属 30 名，占 9.9%；反革命社会基础 38 名，占 12.65%；其他 13 名，占 4.19%。上述有问题人员的分布和职务情况是：在工厂中小组长以上干部有 197 名，占小组长以上干部总人数的 19.83%；在食堂、托儿所、幼儿园中任炊事、保、教工作的有 81 名，占上述单位总人数的 4.36%；在生活服务站小组长以上干部中，有 18 名，占生活服务站小组长以上干部的 37.5%；在大院中，有管理人员 7 名，占大院管理人员总数的 10.14%。

上述有问题的人员，特别是五类分子、资产阶级分子以及未经过彻底改造的"三小"和其他政治上不可靠的分子窃据了领导职务和要害部位之后，便利用合法的身份，大肆进行破坏活动。他们在工作中伪装积极，采取两面手法，骗取领导信任，大放资本主义毒素，腐蚀干部和群众，挑拨离间，破坏团结，排斥或打击党团员和积极分子，甚至组织小集团，抗拒党的领导，拒不执行党的方针、政策；滥用职权，假公济私，贪污盗窃，投机倒把，搞地下工厂，谋取非法利润，发展资本主义；散布流言蜚语，煽动落后群众，破坏生产等违法犯罪活动，严重地危害着城市人民公社的进一步健全、巩固、发展和提高。

二

综上所述，当前在人民公社内部的阶级斗争是比较尖锐的、复杂的，五类分子和其他坏分子的活动是比较猖獗的，给公社工作以至国家经济建设所造成的损失也是严重的。因此，必须加强党的领导，坚持政治挂帅，充分发动和依靠群众，认真贯彻阶级路线，整顿和纯洁基层干部队伍，充实领导骨干，保证党对城市人民公社工作的绝对领导。通过这一工作，要加强对公社的阶级教育，使他们认识到，大办城市人民公社，是社会主义革命在城市各个战线上的深入和发展，是一场尖锐的阶级斗争和两条路线的斗争，借以提高政治觉悟，划清阶级界限和敌我界限；进一步教育、团结和改造小资产阶级分子，分化、孤立和打击五类分子和其他各种坏分子。

进一步贯彻阶级路线，必须结合新"三反"本着既能充分发动群众，而又不致造成过分紧张的气氛，要深入实际，调查研究，掌握情况，贯彻政策，解决问题。工作中既要警惕敌人的破坏活动，又要防止可能产生的偏差，以保证这一工作健康的发展。具体要求如下：

（一）各基层人民公社应该立即抽调干部，制定规划，组织学习有关文件，提高警惕，武装头脑。之后，分别选择一个有代表性的基础单位进行试点，以便吸取经验，锻炼干部，为全面铺开做好准备工作。

与此同时，要依靠群众，结合当前工作，以公社为单位，对所有社办企业、事业和管理区、大院的工作人员，进行重点审查和政治排队，以做到心中有数。

（二）充分发动群众，大鸣、大放、大字报，从揭发领导上的官僚主义入手，逐步把所有的坏人坏事彻底揭露出来，同时应采取调查、访问、座谈、检举等方式，聚集材料，使一般号召和调查研究相结合，以达全面了解情况之目的。

（三）认真进行整改。在各种问题彻底揭露出来的同时，要认真地改进作风，提高工作。并根据宽大和惩办相结合，批判从严、处理从宽的方针，严格区分敌我矛盾和人民内部矛盾，区分问题的性质和情节，做出正确的处理。处理问题的顺序，一般应先处理敌我矛盾，再处理人民内部矛盾。处理的方法，可分别不同情况，采取批评教育，调动工作，批判斗争，戴回帽子，依法管制，劳动教养，个别性质恶劣、情节严重的应予以依法惩办。

（四）加强组织建设。从区级机关和地方国营工业中，抽调一批党员、干部和老工人，提拔一批经过考核的积极分子，担任公社的各项领导工作和其他重要职务。有计划、有准备地进行建党和建团工作，把那些成分好、觉悟高，在各项工作和斗争中的优秀分子吸收到党内来。力争在不长的时间内每个企业、事业单位都成立一个党支部，以加强党对城市人民公社的领导。

（五）逐步地把一些必要的制度建立和健全出来。如建立起人事制度，保卫工作制度，物质保管制度，财政制度等，并教育全体人员遵守制度，监督和防止坏分子从中进行破坏。同时要发动群众，制定或修订爱国公约。经过群众广泛深入的讨论，以便对少数表现不好或有问题的人加强监督改造。

为了达到预期目的，拟请市委组织部、统战部、监委、市公安局、市检察院、市法院等有关部门抽调力量,组成一条强有力的战线,在公社领导小组统一领导下进行工作。各区委和公社党委,亦应仿照上述精神,由一名书记挂帅,组成一条战线,把这项工作迅速地、很好地抓起来,力争在三季度内完成这一任务,并保证做好。

三

贯彻阶级路线,整顿干部队伍,是一件非常细致而又复杂的工作,它的政策性很强,牵扯面较广。因此,在工作中,必须认真贯彻党的方针政策。

(一)关于五类分子问题。

凡未被剥夺成已经恢复政治权利者,经本人申请,群众讨论,公社批准,可成为社员。凡被剥夺政治权利者,一律不得成为社员,但可以吸收入社,监督生产,劳动改造,对其中表现好的,经群众评审,可以入社作预备社员;五类分子不论其是否社员,均应同工同酬。

凡为未改变成分、未摘掉帽子的五类分子,都要在群众中公布其反动身份,并应采取"十个好人夹一个坏人"的办法,切实进行监督和控制。对虽有政治权利,但表现不好的五类分子,亦应在群众中宣布其反动身份,以便对其进行监督改造。

凡是五类分子,不论其有无政治权利,都一律不得担任公社的任何领导(工作)职务和在要害部位工作。凡已窃取了公社各项工作职务的五类分子和其他坏分子,都必须坚决予以撤换,并向群众公开宣布,强制他们劳动改造。

(二)关于反革命社会基础和治安危险分子问题。

这些人和五类分子以及其他剥削阶级分子有着千丝万缕的联系,在他们当中有不少人存在反动思想,甚至对党极端不满。因此,在城市人民公社中,对这部分人应严格控制。除已经彻底改造,确实改变了立场、观点的以外,一律不得担任公社中的任何领导职务。凡是已经担当了领导职务的,均应采取适当方法,调离原工作岗位,并经常注意他们的思想动态,加强对他们的教育,防止他们进行破坏活动。

(三)关于资产阶级分子、资产阶级知识分子以及他们的家属问题。

凡资产阶级分子,资产阶级知识分子以及他们的家属,未加入公社的,不要动员他们入社,等他三年五载,甚至更长一些时间,再吸收他们入社;对已经入社的,如果本人要求退社,可以让他们退社;如果本人不愿意退社的,也不要强迫他们退社,但不摘掉他们的资产阶级分子帽子,不取消他们的定息和高额工资,并要加强对他们的教育改造。凡是在公社参加生产劳动的,亦应同工同酬。

不要动员他们拿出房屋、家具和其他生活资料以及生产资料,即使主动要求,也应加以劝阻。也不要动员他们进食堂吃饭,有些高级知识分子和知名的资产阶级代表人物,要求加入食堂吃饭时,应当说服他们等到食堂办得更好的时候再加入食堂吃饭。

凡是已担任了公社各项工作职务的资产阶级分子、资产阶级知识分子和他们的家属,除了极个别的经过彻底改造,确已改变了阶级立场、政治观点的,还可作公社所属基层单位的部分领导职务外,一般应予以撤换,并根据他们具体情况,适当地安排他们的工作。

对小业主必须具体分析,区别对待,凡是在一九五六年社会主义改造高潮时,参加了国营企业、公私合营企业和合作企业,并经过教育改造,在政治思想上,确实都有进步的,在城市公社化运动中,随着所在企业下放参加了公社的人,可以继续担任原来的工作职务。但还应在工作中注意考察他们,继续加强改造工作。

凡是过去没有接受社会主义改造或接受改造以后又走回头路的,以及搞地下工厂,搞黑户活动的分子,这部分人的政治情况复杂,他们的资本主义思想很严重,很多人利用自己的"技术"和"经济",在公社各项事业中,同我们争夺领导权,搞投机违法活动,对于这种人的使用,必须严格控制,不能让他们担任各种领导职务。对已经担任领导职务,而政治上和工作态度上又表现不好的,要坚决撤换下来,以保证党的领导权的巩固。

(四)对小商贩、手工业者和他们的家属问题。

小商贩、手工业者,凡是过去已经进入国营、公私合营企业或者组织了合作商店、手工业生产合作社,在城市公社化运动中,随着所在企业下放而进入公社的,并经过改造,在政治思想上,工作态度表现较好的,可继续担任部分领导职务;那些过去不愿走合作化道路的,搞黑市活动的,不得担任公社的各项领导工作职务。已担任的,亦应采取适当方式撤换。

对于老、弱、病、残,公社应当给予适当照顾,以维持他们的生活。

上述人员,凡是不适合继续担任领导职务或要害部门工作的,在处理时应该策略一些,除有违法活动者外,一般的应该采取内部掌握,以调换工作派人进去的方式,不应公开撤换。把他们调离领导岗位或要害部门之后,要分配给他们适当的工作,以发挥他们的技术和业务上的特长,并加强教育和改造工作。

对"三小"的家属,亦应本着上述精神,进行处理。

(五)对犯有一般错误的好人和由于工作方式简单而引起群众不满者,应热情地帮助他们克服缺点,改正错误,继续工作,保护他们的工作积极性。

对于立场不稳、阶级界限不清、严重违法乱纪和蜕化变质分子,应进行严格的批评教育,并视其问题性质和情节轻重,进行适当处理。凡是担任领导职务的,一般应予调动、撤换,下放生产部门在劳动中进行改造。

以上报告,请指示。

市委城市人民公社工作领导小组

一九六〇年七月十二日

福州南街人民公社的调查
研究报告（初稿）*

（一九六〇年九月五日）

福州市南街人民公社是我省第一个成立的城市人民公社。自 1958 年 9 月成立以来，正剧烈地深刻地改变着街道的面貌：消费的街道已变成生活的街道；一家一户的生活方式正改变为社会主义集体化的生活方式；资本主义私有制的残余正被彻底改造；共产主义思想日益成长；无产阶级专政进一步加强。街道生产欣欣向荣，广大社员安居乐业，呈现一片幸福繁荣的景象。这一切都显示，城市人民公社已成为"改造旧城市和建设社会主义新城市的工具"，并为将来过渡到共产主义社会指出了具体道路。

一

南街人民公社建立以来，把有劳动能力的居民都组织起来参加社会劳动，使原来的消费者成为生产者，消费街道成为生产街道。

南街公社共有五千七百七十七户，二万六千三百八十七人，除机关干部、工厂企业职工、中小学师生共一万四千多人外，居民有一万一千多人。这一地区解放前是福州主要资本主义商业区，所谓"三坊七巷"是伪军政人员和剥削者聚居的地区。解放以来，社会主义生产建设的迅速发展，逐渐地改变着消费城市的面貌。可是，在公社化前，还有几千个有劳动能力的居民（主要是妇

---

* 原件现存于福建省档案馆。

女)尚未参加社会生产劳动。公社化后,1958年组织了三百十六人,有十八个无依无靠的老人进了公社的敬老院。遍布全社大街小巷的还有一百五十多个服务站,服务项目有缝补、洗衣、办婚丧喜庆、护理病人等六七十种,有的服务站开始将"五保户""双职工"和单身汉的开门几件事(如拿开水、送孩子、洗衣服等)全部包下来。食堂、托儿所、服务站的普遍建立,繁琐的家务劳动开始成为大规模的集体事业,成为社会劳动的不可缺少部分,使广大妇女从家务中解放出来,积极地、安心地从事社会劳动。许多人还担任了工厂厂长、车间主任、服务站站长等。当她们用"过去不离尿布锅铲"的双手,为国家生产出第一批产品的时候,个个欢欣不已,深深感到自己的地位的确不同了。三八化工厂女工李秀卿是三个孩子的母亲,以往的生活是:"孩子哭、心里焦,琐碎家务乱糟糟,灶台井边缠不完,千斤万担一肩挑。"现今,孩子进了托儿所,全家到食堂吃饭,自己在化工厂劳动,已是一个学会几种产品制造技术的工人了。公社化使过去的家庭妇女在伟大的社会主义建设中放出了自己的光和热,也改造着自己以往愚昧无知、自卑狭隘的面貌。

生产的跃进,就业人数的增加,集体福利事业的发展,社员的生活普遍得到改善,收入增加了。据统计,目前社员总收入比去年底就增长了19%,在银行存款的1957年只有二百户,现在已增加到四千零十六户,依赖国家救济的也由过去的一百三十五户降到十六户,减少了88%。

共同劳动和集体生活锻炼着街道的居民,改变着他们的精神面貌。这种变化最突出地表现在对待劳动的态度上。爱劳动成为整个社会的风气,人们以参加劳动引为无上光荣。好逸恶劳、不劳而食的资产阶级思想为人们所唾弃。服务员华妹官,早先是个不爱劳动的人,她参加公社服务站洗衣组后,在劳动和集体生活中得到了锻炼,提高了觉悟,不管刮风下雨,每天串街过巷,主动收送衣服。她曾两次发现衣服口袋中的储蓄券共一百多元,均主动归还原主。在社办14个工厂中,今年第二季度,就有283人,占职工总数的30%被评为先进生产者。在人民公社这所共产主义学校里,处处闪烁着劳动不计报酬、工作不讲条件的共产主义火花,显现着共产主义的高尚风格。

集体主义精神大大发扬,关心集体,热爱集体,邻里和睦,尊老慈幼,是人们精神面貌变化的另一个显著特点。在食堂、托儿所、工厂兴办的日子里,人们自动让出房屋,送来用具。各大队还根据居住条件,亲帮亲、邻帮邻、组织起许多不计报酬的劳动互助组。工人郑依金,家里有个七十多岁的老母亲,全身瘫痪,郑依金出外做工,只好把炉子、柴米放在母亲床头,让她自己煮着吃。文儒食堂炊事员红妹知道后,就把老人伙食包来食堂,每天把热饭热菜送到床边,侍候她吃。不少事例说明,公社化以后社员之间团结增强了,建立了新型的人与人的关系。

南街人民公社的建立,从根本上消灭了资本主义产生的基础。公社化前,南街地区还留下约九十户小手工业者和小商贩没有组织起来。公社化后,这些小手工业者和小商贩全部被组织到公社企业中来,使街道经济完全建立在社会主义公有制的基础上。

公社化提高了人们的思想觉悟和组织程度,有利于打击城市中残余的资本主义违法活动。今年春季,南街公社大张旗鼓地发动群众,揭发了少数资本主义违法行为。据揭发的材料来看,第一种是抬高造价,偷工减料,偷漏税收,牟取暴利;第二种是套购、抢购紧张的物资,从事黑市交易;第三种是私招工人,进行剥削。据统计,干包工头的有三十四人,设地下工厂的三十人,进行二盘商活动的三十二人,另外还有一百十一个"老鼠工"。这些违法活动不仅直接危害着国家社会主义建设,而且助长了少数群众资本主义思想的滋长。经过这一斗争,对这些违法活动,依法予以取缔并作了严肃处理,同时也是对群众进行了一次深刻的社会主义教育,把城市中经济战线上、政治战线上、思想战线上的社会主义革命继续深入了一步。

城市居民组织程度的提高,城市的基层政权也进一步强化了。南街公社现有五类分子八十四名,除老弱残废不能劳动者外,其余七十六名都编入各种生产组织中,以"数红夹一白"的办法监督劳动,这就使五类分子完全置于群众严格监视之下,加强了对这些人的劳动改造,促使五类分子的分化。随着广大群众政治觉悟的提高和集体主义思想的成长,革命警惕性大大加强,1959年居民检举坏人的材料就达一千五百多件;破获潜藏的反革命分子十一人。人民内部违法犯罪事件显著减少,1959年只发生刑事案件四起,比1958年十五起减少了73%;今年上半年刑事案件一起也没有。

二

南街人民公社在短短的两年时间里,发挥了巨大的优越性,迅速地改变着城市的面貌。但是,城市人民公社毕竟还是一个新事物,同任何其他新事物一样,有一个从不完善到完善、从初级到高级的不断发展过程。如果停滞不前,不去积极发展和提高这一社会组织,那将是错误的。人民公社是社会发展的必然产物,它推动社会经济迅速地发展;而社会经济的发展,又将反过来促使人民公社制度在内容上和形式上得到发展。我们应根据不断革命的精神,适时调整生产关系和上层建筑,扶植和发展带有共产主义萌芽的新事物,不断提高城市人民公社。

从南街人民公社的发展过程中,我们可以看到一些什么方向呢?

(一)城市人民公社的发展,必将彻底地完成改造消费城市为生产城市的任务,促进生产高速度地发展,使城市进一步成为国家经济发展的中心和枢纽,为城乡差别的消灭创造了条件。

南街公社建立以来首先集中主要精力抓生产,经过两年来的努力,生产发展是很快的。1959年工业产值为1958年的四倍,今年产值将比去年提高三十倍左右。这是公社工业坚决执行为大厂、为人民生活、为农业、为出口服务的生产方针的结果。南街公社的事实表明,这是发展公社工业长期性的生产方针,离开了它,社办工业将失去巩固和提高的阵地;也只有坚决贯彻这一方针,才能促使公社工业迅速发展。南街公社在贯彻这一方针中不是没有斗争的。譬如,有的人"为大厂服务"的观念还不很明确,不是千方百计地根据大厂的需要来组织生产;有的人想使社办工业"成龙配套",自成体系;还有少数厂片面追求产值而忽视人民生活需要品种的生产等等。公社党组织通过整顿公社工业纠正了这些不正确的认识,并在实际工作中进一步贯彻公社工业的生产方针。在当前他们着重抓:1.为大厂服务挂钩固定化;2.积极发展小商品生产;3.根据需要和可能发展一些原材料生产。此外,公社还正大力开展技术革新和技术革命,改造落后的技术设备,大搞综合利用,提高生产能力,改变目前原料不足"吃不饱"和因技术设备太差而"吃不了"的情况。并加强企业管理,建立一套适合社办工业特点的管理制度。

经过这一系列努力,公社工业水平将迅速提高,估计到明年,将在技术设备、生产能力、产品品种、质量、劳动生产率等方面达到目前区属厂的水平,基本上担负起目前区属厂的生产任务——主要是小商品生产。这样,就必然会促进国营工业向更高的水平发展,使大中小企业密切结合,布局也更为合理,大大加速整个城市工业的发展,更有力地支援农业的技术改造,促进整个国民经济的高涨。

城市人民公社不仅发展工业生产,也将相应发展农业生产。南街公社过去只是组织社员利用屋前屋后的空地搞些副食品生产,现在已与郊区西门大队挂钩,从劳力支援逐渐向全面支援发展,最近并抽调劳力×××人,去农村建立原料基地,积极组织社员发展农业生产。从发展的眼光看,南街公社的规模肯定是要扩大的,将来发展农业的条件将越来越好。这样,由于农村公社实行了以农业为主、工农业并举方针发展了工业,城市公社实行了以工业为主、工农并举的方针发展了农业,就进一步加强了工农联盟,密切了城乡关系,为消灭工农差别、城乡差别创造了条件。当然,这并不意味着象福州这样的城市将要消亡。由于大工业需要一定程度的集中,社会基层单位也需要不同范围的联系中心。因此,城市作为大工业的中心、国民经济的枢纽的作用,将会进一步加强,它将促进整个社会物质生产的发展和文化的繁荣。

(二)城市人民公社生产高速度的发展,必将加速城市向单一的社会主义全民所有制过渡,和将来由社会主义全民所有制向共产主义全民所有制过渡。城市公社发展提高的过程,也就是两个过渡的过程。

目前南街公社经济,除国营工厂企业、机关、学校等属于全民所有制外,分为公社和大队两级所有。它包含了远较农村公社更多的全民所有制成分。这表现在:1.除"人而不归"的国营企业外,社办企业产值占90%多,队办企业产值不到10%。整个公社经济是以社有为主。而政社合一的社有经济是带有全民所有制性质的。2.公社许多工厂是国营企业加工的,部分设备也是国营企业支援的,实际上是国营工厂的车间或商业部门的加工厂;社办工厂的其他产品也一律由国营商业部门统一收购,不得自产自销。3. 社队企业生产的主要小商品,是直接按照国家下达的品种、产量计划进行生产的。4. 在分配方面,随着生产的发展,逐步增加了公共积累,在国家计划指导下合理确定了积累与分配的比例。公社的积累主要用于扩大再生产,在国家计划指导下由公社统一分配,但实际上是在区的统一计划下使用的;同时公社企业一般都和国营企业一样采用固定的计时或计件工资制度。5. 部分公社服务企业,服务对象已超出公社范围。

但是,公社企业积累目前不上缴国家;国家对公社企业一般不直接调拨和分配它们的产品;在大队的一些企业里,还实行着收益分成的办法。从这些方面来看,现在的城市人民公社内部还包含着一定的集体所有制的因素。

应该看到,通过我们实际工作的努力,城市公社的全民所有制成分正在不断扩大。这表现在:社办企业同国营工厂、商业部门的关系,从过去的临时加工订货逐渐发展为固定的合同制,两者关系更为密切,通过固定合同把公社工业的产、供、销进一步纳入国家计划。某些社办厂把一部分生产任务下放给大队,社办厂又同队办厂挂钩,间接地把队办厂也纳入国家计划。随着公社生产的发展和计划供应范围的扩大,国家直接下达公社的生产和收购计划的范围正逐步扩大。在提高、发展公社工业中,国家正从资金、设备、器材等方面帮助公社扩建和新建一些企业。分配上的收益分成制正被取消,逐步实现固定的工资制,同时,公社也将如同国营企业那样,向国家上缴积累,并在国家计划指导下,合理使用积累。过去的合作商店和代销店划归公社统一领导后,正成为公社分配网的一个组成部分。所有这一些,将加速城市人民公社向单一的全民所有制过渡。可以肯定,由于公社生产水平的不断上升和社员政治觉悟的不断提高,城市公社向社会主义全民所有制的过渡将会比农村来得快。

(三)在生产不断发展的基础上,城市公社中共产主义按需分配的因素将逐步增加,这主要是通过扩大集体福利事业范围、提高服务质量,降低以至完全免除福利事业的收费以及扩大商品的计划供应来实现的。

南街人民公社成立以来,从积累中拨出一部分资金兴办食堂、托儿所、敬老院、学校等;公社规定凡参加街道工厂收入每月不到十元者,到食堂吃饭免收蒸饭费,小孩进托儿所也不收托管费;一些公社工厂已实行半公费医疗;公社每月还从福利费中拨出一笔钱,救济困难户。显然,这些都不是根据社员的劳动数量和质量进行分配的,而是带有按需分配的性质。根据公社计划,还将建立学校、医院、影剧院、图书馆,兴建食堂、母子康乐园、敬老院,还将按照生产布局、生活集体化和城市园林化的要求,建立新的居民点。肯定无疑,根据增加集体福利和增加个人收入相结合、逐步提高集体福利比重的原则,公社通过集体福利事业进行分配的这一部分将不断增长,其增长速度将超过以工资形式分配给社员个人这一部分。

在南街人民公社已较多地实行了按需分配商品,这就为我们提供了一个方向:改革目前商品分配以商店为基地进行自由选购的办法,逐渐转到通过公社分配网以计划分配为主。虽然,现在这种按需要分配商品,是在等价交换的基础上进行的,它的性质不同于共产主义的按需分配。但是,它在相当程度上改变了商品的性质,限制了价值法则和货币的作用。因为,这一部分商品不是通过市场而是直接进行分配的,那就不再是原来含义的商品了;既然它是按需要进行分配,那么,也就不是手头有钱的人就可以买到;即使这些商品供应不足,价格也不会上涨。完全可以肯定,生活资料按需分配的范围将不断扩大,价值法则和货币的作用范围将越来越小,直至完全消失。合理分配商品的意义还不仅如此。就是到将来共产主义社会产品极大丰富,供应十分充足的时候,总还有一部分产品(如新产品)不是每人在同一时期内都可得到的,也不是所有人的需要都是共同的,所以,那个时候也是需要合理分配商品的。

集体福利事业的发展,集体消费部分的增加,作为经济单位的家庭将逐步消失。城市公社建立后,最后消灭了社会主义改造时遗留下来的个体经济,家庭作为生产单位完全消失。托儿所、幼儿园和校外儿童教育机构(如"少年之家"等)的普遍建立,托儿所由半托向全托发展,学校逐步由走读改为住读,这样,社会教育也将完全代替家庭,家庭不再是教育单位了。由于集体消费部分的增加,食堂等集体消费单位的发展,家庭也将不再是消费单位。这样,由于私有制而产生的作为生产单位、消费单位、教育单位的家庭,将从历史上消失,代之以新的社会基层单位——人民公社。

(四)城市公社化为文化革命、技术革命的迅速发展提供了条件,加速了这两个革命的进程,为消灭脑力劳动和体力劳动的差别创造了条件。

南街公社许多居民(主要是家庭妇女)过去缠身于家务,没有时间也没有心思学习文化科学,认为"煮饭带小孩,多识几个字少识几个字无关重要";现今参加了社会劳动,感到自己文化不够用,普遍要求学习文化科学知识。在扫除文盲以后,公社适应群众的要求,各生产大队、各主要工厂都办了高小班,公社办了业余中学,并将兴办业余大学,同时对普及小学、初中、高中和大学进行了规划。公社和工厂普遍举办业余的学校,使教育工作成为群众的事业,同国家举办的全日制学校一起,构成了教育工作中的"两条腿",为多快好省地普及和提高全民教育开辟了一条无限广阔的道路。

文化革命和技术革命是相互推动、交织发展的,人们文化水平的提高,就为掌握现代科学技术知识创造了条件,从而促使技术革命运动的进一步高涨。

人民公社是工农商学兵统一的组织,它是贯彻教育与生产劳动相结合方针的很好阵地,因而也是加速实现工农群众知识化和知识分子劳动化的很好阵地。我们培养共产主义社会所需要的又红又专的新人,唯一正确的道路是实行教育和生产劳动相结合。在公社兴办的业余学校里,社员们可以边劳动边学习,把劳动和学习、理论与实践紧密结合起来。全日制的学校,在公社统一组织下,可以自己举办工厂农场,也可以参加公社的生产单位劳动。社会上的知识分子,参加公社后也将在劳动中得到改造。这样,我们就能加速工农群众知识化和知识分子劳动化,培养出既具有共产主义思想,又有现代科学文化知识,既能从事脑力劳动,又能从事体力劳动的劳动者。

(五)城市人民公社的建立,标志着社会主义革命特别是思想革命的进一步的深入。人民公社的提高过程,必将是思想战线上不断革命的过程,是无产阶级思想不断战胜并最后肃清资产阶级思想影响的过程。

从南街公社情况看,城市阶级情况远较农村复杂,有着较深的资产阶级政治思想影响。在城市公社化过程中,仍然有着两条道路两个阶级的思想斗争。这种斗争主要表现在对待集体、对待劳动、对待新的生活方式等各个方面。随着公社制度的发展,公社向单一的全民所有制过渡,集体化程度的进一步提高,资产阶级法权将被消灭,这些变革必将导致在意识形态方面的阶级斗争。

城市人民公社为共产主义思想的不断扩大提供了十分有利的阵地。南街公社成立以来,在各级干部和积极分子中,组织了毛泽东思想的学习,以毛泽东思想武装干部和积极分子,大大提高了他们的觉悟。各工厂企业也普遍建立了政治时事学习和思想检查制度,举办红专学校,建立和加强党团组织生活和党团在群众中的活动,使广大社员在这里经常受到党的教育,克服形形色色的资产阶级思想影响,提高了共产主义觉悟和道德品质。可以看到,由于城市公社组织程度的提高,人们在共同劳动、集体生活中将得到进一步的锻炼,党的政治思想教育工作也会继续加强,工人阶级将能更有效地以自己的世界观改造各阶层人民,提高人们的共产主义觉悟程度,在共产主义思想基础上更好地处理人民内部矛盾。随着城乡之间、工农之间、脑力劳动和体力劳动之间差别的逐步消失,反映这些差别的不平等的资产阶级法权残余也将逐步消失,这将有利于最后消灭人们意识中的资本主义残余,使思想革命进入一个新阶段。这样,在人民公社这所共产主义学校的教育下,人们将彻底摆脱剥削阶级的影响,成为具有高度的共产主义觉悟和高尚的共产主义品德的人。

三

党中央关于在农村建立人民公社问题的决议中指出:"社会产品极大地丰富了,全体人民的共产主义的思想觉悟和道德品质都极大地提高了,全民教育普及并且提高了,社会主义时期还不得不保存的旧社会遗留下来的工农差别、城乡差别、脑力劳动与体力劳动的差别,都逐步地消失了,反映这些差别的不平等的资产阶级法权的残余,也逐步地消失了,国家职能只是为了对付外部敌人的侵略,对内已经不起作用了,在这种时候,我国社会就将进入各尽所能、按需分配的共产主义时代。"南街人民公社建立两年来的事实表明,城市人民公社不仅加快了社会主义建设的速度,并为过渡到共产主义积极准备着条件。这是由于城市人民公社有利于社会生产力的迅速发展,有利于全民共产主义思想觉悟和道德品质的提高,有利于全民教育的普及和提高,有利于工农差别、城乡差别、脑力劳动与体力劳动差别和反映这三个差别的资产阶级法权残余的消失。我们应该积极地运用人民公社这一优良的社会组织形式，摸索出一条过渡到共产主义的具体途径。

中共福建省委调查研究室

一九六〇年九月五日*

（广西区财政厅）关于积极结合
当前运动中心做好城市人民公社
财务工作的指示*

（一九六〇年九月十三日）

各地、市财政局,宜山、百色、贺县、宾阳、横县、玉林、贵县等县财政局:

我区城市人民公社化运动,在各级党委的正确领导下,取得了伟大的胜利,至七月止已建立了城市人民公社 26 个(其中厂矿企业公社 4 个),城市人民公社的建立,显示了无比的优越性。据 20 个公社的材料,已建立社办企业1269 个,社办服务事业 967 个,公共食堂 2865 个,幼儿园、托儿所 1653 个,解放了劳动力 146733 人。在城市人民公社化运动中,各地财政部门在党委的统一领导下,配合有关部门,在参加生产、组织生产、安排人民经济生活的同时,积极帮助公社建立财务机构,配备和培训财务干部、建立和健全财务制度。据19 个公社统计,公社及公社所属企业、事业单位共需要配备财务干部 5338人,现在已经配备 4553 人,占 85.2%。玉林县也开始进行了一些培训工作。据 4 市及贵县不完全统计,至七月底已经培训了城市人民公社财务干部 500多人。与此同时,各个公社及其所属企业和事业单位,初步地建立了一些必要的财务制度,南宁等市还根据市委整顿城市公社的指示,大抓公社财务的整顿工作,这些对于促进城市人民公社的巩固和发展起了一定的作用。但是,由于城市公社及社办企业、事业单位发展迅速,迫切要求财务管理工作很好地跟上,而我们财政部门在搞好公社财务工作上在取得成绩的同时,也还存在一些急待解决的问题。应该认识到:搞好公社财务工作正是财政部门一项重大的

---

* 原件现存于广西壮族自治区档案馆。

政治任务。因此，各级财政部门必须在党委的统一领导下，紧紧围绕正在轰轰烈烈开展的以保粮保钢为中心的增产节约运动和"三反"运动，必须相应地抓好城市人民公社财务工作，以适应城市公社的巩固和发展需要。为此，对当前城市公社财务工作特作如下指示意见：

一、积极帮助公社及所属企业、事业单位，根据以保粮保钢为中心的增产节约运动的要求，迅速健全财务组织机构，精简和充实财务干部，对财务人员多的单位应进行精简和适当调整；对没有机构、没有人，或者虽有了人，但不能胜任的单位要迅速充实起来。在整顿财务组织工作中要坚决贯彻阶级路线，认真选拔成分好、政治觉悟高、公正无私、联系群众并有一定工作能力的人来担任公社财务工作，对一贯廉洁奉公、克勤克俭的财务干部，应及时表扬，总结交流经验；需要调整的财务干部，及时帮助公社物色人选，提出意见，请示党委统一安排，很快地把财务干部配齐、配好。与此同时，应运用多种有效形式，大力培训公社财务干部，组织财务干部开展竞赛，掀起赶国营企业财务的高潮，不断提高财务干部的政治思想业务水平和财务工作水平。

二、在运动中所检查揭发出来的财务管理问题，必须认真综合整理，具体研究，及时加以解决。在政治挂帅的前提下，尽快地把管理制度健全起来，堵塞贪污浪费漏洞，需要补充、需要修订的应及时补充修订；有了制度而贯彻得不够彻底的应很好地继续彻底贯彻；在补充修订或贯彻制度过程中必须听取群众意见，走群众路线，大搞群众运动，组织发动社员职工讨论，使制度不断完善，并且深入人心，真正为群众所掌握，成为群众的自觉行动；做到人人理财，充分发挥财务工作促进生产和安排生活的积极作用。

三、通过运动帮助公社摸清家底，清好财产，编好公社收支预算，建立公社一级财政。当前应摸清公社各级企业、事业的生产、经营、物质、成本、资金、工资、利润、折旧以及积累分配等情况，在此基础上积极帮助公社和所属单位编好收支预算和财务计划，加强计划管理，更好地促进生产及财务计划的完成和超额完成。

四、组织力量积极热情地投入运动，深入到第一线去，为各级党委当好参谋助手，当好运动的促进派。当前财务工作的活动要紧密围绕两个方面：一方面要"开源"，即帮助公社和企业、事业单位努力增加生产，降低成本，增加积累,特别要注意公社企业积极发挥支援农业的作用;另一方面要"节流",即加强经济核算,讲求经济效果,要节约一切可以节约的人力、物力、财力,特别要注意节约劳动力,支援农业;必须坚持"勤俭建国、勤俭办社、勤俭持家、勤俭办一切事业"的方针,必须把压缩集团购买力的精神贯彻到公社的基层单位,同时,在运动中应加强向党委请示汇报,及时反映情况和问题,以便促进运动的蓬勃开展。

　　以上指示,希望结合当地情况认真研究执行,并将情况和存在的问题随时告诉我们。现将北京市财政局、税务局关于大力开展城市人民公社财务工作的报告摘要转发给你们研究参考。

广西僮族自治区财政厅

一九六〇年九月十三日

福州市城市人民公社财务
管理试行办法(草案)＊

(一九六〇年十月二十日)

一、总　则

1. 公社财务管理工作应坚决贯彻"勤俭办社,勤俭办一切事业"的方针。根据"统一领导,分级管理,分别核算"的原则,试行"二级所有,二级核算",加强经济核算,厉行节约,发展生产,促进公社的不断巩固提高和发展。

2. 在公社党委统一领导下,设立财务组,配备专职财务干部,负责全社财务管理工作。同时受上一级财政部门业务的领导。大队也应配备专职人员,管理财务工作。

3. 公社财务管理的基本任务:

①贯彻执行国家的各项财政经济政策和法令,以及有关财务管理工作的规章制度。

②组织各单位及时上交国家财政收入任务和组织公社生产建设资金的积累。

③统一领导所属各单位的财务工作,大力推行经济核算。审查批准生产队和直属企业、事业、行政单位的财务计划和决算。

④编制和执行公社综合财务收支计划,办理决算。并汇编全社财务计划和决算。定期向社员代表大会和区人民委员会报告财务计划执行情况。

＊　原件现存于福州市档案馆。

⑤在国家计划领导下,根据公社的财力、物力、人力统一安排基本建设投资和集体福利事业费用。

⑥根据按劳分配原则,制定和审核所属单位的工资、供给标准。

⑦根据上级规定的各项财务管理办法,制定全公社具体实施细节和制度。

二、财务收支管理

1.国家财政与公社的关系,应根据"国不挤社,社不挤国"的原则,国家对公社应行拨款的开支,采取"核定支出,包干使用,节余留用"的办法;公社收支核算范围是:(1)收入部分包括:①国家预算拨款;②国家对公社专案拨款;③社办企业上缴利润收入;④农副业收入;⑤服务行业收入;⑥事业收入;⑦其他收入;⑧上一年结余收入。(2)支出部分包括:①生产投资;②基本建设投资;③文教卫生事业支出;④集体福利事业支出;⑤行政管理费支出;⑥社办企业亏损拨补;⑦流动资金拨款;⑧其他支出。

2.公社所属企业采取"独立核算,利润分成"的办法,大队所属企业可以核定收入任务。核定开支总额,实行"以收抵支,差额上交"的办法;对地方国营下放公社的企业根据"入而不归"的工厂,其利润上交仍按以上业务部门规定办理。

3.食堂、托儿所、幼儿园等集体福利事业的费用开支,原则上实行"自给自足,有节余的留用",不足的给予补助;敬老院采取"定额补助,节余留用"的办法。

三、计划管理

1.公社、大队及其所属企业、事业、行政等单位的财务收支,都应当实行计划管理。公社一级并应实行与编制综合财务收支计划,把国家在公社范围内一切财政收支和公社本身及其企、事业单位以及生产大队一级及其所属企、事业单位的收支,全面地、完整地综合汇编。

2.计划的编制,应在年度开始前,自上而下地下达指标,各级各单位根据指标规定,结合本单位具体情况自下而上地编造年度、季度分月计划;年度、季度、月份终了应编送年度决算、季度决算和月份报告,并逐级综合汇总上报。

3.公社直属企、事业单位收支计划和大队及其所属企、事业单位综合汇总计划应报经公社审查核定提出意见,并连同公社本身收支编出全公社综合财务计划,报送区人民委员会审查批准后据以执行。计划外支出,不得开支。如遇到特殊情况,确实需要调整时,必须办理追加手续,其审批权限:属于生产性开支,在50元范围内,应经公社社长批准;50元以上至100元,应经公社管理委员会审批通过;100元以上应报经区人民委员会批准。属于非生产性的支出,在5元至20元范围内须经公社社长批准;20元以上应报经区人民委员会批准。

4.公社安排基本建设支出时,应当考虑经济计划的需要和设备、原材料、劳力调配和资金的可能,经平衡后方得开支;凡属国家平衡设备、原材料的基本建设,必须报经区人民委员会审查汇总市建设委员会批准。非生产性的基建项目,在100元范围以下由公社批准,100元以上应报经区人民委员会批准。

5.公社各级核算单位的公共经费和几项主要开支,应按照统一规定开支标准执行。(另附件)

四、资金、财产管理

1.各级核算单位的生产资金、基本建设投资和福利资金应当严格划分管理,不得互相流用。

2.企业生产流动资金,公社应根据生产周转情况予以核定,其资金由公社自行解决。

3.库存现金超过定额部分,一律应存入银行,定额标准如下:

公社一级留存现金不得超过40元;

社办工厂留存现金不得超过 50 元；

大队一级留存现金不得超过 20 元；

队办工厂留存现金不得超过 40 元。

4. 在人民银行规定的现金核算额度以上的一切财务收支应实行非现金结算。

5. 企业的产品销售和物资的调拨、转让或赠予均须计价入账，实行钱货两清，不得赊售挂欠和以物易物。

6. 各单位的"预收应付款"和"预付应收款"应当经常检查，及时结算作正处理，不得长期挂账，造成积压或浪费资金。

7. 公社各级核算单位的财产、物资要有专人管理，建立责任制度，一切财产、物资的收进、领用、销售、调拨、报废均必须建立仓库管理制度。（另附规定）

8. 独立核算的企业，应当按照规定提取固定资产折旧基金上交公社或大队，农业企业的固定资产，除一些大型生产工具由公社规定提取折旧基金外，其余暂不提取。

9. 企业购入低值易耗品和固定资产修理费，其价值一般在不超出本期产品成本 5%范围以内采取一次摊销；超出 5%应按照"五五"摊销计入生产成本。

10. 公社对区属下放的工厂或车间，应将财产、资金列具清册，做账记载，听候统一研究偿还办法。

五、积累、分配

1. 公社（大队）企业利润收入，采取比例分成办法，具体分配比例是：企业利润应交国家所得税外，其余额应以 70%—80%上交公社（大队），以 20%—30%留厂作为生产基金与福利基金。

2. 公社、大队对企业上交的利润收入，除保证核定收支计划的正常行政、事业支出外，社一级应以 85%—90%投入工农业生产，其余用于集体福利事业;大队一级用于集体福利事业的比例,可扩大些。

3. 在一年内或较长时间,公社公共积累暂不上交区,大队亦不上交公社。

4. 社办工厂生产人员的工资标准,应低于地方国营同工种、同技术的工资水平10%—15%;社办工业的工资形式,应当实行计时工资加综合奖励制度,取消分成制,生产不够稳定的单位也应当尽可能地实行计时工资,如果不能实行月工资可实行日工资,有些年老体弱、身体有病或有实际困难只能参加分散生产的人员,在实行计时工资确实有困难时,可以保留计件工资形式,但必须在工资水平上加以控制。

5. 食堂、托儿所、幼儿园工作人员工资,一般可掌握在15—28元之间,由公社视各单位具体情况和工作繁简评定之。

6. 大队工作人员工资,应视大队生产情况而定,大队长工资一般应控制在15—20元之间,但兼职不得兼薪。

7. 公社企业应按税法规定上交工商各税,新办企业在1960年内所得税可以给予减征或免征的照顾。

六、附　则

1. 公社的企业和事业单位都应当成立有群众代表参加的财务管理委员会,财务监督小组等,除定期公布收支账目外,经常组织群众代表对财务工作审查监督实行民主管理,以不断提高财务管理水平。

2. 财务人员应当严守财政纪律,爱护社会主义财产,做好财务管理工作,正确处理资金的积累、分配和使用。

3. 财务人员应当奉公守法,与一切贪污、浪费等不良现象作斗争,在财务工作上有一定贡献者,可给予精神或物质的表扬或奖励,对工作不负责任,造成集体损失或贪污、盗窃、破坏公共财产等违法行为,应根据情节轻重,分别予以批评、教育或依法处理。

4. 各级核算单位的财务干部调离工作时,必须办理移交手续,经接收人接收清楚和本单位领导批准后,方得离职。

5.各区可根据本办法结合具体情况,制定本地区公社财务管理细则。

6.公社的会计制度另行规定。

7.本办法自公布之日起施行;以前所规定的《关于城市人民公社企业财务管理另行规定(草案)》同时废止。

市委城市人民公社领导小组办公室

一九六〇年十月二十日

中共南京市委关于建立市委
城市人民公社领导小组的通知*

（一九六○年十月二十七日）

各区委，各城市人民公社、分社党委，市委各部委，市人委各党组：

城市人民公社已经普遍建立，为了统一和加强对城市人民公社工作的领导，及时掌握有关这方面的工作情况，定期研究和部署这方面的工作，市委决定建立城市人民公社领导小组。领导小组由徐步、房震、周兆瑜、丁治安、朱刚、蔡光、王吉森等同志组成，徐步同志任组长，房震同志任副组长。办公地址设在市委办公厅。原街道工作领导小组撤销。

中国共产党南京市委员会

一九六○年十月二十七日

中共西安市委关于城市人民公社
整风整社的方案*

（一九六〇年十一月四日）

我市建立的十九个城市人民公社,经过五个多月的初步整顿和提高,已在各方面展示出巨大的优越性。全市共解放出劳动力八万九千多人,今年一月至九月社办工业的总产值共达八千多万元,并举办了大量的集体生活福利和服务事业,进一步提高了广大群众的集体主义思想和共产主义道德品质,有力地推动了我市建设事业的迅速发展和社会主义革命的继续深入,使我市在政治上和经济上都出现了新面貌。总的来看,发展很快,形势很好,成绩很大。但在发展过程中,也出现了一些新的问题,主要的是:有些党员和干部存在着较严重的官僚主义、本位主义、命令主义和浮夸作风;有些社办事业的领导力量薄弱,干部成分不纯,党团组织不够健全,党的核心领导作用发挥得不够;社办生产事业的发展有一定的盲目性,修理服务事业发展少了,生活福利事业质量不高,贯彻执行"四服务"方针不够全面,经营管理制度不健全。为了切实解决上述问题,进一步巩固提高城市人民公社,充分调动广大干部和社员群众积极性,深入开展以粮钢为中心的增产节约运动,保证全面完成生产计划,根据省委指示精神,市委决定在今冬对城市人民公社认真进行一次整社工作。

这次整风整社的方针是以社会主义、共产主义教育为纲,以整顿干部思想作风、纯洁干部队伍和通盘安排生产事业为重心,放手发动群众,进行全面整顿。通过整顿,要进一步加强对城市人民公社各项事业的绝对领导,提高干部政策水平,改进工作作风,使社办工业生产有计划地稳步地向前发

---

　　* 　原件现存于西安市档案馆。

展。具体要求是：

一、整顿党员和干部思想作风。在这次整风整社中，必须反对不了解实际情况、不愿做艰苦工作、敷衍塞责的官僚主义作风，树立深入基层、艰苦奋斗、认真负责的优良作风；反对只顾本单位和局部利益的本位主义思想，树立服从全局、保证重点的"一盘棋"思想；反对不相信群众、不讲求工作方法的强迫命令作风，树立依靠群众、遇事和群众商量的民主作风；反对追求形式、铺张浪费、弄虚作假的浮夸作风，树立实事求是、扎扎实实、勤俭节约的优良作风；反对投机取巧、套购物资、单纯追求利润的资本主义经营思想，树立为生产、为群众服务的社会主义经营思想；反对骄傲自满、闹无原则纠纷、患得患失、不安心公社工作的个人主义思想，树立谦虚谨慎、团结互助、不计较个人得失、全心全意为人民服务的共产主义思想。整顿思想作风的对象，主要是公社、分社（管理区）、生产队（居委会）的党员和干部，以及社办各项事业中的党员和负责人。对于揭发出的党员、干部思想作风方面的问题，应坚持进行正面教育，开展批评和自我检查；对个别错误严重、在群众中造成恶劣影响的党员、干部，则应进行重点批判，但批判的对象，必须报区委批准；对社办事业中的党员和群众一般不进行重点批判；对党员和干部进行组织处理时，必须坚持"惩前毖后，治病救人"的方针，注意保护他们的积极性；对于犯了错误而又愿意改正错误的人应批判从严、处理从宽；对于犯了错误经过教育而又毫不悔改的，或者是错误特别严重，给党的事业造成重大损失，在群众中造成极坏影响的，必须严肃地给以应有的纪律处分。

二、纯洁干部队伍，健全领导核心。这次整风整社运动要在已经全面审查基层干部政治历史问题的基础上，坚决地把混入干部队伍和社办事业要害部门中的一切坏分子，全部撤换或调出（具体处理办法，可按市委八月十日批转市委组织部、市城市人民公社工作委员会关于审查城市人民公社基层干部政治历史问题的意见办理）。对处理后的缺额，除从积极分子中培养提拔外，还可适当从机关、学校和工厂、企业等单位精简的人员中选调一部分，以加强领导，使城市人民公社的根子扎得更正、更深。对混入党内的投机分子、阶级异己分子、蜕化变质分子、严重违法乱纪分子，一经查清，必须坚决清除出党；对于政治衰退、丧失革命意志、经过教育而又不改正的，应给以纪律处分或开除党籍；由于觉悟不高，对三面红旗表示不满，或有严重抵触情绪的，应视情节轻重、悔改程度，分别予以批评教育或必要的党纪处分。同时，要认真调整和加强党的基层组织，改选支部，明确各类支部的任务和活动方法，健全党的领导核心和各种工作制度，实行党对社办事业的全面领导，充分发挥基层组织的战斗堡垒作用。在整党后期，应按照积极慎重的建党方针，把在公社化和整风运动中，经过考验、合乎党员标准的优秀分子接收入党，以壮大党的力量。

三、全面安排社办生产事业。根据缩短战线、集中力量、夺粮保钢的精神，各公社应结合紧缩城市人口和生产事业单位的原材料供应、生产方向等具体情况，及时从组织上进行合理调整。有些生产单位，在部分社员返乡支援农业生产，或使用国营工业已感不足的原材料和设备的，可以缩减、合并或停办，并要及时调整劳动组织，挖掘劳动潜力，大力发展小商品、原材料和副食品生产，多发展拆洗、缝补、零星修理等服务性行业。在调整和发展社办工业时，既要加强统一领导，又要充分注意发挥社办工业规模小、行业多、机动灵活，便于适应各方面需要的长处，每个社办工厂都要实行六定，即：定品种、定出厂价格、定机构人员（尽量不设或少设专职脱产管理人员）、定公积金、定工资福利、定管理经营和财务制度。各公社还要主动解决各社办生产事业的原材料问题。解决原材料一方面必须坚持自力更生、自找门路的办法；另一方面，领导上要大力挖掘和合理调剂大工厂的边角废料和城市的废旧物资，积极组织社办工业与国营工厂、商业、农业等单位互相挂钩，签订合同，固定供销和协作关系，使社办工业生产在供产销方面基本上得到保证，并逐步纳入国家计划。调整部分过高的不合理的工资待遇，逐步改革计件工资为计时工资，取消分成制。

四、整顿提高集体生活福利事业。公共食堂应以参加生产劳动的社员及其家属为主要对象，伙食标准应从基本群众现有生活水平和生产的实际情况出发，有高有低，口粮标准应合理从低。必须加强食堂民主管理，千方百计节约粮食，使社员吃饱吃好；幼托事业必须适应当前家属返乡后，托儿大量增加的新情况，大力挖掘现有幼托单位潜力，尽量扩大容量，认真提高保教质量和工作效率，适当降低收费标准；服务站应尽量扩大服务项目，改进服务方法，提高服务质量，多方便利群众，有些地区还应适当增设服务站或服务点，逐步实现服务网点化。

五、在整社运动中,还必须对小商小贩、个体手工业者及其他独立劳动者,进行彻底改造。这次整风整社的方法步骤:

从全市十一月中旬开始到明年第一季度结束,预计三个月左右时间。但各公社可根据实际情况,在做好工作的前提下缩短时间。先整顿干部思想作风,后整顿生产、生活福利事业,结合整风整社进行整党整团。大体上可分为三个阶段:第一阶段,从十一月中旬开始至十一月底,主要是做建立机构,抽调、训练干部,制定计划,市上进行试点等准备工作。第二阶段,从十二月上旬开始,大体以一个多月时间,掀起整风整社高潮。开始时,先党内后党外,先干部后群众进行学习和动员。学习文件主要是党的八届六中全会关于人民公社若干问题的决议、中央批转全总党组关于整顿和巩固城市人民公社问题的报告、中央批转全总党组关于城市人民公社工业的工资情况和今后意见的报告、中央批转湖北省委和福建省委两个文件的重要指示和中共陕西省委批转李启明同志关于建立城市人民公社问题的意见。为了一竿子插到底地向干部讲清政策和整社方法,市委拟于十二月初召开全市城市人民公社干部会议作动员报告,各县、区可召开公社四级干部会议,以贯彻执行党的方针政策为中心,深入地检查干部思想作风,采取放手发动群众、由上而下、由下而上、上下结合"两头挤"的方法,开展大鸣、大放、大字报、大辩论,揭发问题,帮助干部提高思想,改进作风,在整顿干部作风和社办事业的同时,并要向广大社员进行两个阶级、两条道路斗争的教育,从而使他们更加热爱公社、热爱集体,明确城市支援农业的重大意义,树立艰苦奋斗、勤俭办社、勤俭持家、勤俭办一切事业的精神,以提高社员群众的政治觉悟。具体宣传工作和宣传提纲,由各级党委宣传部负责。整顿干部作风基本结束后,各县、区,各公社、分社应组织一批干部,立即进行整顿社办生产和生活福利事业。党、团组织也应根据在整风中所暴露出的有关党、团员的问题,再在党、团内进行必要的批判和组织处理。第三阶段,以半个月左右的时间,做好思想建设和组织建设工作,调整党、团组织机构,健全领导核心,处理整风整社的遗留问题,总结工作经验。每个阶段必须突出重点,三个阶段必须密切结合,穿插进行,不要截然分开。关于对小商小贩和个体劳动者的改造工作,应在整社过程中结合进行。

这次整风整社,对巩固提高城市人民公社,有极其重要的意义,各县、区委、各公社党委必须认真讨论,做出具体安排,第一书记要亲自挂帅,其他书记和有关部门也要参与领导这一工作,并抽调一批政治可靠、能掌握政策的领导骨干和一般干部进行具体工作。各县、区委可以原来的城市公社办公室为基础,成立整风整社办公室,各公社党委应成立整风整社领导小组,负责领导具体工作。

在这次整风整社运动中,还必须注意以下几个问题:

(1)整风范围只限于城市公社各级组织和公社所领导的各项事业单位,不包括机关、学校内的社办事业单位。

(2)必须贯彻党的阶级路线,要坚决依靠工人阶级,团结其他劳动群众,教育改造资产阶级分子,孤立和狠狠打击一切坏分子和反革命分子。

(3)在这次的整社中,如果有些资产阶级、资产阶级知识分子和他们的家属提出退社和不愿参加时,可允许其退社或不参加社办事业。

(4)在整风整社运动中还必须贯彻群众路线,充分发扬民主,开展批评与自我批评,启发群众说心里话,真正做到"知无不言,言无不尽"。公社各级干部都必须虚心听取群众的批评和意见,坚决制止任何打击报复行为。

(5)整风整社自始至终都必须密切结合生产进行,要贯彻边整边改的原则,及时总结经验,表扬好人好事,大插红旗,大树标兵,广泛深入地开展增产节约竞赛活动,推动生产持续跃进。

一九六〇年十一月四日

中共沈阳市委批转市委城市人民公社工作领导小组办公室关于城市人民公社集体福利生活服务事业过冬准备工作的检查报告*

（一九六〇年十一月十五日）

各区委,城市公社党委,市委各部委,市人委有关局党组:

市委同意城市人民公社工作领导小组办公室《关于城市人民公社集体福利生活服务事业过冬准备工作的检查报告》,现在转发给你们,望认真贯彻执行。

为安排好人民生活,各级党组织都要加强领导,统一规划,政治挂帅,发动群众,全面安排,组织力量,认真地抓,积极地抓,克服各种困难,做出显著成绩,把城市人民经济生活组织好。

中共沈阳市委员会

一九六〇年十一月十五日

附:关于城市人民公社集体福利生活服务事业过冬准备工作的检查报告

（一九六〇年十一月八日）

市委:

我们为了理解省委对城市人民公社集体福利、生活服务事业的过冬准备

---

* 原件现存于沈阳市档案馆。

工作的检查和做好这方面的工作,于十月十七日到二十一日,组织七个区互相之间,对社办公食堂、托儿所、幼儿园、服务站的过冬准备工作进行了一次重点检查。现在将检查发现的情况和我们的意见报告如下:

今年以来,特别是全市实现城市人民公社化以来,随着生产的大发展,社办集体营利、生活服务事业也有了很大的发展。到 10 月底为止,全市共有公共食堂 4631 个,就餐人数 1394000 多人,占全市人口的 56.34%,其中,社办食堂 2237 个,就餐人数 587000 多人,比去年年末增加了二十倍。新建主食加工厂 127 处,配菜站 59 处;全市共有托儿所、幼儿园 4880 个,入托儿童 285000 多名,占学龄前儿童总数的 49.04%。其中社办园所 2858 处,收托儿童 156000 多名,比去年年末增加了两倍多;全市共有拆洗缝补服务站、点 1692 个;组织了城市居民生活集体化程度较高的大院 1900 多个。这些事业对进一步安排好人民生活,解放劳动生产力,发展生产,促进家务劳动社会化,巩固和提高城市人民公社等方面都起了很大的作用。由于市委从第二次城市公社工作会议以来,会议再次发出了关于调整、巩固、提高社办生活福利事业(包括过冬准备工作)的指示。市、区各有关部门和各基层公社根据上述指示,采取了许多措施。因而这些事业得到了不断的巩固和提高,过冬的准备工作基本就绪。全市各公社在第三季度以来,共解决了房屋一万来间;修建暖风炉2800 多个,拆洗冬服 470 多万件。与此同时,也出现了不少新的经验。例如在食堂方面,出现了"定人,定点,定餐"和"定餐,定量,定价"等新的管理方法。有些主食加工厂掌握了由煤气中提炼焦油,由蒸汽中回收蒸馏水等新技术;在保教事业方面,出现了保健人员做到十全,赛妈妈、赛医护、赛老师的带好、教好孩子们的经验;在服务方面,出现了拆、洗、缝、补、杂、弹、做,点站结合,合理分工,服务工作一条龙,一客不走二家,方便群众的经验。这对进一步办好福利事业有着很大的作用。

在检查当中也发现了一些问题。这集中地反映在就餐人数和收托儿童数下降的问题上。目前全市食堂的就餐人数,比去年六月末下降了二十四万八千人,托儿组织人托儿童下降七万四千人。下降数主要是社办食堂和院所,而工厂、企业、机关、学校办的食堂和院所,就是入托人数还有所上升。严冬下降一些,是难免的,但工作做的不好,下降过多,也是不应该的。据统计,到目前为止，各公社还有 2000 来间食堂、托儿所的房子不能过冬；据铁西、皇姑、苏家屯、沈河、大东等五个区，有 1376 个公社的生活福利事业单位没有采暖设备。有些单位虽然修了暖风扇，但也未进行试验；据和平区对 64 个福利事业单位的检查，只有 30% 的单位打了煤坯。其中有的数量还很少。这些问题，若不采取紧急措施，就餐、入托人数还将继续下降。必须引起各党组织的足够重视。

就餐、入托人数所以下降，首先，是由于社办福利事业是白手起家、因陋就简办起来的，房屋简陋（甚至有些托儿所是"两用房"和"门洞里，树影下"，"晴天乐"式的儿童游戏队），设备不全，若用较短的时间解决所有房屋、设备问题，确有一定困难；加上今年下半年有些儿童由幼儿园升入小学。其次，是过去统计工作的口径不一致，有些是虚数。以上两方面，是就餐率和儿童入托率下降的主要原因。此外：

一、有些公社的领导干部和福利事业工作人员，对当前的大好形势认识不足，对办好集体福利事业、全面安排好群众生活的重大意义领会的不深；忽视做好生活福利事业的过冬准备工作的必要性和艰巨性，盲目乐观，满足现状；认为房子的潜力已经掘尽，新建房屋和增添设备又无原材料，强调困难，畏缩不前；有的忽视群众的力量，不积极依靠群众，想法设法，创造条件；有的在解决房子、设备问题上贪大求洋，追求正果，致使问题解决的不及时；有的把整顿、巩固、提高的方针误认为"收缩"，因而采取"并点"的方法"解决过冬问题"；有的在工作作风上追求形式，不讲实际效果。甚至为了应付参观，雕龙画凤，粉刷墙壁，装饰门面，购置电视机、沙发等高级商品，造成浪费；重视典型（是对的），忽视一般，致使先进经验不能及时推广，后进单位长期停滞不前。提出的一般号召多，深入实际调查研究少，工作布置多，采取的有效措施少，因而工作效率不高；炊事、保教和服务人员的队伍不纯；有些服务人员还不安于现职工作。这不仅严重地影响了福利事业过冬准备工作的迅速进行，而且也影响了生活福利和服务事业的发展、巩固和提高，使修配服务和短途运输等与群众生活密切相关的事业，人员不足，满足不了需要。

二、管理制度不健全，服务（工作）质量不高。很多福利事业单位，没有组织群众参加管理和监督。有些单位虽组织了民主管理委员会，但没有切实地发挥作用。很多单位的财务工作混乱,经常丢粮差账,有的克扣儿童伙食甚至贪污盗窃。食堂的就餐人员不固定,没有很好地实行计划用粮和节约用粮。粮食食用增量法推行的不经常、不普遍。服务站的拆、洗、缝、补、弹、染、做一条龙的服务经验没有普遍的推行;网、点布局不合理。特别是拆旧翻新和零星修理的人员少,工作效率低,不能适应需要。保教事业方面,对孩子的教养方法简单,对儿童慢性病和冬季多发病的防治工作不够有力,影响了德、智、体育的全面发展。

三、市、区有关业务部门对福利、服务事业的领导虽然做了许多工作,取得了不少成绩。但是,不少单位的工作上不够有力。因此,有的区和公社反映,各有关部门在实行归口管理后,除卫生局、服务局的工作比较主动外,多数单位对社办各项事业的领导不够。对社办生活福利事业过冬急需的物资没有及时进行具体安排。有些单位根据城市公社化了的新形势,更好地安排工作不够。如在秋菜分配上,绝大部分按人分配到户,由于食堂蔬菜不足,影响就餐人数下降。这些问题如不解决,将严重地影响食堂、托儿所的巩固。

另外,这些问题与我们对这方面的工作抓的不深、不细,对贯彻市委的指示和督促有关部门做好公社工作不够,也是有关的。

为了进一步调动广大群众的革命热情,根据中央和省、市委关于全党抓生活的指示精神,我们建议,市、区各有关部门和公社的各级党组织,集中主要精力,全面地把人民群众的生活安排好。当前的主要任务是:大力办好公共食堂,千方百计地保证社办各项福利和服务事业温暖过冬,一个不垮,一个不散,力争把现有的就餐、入托人数稳定下来。积极调整社办各项企业、事业,大力发展生活服务和短途运输事业。与此同时,不断地加强管理,提高工作效率和服务质量,更好地为政治、为生产、为群众生活服务。

一、加强政治思想工作,鼓足干劲,克服畏难情绪。各公社党组织,必须教育广大干部明确地认识到办好福利、服务事业,全面安排好人民生活,是保卫党的三面红旗,进一步巩固提高城市人民公社的重大政治任务。克服和防止某些忽视群众生活的偏向。当前搞好人民生活,首先要充分地发动群众和依靠群众,鼓足革命干劲,正视困难,克服困难,千方百计地组织好过冬准备工作。要进一步贯彻"自力更生,艰苦奋斗、勤俭办社、勤俭办一切事业"的方针,防止出现"贪大求洋"和铺张浪费的现象。与此同时,要向广大职工和社会居民群众进行宣传教育工作,使他们认识到当前的大好形势和面临的暂时性困难,进一步发扬艰苦奋斗的精神,自力更生,发奋图强。

二、积极发展群众生活急需的社办各项事业。结合整顿社办企业、事业,调整出一批劳动力,充实到生活服务和短途运输方面来。大力发展修理自行车、木器、竹器、薄铁、门窗户壁、鞋、刀剪、钟表以及拆旧翻新、浆洗缝补等群众急需的服务事业,保证群众及时地穿上棉衣和修好生活用品。积极扩大短途运输人员队伍,增加车辆,更好地完成"五包、一援"的运输任务。为了加强领导,必须相应地改进管理体制。市交通局应设专门管理社办运输事业的组织。各公社应加强对服务和运输事业的领导,充实领导力量,并按业务性质把服务事业编成条"辫子",组成若干个专业性的服务对(点),以便更好地开展工作。

为了全面组织好人民生活,必须大力发展为市场和人民生活需要的小商品生产,把生产和生活相结合起来。

三、进一步加强管理工作。必须加强民主管理,建立和健全民主管理委员会,广泛地听取群众意见,接受群众监督,把各项事业切实办好。各单位还要建立和健全采买、验收、保管、领取等制度,加强财务管理和经济核算,杜绝各种漏洞发生。不断地提高炊事、保教和服务人员的工作效率,实行定员、定额,精简多余人员,节约开支。各公共食堂都要本着"积极办好,自愿参加"和大集体,小自由相结合的原则,根据群众生活的需要,逐步地实行"全月入伙、定点吃饭"的办法,把绝大多数就餐人员固定下来。要大力推广"优先全伙,保证定餐,照顾特需,安排一般"的经验。实行计划用粮、节约用粮,做好干稀调剂,粮菜混吃,实行按人定量、按量下米,凭票吃饭。坚决推行粮食增量法,做到原粮足斤足两,增量增给群众。并积极生产一些代食品,如淀粉、小球藻、蘑菇等。为了办好食堂,必须选择那些品质好、作风好、成分好、办事公平的人担任管理员和炊事员。在保教事业方面,要积极推行"三浴锻炼"(要防止冬季室外浴,使孩子感冒),提高保教工作质量。加强疫病防治和卫生工作,防止各种慢性病和小儿冬季疫病的发生和蔓延。在服务事业方面,根据群众需要,本着方便群众、便于管理的原则,合理调整网、点布局,端正经营思想,合理收费,改进服务方法,大力培养技术力量,更好地方便群众。

四、大搞群众运动。为了适应社办生活福利、服务事业过冬的急需,要积极采取"调""挤""修"等方法解决房屋不足问题(有条件的也可以新建);发动群众,解决取暖设备,储备冬季燃料。为了提高服务质量,还必须广泛地开展群众性的各项事业的升级竞赛运动。在食堂方面,要大搞粮食增量、烹调技术、成本核算、方便群众、卫生工作的竞赛,使群众吃的饱、吃的好、吃的省、吃的方便、吃的卫生;在托儿所方面,深入开展保教人员赛妈妈、赛医护、赛老师的"三赛"运动,把孩子带好、教好。在拆旧翻新和修配服务事业中,大力开展多、快、好、省的竞赛,保证群众及时穿上棉衣和修配生活用品的需要,修好生活用品。通过竞赛,使各项生活福利事业在现有的基础上,不断地增加一类,减少二类,消灭三类单位,做到普遍升级,全面提高。为了促进竞赛运动的深入开展,市有关部门应在十一月间进行一次大检查、大评比,交流经验,解决问题。

五、进一步贯彻集中统一领导和归口管理相结合的原则,各区、公社党委必须拿出主要精力组成一条强有力的战线,大抓生活,把安排好人民生活作为当前的中心工作。公社党委书记和社长,都要深入基层,深入群众,大搞"试验田",做到"政治到食堂、干部下伙房",树立典型,总结经验,全面推广。要积极改进工作方法,工作作风。踏踏实实,实事求是。要求做到点、面结合,凡行之有效的典型经验,必须立即全面推行,使之大面积丰收。各项统计工作都要核实准确。安排好群众生活,要认真贯彻劳逸结合制度,除每周休息一天之外,还可以实行每月放几个半天假的办法,让社员处理个人生活问题。与此同时,还必须加强各业务主管部门的归口管理工作。市、区各有关部门,应把领导社办生活福利事业工作列到主要工作日程上来,切实地领导好。对社办生活福利事业单位的领导,主要是实行统一规划,合理安排,进行有关业务工作的领导;组织先进经验和先进技术的推广;开展专门性的调查研究工作,经常检查主管业务方面存在的问题,及时帮助解决实际问题和困难,不要等出了问题之后再去解决,以免工作被动。目前,粮食部门应把整顿粮食销量和整顿食堂的工作结合起来;物资、商业、服务部门应对公社各项事业过冬急需的炉筒子、暖风炉炉芯子、送风管、修理门窗用的玻璃以及修理、服务行业用的原料和采暖用煤、劈柴等,都应妥善安排,适当解决,对于当前急需的采暖用具,要于十一月末以前妥善解决。市社办工业局和各区工业局,应根据市场需要,做好小商品生产的安排工作。积极支援城市人民公社这一新生事物的不断巩固、提高和发展壮大。

除此以外,我们也立即深入检查社办福利事业、加强对生活福利事业和服务事业的推导,推动社办福利、服务事业迅速巩固和提高。

以上报告当否? 请批示。

中共沈阳市委城市人民公社工作领导小组办公室

一九六〇年十一月八日

（宁夏区财政厅）关于试行
城市人民公社企业征税规定的通知*

（一九六〇年十一月二十日）

根据各地反映,目前城市人民公社企业征税办法很不一致,为了适应社办企业的需要,急需有一个统一的征税规定,兹根据国务院财贸办公室批转财政部《关于城市人民公社企业征税问题的意见》,结合我区具体情况,初步草拟了一个《关于城市人民公社企业征税问题的规定》。为使这个规定更完备和切合实际起见,先印发有关市、县试行一个短的时期,并带有征求意见性质。在试行中,你们感觉有无不妥之处,随时以书面告知我厅,以便进行修正,然后再报请自治区人民委员会审批,颁发施行,作为正式文件。

财政厅

一九六〇年十一月二十日

附：关于城市人民公社企业
征税问题的规定（试行）

（一九六〇年十一月）

根据国务院财贸办公室 1960 年 7 月 26 日财贸念字第 168 号批转财政部关于城市人民公社企业征税问题的意见,结合我区具体情况,暂作如下规定：

---

* 原件现存于宁夏回族自治区档案馆。

（一）关于征免工商统一税的问题

1. 公社所属企业（包括公社、分社、管理区、大队、街道、厂矿以及机关、团体为主兴办的公社企业，下同）的产品销售收入、加工业务收入、修理修配、商品零售、搬运装卸、交通运输业务收入以及建筑安装业务收入，都应当照章交纳工商统一税。

2. 公社兴办的事业及服务性业务收入，按下列规定处理：

（1）饮食、旅店等服务业的收入，应当照章交纳工商统一税。

（2）理发、浴室如系原来纳税的单位，下放或移交给公社后，仍应继续纳税，公社兴办的可给予一年期限的免税照顾。

厂矿企业、机关、团体办的理发、浴室如不对外营业，可免纳工商统一税。

（3）茶水站、拆洗缝补组、清洁队等的收入，各项代办业务（如代购面粉、煤炭、代写书信等）的收入和为商业部门代购代销所得的手续费收入等，暂免纳工商统一税。

（4）学校、托儿所、幼儿园、医疗单位所得的收入及其为居民和职工服务的公共食堂的收入，均不征工商统一税。

（二）关于征免所得税的问题

1. 公社在1960年以前自办或由国家下放给公社的企业，凡是成立时间已满一年的，其所得税不论过去已经征收或者应征未征的，原则上都应当征收。

2. 对于公社所办的企业（包括未满一年的企业）及需要特别奖励的产品，从建厂和生产之日起，给予一年（12个月）的减半征收所得税的照顾；对于虽满一年的新企业，考虑其家底薄弱，其产品又需特别奖励和照顾的，还可给予减税照顾。

3. 对过去已经征收所得税的企业和新办免税一年以及实行减半征收的企业合并后，可从合并之日起，原则上不再给予减半征收照顾。

4. 所得税的税率，由累进税率改为比例税率，即不论所得额的多少，一律按25%的税率征收。对公社所属企业的所得税，暂不实行加成征收的办法。

5. 公社办的集体福利事业，如食堂、托儿所、幼儿园（院）、学校、医疗单位以及为群众服务的茶水站、拆洗缝补和各项代办服务单位可不征所得税。

如上述各项代办业务和纳税单位同属一个核算单位，其收入等又无法划分的，应按纳税单位的纳税规定办理。

（三）关于征免地方各税的问题

公社企业应交纳的地方各税应按照现行税法及有关规定办理。

（四）其他问题

1. 公社所属各纳税单位，在交纳工商统一税和所得税的同时，应按照所纳税款的1%交纳地方自筹收入。

2. 所属企业，均以独立核算的单位为纳税单位。

3. 公社所属企业的纳税起征点，可暂按现行税法及有关规定执行。

4. 如个别企业纳税确有困难的，各县市人民委员会可根据具体情况，提出意见，报财政厅批准后，给予一定期限的减税或免税照顾。

5. 本规定系临时试行性质，如有不妥之处，请报财政厅研究修改。

6. 本规定于下达之日起试行。

宁夏回族自治区财政厅

一九六○年十一月

（沈阳）本市城市人民公社
福利事业发展情况*

（一九六〇年十一月二十五日）

一

本市城市公社经过二年来的努力，越办越好。已经走上了健全发展的轨道。特别表现在各项福利事业，经过一系列的整顿、巩固、提高工作，已经成为支援生产建设和广大居民幸福生活的可靠保证，取得很大的成绩：

（一）公共食堂巩固了。截至十月末，市均有公共食堂 3874 处，就餐人数135 万人，占人口总数的五分之二左右。其中公社及大院办的食堂有 2407间，就餐人数达 68 万，平均每间食堂吃饭人数有 284 人。

第三季度以来，民办食堂积极准备过冬，进行了切实的整顿，对原有房屋太小的，或借用居民住屋为临时二用食堂的，或防寒设备太差的，经过筹建或挖潜，一律转变为专用食堂，从而使所有食堂均合乎过冬要求。如和平区云集街公社原有院办食堂三十七处，其中二用食堂有八处，经过整顿合并现在是二十七处，每月食堂有三间房，原来与居民借用的二用食堂没有了，大都每二个大院有一个像样的食堂。

在采暖设备方面，民办食堂大都装置了暖风炉、火炉或火墙。如北市人民公社现有五十二个食堂中，已建暖风炉、火炉的有三十六个，已建火墙、火炕的有十二个，有一个还通了暖气，烧煤问题大都也作了储备。

＊ 原件现存于沈阳市档案馆。

根据市委指示,各公社对食堂工作人员作了全面审查,清除了五类分子家属及不可靠分子,增加了党团员的比重。十月末食堂工作人员有 15917 名;至 10 月末经调整为 12552 名,其中党团员 431 名。

经过上述各项措施,民办食堂稳固了,不仅广大居民乐于参加,有不少国营企业职工也就近到民办食堂用餐。说明公共食堂在促进生产方面,将越来越起到更大的作用。

(二)托儿所、幼儿园进一步发展了。市内现有托儿所 280 个,幼儿园 1754 个,实收儿童十八万五千名。除了机关及国营企业办的以外,民办托儿所 1883 个,幼儿园 1331 个,共收容儿童十七万五千名。

为了解决园所用房问题,自今年六月至十月各公社新占房屋二万三千平方米,扩张一万平方米。通过挖掘潜力,腾让出托儿所用房七千八百间,幼儿园用房五千五百间。

为了培养保教人员,各公社曾先后搞了六百多次的培训工作。经过短期训练的保育员有八千名,教养员三千四百名。经过业余训练的保教人员也有五千六百余名,共计有 1 万 7 千余名。

公社对园所单位的采暖问题最为关心,红旗公社最近分配到炉筒 4 千节,万泉公社分配到 1 千 6 百余节,首先满足托儿所、幼儿园的需要。各公社也协助园所修了很多暖风炉、火墙等。

目前幼儿麻疹流行,但在托儿所、幼儿园孩童的发病率还是比较低的。如红旗公社现有麻疹患儿 147 名,在托儿所儿童患麻疹的仅有 9 名,一般托儿所现在尚未发现麻疹。

(三)生活服务站加强了,市内现有 236 个服务站,2189 个服务点,工作人员达到 1 千 6 百多人。其中生活服务员 6 千 6 百名。服务点及生活服务员近年来是逐月增加发展的。7 月份时全市服务点是 1789 个,这几个月来又增加了四百个点,生活服务员增加了一千余名。

(四)拆旧翻新、缝纫洗补业务开展了。各公社及大院现有缝纫补洗组(店)828 个,拥有五千三百余名工作人员。十月末与七月相比,增加了一百二十个组,工作人员增加一千七百多人。目前重点是拆旧翻新帮助居民做棉衣。有的公社抽调被服厂工人充实到居民缝纫组织中去,使拆旧翻新、暖和市场供应起到更有效的作用。

（五）其他各项福利、服务事业也逐步开展，如：

医疗卫生事业，市内各公社所属医疗机构有 784 处，其中医院 35 个，医疗保健站 325 个，共拥有医务工作人员六千三百余人，每个月可为居民治疗 40 万人次。

公社办的旅馆现有 26 个，可容 1 万 4 千人住宿。

公社、大院办的理发馆有 279 个，工作人员 1534 人，每月可为 40 万居民理发服务。

二

据最近了解，还有若干个别问题，这是发展过程中暂时的和局部的缺点，但也需要进一步研究改进的。

（一）公共食堂还没有普遍推行粮食增量法。目前有的食堂增量搞得挺好，有的则未注意这问题。皇姑区委最近正在抓这项工作，该区三洞桥公社二管区第九大院有个三八食堂成立以来一贯搞增量法。他们使每斤籼米都做出四斤八两饭，每斤高粱米可出三斤四两饭，其他各种米面也都能够增量。这样做的结果，使每个就餐者吃饱、吃好，非常满意。因而不少群众主动交出粮证，宽心地消除了压缩粮食定量后能否吃饱的顾虑。附近老年居民争相称誉，说是"咱们的食堂办得好，一天八两粮吃得满饱"，可见使全市公共食堂全面推行增量法，对配合整顿定量保证居民吃好，有极重要的现实意义。

（二）某些单位对民办食堂有力的、热情的支持不够。不少街道食堂是在群众献砖献料、群众自己动手兴建起来的，但自建成以来一直没有装上电灯。如云集街公社二管理区兴建的四个食堂，多次向电业局申请，四个月来仍未安装。做晚饭时群众只得摸黑用餐，非常不便。煤炭运输方面对民办食堂也应照顾，该公社有二管理区一共八个食堂。其中三个食堂由于没有烧煤，在十六日前后该校停伙了三天。原来商店卖给的煤票需要到沙山自行装运，这对食堂中的妇女职工是很艰巨的任务。

公共食堂烧菜普遍感到不够,商业部门分配给食堂有的区每月30斤,有的只有20斤,用了十来天就没有了。很多大院食堂缺少吹风机,做饭费时费力,希望公社或国营工厂等单位支援解决。

(三)公共食堂没有普通储菜,有的储了菜也不足。万泉公社民办食堂都没有储菜,由于对产量估量偏高,先分配居民以后,食堂就无菜可储了。三洞桥公社的大院食堂现在依然是每天向蔬菜站领菜。华山公社储菜没有分配到食堂,因而有的食堂仅卖主食品。云集街公社二管理区八个食堂,原分配应储菜八万吨,但拉回来过秤时实际只有三万吨,因而储菜计划未达到半数。

(四)托儿所、幼儿园发展的不平衡。红旗公社等大部分园所卫生好,屋内整齐美观有秩序,儿童吃饭、休息、上课等均有生活制度。而有一部分园、所则不够好,有的园、所玻璃还未装配好,也有缺炉筒、炉子,有的新修暖风炉温度不够,有的不太讲卫生,如北市电器厂小班托儿所25个孩子,只有四条毛巾,屋内零乱,炉子未用安全栅栏。西塔综合厂第三托儿所中有30名孩童,半数生了疮。另有个别托儿所儿童身上有虱子。保洁人员调动频繁,因而业务不熟悉,全市现有托儿所、幼儿园的工作人员有二万六千名,虽曾多次培训,由于调动多,目前仍有一部分保育员是新参加工作的,因而业务不熟悉,卫生不讲究,保教质量比较低。

(五)商业代销点应进一步发挥合理分配商品的积极作用。现有商业代销点1351处,分布在城市公社的互助大院内,今年下半年来网点减少六百多所,有的大院代销点已经撤销。所有代销点经营品种越来越多。有的代销点缺少专职人员。虽然目前某些商品货源不足,但对市场供应充足,商品如水果罐头、酱油、盐、醋。定量供应的苹果、鱼等也不积极经营,这些需要进一步加强领导,发挥他们接近群众、合理分配、方便居民的作用。

沈阳市统计局

一九六〇年十一月二十五日

（宁夏区财政厅）关于城市人民公社企业交纳所得税的通知*

（一九六〇年十二月十四日）

自治区财政厅 11 月 21 日曾以 60 财税储字第 391 号一文附发关于城市人民公社企业征税试行规定,已通知各有关专、县、市人民委员会并抄送有关市、县局试行在案。为便于统一执行起见,现就公社企业交纳所得税的问题,另再补充规定如下:

1. 根据试行办法第二条第二项的规定,凡新办期满一年或一年以上的企业,其经营情况较好,积累较多的,可按 1960 年全年所得额计征所得税。

2. 对在 1960 年内中途新办的企业,根据试行办法规定,应予免税照顾的,仍继续给予一定的免税照顾。

3. 自试行办法下达之日起,凡属免税期限已满和不需要再免税照顾的企业,可从 1960 年第四季度起计征所得税。

希即研究办理。

宁夏回族自治区财政厅

一九六〇年十二月十四日

---

* 原件现存于宁夏回族自治区档案馆。

（宁夏区财政厅）关于城市公社企业交纳所得税的问题的请示报告[*]

（一九六〇年十二月十四日）

储厅长：

关于城市人民公社所属企业交纳所得税的问题，根据城市人民公社试行纳税办法的规定，为了更有利于促进公社所属企业的发展，对新办企业给予了一年的免税照顾。但是自试行办法下达以后，大部分新办企业的免税照顾业已期满，经营范围日渐扩大，积累日益增多。特别是对部分早在1958年和1959年新办的企业，其积累资金，除部分已用于扩大生产外，所剩纯利竟在数万元以上（如吴忠市吴忠公社所属综合厂）。但按试行办法规定，自规定下达之日起试行。至于所得税如何征收，因涉及年度问题，为便于统一执行起见，尚有明确之必要，经我们研究：

1. 根据所得税的征收规定，各地在征收方法上不尽一致，有按季和按半年征收两种情况。但均系估征性质。年度必须以征收的年度决算为准，进行汇算清交，有所得就征，无所得就不征。对经营亏损户不同必须根据汇算结果退还原估征税款。根据试行办法第二条第二项规定：公社在1960年以前自办或由国家下放给公社的企业，凡是成立时间已满一年的，其所得税不论过去已经征收或者应征未征的，原则上都应当征收。因此，我们意见：凡新办期满一年和一年以上的企业，其经营情况较好，积累较多的，可按1960年全年所得计征所得税。

2. 对在1960年中途新办的企业，根据试行办法规定，应予免税照顾的，仍

---

* 原件现存于宁夏回族自治区档案馆。

继续给予一定期限的免税照顾。

3. 自试行办法下达之日起，凡属免税期限已满和不需再予免税照顾的企业，可从 1960 年第四季度起计征所得税。

以上所提三种情况，我们提出三种办理意见。当否，请核示。

税务局　李承英

一九六〇年十二月十四日

储厅长批示：同意你们意见，可以局的名义即时下达。

一九六〇年十二月十四日下午

中共合肥市委批转市委财贸部"关于城市人民公社财贸机构设置意见的报告"*

（一九六一年一月二十四日）

市委同意市委财贸部"关于城市人民公社财贸机构设置意见的报告"，希即研究执行。

自大跃进以来，工业生产飞跃发展，城市人口猛增，人民公社化后，广大职工家属和街道居民已从生产上、生活上组织起来，原有财贸机构已不能适应新形势的要求。因此，建立和健全基层财贸机构，对于进一步地支持工农业生产的发展，组织人民经济生活，有其重要意义。

人民公社的财贸部门是人民公社的组成部分，同时又是国家财贸部门的基层单位，必须在公社党委统一领导下，认真贯彻执行党和国家的方针、政策及各项规定，保证财贸工作任务的完成，按照国家计划做好收购和供应工作，依靠群众，不断改进供应方法，合理分配商品，便利群众，并与有关方面密切配合，组织好人民经济生活和社会服务事业，坚决贯彻勤俭办社、勤俭办企业的方针，加强财务管理，合理使用资金，增加积累，发展生产。

国营企业（包括合营以及现在的分社综合商店）下放给公社后，其性质仍属全民所有，经济体制不变。在下放步骤上，应在不影响业务的原则下，逐步下放。下放企业的营业和服务人员，不得随便调动，个别必须调整的应报经市

---

* 原件现存于合肥市档案馆。

中共合肥市委批转市委财贸部"关于城市人民公社财贸机构设置意见的报告"

委财贸部同意。

中共合肥市委员会
一九六一年一月二十四日

附：关于城市人民公社财贸
机构设置意见的报告[*]

（一九六○年十一月十一日）

为了进一步组织城市人民经济生活,促进工农业生产的发展,根据市委指示精神,对我市城市人民公社的财贸机构设置和工作任务提出如下意见:

（一）城市人民公社财贸机构的设置

公社财贸机构在公社财贸部领导下设商业分局、粮食科、财政科、银行办事处、税务分局。分社设综合商店、粮油供应点。

1. 商业:以各公社现有商业科为基础加以充实加强,建立商业分局,下设百货商店(包括文化用品、五金交电、棉布、日用杂品)、副食品商店、蔬菜商店、饮食服务部。为了减少环节,减少管理人员,加强领导,统一管理,采取行政、企业合一(分局内不另设股,即以各专业店、部的经理、主任为股长,对外为商店,对内为股),领导公社范围内的国营和公私合营企业、分社的综合商店和合作化商业、饮食服务业。

分社综合商店主要是合理分配商品,方便群众,指导机关、居民代销店的业务和生活服务业。

2. 粮食:以各公社现有粮店为基础,建立公社粮食科。为便利群众需要,对现有粮店进行合理调整,每个分社要有一个粮油供应点。公社粮食科要认真贯彻执行粮食统购统销政策,管理公社范围内的各个粮油店的供应工作,贯

---

* 原件现存于合肥市档案馆。

彻计划用粮、节约用粮等工作。

3.财政:公社财政科是管理公社一级财政的部门,负责组织国家收入和审查支出;负责公社的财务管理和企业核算工作。分社要有专职财务管理人员,管理分社范围内的企业财务管理和企业核算。

以上机构编制本着精简的精神,初步意见是:财贸部 6—7 人,商业分局 25 人左右,粮食科 4—6 人,财政科 3—4 人。银行办事处和税务分局的机构拟暂缓设置,其编制亦另行研究。

(二) 公社财贸部门的任务

公社财贸部门必须服从国家的统一计划,按照国家计划统购和收购产品,按照国家计划做好供应工作,对某些供应不足的商品进行合理分配,积极支持公社工业和副食品生产的发展,主动地与有关方面密切配合,组织好人民经济生活,加强对合作商业和饮食服务业的社会主义改造工作,做好市场管理,加强对财政、税收工作和公社财务管理,加强对流动资金管理,国家货款的流动资金要合理使用,节约资金,保证财贸工作任务的完成。

(三) 关于财贸机构的分级管理问题

根据有利于生产的发展,更好地为生产、为消费服务,既不减少国家税收和利润收入,又能兼顾人民公社积极性的原则,确定财贸机构的分级管理。

1.商业、粮食方面:凡是经营批发业务的、为全市服务的、有名盛和培养技术人员的企业,由市直接管理经营。

(1)经营批发业务的批发部门。

(2)为全市性服务的有:百货大楼、长江饭店、胜利(交通)旅社、合肥旅社、人民照相馆、青年理发厅、地方国营旧货委托商店,市粮食局直属粮站等。为了便于全市统一安排,合肥酿造厂和淮河酿造厂分别下放给北市、南市公社领导,其生产计划和产品分配,由市商业部门具体安排,在市区范围内进行调剂,区、各公社都必须积极发展一个酿造厂,力争很快在公社范围内自给。

(3)本市较有名气的饭馆:绿杨村和刘鸿盛菜饭馆。

(4)培养和训练技术人员的有厨师、理发训练班、"三八"理发店。

除了以上四类型的企业由市局直接掌握经营外,其余的国营、合营门市部,全部交由各人民公社管理和领导。

2. 财政税务方面:原来属于市掌握的国营和合营企业收入和税收,属于市财政收支,纳入国家预算,仍属市管理;原来属于各区领导的,又属于区财政的工厂、手工业以及街道工业,由公社办理,仍属公社收支,由公社根据发展生产和节约精神,合理使用,但应按规定向国家交纳各项税收,社办工业应当照章交纳所得税,如有困难,经审核后,可以规定给予适当照顾。

（四）关于财贸机构的领导问题

1. 由市直属经营的企业,仍由市有关部门直接领导。

2. 下放给公社的国营（包括分社新成立的综合商店）、合营企业（国营和合营已实行统一核算）的所有制不变,受公社和市有关主管部门双重领导。

3. 合作化企业下放给公社后,由公社直接领导经营,单独核算,企业利润和公积金按比例分成,40%缴市,60%归公社（分社不提成）,下放给公社的地方国营、合营的服务行业的收入,为发挥公社积极性,可以在企业利润中提成20%—30%归公社掌握使用,以上收入主要用于发展本地区服务行业和建立必需的商业网。

（五）几个有关问题的意见

1. 关于商业网问题。几年来,特别是大跃进以来,市区商业网新建和扩建了一批,但仍不能适应城市发展的需要。因此,市区商业网要根据城市人民公社成立的新情况和城市的不断发展,除充分发挥机关、工厂、学校、街道代销店的作用外,必须新建和扩建一部分商业和服务网点,以进一步达到合理分布、方便群众的目的。因此,我们的意见是:今后凡新建工厂、企业和机关、居民点时,应随时提出新建和扩建商业、服务网点的方案,准予列入单位的项目之内。投资问题,根据基建投资,可采取3种办法:（1）国家投资;（2）国家补助;（3）对较大的工厂、企业和集中的机关提倡自投自建,以适应城市人民生活的需要,进一步便利群众。

市区商业网的调整,凡是需要调整的商业和服务点,由公社提出调整方案,报市审查同意,进行调整,力争更全面、更合理地分布商业网和服务点。

2.商业、服务人员问题:仍不能适应市场需要,特别是服务行业人员(如理发、洗染、修补、浴室、饭店、照相等)更感不足。各商业和服务行业除应充分发挥机关、工厂、学校、居民代销店、服务站的作用外,应进一步调整劳动组合,提高工作效率。对服务性行业人员的培训问题,主要是理发、厨师、洗染、照相人员,除各公社自行培养一批外,送一些人员由市负责训练,训练后仍回原地工作。

3.市区饮食业,原均属粮食部门领导,根据新的情况,拟全部划交商业部门。

4.关于公社财贸部门内部的机构设置、计划、汇统制度、财务管理办法、核算形式以及业务手续制度等,由各局(行)根据国家规定的原则,拟出具体办法下达。

以上报告,如无不妥,请批转市区各公社研究执行。

中共合肥市委财贸部

一九六〇年十一月十一日

认清当前的大好形势，充分发挥城市人民公社优越性，为实现 1961 年的各项计划而奋斗[*]

（南宁市）雷同生代表发言

（一九六一年二月三日）

各位代表、各位同志：

我们亭子人民公社从去年 7 月成立将近一年了，这一年来在党中央和毛主席的正确英明领导下，在总路线、大跃进、人民公社的光辉照耀下，在区党委、地委、市委和市人民委员会的具体领导和关怀下，在取得 1958 年、1959 年连续两年大跃进胜利的基础上又实现了 1960 年全面继续大跃进，特别是城市人民公社成立后，实现了三化、四强，发挥了人民公社"一大二公"的优越性和无穷无尽的伟大力量，在城镇和工厂企业中解放了 420 人的家庭劳动力，占应解放劳动力的 76.1%。组织了各种生产队伍 153 个，各种幼儿园托儿所 84 间，入托入院儿童占应入儿童的 54%，组织各种服务站 26 处。使广大人民精神面貌起了根本的变化，在农业生产战线上，坚决贯彻了郊区为城市服务，以蔬菜为纲，以养猪为中心的畜牧业，大力发展水产以及其他副食品和油料作物的生产方针，精简机构，压缩劳动力，下放干部，集中优势劳动力，投到农业生产第一线。贯彻"三包"、"四固定"、实行评工记分、按劳分配、多劳多分、多劳多奖、多劳多吃的社会主义分配原则，因而使得 1960 年虽然受到几十年来未有过的水、旱、虫的灾害，但是商品蔬菜生产播种面积和总产量仍分别从 1959 年的 18924 亩增加到 29216 亩，增加 54.8%，1754 万斤增加到 2210.5 万斤，增

---

[*]　原件现存于南宁市档案馆。

加 26%,副业生产的生猪存栏数也比 1959 年同期增加 37.6%。其他工业、交通、财贸等方面,也完成和超额完成了原订计划,取得了巨大成就。

今年以来,我们根据市委和市人委的指示和广大社员群众的迫切要求,在农业生产战线上贯彻了党的各项政策,开展整风整社运动,通过整风整社以后,使广大干部提高了觉悟程度,提高了政策水平,克服了过去作风不深入,不调查研究,乱指挥生产,不与群众同甘共苦,特殊化等不良作风,从而迅速地调动了广大干部的生产积极性,掀起了春耕生产高潮。社员们都说,整风整社以后,给他们带来了十大变化:①干部带头执行政策;②群众相信了政策;③社员关心集体利益;④确定了农村人民公社三级所有制;⑤懒人变勤人;⑥荒田变良田;⑦各种生产精耕细作;⑧减产队变为增产队;⑨落后队变为先进队;⑩不安心在农村变为安心在农村。全公社计划播种三瓜任务 3800 亩,原定在三月中旬完成任务,经过整社在二月底完成了,播种面积达 4400 亩,提前了半个月超 18%完成了任务,如新屋大队今年 1—3 月份蔬菜上市量 221297 斤,比1958 年全年上市量 171625 斤多 49672 斤,产值 23024 元,比 1958 年全年收入22011 元多 1013 元,扩大种播面积,去年该队同期蔬菜面积 150 亩,现在有314 亩,早稻去年 13 亩,今年种 150 亩,玉米去年 15 亩,今年已种 18 亩,另种经济作物 22 亩,养兔去年同期全大队只有 3 户,养 12 只兔,现在全队 13 户有12 户养有 430 多只,因此,社员收入有较大的增加,该大队第三小队几年来是个减产减收的落后队,而今年第一季度每个劳动力平均每月 19.3 元,社员杜月娥一个人在三月份纯收入就分得 56 元,1—3 月份杜一个人除吃饭外,纯收入得 151.48 元,用不完还买了一辆单车给他爱人。□□大队社员把大队原有140 多亩荒田,已经三年多没有种了,现在已全部种完,平阳大队□八小队原包产播种面积 10 亩,而现在实际已种 115.3 亩,金鸡大队第四小队过去有 8步□长期丢在路边无人管,被日晒雨淋,现在社员自动捡回来修理使用了。这个小队为了解决缺乏种子问题远到□□县去购买。

因此,当时农村是一派大好形势,是我们夺取今年继续大跃进的基础,是继续前进的有利条件,只要我们充分认识这大好形势和运用这些有利条件,今年的丰收是完全有把握的。但在我们取得胜利前进的同时,也存在缺点,这些缺点主要是去年全国受灾,粮食收成受到了严重影响,副食品和蔬菜供应上的紧张状态还没有过去,而这些缺点我们认为是暂时性的、是局部的,是前进中的缺点,只要我们正确贯彻中央各项政策,认真依靠群众是完全可以克服的。

为了更好地贯彻公社农业生产为城市服务,从速地提高郊区农业生产力,以满足城市人民生产、生活的需要,区党委和市委已经提出郊区农业生产要实现四化的指示,现在区党委、市委派来的拖拉机及各种工种技术人员,已大批运到了我们公社,这是我们公社每个社员也是全市人民的大喜事。在四化的鼓舞和推动下,我们根据区党委、市委的指示精神,根据广大社员群众的要求以及我公社的具体情况,我们根据四化的这个有利条件,1961 年的蔬菜生产播种面积要扩大到 8000 亩,总产达到 4000 万斤,分别比 1960 年增加 181%,副业生产方面,生猪计划全年发展数为 6593 头,比 1960 年底存栏数增加 354.6%,鸡、鸭、鹅、兔要发展 289529 只,比 1960 年增加 778.6%,其它奶牛数比 1960 年增加 150%,以及其他副业生产也都大量的发展,尽最大力量来完成我们的生产计划。

在区党委、市委的正确领导下,在总路线、大跃进、人民公社三面红旗的光辉照耀下,革命鼓足干劲,力争上游,完成这个规划,我们是有信心的。

最后祝大会成功,代表们身体健康。

一九六一年二月三日

（合肥市）关于财贸机构调整和人员整编意见[*]

（一九六一年四月六日）

当前我市财贸部门的现状：机构不健全，业务人员少，分工过粗，人员不纯，不能适应形势发展的需要。根据市委关于加强和改进商业工作等方面的指示，为进一步加强财贸工作的领导，统一管理，更好地为生产、为人民生活服务，在机构设置方面，加强和健全商业特别是副食品机构，扩大服务行业，整顿代销店；在人员编制方面，根据整编精神，精简上层，加强基层，精简管理人员，充实业务人员，以减少层次，简化手续，便利群众。

一、关于机构调整和设置意见

现有商业、粮食、财政、税务局和银行5个局行。商业局所属4个2级站和19个公司（商店），各区设有商业分局：下设蔬菜商店和服务站各4个。粮食局所属2个直属供应站，4个区粮油管理站，41个粮油供应店。银行所属3个办事处和40个储蓄所。

调整和增设意见：

（一）商业局划分为商业、服务、副食3个局：

1.商业局：下属百货公司、专卖公司、煤炭公司、糖果糕点公司（包括茶叶、原经营的干鲜水果划归副食品局经营）、土产公司（原土产批发部）、纺织

　＊　原件现存于合肥市档案馆。

品商店、五金交电化工商店、石油商店、棉花站、畜产站和百货、五金、纺织品、土产 4 个二级站；又省商业厅意见成立生产资料批发站和石油站（石油站和石油商店暂时在一起，两块牌子，有利于工作），省委指示成立合肥对外贸易公司，属商业局领导。

在 4 个区建立中心商店，在 28 个分社各建 1 个综合商店。

另外，下属刀剪厂、红光锁厂、金属铸造厂、五金厂、打字机修配厂、淮河制鞋厂、眼镜厂、制裘厂、猪鬃厂、永康食品厂、好华食品厂。

2. 服务局：下属服装公司（需新建，省商业、轻工业厅通知服装业全部划归商业）、废品公司（原废品站）、修补公司（与废品公司一起办公，两块牌子）、饮食公司（原饮食部），和原有的理发部、洗染部、旅栈部、摄影钟表部，并增设水炉部（这 5 个部对内成立专业科或指定专人负责，对外是专业部）。

在 4 个区建立中心服务部，在 28 个分社各建 1 个综合服务站。

另外，下属服装厂、被服厂、废品综合厂。

3. 副食局：下属蔬菜公司、食品公司、水产公司、盐业批发部。

在 4 个区建立中心商店，在 28 个分社各建 1 个综合商店。

在每个居民委员会设 1—2 个副食品供应点（现有供应集体单位的大队蔬菜收购供应站除外）。设立一个供应点的，以经营蔬菜为主，建立两个供应点的，其中一个供应点经营食盐、酱醋、肉食及其他副食品，同时兼营蔬菜；另一个供应点专门经营蔬菜。在较大的机关、工厂、企业、学校也同时设立 1 个以经营蔬菜为主的副食品供应点，人员、房子由单位解决，业务上归副食品局领导。

另外，有酱醋加工厂、宰牲厂、味精厂，以及 11 个专业饲养场。

（二）粮食局：各区设粮食科，同时设立中心粮油管理站，负责审批集体单位粮油计划。另在城周设立 6 个粮油管理站，也负责审批集体单位的粮油计划。为避免迂回运输，便利群众，在城周"四门"分设 4 个既加工又供应的粮站（即姚公庙、大蜀山、东甘铺、大兴集等 4 处）。26 个蔬菜大队现有粮店 9 个，按每个大队建立 1 个，尚需增设 17 个。市区现有供应集体单位的粮油店 2 个。供应居民的粮油店有 28 个，供应户数 27544（居民户），按 400—500 户建立 1 个点，尚需增设 31 个。同时在地区之间进行适当调整。至于大的机关、企业根据需要增设,粮食局派人员,本单位解决房子。

(三)财政局与建设银行分开,各区设财政科。

(四)税务局:为加强基层,有利于工作,各区设税务分局,并根据企业分布和税源情况,在区下设若干税务所。

(五)人民银行:下属 4 个办事处(南市尚需增设 1 个),在较大的机关、工厂、学校设储蓄所,各个分社设 1—2 个储蓄所,合计约需 50 多个(现有 40 个,需增设 10 余个)。

通过以上调整,共有 8 个局行,6 个二级站,13 个公司,11 个商店(站、部),12 区中心商店(部),56 个综合商店,28 个综合服务站,4 个区中心粮油管理站,6 个粮油管理站,91 个粮油供应店,4 个税务分局,7 个税务所,4 个银行办事处,50 多个储蓄所。另外,有 17 个工厂和 11 个专业饲养场。

此外,加强各区区委财贸部,各分社设 1 名专业财贸干部,原区商业分局改为区商业局,区商业局是一个综合商业机构。

二、关于人员编制意见

现有人员 11011 人(包括原由市下放到各区的合作化 2995 人在内),市局行机关 811 人,区财贸部、商业分局 103 人,二级站 711 人,企业管理人员 826 人,零售商业 2962 人,服务行业 1259 人,饮食业 1466 人,粮食业务人员 397 人,其他业务人员(商业)2476 人。

(一)局行编制意见:

5 个局行的现有人员共 811 人(行政编制 468 人,企业编制 343 人)。其中商业局 223 人,粮食局 94 人,财政局 94 人,税务局 77 人(业务人员 58 人),人民银行 323 人(行政管理人员 65 人,业务人员 258 人)。共有局行长 29 人,科长 93 人,一般干部 670 人,勤杂 19 人。

根据新的机构调整,共需编制 717 人(行政编制 420 人,企业编制 297 人)。其中:商业局 104 人(包括长期下放在农村的 26 人),副食品局 70 人,服务局 65 人,粮食局 58 人(包括长期下放在农村的 3 人),财政局 35 人,建设银行 20 人；税务局 75 人（行政管理人员 19 人，其余为新设税务分局和税务所人员），人民银行 290 人（行政管理人员 33 人，业务人员 257 人）。

通过以上编制调整，共精简管理干部 99 人（行政编制 67 人，企业编制 32 人），占现有人员 12.2%。其中局长 8 人，科长 15 人，一般干部 73 人，勤杂 3 人。

（二）二级站编制意见：

现有 4 个二级站，共有人员 711 人（行政管理人员 239 人，业务人员 472 人）。其中支书、经理 12 人，科长 29 人。其编制不动，但因分工过粗，劳动组合不够合理，需进行整顿调整，减少管理人员，以充实业务人员的不足。

新建生产资料站编制 35 人，需另增加。

（三）区委财贸部、区商业局、财政科、粮食科、中心商店（部）、中心粮站人员编制意见：

区委财贸部编制 4 人，区商业局 20 人，财政科 4 人，区粮食科 2 人，区商业中心商店 10 人，副食品中心商店 15 人，中心服务部 6 人，中心粮管站 13 人（与粮食科合署办公）。共计需要 304 人。除区委财贸部现有 15 人、区商业局现有 88 人和区粮食管理站现有 24 人计 127 人外，尚缺 177 人。

（四）粮油供应站（店）人员编制意见：

现有 43 个粮油供应站（店）人员 296 人（其中营业员 241 人），增设后计有粮油供应站（店）91 个，按每个店平均 5 个营业员，共计需要 455 人，尚缺 214 人。

（五）商业、服务、副食品企业编制意见：

1. 现有人员 9066 人，其中管理人员 802 人，业务人员 8264 人。计划精简管理人员 379 人。除解决新建服装公司编制 25 人外，尚需精简 334 人。

2. 为加强基层单位的领导，56 个综合商店和 28 个服务站需要增加 2 名骨干，85 个粮站（店）需要增加 1 名骨干，计需 253 人。

3. 现有营业员不能适应需要，特别是副食品营业员更感不足。为适应分户做饭的情况，蔬菜供应方式需要改变，每个居民委员会设 2 个副食品供应点。目前分户吃饭人数约 30 万人（其中居民 17 万人），营业员按供应人数的 1.5‰定额，需 450 人，全市 71 个居民委员会设点 142 个，每个点平均 3 人（包括蔬菜运输在内）。

4. 根据我市情况，目前服务、饮食行业人员与实际需要很不相适应，与其他市比较，悬殊也较大。如我市 1 个理发员要担负 806 个人，南京只担负 448 人；饮食业南京 6‰，上海 5‰，芜湖 4.8‰，而合肥为 2.53‰；服务行业南京 6.4‰，济南 3.2‰，而合肥为 2.17‰。我们意见，服务、饮食业按全市总人口 58 万人的 1% 定额（南京为 1.24%），需 5800 人，现有 2725 人（另外有民办服务业人员 974 人不在内），尚缺 3075 人（理发 820 人，浴池 200 人，水炉 135 人，饮食 400 人，旅栈 220 人，洗染 200 人，箍桶匠 400 人，革履 600 人）。

综上所述，新建生产资料站、服装公司需要 60 人，区中心商店（站、部）等缺 177 人，粮店营业员缺 214 人，综合商店骨干缺 253 人，副食品和蔬菜营业员缺 450 人，服务、饮食行业缺 3075 人，共计缺 4229 人，从精简的管理人员中可解决 275 人（管理人员共精简 478 人，除长期下放 53 人、需动员回乡 50 人和长期有病 100 人外，实际精简 275 人），全部充实到基层。

以上两比，实际共缺 3954 人。

（六）人员来源：

1. 各居民委员会的副食品供应点以及综合服务站由区和分社解决 200 人。

2. 所缺乏 3760 人，主要来源：工业支援 3000 人；文口支援 400—600 人；农口支援 200 人（其中干部 50 人）；民政部门（教养院）支援 20 人；社会组织预计 200 人。

为了培养新生力量（特别是理发），要求工口、文口在支援的人数中，年龄在 20 岁以下的能解决 1000 人，其余人员要求一般在 30 岁以下。

三、各级财贸部门的任务

（一）市粮食、商业、服务、副食品局成立党委会，正确地贯彻执行党的方针、政策和上级党委的决议和指示；负责和领导所属中心商店（部、站）总支、综合商店、粮店和服务站支部的组织工作和职工的思想政治工作；在业务经营方面,统一管理,一竿到底,负责市外贸源的采购调运和市区工业产品的加工、收购工作;统一管理中心商店、综合商店和服务站的物价、财务、计划统计工作和经营管理;制订和下达商品购销加工计划;制定商品分配制度和供应办法。

(二)区商业局的主要任务:保证上级业务部门计划、制度、规定、办法的执行;管理群众生活,经常研究群众的意见和要求,以及消费与供应之间的关系;检查监督凭票、凭证供应商品的执行情况和某些不足商品的分配情况;管理农村供销部,负责本区农副产品的收购和市场管理,不直接经营业务。

各中心商店、粮管站、服务部,按系统成立党的总支,领导所属综合商店(站)、粮店支部的组织工作和职工的政治思想工作,贯彻和检查督促党的方针、政策、决议、指示、计划和商品分配的执行情况,不经营具体业务,不具体管理财务和物资。

区财政科作为一级财政机构,负责检查督促区管企业的财务管理、企业核算和财政收支计划的执行情况,管理集体所有制的工厂、农业和蔬菜大队的财务管理工作和收入分配的执行情况。

各区粮食科负责本区的粮油收购和农村粮食管理及生活安排。

(三)在各分社设立的商业、副食品综合商店、服务站和粮油店,按系统建立党支部,加强基层企业的组织工作和政治思想工作;领导分社所在地的国营、合营等门市部;做好商品分配工作;组织好人民经济生活;经营零售业务和服务事业;负责分社范围内代销店的货源供应和业务管理;检查督促所属部门和代销店凭票、凭证供应商品和某些不足商品分配的执行情况。

四、关于各级财贸部门的领导问题

(一)区商业局、财政科、粮食科的党团、行政,归公社党委领导,业务上受市有关主管局领导。

(二)税务分局和税务所受市主管局和公社党委的双重领导。党团、行政、人事、业务受市税务局领导;公社党委检查督促税务部门正确地贯彻党的方针、政策,督促区属企业保证完成税收的上缴任务。

（三）中心商店、中心粮管站、服务部和综合商店、粮油店、服务站,受市有关主管局和公社党委、分社党委的双重领导。党团、行政、人事、业务、财务以及职工的思想政治工作受市有关主管局的垂直领导,一竿到底,统一管理;公社、分社党委对各中心商店（部、站）总支和综合商店（站）支部在贯彻党的方针、政策、决议和指示方面的执行情况经常地进行督促检查,以保证党的方针、政策的正确贯彻执行,同时,各公社、分社党委对有关职工思想教育、治安保卫工作、与当地群众的关系以及统一的政治活动和社会活动也应进行组织和领导。

五、关于改进代销店领导和管理问题

到目前为止,共有代销店 626 个,其中机关、学校、企业等单位 563 个。供应人口在 1000 人以上的 163 个,500—1000 人的 18 个,200—500 人的 194 个,不足 200 人的 78 个。代销店人员共计 1014 人,主要经营一些暂时供应不足的商品和日常生活必需品。

这些代销店在组织城市人民生活、便利群众购买、解决商业网点、人员和运输不足以及协助商业部门合理分配商品等方面,起了很大作用。但是,由于我们对代销店的设置和人员审查不严,平时深入较少,也还存在不少问题。主要是代销店增加不当,不论离市区远近,供应人数多少,有的一二百人,甚至五、六十人也设代销店,有的代销店人员质量过低,无专人负责,特别是居民代销店管理制度不严,在商品分配上存在着严重"走后门"、徇私舞弊、贪污盗窃等情况。

为了充分发挥代销店的作用,弥补商业部门人员力量之不足,进一步便利群众,特根据不同情况,采取改进、提高、代替、撤销相结合的办法,进行一次整顿,具体意见如下:

（一）凡是暂时保留的代销店,必须具备下列条件:

1. 大的机关、工厂、学校单位,人数较多,按集体户口供应人口在 1000 人左右的代销店,或者人数虽不够条件,但附近没有零售点,或者虽有而不足,以及离城较远的单位代销店,均暂时保留。其中原来办得好的要进一步提高,差的要迅速改进,单位不愿继续办的,也可由商业部门接收原点原人,改为国营零售门市部。

2. 人员要纯良,符合政治可靠、思想进步、办事公道、工作称职的要求,不适当的人员应立即调整。

3. 商品分配基本合理,对供应不足的商品在分配时能认真研究,并通过群众讨论,按照不同需要合理分配,及时出榜公布,群众基本满意;或者过去虽存在一些问题,能迅速纠正者。

4. 保留的代销店,其人员房屋、器具设置一律不动,不足者由本单位解决。

（二）凡是人数不多、距离市场又近,或者虽然需要但是无专人负责,办得不好,以及房屋、器具设备均由商业部门备置,单位仅配备一些人员的机关、团体、学校和企事业代销店,一律由商业部门接收代替,统一调整,原点可以利用的尽量利用,改为国营零售门市部。

（三）居民代销店一般由商业部门接收,改为国营零售门市部。

（四）在方法、步骤上,为了不影响供应,商业部门事前应深入具体地进行摸底排队,确定暂时保留的和接收代替的代销店,提出具体方案,有计划、有步骤地进行全面整顿,无论是代替的或撤并的代销店都必须人员不动,原点不动,先建后撤,不得先撤后建。对代替和撤并的代销店,其营业人员除年老体弱、失去工作能力、五类分子和个别品质恶劣、在商品供应上问题较严重的外,其余由商业部门统一接收,其中居民代销店人员继续在原点工作;机关、团体、学校和企事业单位代销店人员,由商业部门负责安排,除在门市部工作外,并采取划片包干的办法,负责对原有代销店、所被代替或撤销的单位进行供应不足商品的分配工作,被代替和撤并的代销店,其柜台、货架、平车、包装物等家具设备,按质论价转归商业部门,房屋如需要继续使用的,由商业部门按规定房价承租。

（五）凡是继续保留的代销店,除单位加强领导外,商业部负责在业务上进行领导和帮助,并随时检查商品分配情况和进行余缺商品的调剂。

一九六一年四月六日

中共沈阳市委批转市城市人民公社工作领导小组关于第三次城市人民公社工作会议几个主要问题的请示报告[*]

（一九六一年五月十六日）

各区委、各城市人民公社党委：

市委同意城市人民公社工作领导小组《关于第三次城市人民公社工作会议几个主要问题的请示报告》，现转发给你们，望认真研究和贯彻执行。

两年来，我市城市人民公社化运动，取得了伟大胜利。当前存在的问题与取得成就相比，只是十个指头中的一个指头。但是，我们必须给予足够的重视，并采取积极、慎重的态度，有计划、有步骤、有重点地加以研究解决。为此，各级党委，特别是区委各有关部门，必须把城市人民公社工作切实地提到工作日程上来，统筹安排，加强领导。各有关本部门，要深入细致地进行调查研究工作，正确地解决当前存在的问题。从而把城市人民公社的红旗更高地升起。

中共沈阳市委员会

一九六一年五月十六日

附：关于第三次城市人民公社工作
会议几个主要问题的请示报告

（一九六一年四月十三日）

市委：

　　根据党的八届九中全会的精神和市委关于整风问题的指示,经过准备,我们于三月二十八日至四月十日召开了第三次城市人民公社工作会议。这次会议也是一次整风会议。

　　会议是采取了上下结合,会内会外结合,虚实结合的方法进行的。首先由宋光同志代表市委城市公社工作领导小组作了《为进一步巩固和提高城市人民公社而奋斗》的检查报告;接着就展开了大鸣大放,主要是向市委及区委提意见。市的领导同志和市有关部门、市人委有关局,听取了各区和部门公社同志的意见。市委刘宝田书记作了指示,通过简报、座谈等形式与各有关方面交换了当前工作上的情况。在会议期间还传达学习了《农村人民公社工作条例（草）》。最后由宋光同志代表城市公社领导小组作总结。

　　与会同志一致认为,会议开的是必要的、适时的,认为市委城市公社领导小组检查报告是深刻的、全面的,也是符合实际情况的。通过这次会议,进一步提高了觉悟,肯定了成绩,检查了工作,总结了经验,增强了信心,明确了任务,鼓足了干劲,加强了工作。这对于进一步巩固、提高城市人民公社有着很大的意义。

　　现将这次会议上提出的几个主要问题和我们的意见报告如下:

　　（一）关于城市人民公社当前的任务问题

　　我市城市人民公社实际上是以职工家属及其他劳动人民为主体,吸收其他自愿参加的人,在党的领导和职工群众的积极赞助下组织起来的。目前,它的任务是:

　　1.以组织生产为中心内容,认真贯彻执行调整、巩固、充实、提高的方针,

积极发展社办工业生产、修理服务和短途运输事业,并加强经营管理;

2. 安排好人民经济生活,组织各种集体福利事业,办好公共食堂、托儿所、幼儿园;

3. 开展文化教育和卫生工作,办好公社职工的业余教育,搞好公共卫生和防治疾病工作;

4. 贯彻执行党的方针政策和政府的法令,组织地区性的行政工作;

5. 进一步坚强社会主义改造,认真贯彻阶级路线,加强人民民主专政;

6. 积极参加改造旧城市和建设社会主义新城市工作;

7. 加强政治思想工作,不断地提高群众的政治思想觉悟。

(二) 关于城市人民公社体制上的问题

一年来,我市以大工厂、以街道、以机关、以学校为中心组成的三种形式的城市人民公社,都表现了它们的优越性。但是,由于客观形式的发展,以及地区条件、工作(业务)性质和某些主体单位的地址变动等情况,有必要经过调查研究和充分酝酿,从实际情况出发,将某些公社的现行体制作一些必要的改变。

1. 以大工厂、企业、机关、学校为中心的公社的组织形式,凡公社范围内的居民大多数是这些单位的职工家属,仍以该单位为中心,组织形式不变(如前进人民公社)。对类似情况的东塔、陵北等公社可以改为这种形式。其他以工厂、机关、学校为中心的,应从实际出发,对主体单位领导干部兼任公社第一书记、社长有困难的,可改由公社专职干部担任,吸收有关单位分管生活福利的党委书记、厂(校)长、工会主席参加公社党委、党委会或兼任公社的书记、副社长,对主体单位迁出原公社范围内,可重新确定主体单位或改为以街道为主体的组织形式;凡带有农村生产队的公社,本着有利于巩固、提高城市人民公社,有利于发展农业生产的原则,将农业生产队划交附近农村公社领导或单独建社,经过各方研究,在征得有关方面同意后,自各区自行确定。

2. 公社对国营企业、事业单位,实行"双重领导"的基本内容是,组织公社范围内可能组织的生产协作。地区性的行政工作和政治活动,以及市、区委临时责成公社执行的工作任务。

3. 根据便于领导,有利生产(工作),方便群众的原则,适当调整下放给公社管理的企业、事业和下交给公社的任务。凡是由市、区管理方便,而由公社管理确有实际困难的,应予收回,由市、区有关部门管理。但有的党的关系仍可由公社党委领导,以利公社党委统一安排地区性的工作。凡由公社管理方便,群众性较大的事业或工作任务,应进一步明确管理范围,由公社继续管理。对此,市、区有关部门应提出具体执行方案,经市委批准后执行。

4. 公社的党政机构和人员编制问题。在组织机构上,应将公社党委和公社的各个部门分别设立,以加强党对公社的领导。对公社原设的工作委员会,可改为业务科,由于公社、党委工作部门发的设置和人员编制,各基层社根据精简机构、紧缩编制的精神,在不超过现有的人员编制中,自行安排。超过编制,需要增加人员时,必须经过区委检查,报市委批准。

5. 管理区作为公社的派出机构。它的基本任务是,推行政府工作和贯彻执行党的行政方针政策;在公社的统一领导和规则下,组织小型、分散的和自负盈亏的生产、服务事业;组织群众的集体生活,指导居民委员会的工作,反映公社社员和居民群众的意见和要求。它的规模范围,应该根据便于领导,利于生产,利于组织生活,利于团结,不宜过大,因地制宜的原则,加以调整,一般的以一千五百户左右为宜。

6. 管理区下设居民委员会。居民委员会是群众性的组织。它的规模大小、成本等,根据便于领导、方便群众的原则,照顾地区条件和历史关系,适当确定,一般的在一百五十户左右为宜。居民委员会的基本任务是:办理有关居民的公共福利事业,向当地人民委员会或人民公社反映公社社员、居民的意见和要求;动员居民响应政府号召,遵守纪律;领导群众性的治安保卫工作,调解居民间的纠纷。居民委员会应该根据具体情况;划分若干个居民组。居民组的规模一般的以二十户左右为宜。

(三) 关于城市人民公社分配上的问题

1. 社办企业利润的分配原则。

目前,对社办企业的实现利润分配,除按国家规定的税率上缴所得税之外,市、区提取的利润,从今年四月份起,暂时停缴,由有关部门提出方案经市委批准后,按新规定执行。为适应社办福利事业的体制改变,应将企业利润留成提高到百分之十至百分之二十五(企业利润除上缴所得税部门外,作为一百)。至于具体比例,由公社根据实际情况,自行安排,提出意见,报区审批。

2.整顿工资和福利待遇

(1)社办企、事业职工的工资支付,必须贯彻各尽所能、按劳分配、多劳多得、少劳少得、不劳不得的原则,以社为单位计算职工月平均工资不超过二十五元(不包括运输工人)的前提下,加以适当调整。采取"一般不动,个别调整"的办法,首先将某些人偏高的工资降下来,再把偏低的调上去,认真解决目前工资上的平均主义和偏高、偏低相差悬殊的现象。

(2)工资形式和制度,实行以计时工资加奖励为主、计件工资为辅的方针。在工作制度上,工资等级不宜过多,极差不宜过大。

各行业和各类人员的工资水平应该有所不同。个人的工资等级,应根据劳动强度、技术水平、工作繁简、劳动态度等予以具体评定(退休老人,国营企业下放,手工业各作组和个体劳动者转化的人员以及刑满释放分子、五类分子的工资待遇,仍按市委过去有关规定执行)。

推行超额奖励制度,应在正常生产和定额管理比较健全的条件下,经过试点,取得经验,逐步推广。对各公社已实行的一次性的奖励,应以季或按节令奖励为宜,奖励面可以适当宽些,金额可由二至十元,平均五元,但在执行中亦应贯彻多劳多得、少劳少得的精神。奖金由企业留成中提取。

(3)整顿现行劳动福利待遇。公社的福利待遇项目宜少不宜多,标准宜低不宜高。根据生产需要和实际可能,逐步建立,但在今后几年内一般不再增加新项目,不扩大范围,不提高标准。对已实行的某些不够合理的项目,经过群众讨论,在统一认识的基础上,适当降低标准,缩小范围,以至取消。对有条件实行的,应有而未有的劳保福利待遇(如因工负伤的医疗费、女职工产假的工资等),应适当增加。

上述工作,是一件细致、复杂、政策性很强的工作,由市劳动局、市总工会和公社工业管理局共同提出具体方案,报市委批准后执行。

（四）关于社办工业的经营管理问题

城市人民公社必须以组织生产为中心,它是城市人民公社的物质基础。为此需大力整顿和加强经营管理,切实贯彻执行调整、巩固、充实、提高的方针。

1. 从实际出发,实事求是地全面贯彻执行"四服务"方针。对于为国营工业农业、为市场和人民生活、为出口服务的重点,必须根据国家和人民生活的需要和目前状况,本着因地、因时制宜的原则,适时地加以调整。目前,应积极发展小商品生产和修理服务行业;适当增加为农业服务的比重;同时有计划地为国营工业服务。为了增加小商品生产,实行"五定",定点、定人员、定品种、定数量、定供销关系是必要的。但是不能定的过死,扭转生产方向不能操之过急,更不应该任意"砍掉"历来就为国有工业服务的生产项目。据此,在实行"五定"后,由于原材料准备不足或生产条件不具备。停止生产的单位,应积极恢复,并开辟新的生产门路,准备"第二手"生产。以进一步发挥社办工业小型、分散、灵活、多样的特点,充分挖掘社办企业的生产潜力,发挥社办工业的优越性。

为了正确地贯彻"四服务"方针,今后新办工业停止或增加某些产品的生产,改变生产方向合并厂,必须分别经过市、区公社工业局审查批准;凡为大工业服务的民办工业,凡公社经营有困难或不能保证固定协作关系者,应由市、区工业局与国营工厂、公社共同研究加以调整,不能一方面改变协作关系。

2. 积极地、逐步地把社办工业生产的供产量纳入国家和地方计划,切实提高材料供应问题,根据国家调拨和地方自筹相结合,在统筹规划的前提下,发挥自筹自办、自力更生为主的精神,切实地解决原材料问题。第一,市、区下达的生产任务,必须保证自筹原材料供应,不得只给任务,不给原料;同时也要防止忽视自筹原材料的依赖情绪。第二,将国营企业供应社办工业边角废料的关系,应分期分批地固定下来,关系设立,不经双方协议和有关部门批准,不得随意中断。第三,加强废旧物资收购工作,除按规定的品种范围上缴外,其他废旧物资应优先供给小商品生产和修理服务行业以及公社企、事业部门,应本着"卖什么,收什么""修什么,收什么",在不违反公社的原则下,采取方便群众灵活多样的形式,实行就地收购,就地使用。第四,商业部门应通过与农村挂钩、协作,帮助社办工业寻找和开辟原材料来源。第五,社办企业应大搞力所能及的原材料生产和加工改造基地,并积极寻找代用品,清仓挖潜,大搞节约利用废物,做到物尽其用。

3.对厂点分散,人员过多,品种复杂,不便管理的单位,本着有利于调动职工的积极性和便于经营管理的原则,适当划小。划分后,实行单独核算,作为公社直属企业;对人数不多、收入不大、厂点分散的生产小组,可根据情况交管理区领导。

4.关于联合企业试点工作问题。鉴于客观情况发生变化,尤其在我市工业体制改革之后,对以"条块结合,以块为主"组织起来的联合企业带来了更多的困难。因此,三个社试点的联合企业,可以不再继续试验。生产协作仍要加强。对从事联合企业的专职干部,可另行安排。

(五) 关于整顿社办食堂和托儿组织问题

1.为了更加正确地贯彻执行为政治、为生产、为群众生活服务的方针,必须根据有利于生产、方便群众、便于领导的原则,对社办食堂和托儿组织(特别是大院办的)应进一步明确服务重点,首先应根据需要和可能,积极为国营工厂、企业、机关、学校的职工服务;适应公社的生产发展,为公社职工服务;同时也要根据居民群众需要,为居民服务。

整顿工作必须从实际出发,全面安排,区别对待,瞻前顾后,严格防止"一风吹"现象的发生。对于就餐、入托人数比较稳定,合乎生产和群众生活需要的,应该继续办好;对生产和群众生活需要,但由于管理不善而使入托、就餐人数大幅度下降或时办时停的,应加强领导,改进经营管理,使之办好;对现在就餐、入托人数大量减少,但随着季节变化和物资供应条件好转而将来仍然为群众所需要者,可以暂时停办,条件好转时再办;对于服务重点不明,脱离实际需要,布局密集的,应该调整、合并,有的可以撤销。合并、撤销和停办的单位,都要认真盘点物资设备,彻底清理财务,办好交接手续,防止损失浪费和贪污、盗窃、克扣、私分等现象的发生。对调整后的多余房屋、设备和人员,应该进行妥善安排,合理使用。对多余房屋、设备,凡是占用群众的,应该尽可能退还,任

何人不得借机占用;属于公社的财产,由公社统一调剂使用;对于多余人员,可
按整顿队伍、精简人员问题处理。

2.加强经营管理,提高工作效率。各食堂和托儿组织,都应该根据"积极
办好,自愿参加"和"大集体,小自由"相结合的原则,整顿就餐人员,改进经营
管理,提高工作效率,实行定员定额,加强民主管理,克服就餐人员"一脚门
里,一脚门外"和工作人员的人浮于事现象。

加强经济核算,合理收费。各食堂、托儿组织应当从群众的现实生活水平
出发,根据现有设备条件,参照国营企业有关收费标准,合理收费。在收费标
准计算上,禁止"供给制"思想,又要防止盈利观点。对外单位人员做到不赔
不赚,对公社职工应交适当费用,不足部分由食堂、托儿组织按月编制计划,由
公社适当补助拨款。

3.加强组织领导,改进管理体制。为贯彻执行"全面地抓思想、抓生产、
抓生活"的方针,各公社可根据食堂、托儿组织的服务对象,分别下放社办工
厂管理,管理后,各工厂企业应加强炊事、保教人员的政治思想工作,不断提高
他们的政治觉悟水平,关心她们的生活,以便更好地为生产服务。

市、区有关业务部门,应该把领导社办福利事业提到日程上来,特别是在
物质供应上,应与其他同类事业一视同仁,负责解决问题,使之积极办好。

(六) 关于整顿文教、卫生事业问题

当前,城市人民公社的文教、卫生事业,存在问题较多,在人力、物力、财力
等方面有不少浪费现象,为此,必须进行一次全面的整顿、巩固、提高工作。

1.在业余教育方面。坚持和积极提倡自愿参加的原则,密切结合生产,达
到学以致用。学习科目以政治、时事学习为重点,积极组织职工文化和专业技
术(业务)学习。认真执行"六一"制,制订学习计划,加强组织领导,克服学科
过多的形式主义和不分对象、强制参加的命令主义等现象。

2.在小学教育方面。要贯彻因陋就简精神,在物资设备上不能处处向公
立小学看齐。要整顿教师队伍,加强领导,积极办好,以补助国家办学的不足。
鉴于目前公社的人力、物力、财力的实际情况,当前新建小学困难较大,应由有
关部门统一研究解决。

3.卫生工作方面。要大力精简人员,调整机构,整顿队伍。大院的卫生保洁员、疫情报告员应逐步撤销或改为义务制。凡不符合群众需要,设置不当的医疗机构应当整顿合并。各类不纯分子、不学无术的人应该调离撤换。管理区的医疗机构,主要负责预防保健工作,卫生行政部门应给予合理补贴。纠正执行地段医疗制度过死和强迫命令的现象。关于清扫街道、运输垃圾等工作,公社可以组织人员,承担这些任务,但人员开发支费等应由卫生部门统一研究,合理解决。

(七) 关于整顿队伍精简人员的问题

为了全面贯彻增产节约的方针,在整顿社办企业、事业的同时,必须本着积极、合理的原则,对现有的劳动力进行一次全面的整顿和精简。精简的主要对象有:(1)长期"拼爹"不上班工作的人员;(2)老弱病残,基本上丧失劳动能力的人;(3)子女多,家务重,需要回家料理家务的人;(4)好逸恶劳,"三天打鱼,两天晒网"的人;(5)不学无术或不符合工作需求的人;(6)适于组织生产小组进行自负盈亏性生产的人;(7)其他需要精简的人。精简工作应该采取先易后难的方法,有步骤有计划地进行。首先,从公社各个方面,特别是福利事业、大院工作人员、企业中的管理人员,把多余的人压缩下来。其次,加强管理,改善劳动组织,合理调整人员,实行定员、定额管理,进一步挖掘劳动潜力。与此同时,对精简人员分别不同对象,妥善安置。对积极要求参加劳动的人,调整到修理服务、短途运输等亟待发展的行业中去,或帮助他们组织自负盈亏的小型分散的生产、服务小组,但需加强教育和管理,防止发展资本主义。对老弱病残无人抚养者,由民政部门予以安置。属于自由流动人口,坚决动员其回农场生产。总之,既要精简,又要增产,先予以安排,后再调动,有的一时不好处理就暂缓处理,做到留者安心,去者满意。

(八) 关于城市人民公社的财务管理问题

为了不断地巩固、提高城市人民公社,必须进一步发扬自主起家、因陋就简、自力更生、发愤图强、艰苦奋斗、勤俭办社的光荣传统,认真贯彻执行任务工作的"发展经济,保障供给"的总方针。

1. 改进财务管理体制。各公社应逐步实行两级（公社、管区）管理，两级（同上）核算。在收支管理上公社直属企业实行利润、折旧上缴公社，企业按比例提取留成，核定流动资金定额，基本建设由公社拨款的办法，对直属事业单位，实行核定收支、以收抵支、结余留用的办法；公社对管理区可逐步实行核定收支任务，收支相抵后，余额按比例上缴公社一部分，管理区对直属的企、事业，应参照上述办法处理；对群众自办的小型生产、服务单位，应本着有活就干、无活就停的精神，实行计件工资制。各管理区对这些单位要加强领导和管理，并由管理区按实际收入提取一定比例的管理费，开始以不提或少提为宜，以扶助其发展。

2. 加强财务管理，严格财务纪律，坚持勤俭办社的方针。社办企业、事业应建立和健全财务计划、会计、核算、收支管理、现金、财产、民主管理等七项基本制度，做到账实相符，账证相符，与此同时，实行财务公开，以便听取群众的意见，接受群众监督，改进管理，堵塞福利。各级财务收支，都要按计划执行。凡属计划外的支出，需经公社管理委员会或上级财务部门核准；对计划内的开支，也要按开支性质、开支大小，明确规定批准权限和手续（具体办法另定）。要认真贯彻执行勤俭办社的方针，今后一律不准请客、送礼和开支招待费，一律不准瞒买高级家具用品。并要经常积极和群众进行勤俭办社的教育，发扬勤俭办社的光荣传统。

3. 加强组织领导，整顿和充实财务人员队伍。市、区和公社的财务部门，根据必要与可能采取各种训练班或业余学校等形式，加强对公社各级财务人员的培训工作。不断提高他们的政治、业务水平。并认真选择一批政治可靠，具有一定业务知识的人担当财会工作，逐步地建立起一支又红又专的财会人员队伍。

4. 正确处理国家、公社、个人之间的经济关系。对过去三者之间互相占用人力、物力、财力，要彻底清算。对国家与公社之间的经济账，应本着"互相支援，等价交换"的原则，妥善研究处理。对占用群众个人的生产资料和生活资料（包括建设社会主义的）应该在干部和经手人当中进行清理，凡属有据可查的在今年内付清。今后，市、区有关部门，凡将企业、事业或工作任务下放给公社管理，所需经费开支应按规定拨给公社，委托公社代管、代办者，应给公社合理报酬。各公社应加强经济核算,把各项资费收足、收齐。

(九) 城市人民公社的组织领导问题

为了全面地发挥人民公社的伟大作用,必须进一步加强对它的领导。

1. 加强市、区对城市人民公社的领导。

各区委要确定书记、区长各一名,负责管理城市人民公社工作。其他书记、区委会应结合自己分管的工作,加强对公社工作的领导。各区要定期(一般的每月一次)的研究城市人民公社工作,并按季向市委提出季度工作报告或专题报告,克服和防止平时松和无人负责现象的发生。今后将市、区委城市公社办公室改为常设机构(各区委城市公社办公室可改为城市人民公社工作部)。它既是市、区委的工作部门,也是城市公社工作领导小组的办公室。人员编制,应根据实际需要本着精简精神,由编委确定。各区人委应确定一名办公室副主任和两三名工作人员组成城市公社工作组,协助区长处理日常工作。现有的干部名额不足或质量不合要求者,由市、区委组织负责调配。在机构组织确定之后,各城市公社的主要干部不要轻易调动,以便把现有的干部稳定下来,增加工作经验。

2. 市、区各有关部门,要加强归口管理工作,帮助公社解决有关工作中的困难问题。对公社布置有关政策性强、牵涉面广或占用公社人力、物力、财力较多的工作,以及有关体制改革等重大问题,必须报经市、区委批准,公社按市、区委文件或会议的统一布置执行。

3. 加强公社党委的领导。

公社党委,必须坚持政治挂帅,把政治思想工作作为首要任务,经常向职工群众进行以三面红旗为中心的社会主义和共产主义的教育,不断提高干部和群众的阶级觉悟和政策思想水平;认真贯彻执行党的方针政策,加强调查研究,改进作风,深入实际,深入群众,发扬民主,与群众同甘共苦,做到新生事物一出现,就大力扶植发扬,对不良倾向一萌芽,就及时批判克服。

根据党的集体领导和分工负责相结合的原则,加强对公社的全面的绝对领导,但是,不应该包办代替公社的行政工作。凡属行政上的日常业务工作,应该由公社管理委员会和有关职能部门处理。

应该健全党的组织生活,克服分散主义和组织生活涣散的现象,充分发挥党组织的战斗堡垒作用。

各级党组织必须贯彻执行阶级路线,依靠工人阶级和其他劳动人民,团结、教育、改造资产阶级和小资产阶级,监督地、富、反、坏、右五类分子进行劳动改造,以便从思想上、政治上、组织上不断巩固、提高和发展城市人民公社。

以上报告,如果可行,请批转有关部门执行。

中共沈阳市委城市人民公社工作领导小组
一九六一年四月十三日

（西安市）关于大明宫公社组织
作用的调查情况*

（一九六一年六月五日）

最近,我们通过召开调查会的方法,在大明宫公社对城市人民公社的体制进行了一些粗略的调查。总的印象是:城市公社体制必须改变。现在公社一级组织作用不能很好发挥,公社、分社工作中存在的许多问题,都和体制问题有密切关系,要解决这些问题,必须从改变体制入手。大明宫公社从去年4月份建立以来,在党的正确领导和群众大力支持下,在发展社办工业生产、组织人民经济生活、对群众进行教育、组织协作支援农业等方面,起了一定的作用,并且在实际工作中给区减少了一些领导头绪,加强了对基层工作的督促检查,起了区的助手作用。但是,从1年的实践来看,由于公社一级组织建立不当,当前工作中尚存在着不少问题。主要是:

一、干部力量分散,公社、分社均感薄弱

大明宫公社下辖太华路、自强路、北关、红庙坡4个分社,这些分社就是原来的街道办事处。公社化前,每个街道办事处平均有干部11.5人,其中书记、主任4人。公社化后,由于建立了公社一级组织,仅增加了总的干部名额,还将街道办事处的一些干部调到公社,这就削弱了街道办事处(即现在的分社)的力量,该公社所属4个分社的干部,由公社化前的46名减少到29名,减少

---

* 原件现存于陕西省档案馆。

了 41%。目前,平均每个分社仅有干部 7 人,其中书记、主任 2.5 人。分社由于干部少、事情多,整天忙于各种应付,大有招架不住之感。

公社有干部 48 人(不包括原农村部分干部),从表面上看,人还不算少,但由于公社为了适应区的要求,建立部门多,分工细,加之中心工作多,经常搞运动,实际上也很薄弱。社委和社党委共设有 15 个部门。社委有:办公室、工业科、财贸科、卫生教育科、福利科、武装科、计划统计科等 7 个科室;社党委有:办公室、组织部、宣传部、工业部、财贸部、监委、共青团、妇联等 8 个部门。从去年公社建立以来,该社经常有 2/3 的干部搞"三反"、抗旱、夏收、"三秋"、审干、整风整社等各项中心工作和政治运动,仅有 1/3 的干部搞业务工作,最少时只有 10 来个人。如按公社现有的 48 名干部来计算,书记、社长 4 人,长期劳动锻炼 3 人,参加农村整社 4 人,实有干部 37 人,每个部门平均不到 2.5人,不少部门实际还达不到这个数字。党委办公室、宣传部、监委、共青团、妇联、社委工业交通科、文教卫生科、福利科、政法武装科等部门,经常只有 1 个干部处理日常工作。如共青团设有干部 3 人,去年整风整社开始,参加农村和城市整风整社的各 1 人,1 人有病休息,连转关系的人都没有;计划统计科虽有 3 个干部,但经常在家的也只有 1 人,还兼任办公室的收发工作,统计报表忙不过来,只好坐在机关打电话催要。

为了改变这种情况,不久以前,公社将社委和社党委的部门合并为工业、财贸、文教宣传和综合等 4 个办公室,合署办公,情况较前略有好转,但仍不能完全摆脱被动局面。

二、公社处理具体问题不多,经常处于承上启下的忙乱状态

大明宫公社是在原来的太华路、自强路、北关、红庙坡 4 个街道办事处和未央宫、马旗寨 2 个农村公社的基础上建立起来的(今年 5 月份调整农村人民公社规模时,将农村部分划出,单独成立了农村公社,该社现在只领导城市部分),它处在区和街道办事处之间,既不像区那样管理工、农、商、学、兵和全部

生产、交换、分配工作,也不像街道办事处那样任务具体,因此,在实际工作中,只起了个承上启下作用,这从以下情况中即可看出:该社共有人口 15.1 万人,其中:居委会 11 个,居民 7.7 万人,公共单位 7.4 万人;社办生产单位 78 个,其中:综合工厂 45 个,架子车队 3 个,社属工厂 30 个,职工 2770 人(不包括综合工厂);生活福利和服务事业单位 344 人,其中:食堂 151 个,幼托组织 46 个,服务站 45 个,代销店 98 个,敬老院 1 个,母子康福乐园 3 个,另有只领导党的关系的单位 70 个;公社直接领导的工厂 2 个(职工不到 200 人),卫生院 1 个;只领导党的关系的有 16 个单位,其余的 524 个单位均由分社和居委会领导。

公社范围内的绝大多数工作,都是通过分社直接进行,但是由于分社干部编制很少,和它担负的任务不相适应。公社除了领导少数的企事业单位外,主要对分社和基层单位的工作进行督查。

……

公社建立后,对区和分社来说是增加了一个环节,区的有关指示、要求和分社的请示、情况反映,都要通过公社才能下达上传,不如以前及时、来得快。有些要求急、时间紧促和政策性较强的工作,区上就采用了公社分社一把抓的办法,或者不通过公社直接抓了分社,突出地表现为会议重复、文件重复。在会议重复上:

一是区上既抓公社又抓分社。如:城市公社的整风整社运动,区上采用了一竿子到底的办法,直接抓分社,又抓公社。汇报和布置研究工作,公社、分社都参加;公社为了掌握情况,也要召集分社汇报。季度工业生产计划的布置,区上也同时召开公社、分社书记、社长(主任)会议研究安排。之后,公社再向分社布置。

二是同一件事情,区、公社都向分社布置。如:去年的整党工作,内容要求完全一样,分社给区汇报,又要给公社汇报。今年 5 月,区委和区人委联合召开会议,布置开展卫生突击运动,区上通知分社后,又叫公社通知分社。

三是有些工作区上通知了分社,公社还不知道。如:今年 5 月 24 日,区上通知分社星期三的整风学习暂停,听夏收广播动员报告,公社不知道,待通知时,分社早已行动了。

5月27日下午3时半,区上通知分社召开食堂会议,公社不知道,公社又通知分社在当日下午2时开会,布置夏收期间的群众蔬菜和粮食安排问题。由于3时半区上要开会,公社不得不仓促布置,好让分社参加区上会议。

文件重复也不少。据北关分社统计,在1960年12月和今年1、2月的3个月,分社接到区委、区人委、公社党委、社委的文件共78件,其中属于区的文件21件,属于公社的57件。在区的21件中,由区直接发到分社的8件,公社照样转给区的12件,公社转印区的1件。

这些重复现象,不仅造成人力、物力和财力的浪费,更重要的是给分社造成了许多麻烦,有些工作区上直接抓的结果,也影响了公社组织作用的发挥。

从上述情况中,可以明显地看出公社的组织作用没有很好发挥。原因何在? 主要是:它建立在区和街道办事处之间,所处的这种不上不下、不大不小的位置,既起不了领导机构的作用,也不起基层组织作用,仅起了区的派出机构作用。要克服上述缺点,更好地发挥公社的组织作用,最根本的办法是从体制上加以改善,如不解决,即使给公社、分社增加一些干部,也不能完全解决当前公社工作运转迟缓、指挥失灵、浪费人力等问题。最好的办法是:砍掉一个层次,充实基层。具体意见是:将现在公社的范围缩小,以现在的分社为基础,建立公社,撤销现在的公社。这样可以减少一个层次,使公社接近群众,接近实际,也能集中使用干部力量,加强对社办企事业单位和居委会的领导,及时解决各种问题,发挥它的组织作用。如果公社范围维持现状不变,将分社撤销,由现在的公社直接领导社办企事业和居委会,公社虽然也变成了基层组织,但范围过大,领导头绪过多,将会产生更不便利群众的现象。如该社所属4个分社撤销后,公社就要直接领导事业单位279个、居委会51个和领导小学、银行、办事处等70个单位的党的关系,共有单位400个。有些地方群众到公社办事就要跑10多里路。所以,只有缩小范围,撤销现在的公社,以现在的分社为基础建立公社,才比较切合实际情况。

西安市城市公社办公室

一九六一年六月五日

西安市城市人民公社办公室
关于分散的大工厂公社组织形式和
政社合一问题的调查[*]

（一九六一年六月五日）

　　最近,我们在洪庆人民公社洪庆管区（即分社）和草滩人民公社红旗分社,就分散在农村中的大工厂的公社组织形式和政社合一问题,进行了调查。

　　以庆华电器制造厂为主的洪庆人民公社洪庆管区,包括有五○二工区和商业、粮站、邮电所等公共单位,共有一万一千多人,一千三百户,一个居委会（也叫家属委员会）,下设五个分会。在城市公社化前,该厂就组织职工家属办了一个卫星厂（现仍由厂材料科领导）,专为厂加工导线、糊纸盒等,参加生产的有三百人左右;一个由厂工会领导的缝纫组,有生产人员十二人;一个托儿所,有小孩一百六十名。公社成立后,增加了一个家属食堂,开始时有一千○八十人就餐,现有三百人上伙;一个服务站,有工作人员二十七人。

　　以红旗机械厂为主的草滩人民公社红旗分社,包括了省建七公司工区、安装设备公司三工段、四○七库、省劳动局技校、二航校、地区商店、区副食品加工厂、粮站、学校、邮电所等公共单位,共有二千○四十七户,二万四千一百六十二人,六个居民（家属）委员会。在城市公社化前,该厂在职工家属中组织了一个缝纫组,五个代销店和一个托儿所,有小孩二十名。公社化初期,创办了化工、草帽、刷纸、炼焦、耐火材料、五金、橡胶、自行车修理、缝纫等九个厂,经过整顿后,现办有一个小五金厂,主要是利用厂的边角料生产刀、锅、铲、勺等小商品,参加生产的有二十一人;一个缝纫洗染厂,设有缝纫、洗染、翻新补

---

　　*　原件现存于陕西省档案馆。

— 260 —

旧三个组,参加工作的有三十七人;一个综合服务厂,有二十四人分别从事理发、焊补、车子修配、运输、钉鞋等服务工作;蔬菜代销店六个;洗衣组二个,工作人员十四人;托儿所一个,入托小孩二百四十名;食堂一个,就餐二十人。

庆华电器制造厂和红旗机械厂,都是以大厂为中心和农村合并在一起组织城市公社的。从一年多的实践来看,大工厂和农村组成一个公社,有一定的好处,如进一步密切了厂、社关系,加强了厂、社之间的互相协作、支援等。但也存在一些问题和缺点。主要是由于这里农业人口多(三万多人,占全社人口三分之二以上)、地面广、工作量很大,公社要用大部分力量领导农村工作,这就产生了放松对城市部分工作领导的问题,出现顾此失彼的现象。如洪庆人民公社把百分之八十以上的力量用于搞农村工作,而对城市部分的洪庆管区工作很少过问,有依赖厂的思想。加之,厂对家属工作也有所放松。因而,使这个管区工作没有很好开展起来。

这次农村人民公社规模调整后,草滩公社和洪庆公社的农业部分,已分别成立了几个农村人民公社。城市部分的红旗分社和洪庆管区的公社组织形式怎样调整,是就并于所在地区的农村人民公社,作为一个分社受农村人民公社领导;还是与农村人民公社分开,以分社(管区)为基础,单独成立一个城市人民公社。在座谈中,区、公社和厂的同志都主张采取后一种组织形式。理由是:

第一,可以加强领导,克服城、乡公社在一起的顾此失彼现象。城市公社在大工厂地区主要是做好职工家属中的生产、生活等工作,关系与厂非常密切。单独成立公社,受厂党委和区上双重领导,更便于调动厂对各方面的积极支持,从而依靠厂的力量加强公社工作。

第二,可以减少一个中间环节,克服工作运转迟缓现象。单独成立城市公社受区直接领导后,区上进行工作就可以不通过农村公社而直接下达到基层,虽然增加了一个头绪,但工作一下能抓到底,更有利于领导,同时也可以减少农村公社工作上的一些麻烦。

第三,便于组织所在地区公共单位之间互相协作、支持,更好地贯彻为大工厂服务的方针。

第四,有利于厂区的治安保卫工作。

同时,搞农村工作的同志,也觉得农村公社包括一部分城市工作,的确有很多不便。把工厂和农村分开组织公社,不仅可以加强城市,而且也便于农村工作。另外,在厂和农村分别组织公社后,厂、社之间的互相支援,必须进一步加强,以便通过厂、社挂钩使这种支援经常化、制度化。大厂调出搞公社工作的同志,对驻在公社范围内的其他单位和为大工厂服务的部门,属于地区性的工作,也必须重视搞好,不可偏废。

目前,这两个厂的公社组织已实现了政社合一。主要表现在:分社虽然属公社的派出机构,但其所做工作已超过了一级组织作用,它不仅管理社办生产、生活服务事业等经济工作,同时也管理社会治安、民事调处、婚丧登记、户口管理、拥军优属、社会救济、文教卫生、普选、征兵等基层政权工作。由于工业地区的阶级状况较之城市街道居民更为单纯,公社已完全能把地区性的经济、政权工作统一起来,实现政社合一。

红旗机械厂地区的派出所党的关系转归红旗分社领导后,双方均感便于工作,有效地加强了该地区的治安保卫工作。座谈中,大家还要求随着公社组织的调整,可将所在公社地区的商业、粮站、银行、邮电所、派出所等公共单位党的关系下放公社领导,实行公社(块块)和专业部门(条条)双重领导,以便实现党组织对地区性工作的监督,这对各方面的工作是有利的。同时,公社也要注意监督地区商店做好对农民的供应工作等。

西安市城市公社办公室

一九六一年六月五日

关于城市人民公社生产方针、分配、集体福利事业的调查报告*

宝鸡市委书记　薛志仁

（一九六一年六月五日）

一、城市人民公社的生产方针问题

宝鸡市金台公社共有生产组织 106 个，其中工业企业 96 个（包括市交社代管的合作工厂 10 个），运输企业 7 个，基建企业 3 个。从企业分布、产值、产品 3 个方面看为"四服务"情况：

类别	单位	合计	为生活服务		为大工业服务		为农业服务	
			数量	%	数量	%	数量	%
企业	个	106	96	90.5	7	6.6	3	2.2
产值	元	2420410	1453117	60.04	956527	39.5	11076	0.46
产品	种	201	140	69.96	46	22.9	15	7.5

以上为"四服务"各占的比例，在很大程度上是受产、供、销等自然支配自发形成的，再加上去年城市公社化后的计划整顿，因而这种比例关系基本上是适合的。

---

* 原件现存于陕西省档案馆。

看来在城市发展社办工业应注意 10 个问题：

（一）目前尚无为出口服务的产品。这是由于社办工业的历史不长、技术水平还不高的缘故，应该实事求是，不必急于求新、求全，先有"三服务"也好，努力提高质量，扩大销路，在国内市场把脚跟站稳。

（二）为农业服务的比重不宜过大。因为按城市社办工业的装备和技术条件还不能生产大型的耕作、排灌机械，小农具的修理与制造也由农村公社工业承担大头，城市公社工业应着重弥补不足和搞小农具方面的名牌货，并注意发展化学工业，多生产化肥，其它不宜大量发展，主要突出为人民生活服务，其次是为大工业和基建服务。

（三）与大工业争原料的机械行业，与农村社办工业和副业争原料的建筑用品生产（用稻草、禾秆等作原料的）以及主要原料（如煤、矿石类原料、染料）长期难于解决的，应适当控制和压减，自动给农村社办工业、大工业让路。

（四）有些行业虽然从目前情况看，产、供、销问题很大（如缝纫、洗染等），但不宜压减，应该暂时转向修补业务，以保存实力，坚持主要为人民生活服务的方向，不能因一时困难而大散、大转，防止日后被动。

（五）小五金、木器、竹器潜力很大，宜大量发展。

（六）经常注意解决产、供、销问题。

（七）培养人才，有计划地在城市居民和职工家属出身的工人中培养能手，树立榜样。

（八）城市社办工业的主要原料，除充分利用废品、废料和就地取材外，对一二类物资，应该逐步纳入国家计划，逐步给予保证。

（九）国营和地方国营工厂的简单产品（如糊纸盒），可让给社办工业生产。

（十）社办工业应大力提高产品质量，并不断提高机械化、半机械化程度，减轻笨重的体力劳动。

二、城市公社的分配问题

目前公社的分配基本上是贯彻按劳分配的原则,工资形式有月固定工资(主要是管理干部)、计时(包括日工资)、计件、按劳提成 4 种。社直属的 19 个企业 1863 名职工,平均工资为 30.19 元;市交社代管的 10 个合作工厂 717 名职工,平均工资 35.50 元;各分社属 63 个工厂 1737 名职工,平均工资 26.50 元;公社所属 2 个运输企业 309 名职工,平均工资 40.50 元;公社所属 2 个建筑企业 626 名职工,平均工资 41.66 元。

这种工资制度的形成原因有 3 个方面:1. 刚办起厂后粗议定的;2. 开始借,由借的金额形成工资差;3. 参照国营工厂工资级别,同行业一般低一级而定。

正是由于这种历史原因,现行工资制度中有不少问题:

(1)悬殊太大。以社直属 21 个生产单位 2728 名职工的调查,计件工资占 37%,在 63% 的计时工资中,日计时工资又占 44%,如此在劳力、技术差不多的工人中,收入最多的可达到 50—60 元,少的则仅 20 元左右,且很不稳定。

(2)等级太多。社属西关机械厂内由于 2 个企业合并后工资未调整,就有 19 个级别,比国营工厂还多 11 个等级。

(3)定额不合理。木器厂锯工计件工资每月平均收入 60—70 元,最高的拿 150 元,而技术高、做细活的加工、配套车间,由于实行计时工资,每月才收入 40 元左右。不少企业计时工资不加奖励,计件工资又长期不调整定额,致使技术高的老工人与入厂不久的新工人收入不差上下。那些长期实行计时工资的工厂还有 1950 年的徒工至今每月拿 18—20 元的。

由此看来:(1)对城市公社的工资分配应该在不突破或稍突破总指标的原则下,进行一次调整;(2)工资等级不宜过多,一般以 6 级为宜,比国营少 2 个等级为好;(3)1 个企业内计时、计件同时并存的,则应加强管理,计时工资必须加奖励,计件工资应经常调整定额;(4)1958 年进厂的学徒工应该搞一次晋级工作;(5)国家对城市社办工业工资不宜管得太死,应该给公社一点权力,原则上使其低于国营和地方国营即可。

目前金台公社的积累办法是:

企业领导关系	纯利润	公社提取	分社提取	企业留成	
				公积金	公益金
市交代管合作工厂	100	注		留成企业利润的20%	
社属企业	100	30%		5.5%	15%
分社管企业	100	25%	10%	50%	15%

注:在80%上缴利润中提取20%管理费。

从这个积累办法中,可以看出以下2个问题:

1. 粗。公社分别提取的30%和25%比例中,未分开公积金、公益金、管理费3项各占比例,因而开支混乱。1959年至1960年底,公社共提取了51.0391万元,除投资了12万元和以暂借名义支出公益金3.1万元以外,目前尚存34.9391万元。分社亦同,并未分开各类开支,愿在什么项下花就在什么项下花,花多少算多少,仅经二路分社即存有3万元。

2. 公社和分社提取的比例太死。未按企业生产水平、发展规划、所有制所占成分等作出不同的规定,也没有个幅度,没有在工业、交通、基建等不同部门中作出不同的比例,表面上公平,实际不够合理,致使该发展的难发展,没有发展前途的存钱花不出去,公社石渣厂即存有4万多元。运输企业提取以后全部按劳分成,工资一般太高。

关于公社一级提取纯利润的分配,这次议为公积金占60%,公益金占25%,管理费占15%。分社亦应参照此比例作出规定。关于公社和分社提成的比例,大家一致认为对基建、交通企业应该多提,在工业企业之间也应有个幅度或作出不同规定,不要"各打四十大板"。

三、集体生活福利事业

公社共办有街道食堂36个,托幼组织52个,服务站9个。

目前存在的主要问题是:

(1)分布不够合理,企业集中地区多,居民集中地区少,企业集中地区食堂多,托幼组织少,许多家庭妇女只从食堂这个角度上解放了一半,幼儿拖累还束缚着一半。

(2)除少数办得好的以外,食堂管理人员和托幼组织保教人员质量一般不高,年纪大的多,没有专门训练的多。

(3)由于公社、分社支出公益金太少,托幼组织经费不足,有时发不上工资,房舍设备也过于简陋。

(4)生活方面粮食不够吃,给小孩洗衣没肥皂,煤少,食堂不供开水。

对于以上问题除议定合理调整布点,加强对保教人员的政治、业务教育以外,公社可将现存款项拿出一大部分投资集体生活福利事业,今后每年拿出5000元左右专门补助托幼组织的开支。口粮(包括社办工业口粮)标准由市上从1961年至1962年度销量指标内作部分调整。用煤、用肥皂等可适当予以照顾或利用烧碱等代替。今后副食品加工剩下的糖渣、豆渣之类,可给城市居民食堂划售一部分,并从鲜奶、代乳粉、食堂、糕点等方面,在可能的条件下,给下一代以必要的照顾。

薛志仁

一九六一年六月五日

西安市南院门分社在公社化后的
工作变化情况*

(一九六一年六月六日)

雁塔区南院公社南院门分社（即街道办事处）地区共有居民 5265 户 24300 人,其中公共单位 118 个 6291 人,有居委会 10 个,社办事、企业单位 45 个,它所领导的居民人口和事、企业单位与城区多数分社基本相同。

这个分社在 1958 年"全民大办工业"的号召下,成立了生产服务社,开始组织群众举办生产事业,去年公社化高潮中,又新办了一批生活福利和服务事业。这个分社在公社化后工作的变化,可以代表那些街道生产事业办的较好的变化不大的分社。

现在这个分社的任务,可以粗略地划为工业、财贸生活、政法、文教卫生和劳动建设等 5 大项 40 条。其中基本没有变化的有 20 条,多属政法、文教卫生和劳动建设方面;工作稍有增加和稍有减少的有 12 条,主要是属于工业方面;变化较大的有 8 条,主要是财贸生活方面。

基本上没有变化的有:优抚工作、登记结婚、调解离婚、征兵、普选、业余教育、扫盲、文娱、体育、民兵、文物保管、卫生、领导民办书店和卫生所、防汛、私房的维修检查、绿化、发展家畜家禽、种菜以及发放油、棉、布票等。

稍有增加或稍有减少的是:工业生产单位由原来的 13 个增加为 16 个,但参加生产的社员却由 734 人减为 434 人(上交给公社 4 个大单位,又新办 7 个小单位),领导的单位虽然少了,但由于要求细了,实际工作量增多。公社化前分社领导的工厂,是由区工业局派驻分社的干部专管,分社兼管,资金和原材料供应等多由区直接解决。现在分社要全面领导工厂的工作,如管理干部、

---

* 原件现存于陕西省档案馆。

政治思想教育、调配劳力、确定工资福利办法、帮助解决房屋、设备和供产销等各种问题。过去企业用人比较马虎,现在要求严格;过去从事原料加工较多,现在生产小商品需要大力解决原材料和提高技术水平。在审查登记小商小贩的开业歇业方面,因为有些人已经组织起来,工作减少了,许多闲散劳力参加生产后收入有了增加,救济工作减少了,同时,经过集体生产和集体生活的锻炼,居民吵嘴打架,需要分社调解的民事纠纷也减少了。

工作量增加较多的主要是属于财贸和生活福利事业。食堂、托儿所、蔬菜代销店由过去的 9 个增加到 26 个,服务人员由 55 名增加到 119 名,公社化后在较大的 7 个居委会都成立了服务站,参加生产和服务的人员有 400 名。分社领导这些事业所花费的力量是不小的。随着粮食和物资供应紧张,新增加的工作有:发展代食品生产、协助地区商店研究物资分配和需要分社证明的事项大大增加。如居民购买煤油,病人产妇买鸡蛋,订牛奶,买麻黄素等药品,卖死人寿衣、事、企业单位在供销方面对外联系等,都需要分社证明,这种证明约有 50—60 种。随着大办农业,分社组织居民支援播种、收割、锄草、积肥等工作也增多了。去年以来还新增加了管理住在街巷的退休干部,并按地区建立了广播网,负责领导广播宣传。

公社化后,分社任务增多,但干部却减少了。原办事处编制 13 人,区上批准超编 4 人,加上区的粮食、商业、文教和工业 4 个局派驻办事处的干部 5 人,共计 22 人。公社化后,实际编制 13 人,事业干部 3 人(商业 2 人,工业 1 人),在以上 16 个干部中,长期下放劳动的 2 人,经常做实际工作的只有 14 人。如按 16 人分工,党委 5 人,其中书记 2 人、干事 3 人,分社行政 11 人,社长 2 人,负责内勤、服务站、食堂、代销店和管工业的各 1 人。另有 3 人包干领导 10 个居委会,并负责政法、文教和劳动建设等业务工作(有 1 名下放劳动的干部还没有分工)。在上述的干部中,真正有管理企业经验和熟悉街道工作的只有 2 人。因为事多人少,就出现了忙于应付的被动局面:

(1)工作只能招架,无法主动安排。分社没有季度和月度工作计划,来了什么做什么,甚至同时接到 10 多项任务。如 5 月 15 日 1 次就接到公社布置的 17 项任务:公社财贸办公室布置发展代食品生产、总结食堂工作、开展私房普查修缮;政法办公室布置对职工进行劳动纪律教育、检查安全保护、统计工伤事故、整顿民兵、处理劳动就业问题、对转业复员军人的统计;工业办公室布置开展技术革新运动;宣传部布置收广播费、大搞卫生宣传鼓动、保护城墙、开展卫生突击周;综合办公室布置要抓机关生产、支援夏收和处理文书归档和防止食物中毒等。在以上工作中,有 9 项要求在 5 月底以前完成。由于任务多,时间短,就很难保证工作质量。

（2）领导干部会议多。如分社书记雷振东同志在 4 月 20 日到 25 日的 6 天内,参加了区和公社的 3 次会议,分社党委本身开了 2 次会议,分社社长朱鸿勋同志在 5 月 5 日到 5 月 11 日的 1 周内参加了 5 次会议,真正做具体工作、深入第一线的时间不多。

（3）统计报表多。工业方面除有月报、旬报、"五日报"和日报等定期报表外,还有不定期的报表,如对今年第 1 季度和全年产值、产品计划完成情况就统计过 8 次。有些统计要得很紧,如公社要求统计居民的水井数,5 月 26 日快要下班时送来报表,要求在 27 日上报,布置和统计的时间只有半天。同时,在卫生、财贸和修理服务方面的统计表也不少,如今年对修理服务业就统计过 6 次。

（4）由于增加了公社一级组织,工作环节增多,工作有重叠现象。许多工作,区上布置后,公社要根据本地区的情况作安排,最快需要等 1 天。如工业会议的摸底工作,区工业局布置后,还要等公社再作布置。这次夏收工作,区和公社先后召开过 9 次会议,分社的书记和社长参加过 7 次。

看来要改变当前分社工作忙乱、被动的办法有 2 条:一个是体制不动,只增加干部力量。这样既浪费了干部,又不能改变工作重叠、运转迟缓的缺点。另一个是从改变体制入手,来加强分社的力量。如果撤销分社,公社的领导头绪增加,忙不过来,又不便利群众。因此,撤销公社,以现在的分社为基础建立公社,这样,既减少了层次,也加强了基层领导。体制改变后,公社（即现在的分社）任务增多,主要是多领导了一些事、企业单位,要建立一级的经济核算,而且和区的业务部门要直接对口,干部力量必然相应增加,现在干部不动,再增加 10 多名干部,共计 26—27 人工作就会主动一些。

西安市城市公社办公室

一九六一年六月六日

西安市城市人民公社办公室
关于城市人民公社体制
问题的调查情况*

（一九六一年六月六日）

我市城市公社建立 1 年来，经过实践和最近的调查证明，由于规模大、层次多，致使基层领导力量薄弱，工作指挥不灵，运转迟缓，浪费干部。现将我们对这个问题的调查结果报告如下：

一、组织形式问题

我市城市人民公社都是以大工厂、大学校、大机关为中心组织起来的，现在的 15 个城市公社（不包括 4 个县的城市公社），以大工厂为中心的 8 个，以大学校为中心的 2 个，以大机关为中心的 4 个，以国营农场为中心的 1 个。以公共单位为中心组织公社所起的作用，主要表现在公社化初期，以这些单位为主负责筹建公社，由这些单位的负责同志分别担任公社党政的"第一把手"，并抽出一定数量的干部到公社工作或者担任实际领导，这对公社的建立和发展起了一定的促进作用。公社建立后，兼任公社领导职务的负责同志，虽然对公社工作很重视，但由于他们本身工作繁忙，要经常过问公社工作有一定的困难。

公社在公共单位的帮助支援下建立后，除公共单位本身的家属组织的一

---

* 原件现存于陕西省档案馆。

些生产、生活事业为他们服务外,从整个公社的工作来看,为这些单位的服务不够显著。如三桥公社是以三桥车辆厂为中心组织起来的,工厂的党委书记兼任公社党委第一书记,工厂调给公社39名干部,并抽出一些机器工具、生活用具和房产,举办了企、事业,但为大工厂服务较为显著的仅有本厂家属举办的企、事业,而公社主要力量抓了农业。这在我市包括农业部分的城市公社中,是带有普遍现象的。在公社化运动中,我们以大工厂、大学校、大机关为中心组织公社的目的,是为了依靠这些单位的力量,加强对公社的领导,体现以工业带农业、以全民带集体的精神,并便于为这些单位服务。从1年的实践来看,在公社化初期,依靠这些单位的力量,筹建公社是必要的,但在公社建立后,就很难实现我们原来的设想,主要原因是:

1. 根据我市工业和学校的特点,公社在一个较长时期内,组织大工厂、大学校广泛进行大协作是有困难的;

2. 由于当前原材料供应等问题,公社在组织地方工厂企业之间进行大协作,也存在一定困难;

3. 从大机关、大学校的工作看来,它和街道居民没有什么联系,它办的生活福利事业是属全民性质的,也还不可避免地和街道社办生活福利事业存在着一些差别,公社目前还不可能把他们组织在一起合办。另外,公社办的生产、生活事业,主要是在大工厂、大学校支持下办起来的,并且是为他们服务的。因此,在大工厂、大学校的社办事、企业必须在厂、校党委和公社的共同领导下才能办好。

根据以上情况,这次调整公社规模时,必须从有利于促进生产发展和组织人民经济生活出发,以地区为主,并适当考虑条件,参照人口分布、经济状况、自然条件和历史沿革等特点,因地制宜地进行调整。其形式大体上有以下几种:

1. 在城区内以街道居民为主组织公社,对所在地区的机关、学校等可作为公共单位看待;

2. 在郊区的工业集中地区(如韩森寨、纺织城、电工城等)可由数家厂联合组织1个公社,并把附近一些公共单位和居民包括进去;

3. 分散在郊区的大工厂(如庆华电器制造厂、红旗机械厂等)可以它为

主,包括该地区公共单位和服务部门单独成立 1 个城市公社;

4. 对分散在农村和城市中的较小工厂、企业和大、专学校,可按地区划归农村公社或城市公社,不另单独成立。

二、规模问题

我市的城市人民公社,是在区以下,由原来的 2—5 个街道办事处(郊区公社还包括了一部分农业)组织起来的。人口最多的是长乐公社,有 25.9 万人,最少的是渭滨公社,有 3.8 万人,平均每个公社人口是 10.44 万。分社人口最多的是雁塔路分社,有 11 万人,最少的是西安纺织厂分社,有 1.2 万人,平均人口是 3.7 万人。

在去年公社化中,我市将原来的 7 个区合并为 4 个区,在区以下建立了公社,公社以下建立了分社(街道办事处)作为公社的派出机构,但由于公社建立在区和街道办事处之间,对区上下达的任务主要是转给分社去执行,有些工作本身又无权决定,对基层提出的一些问题,多数要请示区解决。因此,区上有些工作就直接抓了分社。如整风整社工作是以分社为单位进行的,各区布置、汇报都是直接抓分社,公社实际上只起了区的派出机构作用。具体表现是:

1. 减少了区的一些领导头绪;

2. 对分社和基层工作进行督促检查;

3. 直接领导了一些企、事业单位,减轻了分社的负担,而属公社派出机构的分社,却真正起了一级组织的作用。

城市公社的范围是大一点好呢? 还是小一点好呢? 从调查情况来看,小一点比较好。如果扩大范围,以现在的区为单位建立公社,等于换了个名称,其作用和现在的区相同,而且还会出现一些新问题,如对民主人士的安排,社员代表大会和人民代表大会是否合一召开的问题等,不好解决。如果撤销现在的区,由市直接领导公社,或者按原来 7 个区范围建立公社,其作用和现在的区改名称也是相同的,同时,这样改变后,有些公社纯属城市性的,还不如现在的区便于组织工农业协作,再考虑将现在的区不动,撤销现在的分社,由公社直接领导社办企业和居委会,虽然可以给区减少头绪,但公社领导头绪却大大增加,更不便利群众。以大明宫公社为例,把它所属的 4 个分社撤销后,它就要直接领导大小企、事业单位 279 个,居委会 51 个,并领导小学、银行办事处等 70 个单位的党的关系,撤销分社后,群众办事找公社往返要跑 10 多里路,很不方便。显然,如果这样作调整,公社要做好工作是很困难的。因此,撤销现在的公社,基本上以现在分社为基础建立公社是比较合适的。对于范围过小的分社,也可以适当扩大,但一般不要打乱分社和居委会的范围。这样全市约可调整为 30 个公社,人口最多 11 万人,最少 2.1 万人,平均 4 万人左右,所领导的企、事业单位,平均有 66 个,居委会有 13 个。

三、层次问题

我市的行政组织在公社化前是区、街道办事处、居民委员会 3 个层次,公社化后,变成了区、公社、分社(街道办事处)、居民委员会 4 个层次。由于增加了 1 个层次,就出现了以下缺点或问题:

第一,浪费干部,分散力量。现在区以下的行政干部比公社化前增加了620 名,有些公社还在编外设了事业人员,全市公社共有干部 1368 名,其中公社 982 名,分社 386 名,平均每个公社有干部 65 名,分社有干部 11 名。公社、分社均感力量不足。如南院公社共有干部 58 名,行政设有综合、财贸、文教、政法、工交 5 个办公室;党委设有组织部、宣传部、监委、团委、妇联和办公室 6个部门,除勤杂、下放劳动、有病和抽调去抓中心运动的干部外,每个部门实际搞工作仅有 1、2 人,多则也不过 4、5 人。

第二,分社力量薄弱,任务繁重,忙于应付。分社是接近群众、接近实际的基层单位,公社化后,任务增多,但干部却有所减少。如南院公社南院门分社,在劳动建设、文教卫生、政法、工业和财贸生活等 5 大任务的 40 项工作中,公社化后基本上没有变化的有 20 项,工作量增加较多的有 8 项,工作量稍有增加或稍有减少的有 12 项。虽然增多了工作,但干部却由原来的 22 人减少为16 人。土门公社安定门分社,所管辖的人口,由过去的 1.5 万人增加为 6 万人、企、事业单位由过去的 20 个增加到 88 个,但分社实有干部还减少了 1 人。由于分社的任务增多,干部减少,工作就应接不暇。如南院公社南院门分社,在今年 5 月 15 日就接到了公社下达的 17 项任务,要求在半月内完成的就有 9 项,这样分社的干部就只好整天忙于应付,来什么,搞什么。安定门分社社长袁茂生同志说:"上边对哪件工作抓得紧,哪件工作就做得快,做得好,哪件工作抓得松,哪件工作就做得慢,做得差了。"

第三,环节多,工作运转迟缓。市上下达的任务,经过逐级下达,到与群众见面,最快需要 4—5 天。据长乐公社韩森寨分社第 3 生产队反映,去年 8 月分社传达省委书记会议精神,比工厂党委传达迟了 10 天。有些工作由于层层研究安排,布置到基层后,进行实际工作的时间就很短,这就增加了基层工作中的忙乱现象。如土门公社今年 4 月 22 日,接到阿房区通知,要求在 25 日评选出出席区修理服务业"十大匠"会议的代表,公社于 23 日向分社布置,要求分社于 24 日将代表名单报送公社,因时间短促,分社来不及评选和审查,就由分社提了个名单报送公社。

根据以上缺点和问题来看,需要把现在的层次减少 1 个,减少哪个合适呢?从居民委员会来看,它是居民群众的自治性组织,直接管理群众的生产、生活、治安、调解等工作,实际上是公社组织的基层细胞,要求撤销它不可能。如果撤销区或分社又有许多问题。看来,减掉现在的公社,以分社为基础,建立公社是较为合适的,这样公社就变成了一个名符其实的基层组织单位,能够集中使用干部力量,加强对社办企、事业单位和居委会的领导。这样调整后的公社(即现在的分社)任务必然增多(如要管理现在公社管理的一些企业,要进行经济核算等),因之,干部也相应地增加,一般可由现在的 10 人左右增加为 20—30 人。这些干部的来源,主要是将现在公社干部下放,总的不增加编制名额。

四、要不要包括农业问题

我市的 15 个城市人民公社,包括部分农业的有长乐、大明宫、土门、纺织城、曲江等 5 个公社;主要属于农业的有三桥、鱼化、草滩、渭滨、小寨、洪庆等 6 个公社;纯属城市的有碑林、南院、新城、莲湖等 4 个公社。在全市(不包括 4 县)的 162 万人口中,有农业人口 39 万,占人口总数的 24.74%。从 1 年来的实践看,包括农业的城市公社,在组织社办事业、公共单位和居民群众、生产农械、农药、化肥、帮助农民收割、播种、积肥等方面都取得了一定成绩。如大明宫公社在去年抗旱期间,组织社内单位支援给农业抗旱的物资价值达 7 万余元。但公社在领导城市和农村工作中,以主要力量抓了农业,如曲江公社共有人口 16 万,其中农业人口只有 2.5 万,占总人数的 15.6%,但公社经常有 70%以上的干部搞农业;长乐公社的农业人口仅占总人口的 10.4%,但公社党委从成立以来召开了 40 多次常委会议,多是讨论农业问题。在这些城市公社中,由于用主要力量抓了农业,就放松了城市工作,使城市工作中的一些重大问题,不能及时研究解决。

原来在城市公社中包括农业的目的,是为了便于组织工、农业之间的互相支援,但 1 年来,公社组织工、农业互相支援的优越性并未显示出来。其原因是:

(1)公社对蔬菜、副食品等只管生产,不管分配,分配是按区进行的。

(2)大工厂、大学校分布较为集中,这些单位的吃菜问题不可能在本公社范围内全部解决。

(3)划部分农业给远郊区的大工厂、大学校,也必然要增加这些单位的负担。

我们认为,城市人民公社应该包括农业,但公社的规模就需要比现在更大一些,领导机构要比较健全,干部力量也要较强,能够按城市和农村两条战线进行领导。看来把现在的区变成公社是可以包括农业的。但如前二、三所述,这次调整公社的规模是要缩小范围而不是扩大范围。因此,目前城市公社暂不包括农业是较为合适的。在调整城市公社规模时,对花插在城市公社中的少数农业,也应划归农村公社领导,这样在农村和城市居民交错的地区,实际上是按工业、农业的条条组织公社,这样就可避免公社在领导城市和农村工作中的顾此失彼现象。

五、政社合一问题

现在的城市人民公社既管生产、生活事业，又管政法、文教工作；既是经济组织，也是政权组织。因此，城市人民公社是政社合一。至于分社它虽属公社的派出机构，但其工作任务和公社大体上是相同的。城市公社化后，大多数分社和街道办事处又是"一套人马、二个名义"，挂着 2 块牌子，原来派出所和居民委员会也基本上没有变动，对外虽然不提政社合一，但实质上是政社合一。如果公社规模缩小，以现在的分社建立公社，公社仍是政社合一组织，但为了主动起见，仍可以保留街道办事处的名义，对外也不正式宣布是政社合一。这是因为提出政社合一，目前有些问题不好解决，如公社一级政权组织要不要吸收民主人士和资产阶级分子参加等等。

六、管理和核算问题

我市城市人民公社是"三级管理"（公社、分社、居民委员会）、"二级核算"（公社和生产单位）。公社和分社领导的都是生产固定的成型工厂，居民委员会主要是领导生产不固定的、分散的综合工厂。这种管理和核算的好处是：能发挥公社各级组织管理生产的积极性，分担管理任务，把企业管好。但也有以下问题：

（1）分社只管生产，不参加核算，有些经济问题自己不能作主，影响了事业的发展。如新城公社中山门分社所领导的 10 个企业单位，按季向公社提成约 8000 元，但分社却没有周转金，一些应该办的事业不能及时去办，如"母子康福乐园"的房屋非常简陋，只需要 200 元的修缮费，分社解决不了。

（2）公社对 1960 年以前所办企业的提成比例比较混乱。

为了更好地发挥分社管理经济的积极性，如果现在管理体制不变，在公社的提成中，应该留给分社一部分。如果以分社建立公社，就可以实行"二级管理"(公社、居民委员会)、"二级核算"(公社、生产单位)。在企业的提成方面,为了发挥生产单位的积极性,有利于扩大再生产,1960 年以后建立的企业,仍可以维持"二八"提成较为合适(即公社上提 20%,企业留 80%);个别生产情况不好的,可以少提或不提;1960 年以前的企业提成比例,一般可控制在20%—50%以内。

西安市城市公社办公室

一九六一年六月六日

关于城市人民公社组织形式、规模和体制的调查报告 *

中共宝鸡市委书记　薛志仁

（一九六一年六月六日）

宝鸡市的城市公社,是于 1960 年 4 月在已经形成了 4 个工业区的基础上,由农村划拨了 32 个生产队而建立的,分别建成了金台、斗鸡、姜城、西虢 4 个城市人民公社。1960 年 11 月,随着区划的改变,把斗鸡公社并入金台公社,把姜城、西虢公社划为分社,分别交由益门、虢镇 2 个农村公社领导。这次调查是在金台公社进行的。

一、关于政社合一问题

宝鸡市的城市公社现状,有政社合一的(如金台),也有政社分设的(如西虢、姜城)。这次调查中有 2 种意见:

第 1 种意见是政社不合一。理由有 4 条:

(一)城市阶级、阶层复杂,经济性质、生产行业不一,社会治安需要加强,有必要突出政权作用;

(二)城市公社化以后,基层政权工作量增加了,现在的区比 1958 年以前工作任务增加了工业、农业、财贸、工资福利、学校、食堂、托幼组织、领发各种证(票)等 12 种,政社分设,有利工作;

---

* 原件现存于陕西省档案馆。

（三）现在入社的职工家属和城市居民只占总数的 40% 左右，今后发展也为数不多，还有 60% 左右的人在社外，应由区管；

（四）政社合一，公社既领导生产、生活单位，又领导居民委员会，头太多，据重点调查总在 50 个头以上。但问题是不搞政社合一，公社按提取纯利润中 15% 作为管理费又供不住 5 名以上的干部，市、区也无款项补助。

第 2 种意见是要政社合一。理由有 3 条：

（一）层次少，节省干部，现有干部就基本上够用，不足部分由公社管理委员会开支若干名，供给经费也没有问题；

（二）政社工作范围难于划清，即是政社分设，区也要领导生产，公社也摆不脱发证等社会工作；

（三）不要区，公社一级干部力量强，不至于头重脚轻，缺点是照顾不到城市的特点。

以上 2 种意见，大多数同志赞成不要政社合一，其中公社和分社 2 级干部竭力主张之，市级干部有的赞成第 1 种，也有的赞成第 2 种。看来不必强求一律，姜城、西虢公社由于系新型工业区，社会情况没有金台、斗鸡那么复杂，可以政社合一；金台、斗鸡社会情况和人口阶层比较复杂，政社分设比较好，但是个别公社经费问题解决不了的，也可以暂时政社合一，等生产发展、积累增加了，再把政社分开。

二、城市公社大一点好，还是小一点好

大家一致认为像金台公社这么大（包括了解放初的五个区，共有居民 24175 户 150873 人，下有 227 个头），大得过火了，的确存在着平均主义、官僚主义、主观主义和瞎指挥生产等问题。但同时又认为太小了也不好，主要是怕在生产和生活的布点与发展上产生盲目性和重叠现象。有同志说，城市公社的户数与人口方面可多于省委对关中地区农村人民公社的要求，地区大小与领导的生产组织可少于或不多于省委对关中地区农村人民公社的要求。看来这个原则是适宜的。具体意见有 2 种：

第 1 种意见是以现在的分社为基础划公社,这样全市共划 12 个城市人民公社,平均每社 2934 户 19840 人,领导生产组织 9 个,平均 22 个头。最大的姜城公社 5753 户 46471 人,29 个头,17 个生产组织。最小的上马营公社 1790 户 13323 人,9 个头,3 个生产组织。见下表:

社　名	总　户　数				社会人口				领导单位							居民委员会
	小计	机关事业单位数	居民和职工家属数	农民户数	小计	机关事业单位数	居民和职工家属数	农民	合计	生产组织	生活福利组织					
											小计	食堂	托幼	服务站组	
1 姜城分社	5753	39	4000	1704	46471	21804	17175	7492	29	17	4	2	2		8
2 西虢分社	2994	58	1732	1204	21849	8841	7614	5394	21	8	10	4	4	2	3
3 经二路分社	3581	49	3408	124	19853	7594	11755	502	29	15	8	3	3	2	6
4 西大街分社	2227	53	1749	425	11880	4127	6544	1209	20	9	6	3	2	1	5
5 金陵分社	2190	26	1953	220	11158	3994	6224	940	9	2	4	1	1	2	4
6 福临堡分社	1445	36	1414	761	19362	8981	5881	4500	16	8	3	1	1	1	5
7 人民街分社	2018	20	1775	223	13748	3634	9191	924	14	5	4	1	1		5
8 东大街分社	2889	76	2813	114	14792	1425	12821	546	25	11	6	1	1		8
9 龙泉巷分社	3082	75	2530	477	20225	8045	7962	4218	21	7	7	3	3	1	7
10 店子街分社	2508	30	1827	651	13653	3153	7642	2858	19	11	4	2	1	1	4
11 新秦分社	4728	48	3631	1050	31776	8525	17451	5800	49	11	27	15	10	2	11
12 上马营分社	1790	44	1306	440	13323	3713	7609	2001	9	3	3	1	1	1	3
总　计	35202	554	28138	7368	238090	83836	117868	36384	261	107	86	37	34	15	69
每社平均/12	2934	46	2345	614	19840	6985	9822	3032	22	9	7	3	28	13	5.8

第 2 种意见是以解放初的 6 个区为基础各划一社,再加上西虢,全市可划 7 个城市人民公社。这样,平均每社有 5029 户 34013 人,32 个头,20 个生产组织。最大的斗鸡公社 9027 户 58752 人,68 个头,34 个生产组织。最小的西虢公社,2994 户 21849 人,18 个头,8 个生产组织。见下表:

社　名	总　户　数				社会人口数				领导单位						
	小计	机关事企业单位数	居民和职工家属数	农民	小计	机关事企业单位数	居民和职工家属数	农民	合计	生产组织	生活福利组织				
											小计	食堂	托幼	服务站组
1 城关公社	3672	85	3163	1186	31242	13108	12425	5709	33	24	9	4	3	2
2 渭滨公社	5777	75	5361	344	31011	11588	17979	1442	35	23	12	4	4	4
3 金台公社	2889	76	2813	114	14792	1425	12821	546	21	15	6	1	4	1
4 金陵公社	5100	95	4305	700	33973	11679	17152	5142	31	20	11	4	5	2
5 斗鸡公社	9027	122	6764	2116	58752	15391	32702	10659	68	34	34	18	12	4
6 西虢公社	2994	58	1732	1204	21849	8841	7614	5394	18	8	10	4	4	2
7 姜城公社	5743	39	4000	1704	46471	21804	17175	7492	21	17	4	2	2	0
总　计	35202	550	28138	7368	238088	83836	117868	36384	227	141	86	37	34	15
每社平均/7	5023	795	4019	1051	34013	11976	16839	5193	32	20	12	5	5	2

　　从有利于生产、有利于组织生活、有利于经营管理、有利于团结的原则和人口、户数多于农村公社、所辖地区、所领导的生产组织少于或不多于农村公社的意见看,以解放初的区为基础划社比较好。

三、怎样组织城市人民公社

　　以工厂、机关、商店、学校、医院为中心组织人民公社,在城市人民公社化运动中是起了一定积极作用的,从搭架子、配干部、解决房舍、设备、技术等问题方面,体现了不少以工厂、机关、学校等单位为中心的优越性,使城市公社的生产、生活组织得到了迅速的发展。但从目前有关政策角度和利弊关系比较,也有不少问题,主要是:

　　(一)有化全民为集体的共产风。仅金台公社统计,自建社以来,公社共占有全民所有制企业的房舍 103 间,设备、工具 480 台(件),资金 10866 元,干部 20 名(去年 11 月一律转由公社供给),现在大部分已经清退,其余正在清理。

(二)公社建成以后,以某单位为中心的作用便不太显著了,且公社与大厂或机关单位的互相关系也难处理,使中心单位和公社双方都感到不方便。

(三)中心大厂的党委书记兼公社党委书记,厂长兼社长,两头工作都受影响。

(四)大厂为了拉劳力,社办工厂因图下脚料,往往不严格遵守等价交换的原则,在经济关系上容易产生混乱现象。

今后究竟怎样办? 调查中议出了 4 种办法:

第 1 种,一律不以机关、学校、商店、医院为中心。因为宝鸡还没有一个在实际上形成可以以这些单位为中心的公社,因为:(1)业务较远,有的中学同志说:"给我们搞个附小可以,以我们为中心办社不行";(2)所在地区的职工家属大部分不是一个单位的;(3)组织起来的生产、生活组织不是主要为这个单位服务。总之是没有实际意义。

第 2 种,可以以大厂为中心,但不一律以大厂为中心。是否以某大厂为中心建社,得考虑 3 个条件:(1)居住集中,某大厂在自然环境等实际情况方面已经形成中心;(2)四周居民大部分是该厂的职工家属;(3)公社组织的生产、生活单位主要是为该厂服务,如新秦分社共有 17451 人,新秦纺织厂和机器厂的职工与家属就占到 89.7%,分社组织起来的 46 个生产单位和生产组织中,就有 31 个主要是为该 2 厂服务的;又如店子街分社共有能参加劳动的居民 126 人,石油机械厂的家属就占到 61.6%,分社组织起来的 15 个生产和生活单位中,就有 8 个主要是为该厂服务的。因此,新秦公社以新秦纺织厂和新秦机器厂为中心,店子街公社以石油机械厂为中心就显得十分必要。

第 3 种,城市居民杂居区和许多单位家属集中居住区,不以任何单位为中心,直接组织公社。

第 4 种,即是以某大厂为中心建社,也不一定要该大厂的党政领导干部兼任公社党委书记或社长职务,如有必要吸收为中心大厂参加公社党委和公社管理委员会时,也只可选择该厂中层领导干部如行政科长、福利科长等参加。

四、分几级管理、几级核算

目前是 3 级(公社、分社、生产单位)管理,公社和生产单位核算,以生产单位为主。这次开了 4 个调查会,从始至终,一致同意公社、生产单位 2 级核算,2 级管理,以生产单位为主,没有任何分歧意见。

五、城市公社要不要领导农业

宝鸡市各城市公社(分社)目前都领导有一点农业,金台有 23 个大队,西虢有 5 个大队,姜城有 9 个大队。

这次调查中,大家总的都偏重于不要领导农业,具体有 2 种意见:

其一,原则上不领导,但自然分界花插地区可以少领导一点。之所以原则上不领导,是因为工业与农业相差甚大,农业季节性强,活路变化频繁,工业的产、供、销问题也不少,工、农业都领导就会互相影响。金台公社同志反映,他们部长级以上干部共有 23 名,自领导农业以来,有 12 名经常在 23 个农业生产大队奔跑,工业生产单位有 106 个,却只有 4 名部长以上干部管,结果农业还没有其他农村公社管得好,至于工业生产单位的意见就更大了,经常批评他们不深入下层,领导得不具体。之所以要领导一点花插地区,是因为:(1)便于向"工、农、商、学、兵五位一体"发展;(2)有利于城市的蔬菜和副食品的生产供应;(3)有利于加强工农联盟。

其二,一点也不领导农业。理由是:(1)所谓花插地区越划越大,没个边;(2)"五位一体"是方向,现阶段还不能搞,也不宜搞;(3)城市公社不领导农业不等于城市不领导农业,整个城市的蔬菜和副食品生产供应光靠城市公社的几个大队也解决不了;(4)一点农业同样会影响城市公社工作中心,一点农业不如不要。

讨论研究的结果,主张第 1 种办法的人不再坚持意见,绝大多数人都同意后一种意见,看来一点农业也不领导为好。

薛志仁

一九六一年六月六日

（陕西省妇联）关于城市街道
食堂情况反映 *

（一九六一年六月十三日）

省委并章书记：

5 月间我们派干部到咸阳市和平公社凤凰台分社、宝鸡市□□公社西大街分社，对街道食堂的情况做了一些了解，感到有问题需要向党委反映，因为时间短，了解不深刻，一些问题也没有和干部群众交换意见，提出办法，现仅就了解的零星情况，汇报如下：

目前要求下灶人数很多，上灶人数大减。宝鸡市西大街分社 3 个食堂，1960 年 6 月上灶 343 人，现在 106 人，只及原来上灶人数的 30.8%。咸阳市凤凰台分社 10 个食堂，现在上灶 1679 人，虽人数较多，但大部分要求下灶。

下灶主要原因，是生产情况的变化。街道食堂是适应街道生产发展的形势而举办和发展起来的，城市公社化时，绝大部分闲散劳力得到安排，参加了生产和工作，但自去年冬季以来，社办工业因原材料不足而紧缩或停顿，部分人又回家闲住。1960 年 6 月，西大街分社有生产单位 19 个，职工 725 人，现在保留的生产单位 9 个，职工 168 人，只及原职工人数的 23.1%。凤凰台分社原安排劳力达 90% 以上，现在有工作的 461 人，占全分社劳力总数 869 人的 53%。没有生产和工作的人，均要求下灶。

据了解，凤凰台分社食堂上灶成员 1679 人中，有居民 984 人，占 58.1%，这部分人除了个别家庭不和、愿继续上灶外，几乎全部要求下灶；有公社、分社工商业职工 300 人，占 17.8%，这部分人中，家里有人做饭的坚决要求下灶，虽

*　原件现存于陕西省档案馆。

家里无人做饭，但分散生产或生产时间短（早9时上班，晚5时或6时下班，中午休息40分钟），也要求下灶；只有少数生产固定、家中无人做饭的职工愿意继续上灶。此外，有中小学教员、学生258人，占15.36%；有地方国营、公私合营、合作工商业职工137人，占8.22%，这几部分人，愿意继续入食堂，但要求办学校、工厂职工食堂，因自己单位小，单独办食堂有困难，便上街道食堂。基层干部恐怕下灶人多了，导致食堂"散伙"，不准退灶，因而目前"两头冒烟"情况普遍。如该分社东道巷9户居民均是大人上灶，孩子在家里做饭吃；缝补洗染厂33个职工中24人上灶，大部分"两头冒烟"；中山街托儿所（主要是日托）7个工作人员，5人上灶，均是"两头冒烟"。普遍反映"两头吃饭"费时间和费钱，反映最大的是烧煤困难，上灶人员的购粮证交在食堂里，只能退粮，但不能买煤、菜、盐、油等，因而有的人叫孩子去火车站拾煤，到街上拾菜，最近还常发现偷煤、偷菜情况。

要求下灶的另一原因，是经营管理不善，费用高、吃不好。这个问题，即使愿意上灶的人，也有不少意见。具体表现：

一、伙食费高。凤凰台分社食堂伙食费平均1个大人每月9元（主食5.4元，副食3.6元），如果多吃菜，则需12元以上，另外还要交上灶费，大人1元（定量粮27斤）、1.5元（定量粮31斤以上），小孩1—4岁3角，5—9岁5角，10岁以上按大人标准收。西大街分社各食堂虽不收灶费，但伙食也需10元以上。按目前社办工业职工月工资标准，最低18元，最高63元，一般工资20—30元，福利和服务事业人员工资更低，最低15元，最高30元。如果1个职工家中有几口人，则上灶就困难，如凤凰台分社中山街托儿所保育员刘美英，一家3口人，本人工资16元，丈夫工资22元，共38元，每月房租3.1元，如3人上灶，就没有其他应用的钱了。又如法院街食堂炊事员侯文仙，一家5口人，本人工资16元，丈夫工资39人，共55元，实际其夫每月只给家20多元，孩子不能上灶，只好"两下做饭"。

伙食费高的原因：

1.没有严格执行成本核算。管理员、会计存在怕超支，按"宁多勿少"的思想而粗估大算，一般饭菜收费多是偏高，最后结算都有节余。西大街分社食堂将多收部分，作为炊管员工资、房租、购置等开支，凤凰台分社食堂已另收灶费,故各食堂都有节余,如中山第 2 食堂,从去年 5 月至今年 4 月节余 600 多元。

2. 街道食堂各样均需花钱,费用大,房租,鼓风机电费,粮、菜、煤、水的拉运费等都是必要开支。群众反映:如在家做饭,就不花或少花这些钱,有些事捎带着就办了。

3. 街道食堂上灶成员所属单位多,不易发动和组织生产,依靠管、炊员搞生产力量小,故各食堂一般没有家底生产。由于没有生产基地,自己不能种菜,靠买菜不仅价格高,而且有时供应不足。如去冬菜蔬供应紧,甚至还吃不上菜。不少群众反映:在家里做饭,还可以在院子、街旁种菜;职工也说:一个单位办食堂,只要领导上安排,也能种菜。事实上自今春以来,各个居民院里都种有菜蔬。

二、吃不足粮食标准定量。这个问题,群众反映最大,意见最多。凤凰台分社干部潘丽英说:"我拿一斤挂面,下了七碗,但食堂二两一碗"。由于下粮不足,有些食堂有节余粮,如中山街第 2 食堂从去年 5 月至今年 4 月余粮 800 斤。西大街分社食堂也有此情况,如东门口食堂 5 月 21 日兑 8 斤粮的面条,卖出 9.1 斤粮票。除此还有抛撒浪费等原因。据咸阳市和平公社调查工作组检查南阳街食堂,由于管理、炊事员和帮灶干部吃饭不定量,多吃,运煤、菜、粮工人少给粮票或不给粮票、多吃或白吃,炊、管人员来客招待及给亲属多打饭,以及面袋不净,蒸笼、锅、盆上粘等,每个定量 27 斤口粮的人,每月至少要少吃 2 斤粮食。

三、饭菜花样少,打饭制度不灵活。一般食堂都是每天 1 顿饭,1 顿面条,花样不多。粮食品种调配不多,吃细粮时纯粹是细粮,吃粗粮时纯粹是粗粮。凤凰台分社花店小学李老师说:"与居民同灶,他们两头冒烟,吃细粮时他们都来了,吃粗粮时就不来了,结果我们便多吃了粗粮。"打饭制度不灵活,对职工不便。凤凰台分社中山街托儿所所长吴志芳说:"我们托儿所不能离人,一定要轮流吃饭,可是迟去的人吃不上饭,代打饭又不行,我去开会误了饭时,也吃不到饭。"

四、发现个别管理员、会计贪污。凤凰台分社南阳街食堂会计、管理员都有贪污,现已撤换。西大街分社北崖食堂管理员张秀云贪污粮食 40 多斤,人民币 40 多元。

　　食堂经营管理存在这样多的问题，主要是领导抓得不紧。2 个分社均说：这一时期抓得不够。西大街分社反映该社干部少，编制 4 人，到职 3 人，1 人生病，好久都只 2 人工作，任务多，对食堂照顾不过来。凤凰台分社也反映，主管福利的社长生了病，别人忙于中心或其他工作，没有人经常抓食堂工作。

陕西省妇女联合会

一九六一年六月十三日

中共合肥市委关于城市人民公社几个问题的调查报告(初稿)*

(一九六一年七月十二日)

合肥的城市人民公社是在一九六〇年六月份相继建立的。当时全市共划为四个区公社。下设三十二个分社(公社)、六十二个街道委员会。原郊区的农业和蔬菜公社基本未动,对外仍称公社;部分蔬菜大队与城市分社联合组成,受区委和分社双重领导。从目前全市城市公社的组织形式来看,大体上有以下四种:(1)全民所有制单位与街道居民联合组成的有九个分社;(2)全民所有制单位联合组成的有四个分社;(3)全民所有制单位与街道居民、蔬菜大队联合组成的有十二个分社;(4)单一的农业或蔬菜公社有九个。这几种形式的公社,除农业、蔬菜公社按照农村人民公社制度管理外,其他城市公社的主要任务是组织街道居民的生产和生活。但对全民所有制单位究竟管哪些工作,团体社员与个体社员有什么区别等问题,都没有明确规定。

最近,我们根据上级指示,对庙街分社与和平路分社,对城市公社的工作范围、管理权限、组织形式、规模、组织领导等问题进行了调查,并和社员、干部一起研究了改进办法,现综合报告于后:

一、关于城市公社工作范围和管理权限问题

庙街分社是以街道居民为主体,由街道和机关、工厂、学校联合组成的。

---

* 原件现存于合肥市档案馆。

全社共有六个街道委员会,一百一十八个团体单位,总人口有二万三千九百六十七人,其中街道居民八千〇九十一人,占百分之三十四,团体单位共有一万五千八百七十六人(包括家属),占百分之六十六。和平路分社是以工厂为中心,由职工家属、街道居民以及蔬菜大队联合组成。全社共有七十个团体单位,两个家属委员会,两个街道居民委员会,两个蔬菜大队,总人口三万九千三百八十一人,其中团体单位共有三万六千九百二十八人(包括家属),占百分之九十三点八;蔬菜大队二千二百四十八人,占百分之五点七;街道居民二百〇五十八人,占百分之〇点五。

城市公社化后,分社加强了对街道居民的组织领导,通过组织街道生产,全面地组织了人民的经济生活和文化生活,从而使街道发生了许多变化。以庙街分社为例,现有社办和街道办的生产单位二十六个,比公社化前十三个,增加了一倍;现有生产人员五百五十四人,比公社化前二百一十一人,增长了百分之一百六十二。随着生产的发展,生活福利、服务事业也增多了。现在,分社举办的共有三十一个单位,一百二十五人,比公社化前十七个单位、六十二人,分别增加了百分之八十二和百分之一百〇二。同时,分社还举办了文化馆、广播站、俱乐部、图书馆和业余文化学校等文化娱乐单位,供街道居民工作之余进行学习和文化娱乐,并结合各项中心运动,组织政治学习,进行社会主义教育,从而使街道居民的政治觉悟和集体主义思想有了显著提高,充分显示了城市人民公社的优越性。

城市公社对全民所有制单位管理的工作,比公社化前也增多了。公社化前,区人委对单位只管社会治安、清洁卫生和部分民政工作,其他工作均由条条直接布置。公社化后,公社还增管了节日集会游行、征兵、督促检查农副业生产、组织劳动力参加抗旱抢种等义务劳动以及协助单位组织家属参加集体劳动等工作,但其中有些工作是属于块块统一布置,条条保证的;也有一些工作是属于条条主管,块块了解情况的。因为工作范围没有明确划分,以致在实际工作中,发生一些布置任务重复,工作"扯皮"的现象。在这次调查访问中,全民所有制单位和分社干部,有如下反映:

第一,条条管,块块也管。现在有"三多"(会议重复多、统计报表要得多、公社要求支援多)、"一少"(公社解决问题少)。模型厂党委书记说:"分社成立以后,会多,报表也多了,一个内容要参加三个会,主管部门布置,工会布置,分社也布置。农副业生产、除害灭病和义务劳动等数字,条条要,块块也要。调人到分社工作,还要带桌椅和办公费,但却没有给我们解决多大问题。"淮河路第一小学校长说:"分社要浮肿病数字,一月报几次,但不帮助解决药品。"省法院支部书记说:"分社要养猪数字,可不帮助解决饲料。"省劳动局技校校长说:"分社布置农副业生产,而不帮助解决种子问题。"模型厂厂长说:"分社要人、要肥料支援蔬菜生产,但厂里吃菜有困难,分社却解决不了。"

第二,市里各部门对分社抓得多,要得急;分社布置时,有些单位不买账,分社干部夹在中间受气、挨批评。庙街分社干部反映:今年以来,除区里直接布置的任务外,市纪委、劳动局、教育局、卫生局、交通局,都发了不少表格要分社填报,分社干部整天忙着挨家挨户送表、催表、收表还不算,而且经常碰单位的"钉子",到兵役局要浮肿病人数字,他们说:"我们是军事机关,数字保密,不能给";到公安厅催要农副业生产报表,办公室推到人事处,人事处推给会计搞,会计就拖,最后催急了,就说:"我们归口报。"就这样顶回来了。和平路分社干部反映,分社有职无权,是个空架子,大事管不了,小事管不好。到单位去抽人,人事科顶;借东西,供销科顶;布置社会治安,保卫科顶,搞得分社干部下不了台。现在公安派出所、综合商店党团关系转走了,讲是双重领导,实际上分社不好领导。

第三,集体领导不了全民。他们认为"工厂、机关、学校是全民所有制单位,党政领导和业务关系隶属条条,而现阶段人民公社的性质是集体的,不好领导全民"。和平路公安派出所干部反映:"公安工作业务性强,分社不好领导";综合商店干部反映:"分社不便领导商店,他们没有业务机构,不能贯彻商业政策,商品分配多一层组织,就增加了一个漏洞";民政厅有个干部说:"机关是全民所有制,归集体领导是倒退了";有些工厂、学校职工反映:公社要抽人抗旱,但又无权决定工厂停产、学校停课。

（一）城市公社的性质和任务

大家认为,要解决全民所有制单位与公社在工作关系上存在的问题,必须先肯定城市公社的性质和工作范围。座谈和访问中,大家对城市公社的性质议论纷纭，看法各不相同。针织厂工会主席孟新宪说："和平路分社全民所有制单位占百分之九十以上，人口也占绝大多数。分社的性质，不是全民所有制，是什么？"也有人认为："分社是集体所有制性质的。如和平路分社的主要任务是管街道和蔬菜大队的工作，他们是集体所有制的。所以，分社的性质，无疑是集体所有制。"

多数人认为，就全市来说，社会主义全民所有制已经是主要形式，但从一个分社来说，情况各有不同。例如：以街道居民为主体的庙街分社，基本上是社会主义集体所有制，但具有很大程度的全民所有制成分。因为：（1）社办（包括街办）的企事业是集体所有制，其收入除了按规定纳税外，全部归分社或街道委员会支配，积累并未纳入国家计划。这是确定性质的主要依据。（2）分社办的鞋厂、织布厂与全民所有制单位联系非常密切，所需要原材料都由大工厂直接供应，产品由国营商业包销。（3）社办企事业在经营管理上虽是自负盈亏，但分配普遍采取了工资形式，并受国家工资政策的约束。（4）社办企事业大部分是在国营工厂企业的直接扶持下办起来的，群众集资占的比重较小。

以职工家属为主体组织起来的和平路分社，集体所有制的成分较小，基本上是全民所有制性质的。职工家属办的生产单位，生产资料主要是由工厂支援的，产品主要是利用边角废料进行加工；经营上虽是自负盈亏，但是企业的收入，除了一部分用于扩大再生产以外，其余部分都为企业职工及家属生产福利事业服务的。

关于城市人民公社的任务，大家认为应以组织街道居民和职工家属参加为城市服务的生产事业为中心内容，组织集体福利、服务事业，并对他们进行政治思想教育；同时，代行区一级地方政府的部分职权，管理全民所有制单位政权方面的工作。

（二）全民所有制单位怎样参加公社

鉴于上述情况，对全民所有制单位怎样参加公社问题，在座谈访问中，大家有如下意见：

1. 有人主张不参加。他们认为全民所有制单位已经是先进的组织了，而公社是集体所有制,如果全民所有制单位参加公社不是倒退了吗? 同时,单位隶属关系不同,从生产(工作)到生活都由条条领导,公社无法管理,不便领导,因而单位参加公社意义不大。

2. 多数人认为应该参加公社。因为城市公社是向共产主义过渡的基层单位,既包括集体所有制成分,也包括全民所有制成分,单位参加公社,并不影响其本身所固有的先进性,同时,还可以密切与地方政府和群众的关系,共同做好政权方面的工作。

但对怎样参加,在哪些工作上与公社发生关系,又有以下几种不同的意见:

第一种意见是:大单位应该单独组织公社。有人提出,像安纺一厂、省委铜厂、特殊铜厂等一万人左右的大单位,应该单独成立公社,全面管理单位职工和家属的生产、生活等各项工作。他们认为,大单位人口多,当地分社不仅解决不了他们存在的问题,而且在接受任务时多了一层关系。单独成立公社,可以避免多头领导和"扯皮"现象,减少条条与块块之间的矛盾,并能及时解决存在的问题。

但有人认为单独成立公社也有许多问题:(1)单位的原有组织不能代行地方政府的职权,代替不了公社的组织机构;如果另设机构,势必增加编制,增加开支。(2)领导关系不好划分。公社是在单位党组织的领导下进行工作呢,还是由公社来领导单位? 同时,公社与区委的关系也不好确定。如果是领导关系,那么,区委有权布置公社任务,这样领导头绪并未减少,"扯皮"现象仍会发生。(3)实际工作仍由单位自行负责,仅是多挂了一块牌子而已。

第二种意见是:增强公社的权力,充实工作内容,把派出所、综合商店、粮食供应点和一些文化、福利、服务事业下放给分社领导。公社对全民所有制单位,除了管理职权部分的工作以外,还要把职工及其家属的生活福利、商品供应等工作管起来。

他们认为,这样管理后,商品供应工作和各项福利、服务事业,就可以在公社的直接领导下,随时发现问题,改进工作,有利于进一步组织好职工群众的经济生活;同时,还可以密切全民所有制单位和当地群众之间、职工与公社之间的关系,扩大公社影响。

但这样的做法有如下问题:(1)城市是有机的统一体,商业和文化事业的布局应从全市着眼;一个分社范围不大,是否需要设立一整套的商业和文化、福利机构,而且也涉及整个政法、商业、文化等部门的管理体制问题。(2)从分社管理机构和干部配备上来考虑,把政法、商业、文化机构全部下放给分社领导,并担负起管理全民所有制单位的生活福利工作,分社是否有这个力量?

第三种意见是:全民所有制单位的职工应按单位作为团体社员参加公社,只在政权工作方面即部分民政(包括选举、社会优抚、结婚登记)、社会治安、征兵和卫生工作接受公社管理,其他如人权、财权、生产指挥权以及政治思想、职工生活等工作,均按隶属关系归条条领导,单位自行管理。

其理由是:(1)全民所有制单位已经是先进的组织,内部有一整套完整的组织机构和工作制度,其成员的主要职责是完成党和国家交给的任务,不能履行一般社员的义务。(2)工作范围明确,便于工作,避免了条条与块块重复布置工作,减少双方的工作负担。(3)政权工作带有地区性,公社化前,就是由地方政府管理的;城市公社代行政府部分职权,所以应该由公社管理。

但也有人认为这样做的缺点是:全民所有制单位参加公社的活动不多,公社和单位的关系,与公社化前地方政府和单位的关系差不多,职工因为是团体社员,对公社感受不深。

从以上三种意见比较来看,第三种意见的理由较为充分。目前城市公社主要是领导和管理街道居民和部分职工家属工作,暂时还没有力量把全民所有制单位的生活福利工作全部接管过来。因此,目前对全民所有制单位只管政权部分的工作比较合适。今后随着公社工作的加强和集体所有制向全民所有制的过渡,再逐步充实工作内容也是可以的。

(三) 职工家属工作怎样管理

全民所有制单位的职工家属如何入社、家属工作怎样管理的问题,座谈访问中有以下三种意见:

一种意见是:家属应与职工一道作为团体社员参加公社,其生产、生活等主要工作由单位管理,公社只管政权部分的工作。如特殊铜厂、火车站、长江饭店等单位都主张如此。其理由:(1)家属和职工生活在一起,对职工有直接影响,单位要做好职工的思想工作,必须同时做好家属工作。有的单位反映,家属工作"公社不管,我们不管;公社管,我们也要管"。(2)单位自行管理,对家属中的闲散劳动力可以直接支配,举办一些为本单位生产和职工生活服务的生产、服务事业,并有力量帮助解决资金、设备、技术等方面的困难。(3)家属反映,单位管,在生活福利上比公社管照顾得要好些。他们要求归单位直接管理。(4)部分分社干部不愿管。他们说:"家属多,工作量大,管不了,还是由单位管好。"

另一种意见是:家属工作应全部交给公社管。理由是:(1)职工家属多,工作面广,交给公社管,公社可以集中力量搞好生产(工作)。(2)分社可以统一组织闲散劳动力,全面布局,举办一些为地区服务的福利、服务事业,更好地为职工生活服务。同时,统一组织劳动力,可以在更大范围内充分挖掘潜在的劳动力。

第三种意见是:多数人主张单位和公社双方都管,原则上应以单位管理为主。但具体怎样划清界限,分工管理,要根据以下情况,分别确定:

1. 分散住在街道上的家属,因与街道居民生活在一起,单位不便管理,应与当地居民一道参加公社,其权利和义务与街道社员相同。

2. 住在单位宿舍区(包括几个单位的联合宿舍区)的职工家属,其生活资料的供应、商品分配、组织生产、生活、思想教育等工作,应由单位自行负责;公社对他们除管理民政、社会治安等政权工作外,同时协助单位组织政治、文化学习和指导各项中心运动,开展评比竞赛,帮助办好家属的生产服务事业,如培训技术人员、组织经验交流以及其他与社会上有密切联系的各项工作。

（四）蔬菜大队怎样组织公社

目前由城市分社领导的蔬菜大队怎样组织公社问题,和平路分社及蔬菜大队干部的意见,偏重于仍由城市公社领导为好,理由是:(1)东方红蔬菜大队靠近分社,与其他蔬菜大队相距十多里,并被许多单位隔开,由分社直接领导比较方便,如果划分出去,别的蔬菜大队公社不便联系和管理。(2)蔬菜大队的周围多是工厂企业,同在一个分社,有利于工厂支援蔬菜大队,密切工农关系。(3)该队生产的蔬菜,可以直接供应分社范围内大部分人口吃菜需要,减少运输，节省人力，并能吃到新鲜蔬菜。

但也有人认为，如果蔬菜大队与附近蔬菜大队连成一片，应该划出去组成单一的蔬菜公社为好，其理由是：（1）现有的蔬菜大队是按照农村人民公社制度管理的，名义上归分社领导，实际上是由区委直接领导。（2）城市公社的任务主要是组织街道居民的生产和生活，与农村公社工作性质不同，领导蔬菜生产有很多不便。（3）划出去以后，在市区的统一安排下，可以按区域建立城市公社与蔬菜公社固定挂钩的联系制度，同样可以解决城市对蔬菜生产的支援和蔬菜划片供应的问题。

二、关于城市公社的组织形式和规模问题

在座谈和访问中，大家对现在的区公社是否需要的问题，有些人主张维持现状，因为现在区公社实际是区联社性质，区公社与区人委是两块牌子、一套班子。所以，保留区公社名称，既不增加编制，又可扩大公社的影响，有益无弊。但多数人认为，应将现有的城市分社改为公社，取消区公社的名称，由区委和区人委来直接领导公社的各项工作，其理由：（1）现有公社的称谓不统一，区公社称为"公社"，但又领导农业、蔬菜公社，容易混淆不清。（2）现有的分社在实质上行使公社的职权；分社改为公社，有利于加强领导。

至于公社规模的大小问题，大家认为，以街道居民为主体和以职工家属为主体的城市公社，因工作内容各有侧重，管理方法不尽相同，公社的管辖范围应根据具体情况来划分，不能强求一致。以街道居民为主体的城市公社，因直接管理街道上的各项生产和担负全面组织居民生活的任务，工作内容多，任务较重，规模一般不宜过大，划分时要考虑现有街道居民的分布、干部条件和已有的工作基础等情况，具体研究确定。以职工家属为主体的城市公社，家属的主要工作一般都由单位直接管理，而且居住比较集中，应从单位分布情况和便于联系工作来考虑公社规模，一般地说，这种形式的公社，可比前一种适当划大一些。

从上述的城市公社的性质和工作任务来看，大家研究认为，需将现有的

二十五个城市分社进行适当的调整和归并。调整时要按照以下原则：（1）尽量结合原有分社的区划；（2）不能打乱原有街道委员会的基层组织；（3）要便于领导，便于组织生产和组织经济生活，调整后，全市的人民公社，将只有以街道居民、以职工家属为主体的城市公社和农业（蔬菜）公社的两种组织形式了。

三、关于城市公社的组织领导问题

（一）关于社党委如何组成的问题，大家认为庙街与和平路分社现有党委的组织形式存在许多问题。两个分社的第一书记分别由省公安厅副厅长陈光武同志和安纺一厂党委书记左政同志兼任，虽有专职书记，但党委委员又都是全民所有制的机关、工厂的负责人，他们的党的组织关系都不在分社。党委会只领导分社和街道上为数不多的党员，与分社范围内全民所有制单位的党组织没有什么关系。同时，区委也不好领导。分社党委自成立以来，只在公社化初期开过几次会，讨论办社问题，以后就没有开过会。一方面，因为第一书记、党委委员都是单位的负责人，工作忙，会议难于召开；另一方面，主要是工作关系不大，对分社的日常工作不愿也不便过问，而分社干部对于重大问题的处理，必须事先由党委集体讨论决定，但由于党委会开不起来，有些该办的事只好拖下来，或由专职书记个人决定，以致大家反映党委会"虚有其名"，不符合组织原则，要求改组。

大家认为，社党委的组成应以组织范围、工作任务为依据，如果城市公社主要以街道居民为主体，对全民所有制单位只管政权部分的工作，那么，单位的负责人可不必参加社党委，改由公社、街道干部以及党的组织关系属于公社党委领导的有关人员组成，以便加强政治思想工作，充分发挥单位集体领导的作用。

（二）关于社务管理委员会组成问题。目前庙街分社管委会共有十九人组成，其中全民所有制单位的负责人即有八人，自选举成立以来，也很少开过会。大家认为，全民所有制单位是公社的组成部分，在政权工作方面与公社发生联系。为密切关系、便于工作,全民所有制单位的行政部门负责人(单位的主要负责人不参加),还应参加管委会。但参加人数的比例不宜过大,一般不要超过管委会成员的百分之三十,其余百分之七十以上均应由公社系统的有关人员参加,以便定期召开会议,讨论决定问题。

(三)关于社员代表大会问题。庙街分社第一次社员代表大会的代表没有区分街道社员和团体社员,一律按照人数比例选举代表,结果百分之五十以上是团体社员的代表,但会议讨论的问题与他们关系不大,缺席者多,表决时不能充分反映街道社员的意志。大家研究的意见是,今后社员代表大会的代表、街道(家属)社员占的比例要大,团体社员按单位选派团体社员代表,但比例要小些,具体比例由各公社根据具体情况研究决定。

(四)关于公社的管理机构。目前庙街分社管委会下设工业、财贸、生活福利、文教卫生、人民武装部和办公室;和平路分社有一个办公室。两个分社现各有工作人员八人至十二人,工作人员分工不好专一,有事大家动手,庙街分社虽设有各个部门,但有的干部是兼职,有的部只有一个人,"形同虚设"。

大家研究的意见是,今后公社的党委会要配备正副书记两人和一名至二名干事,不设工作机构。公社管委会要配备正副主任二人至三人,下设一个办公室,根据公社管辖范围和工作任务,配备六名至八名干部,其中办公室主任一人,一般干部五人至七人。公社总编制十一人至十五人,分工管理街道各项工作和全民所有制单位政权方面的工作。

四、关于社办企事业的管理体制问题

社办企事业的管理体制,从庙街与和平路两个分社的情况来看,是较复杂的,不但有分社办的、街道办的,同时还有工厂家属委员会办的。这些企事业单位的经营管理和核算形式极不统一,分配、提成也不统一,归纳起来大体上有以下几种情况:

(一)社办的企事业有两种情况:一种是统一管理、统一核算,即收入全部归分社,开支也全部由分社负责。另一种是统一管理,单位分别核算,分社提成。庙街分社就是按纯利百分之二十五提的。

（二）街道办的企事业也有三种情况：一种是统一管理、统一核算，即收入全部归街道，开支也全部由街道负责。另一种是统一管理，单位分别核算，街道提成。提成有的从纯利收入中提百分之十五、百分之二十，也有的从总收入（未除开支）中提百分之十至百分之四十五不等的。凡是从总收入提成的，则税收等开支均由街道负责。再一种是统一管理，单位分别核算，街道不提成。

从目前情况来看，这两个分社的企事业，由分社、街道统一管理，单位分别核算，分社（街道）提成。这是主要的。

对上述情况，分社、街道干部及职工的意见，归纳起来大致有：在管理上是各管各的，公社不管分社的，分社不管街道的，谁提成就由谁管。在分配、积累、提成比例等方面，又都是自行决定，没有统一规定；在提成比例上已是"一拉平"，提成后用得也不当，不是主要用在扩大生产上，街道主任对财务开支可以任意决定，只要写个条子，即可以到所属单位支款。部分分社干部积极主张把街道企事业统由分社核算。他们认为：这样做便于统一调度资金，调整企业之间盈亏差距，便于地区合理布局，便于加强领导。

关于今后管理体制问题，我们进一步征求了分社、街道干部和职工的意见，大家认为：

1. 对分社和街道办的企事业，应该分别由分社、街道统一管理，单位分别核算。这样可以发挥单位的经营积极性，促进生产的发展，可以防止平均主义。

2. 关于上交积累问题，多数人的意见是，属于哪一级管理的企事业就上交给哪一级，街道企事业也应上交分社一些，上交的积累部分，大部分应该用在扩大再生产，小部分用于职工福利的开支。街道组织的个体小手工业（修理服务性的）在现阶段一般可以让他们单独核算，自负盈亏，根据其收入情况，可上交少量的公积金。有些属于家庭副业的洗衣、缝补等，街道只负责组织管理，可不提成。

中共合肥市委

一九六一年七月十二日

关于咸阳市和平公社社办工业
生产问题的调查报告*

（一九六一年七月十七日）

一、基本情况

咸阳市和平公社和所属七个分社工业生产单位总共三十一个，一千○一十五名职工，其中，男四百四十五人，女五百七十人，女职工占总职工人数的百分之五十六点二；基本建设单位一个，职工一百○五人；交通运输单位四个，有职工五百五十二人，女七十八人，占百分之十四点一。

分开来说，社办工业共十个厂子，计有服装厂、农械厂、砖瓦厂、塑料厂、木器厂、机械厂、日用铁器厂、废品加工厂、面条加工厂、副食品加工厂，共有职工六百一十八名，其中，管理人员三十六名，占职工总人数的百分之五点八三。从规模上看，最大的砖瓦厂职工一百人，最小的面条加工厂职工十八人。七个分社的工业单位二十一个，有五金厂、综合厂、废品加工厂、炼油厂、缝纫厂、合线厂、修缮鞋厂、面条加工厂、洗染厂、纸扎厂、纺织厂、自行车修配厂、农具厂等，共有职工三百九十七名，其中，女职工二百七十四名，占职工总人数的百分之六十九。就规模讲，最大的是新兴分社综合厂五十三名职工，最小的凤凰台分社纸扎厂，仅有两名工人。

从生产性质来看，和平公社和七个分社办的三十一个工业单位中，从事制造的有十三个厂子，六百二十二名职工，占一千○一十五名职工总数的百分之六十一点三；从事修配的十个厂子，有职工二百三十一名，占职工人总数的百

---

*　原件现存于陕西省档案馆。

分至二十二点七；从事修理、制造兼营的只有八个厂子，一百六十二名职工，占职工总数的百分之十六。

从政治上看，一千〇一十五名职工中，有党员二十六人，占百分之二点六，团员四十三人，占百分之四点二，群众占百分之九十三点二。

公社工业设备，主要有电动机三十台、鼓风机十四台、元车七部、铣床一部、弹簧锤三台、缝纫机六十八台、压面机四台、木元车五部、电锯切冲床和大头机十四部。分社工业设备更简陋，据新兴分社八个工业生产单位调查，有气焊工具一套、两个鼓风机、一个手摇台钻、弹花机两台、架子车四辆、合线车三部、五台缝纫机、两台压面机（一台是借下的）、一个炼油钢板锅。

一九六一年计划生产二百二十种产品，七百七十二万〇四百三十件，产值三百二十万元，其中为城乡人民生活服务的一百七十七种产品，占产品总品种数的百分之八十点五，五百七十八万八千六百六十件，占百分之七十四点九八，产值二百六十四万元，占百分之八十二点五；为大工业服务的有四种产品，占百分之四点二，一百七十九万三千〇八十件，占百分之二十三点二三，产值三十八万元，占百分之十一点九；为农业生产服务的有三十四种产品，占百分之十五点三，一十三万八千六百八十二件，占百分之一点七九，产值十八万元，占百分之五点六。

今年第一季度实际生产一百六十一种产品，一百三十三万五千四百〇五件，其中为城乡人民生活服务的一百二十八种产品，占百分之七十九点五，五十五万四千九百〇三件，占百分之四十一点一；为大工业服务的八种产品，占百分之五点三，七百六十九万六百七十七件，占百分之五十七点一；为农业生产服务的二十五种产品，占百分之十五点二，一万〇八百二十五件，占百分之一点八。

二、关于组织城市闲散劳动力和
职工当前思想情况

（一）城市公社妇女占劳力的大多数，变消费城市为生产城市，主要是如何把妇女劳力和一切闲散劳力都组织到社会生产劳动中去。城市公社化以来,在这方面已做出了显著成绩。据新兴分社典型调查,自一九六〇年四月以来,陆续从家务劳动中解放出来参加社会生产劳动的妇女就达六百九十五人,占能够劳动的妇女劳力九百四十八人的百分之七十三点三。尽管如此,现在还有百分之二十六点七,二百五十三名妇女尚未参加社会生产劳动,再加上还在闲散着的五十八名男劳力,共三百一十一名劳力未参加生产劳动。这是个突出问题,其他各分社问题大体类似。这些闲散劳力没有参加生产劳动的原因,据我们在新兴分社东兴街生产队未参加生产的五十九名妇女劳动力中调查,大体有以下五种情况:

1. 孩子多、孩子小,没有人照管,大人不能参加社会生产劳动的共八人,占五十九名尚未参加生产妇女总数的百分之十三点五六。

2. 丈夫收入多,生活有依靠而未参加生产劳动的十人,占五十九名妇女劳力的百分之十七。这十个人百分之八十是国棉七厂、陕棉一厂和铁二处工人家属,百分之二十是干部家属。

3. 本人要求参加生产,但未找到固定职业,时断时续纳袜底、做临时工的二十五人,占百分之四十二。

4. 本人长期患病,不能参加工作的十二人,占百分之二十点六。

5. 本人要求参加社会工作,但不愿在社办工业中干,嫌没技术、工资低、吃粮少,而愿干大工业,因干不上而未参加工作的四人,占百分之六点八四。这一类全是刚从学校出来的初、高中学生。

(二)目前公社工业和分社工业职工思想上的问题,集中反映到口粮、工资两个问题上,即所谓"两低、两比、两看上"。

"两低"就是一嫌工资低,二嫌口粮标准低。"两比"是高、低两个标准比的问题:社办工业职工在工资和口粮标准问题上与国营工业的同工种比,与农民和一些投机倒把的人比,分社工业职工还与公社工业的同工种比。"两看上"是看上农民有自留地吃粮多,看上从事自由市场贩卖赚钱多。

由于"两低、两比、两看上"的存在,紧接着在生产上又表现出了"出勤低、功效低、质量低"和"成本高"的"三低一高"的不良表现。调查中,从职工群众的反映看,这个问题来源于两个方面,一是实际问题,一是思想问题。属于实际问题的主要是一些厂子职工工资收入维持不了全家的最低生活水平，因而不安心工作，农械厂工人苏运功一家六口人（母亲、爱人、三个孩子），本人一个月工资三十四元，每人平均五点三元，较城市每人平均月伙食费九元，还低三点七元，因而，他母亲寻了几次厂长，要娃娃回去另想办法（苏家在农村，厂子已同意让其回家）。口粮标准一级比一级低，同工种悬殊过大。铁器厂锻工口粮，国营厂子每人每月四十八斤，公社三十八斤，一到分社就只有三十斤。五金厂徒工王德林和师傅吵架时说："我是徒工，一月吃三十斤粮，拿十六元五角钱，我干我徒工的活。"又说："不对了，领导把我下放到农村去，我一天还能吃饱。"日用铁器厂陈和燕说："咱与国营工业干一样活，一月三十一斤粮（国营同工种三十五斤）。"有实际问题，但也有思想问题。如农业机械厂技工刘长兴（是从农村来的）几次申请要回农村去，一味地嫌工资低，吃粮少（这人的工资一月是四十五元，口粮标准三十七斤），并给厂长说："你不叫我回去，小心我给你个对不起了。"（意思是不告而别）。炊具厂工人郭清彦（二十岁，是个高中学生）上班箍了一小时的焦炭就停下了，干部问他为啥停下了，他说："三两粮已经箍完了。"并说："工资低，不如回家打胡基。"分社五金厂普工王仁广说："办厂时我到银行存了六十四元，一年了越办厂越没钱了，还拉下人的债没法还"（王仁广一月工资三十元，他爱人在国营食堂工作，一月十八元，家里他两口和两个孩子共四口人）；修鞋厂王云说："西兰分社一月修鞋的固定工资最高四十八元，最低四十元，我们一月最高才三十八元。"又说："西安市自由市场钉一双前后掌成四五元，七八元要哩。"

据我们在新兴分社五金厂调查，该厂三十七名职工，嫌工资低，口粮标准低，不安心生产的占职工总人数的百分之四十点五四，共计十五人。其中，实际上因口粮低、工资低生活确系困难，难以维持的十人，占不安心生产的十五名工人的百分之六十六点六七；来自农村的两名工人，因看上农民有自留地，吃粮多，还能搞副业，均要求回农村，占百分之十三点三三；有思想问题和搞自由市场不在厂子生产的三人，占百分之二十。对这些问题咋办？大家的意见，除加强职工的思想教育外，对于闲散劳力就业生产问题，生产队要先抓起来，帮助找些零活，让他们从事劳动生产，公社还可以在社办企业扩大生产的基础上，予以适当的安排；关于口粮问题，不管吃多吃少，社办工业与国营工业同工种工人的口粮应该同样,即使有差别也不应太大,因为他们的劳动强度一样;工资问题,国营与公社同工种应有差距,但不应太大,特别是对那些工资收入维持不了最低生活的工人,除从企业福利金中予以照顾外,还可以对这些人实行提成工资,以增加其收入。社办工业要不要徒工这个名称和待遇问题,大家意见要区别对待。凡是技术性较强的厂子如五金厂、炊具厂等应该有徒工,但工资待遇最低可在二十元到二十五元内活动,否则本人的生活有时也难以维持,如一个锻工徒工每月工资十六元五角,一月就吃完了,五金厂每月伙食费菜费九元,主食六元,灶费七角五分,这三项合计起来共十五元七角五分,仅剩下七角五分钱了,还要理发、作其它开支,问题就更多了。同时对不同工种的徒工工资待遇,也应该区别对待,不能一概而论,凡技术不强甚至没技术的厂子,就不必要徒工这个级别和待遇了。

三、城市公社工业的特点和工时问题

城市公社工业有以下六个主要特点:

1. 城市公社工业以生产小商品和修理服务为主,为城乡人民生活服务的部分占绝对比重,与群众关系最为密切。由于城市公社工业的这一特点,因此,在布局和生产安排上,必须从便利群众、有利生产这一原则出发。目前这方面做的还不够,据新兴分社调查,公社化以来修缮鞋业的服务点,由过去五个减少到目前的两个点,就这两个点来看,分布地也不够合理,一个在火车站,一个在新兴街中间,火车站那个点还可以,新兴街这个点就不如设在北门口更方便群众。公社日用铁器厂,公社化以前共十三人,分布在七个街巷,十个固定点,两个流动点,现在只剩下四个点,分布在新兴、中山两个街巷,共四十二人,人员增加了将近二点二倍,点却减少了一点五倍,有些集中,不便利群众。我们意见:对于钉锅、修鞋、修锁子的一些服务业,因其技术设备简单,服务群众面广,可以疏散开,采取转担子的方式;对于他们的工资可采取提成,或从固定管理费总额按月交纳,使其多劳多得;价格上应有个界限,这些人下去后就可能会提高价格,这也不必过多担心,人多了受供求关系的调节,问题就不一定很大了。

2. 城市公社工业工人，女多男少，拖累大，不同于工人和农民。根据公社服装厂二门市部调查，这个门市部共四十七名职工，其中，男五人，女四十二人；四十二名女工中已婚的四十人，有孩子的三十七人，其中，有一个孩子的九人，两个的十人，三个的十一人，四个的四人，五个的三人，共九十三个孩子，平均每人将近三个孩子，他们入社以前大都在家照看孩子，参加工作后，这些拖累仍然存在。因此，从生产队自办综合厂到社办厂子，可以以厂为单位，自办临时托儿所，孩子妈妈上班时把孩子带来交给托儿所，下班时又带回去，以解决他们的拖累问题。

3. 城市公社工业职工的生活费用比农村高。城市公社社员的口粮、菜、烧火柴等都得用钱去买，费用高。据了解农村一个人一月的伙食费用平均四点五元，城市公社则平均在九元上下，较农村高出一倍左右。这就是说，城市公社职工的工资，每月可维持在三十元左右。

4. 城市公社工业中的职工来自各个阶层，政治身份复杂，思想混乱，难于领导。因此在企业管理上，必须加强党的领导，认真贯彻阶级路线，较大的厂子（百人左右）可以配备一两名较强的脱产干部加强企业的领导。

5. 原料基本上依靠自力更生解决，用料定产，有啥出啥，生产多变，产品多样。由于原材料供应上的特点，生产上停工待料的现象经常出现，因此，办综合性的厂子看来还是不适合城市特点的。

6. 设备简陋，技术简单，手工操作比重大，易于组织。据公社和新兴分社工业生产的调查，其中，从事手工操作的工人占职工总人数的百分之八十以上，在设备简陋、技术简单的情况下，易于使生产适应于生产者的口味，但由于原材料供应上的种种原因，还是变换无常的。

根据城市公社工业的生产特点和拖累大的家庭妇女占绝大多数的现实，对妇女劳力工作时间问题，我们意见：实行最少不少于四小时，最多不超过八小时的工时制度，并在上班时间上不要强求一律，在厂生产或把活路带回家去生产都可以。男劳动力在时间上则可以较妇女劳力长一些，但是最高也不要超过十二小时。修理服务行业可实行节假日轮流休息，不要关门，这样做一可节约厂房，二可便利群众。至于工资问题，能实行计件工资的尽量实行计件，不能计件的可采取提成工资制,不能实行计件或提成工资制的,实行固定工资加奖励的制度,以调动广大职工的生产积极性。

社办工业,哪些应该集中,哪些应当分散,座谈中大家的意见:

(一)机械化程度较高、技术性较强、原料基本有保证的专业性的厂子,由社集中去办;

(二)以手工操作为主的小型修理服务性的厂子,可分散到队,由队经营管理;

(三)凡是公社或分社平调生产队的厂子和人员,不管在清理退赔中怎样处理,如果是宜于生产队经营的,一律下放给生产队,由队统一经营,集体或分散生产;

(四)下放后的厂点摆布,应本着便利群众,有利于生产的原则,可以搞一厂一点,也可以搞一厂多点,或者是分散开由他们游街串巷。不管采取怎样形式,队里要实行统一领导、统一管理,不是放任不管。总之,大家的意见,把城市工业搞活跃些。

四、关于生产方面的几个问题

(一)原材料供应问题。我们重点调查了社办工业和新兴分社社办工业的原料供应问题。他们今年第一季度生产的产品约计一百六十一种,这些产品的主要原料来源大体上有以下几种形式:

由国家保证供应和基本保证供应的有:新兴分社合线厂用的棉纱、炼油厂用的油,煤炭占一百六十一种产品的百分之零点六二;基本上由国家供给原材料的有:公社服装厂用的棉布,炊具厂、农械厂用的煤、钢、铁。用这些原材料大体上能生产成品四十四种,占第一季度实际生产的产品品种的百分之二十七点三。这就是说,公社和新兴分社工业生产上,百分之二十七的产品品种即四十五种生产品,由国家保证或基本上保证供应原材料,而一百一十二种即百分之七十二点七的产品的原材料,主要依靠企业本身设法解决。解决的办法:(1)向外地采购,主要是修理业用的配件;(2)在农产品收购门市部、废品收购单位的废品中挑拣,变无用为有用,把小用变大用;(3)与国营企业搞协作,互通有无;(4)来自消费者,这主要是缝纫厂和面条加工厂用的棉布和面粉。由于原材料供应上这种紧张状况的长期存在,所以社办(包括分社办)工业生产上的时断时续的现象,就成为当前不可能完全避免的问题了。如公社办的塑料厂(九个工人),第一季度因没原料,只得关门转业了。鉴于社办工业原料不足的状况,关于公社工业的计划问题,就不能象国营工业那样管得过宽过细。下边同志的意见,国家只把国家供应原材料的部分和为大工业服务(厂子供料的)部分纳入国家计划,其余部分的计划、指标等,由各企业根据原材料情况,每月提出计划安排,由公社统一安排平衡,下达执行。

(二)价格问题。社办工业在价格管理上,目前存在的主要问题是:价格普遍偏高。其形式有三:一是随意要价,这主要是在一些修配业中表现最为突出。新兴分社修绱鞋厂,消费者把前后掌拿上,鞋厂只拿七八十个钉子钉一下,就向顾主要八毛钱,实际工、料费只是二毛九分钱。修一把油纸雨伞,高者一元五角,最低也不低于五毛钱。二是成本高,售价自然就高。五金厂以高出国家牌价一角七分钱一公斤熟铁,购了市自行车厂二百公斤铁,打成菜刀后一把成本花了二元零五分,商业局按一元八角收购,生产者亏本,消费者还嫌价高。三是资本主义经营方式,用欺骗、高价等手段,从中牟取暴利。新兴分社废品厂,最近收购了十二公斤锰,只花了四元,转手就卖了一百元,该厂工作人员明明知道这是工业生产上的贵重原料,却以欺骗的手段对卖主说:"这是一块石头,值不了这么多的钱"(据说这是一个老乡从甘肃以四、五十元买回的,因熔化不开而卖的);公社废品厂用七十元收购了一部半新半旧的缝纫机,卖了一百二十元;又以一百一十元收购了一副旧胶轮车胎,转手售了三百五十元,利润率达百分之二百一十八点二;该厂还以二百四十元收购海绵大衣一件,没有几天就卖了三百九十元,厂长李长兴还说:"我很后悔,这个大衣本该能值五六百元的,卖的太贱了"。价格高的主要原因有两条:一是部分企业领导(主要是合营过来的小业主)经营方法上,有严重的资本主义思想;二是原料价高,要的价更高。市场上买一个钉鞋用的破自行车外胎二十五元,国家收购才三毛钱,相差甚大。问题是,民用器材公司规定,消费者要收购新胎,必须交旧胎,否则不给新胎。因此,上市出售旧车胎的就很少了。我们的意见,市面上不可缺少的材料,国家尽量地给予供应。修理行业用的配件原料,应留出一定的活动余地,不要卡得过死,公社应切实地去抓社办工业产品的价格问题,特别是废品厂的价格问题,要深入地检查纠正,并订出相应的措施,以保证价格的合理。

(三)企业管理问题。首先是领导人员量少质劣,管理水平低下,不能适应生产需要。社办工业的管理人员,从厂长到会计,都是从企业内部选拔上来的,不但管理经验少,而且数量更少。和平公社社办工业十个单位六百一十八名职工中,管理人员才三十六名,占职工总数的百分之五点八三。这就是说,一个百人的厂子,才仅有五个多管理人员,还都是不脱产的。管理水平赶不上去,大体上有两个方面的原因:一是领导能力弱;二是责任心不强。但主要的是有些领导怕麻烦,不切实地去抓核算和管理工作;同时,也有客观原因,例如,有些厂子规模过大、人员少、管理水平不相应等等。

其次,权力集中,影响生产,这主要表现在财权方面。公社规定,社办厂子非生产性的经济开支,五元以下者厂长有权批准,五元以上者经过公社批准;分社卡得更严,经济权全在分社掌握着。新兴分社综合厂弹花工要求买个口罩、油漆工要求买个手巾和面盆,厂长因没钱无法处理,问题一拖再拖,未能及时解决。公益金百分之百由分社掌握,给厂子一元都不留。工人工作时间要喝些开水,厂子拟设一个保健箱,都没钱开支,分社给厂子介绍新工人时,既不征求厂长的意见,并在介绍信上连这个人去厂以后干什么工作都给包办下来。

再次,领导分工不明,责任不清。这里存在的主要问题是,应管的没管好,不应抓的却抓了。例如一些企业的厂长,从生产任务的布置到任务完成的情况检查,直接地抓到了个人,越过了车间和小组,挫伤了他们的积极性,养成了依靠思想,什么事都靠厂长去办。如木器厂厂长一次不在,车间、小组连个班后会都无人作主去开;不少的厂长,对领导企业应该抓什么、不应该抓什么、应该怎么抓、不应该怎么抓,不够明确。一次我们开调查会时,询问厂里生产情况,厂长说不上来,只说统计员知道;谈工资问题同样也说不上来。

最后,制度不健全,账务混乱。从表面看,制度虽有,但实际未执行。修配行业收入不开票,不记账;公社日用铁器厂,一天的收入没账,到了晚上管钱的人就跟收拾赌博场合一样,摊子一蹶而就。工人李正才接了熟人要修理的一口锅,没经过营业上登记,丢了,李正才无奈地给顾主赔了二十八元,生气地给别人说:"就怪咱学了个修钉锅的,学个理发的话,谁还能把头偷去。"企业内部的个别工人,随便乱拿原料的现象也有,严重的是领料没记录,成本无法核算,结果是粗估冒计。公社陶瓷厂烧碗,一套装了多少杯子,耗了多少煤,正品率、废品率各多少?一没有记载,二无人过问。

对于企业管理方面的问题,在座谈中,干部、工人的意见,根据统一领导、分级管理的原则,公社、分社、厂子、车间小组的分工要明确。怎么样才能做到这一点,讨论中大家的意见:

1.有关企业生产计划的审批,车间主任以上干部的任免、调动,超过了三十元至五十元的生产性购置和企业的扩建,五元以上的非生产性开支,企业职工的增减,五元以上的职工生活困难补助金,厂长等管理人员三天以上的事假,由公社(包括分社)批准。

2.有关企业内部人员的调配,生产小组长的任免,布置、检查车间,小组生产任务的完成情况,职工一天至三天事假,十五元以下固定资产购置,五元以下的职工生活困难补助金,均由厂子领导决定。

3.车间、小组负责布置、检查、组织领导本车间、小组的生产任务完成情况,批准工人一天内的事假及其他问题,应由公社具体协助厂子予以解决。

中共咸阳市委研究室

一九六一年七月十七日

中共合肥市委关于城市人民公社
组织管理问题的调查报告[*]

（一九六一年八月一日）

　　最近,我们在合肥西市公社庙街分社对城市人民公社的组织管理问题进行了调查。

　　庙街分社位于合肥旧城区的西北隅,面积约□□□平方米。原来是一个城市居民聚居的地区。全社共有二万〇四百五十人。其中,街道居委会六个,八千一百二十三人,占人口总数的百分之四十;机关、工厂、学校、企事业等团体单位一百一十六个,一万二千三百七十二人,占人口总数的百分之六十。在团体单位中有:机关十三个,三千八百八十一人,学校八所,一千八百七十八人,工厂十个,二千〇二十二人,医院等事业单位十八个,三千三百九十四人;商业、服务业单位六十七个,一千一百六十人。

　　这个分社是以街道居民为主体,由街道和全民所有制单位联合组成的。是全市最先成立的一个城市公社。早在一九五八年大跃进时,街道上就兴办了一些工业生产和生活福利事业。到一九五九年底,已有生产福利单位三十个,参加劳动的有二百七十三人,去年初,市委又抽调一批干部,在原有工作基础上,进行筹建城市人民公社的试点工作,于一九六〇年四月正式建成。

　　分社成立后,进一步加强了对街道工作的领导,首先抓住了生产,以发展生产为中心,广泛组织街道居民和职工家属中的闲散劳动力参加社会劳动。目前,已组织起来参加各种集体劳动的有六百七十九人,占闲散劳动力总数的百分之五十八点八,从而使一些家庭妇女和辅助劳动力有机会参加力所能及

---

* 原件现存于合肥市档案馆。

的劳动。这不仅挖掘了社会劳动潜力，而且也增加了居民的收入。一年来，分社对街道生产单位经过不断整顿，生产渐趋正常。到目前为止，共有社办、街办生产单位二十六个，参加生产的有五百五十四人。生产项目有被服、制鞋、织布等十五项，产品有四十多种。同时，根据生产的发展和群众生活的需要，举办了一些集体福利服务事业，如食堂、托儿所、服务站等，为广大家庭妇女参加集体劳动提供了有利条件。

分社还经常组织街道干部学习党的有关政策和指示，组织街道集体劳动者和居民学习文化和时政。去冬今春，街道干部和居民普遍学习了党的"十二条"指示和《农村公社工作条例（草案）》，使他们受到了经常性的教育。上述情况表明，分社对街道工作的领导比较全面，管得比较具体，从生产生活到政治思想教育，全面管起来了，从而充实和丰富了街道工作的内容，提高了街道居民集体主义思想觉悟。

分社在进行上述工作的同时，对全民所有制单位的管理工作，比公社化前也增多了。过去区人委对单位只管社会治安、清洁卫生和部分民政工作。公社化后分社增管了节日集体游行、征兵、督促检查农副业生产、组织职工参加义务劳动、运肥下乡等工作，并帮助单位解决部分种子、供应部分小农具、协助单位组织家属参加社会劳动等。这在一定程度上便利了单位的工作，进一步密切了单位和街道之间、职工和当地群众之间的关系。

庙街分社成立以来，虽然进行了以上工作，但由于成立时间短、经验不足，因而在组织管理方面还存在许多问题。这次调查中，大家有如下反映：

（1）分社对全民所有制单位应管哪些工作不够明确。单位干部反映，有些工作，系统管了，分社也管，形成"三多"（布置任务重复多，会议开得多，统计报表要得多）、"一少"（分社解决问题少）。如抽调劳动力参加义务劳动，主管部门布置，分社也布置，往往又是系统先布置，分社后布置。省法院等单位反映，最近抽人下乡抗旱，省政法党委先做了布置，支援抗旱的人已经走了，分社又布置要我们抽人抗旱，放"马后炮"。建新烟厂等单位反映，有时抽调劳动力下乡抗旱或抢种，主管部门要抽人，分社也要抽人，两下要人，工厂的生产不好安排。又如农副业生产、除害、天病和义务劳动等数字，双方都要，而且要的数字往往口径不一，单位还得分别统计上报，增加了不少麻烦。还有些单位反映,分社要浮肿病人数字,不帮助解决药品;要养猪数字,不供应饲料;要抽人抗旱又无权决定工厂停产、学校停课,分社干部也感到两头为难。他们说,上面头绪多,抓得多,要得急,有的单位不"买账",夹在中间受气。如今年以来,除区里直接向分社布置任务外,市计委、劳动局、教育局、卫生局、交通局等单位都发了不少表格要分社填报,分社干部整天忙着挨家挨户送表、催表、收表,还经常碰单位的"钉子",有的单位干部就以"我们归口报",干脆拒绝。

(2)分社对不同居住情况的家属分别展开各种工作,怎样管法不够明确。目前实际上管得不多,尤其是对居住在单位内的职工家属,管得很少。对集中居住在街道上的家属、户口在街道上的管得多一些,户口不在街道上的,很少过问。

(3)分社组织领导方面也存在一些问题,分社党委会和管委会的组成人员兼职多,挂名多,社员代表大会代表团体社员比例过大以及社办企事业的管理体制不够明确等。

根据以上存在的问题,对今后如何改进,我们征求了各方面的意见,归纳起来是:

一、分社对全民所有制单位管理哪些工作

大家认为,属于全民所有制的机关、工厂、学校、医院等单位隶属关系不同,有的属于省,有的属于市和区领导。这些单位的干部职工和学生已经组织起来,他们的主要职责是完成党和国家交给的任务,在经济上与分社没有联系,不能履行一般社员的义务,但这些单位与驻地用度将必然发生联系,有责任承担一定的社会义务。而城市公社建立以来,受区人委委托代行区一级政府的部分职权,管理地方工作。因此,大家讨论的意见是:

全民所有制单位的职工、学生,应按单位作为团体社员参加公社,公社对单位只管政权部分工作(包括普选、社会优抚、社会治安、征兵、调处民事纠纷、结婚登记等)以及集会游行、清洁卫生等工作。其他如人权、财权、生产指挥权和政治思想、职工生活等单位内部的工作,公社不要过问。

但是,对于为分社地区服务的公安派出所、商业、服务业单位,他们工作的好坏对当地居民有直接影响。因此,分社对这些单位,应该是双重领导关系,除管理政权部分工作外,还要根据不同单位的任务分别增管一定工作:

(1)综合商店、粮店、蔬菜供应点是目前供应分社商品的单位,分社党委要督促检查他们认真贯彻政策和上级业务部门的指示,帮助他们改善经营作风,做好供应工作。这些单位的负责人应经常向分社党委汇报地区计划商品的分配、物资供应情况以及人员的政治思想等问题,以取得分社党委的领导和支持。

(2)派出所是分社地区的专政机关,工作对象是分社范围内的居民。因此有关社会治安、户口管理等工作,应经常向分社党委汇报。在接受上级公安部门领导的同时,应接受分社党委的监督和领导。

(3)市商业、服务部门在分社地区设立的商店、门市部等有关市场管理、经营作风应受分社监督和管理。

二、职工家属怎样管理

分社和单位的干部认为,职工家属不同于职工,分社对家属工作要管得宽些,但也不能采取与街道居民同样的管理方法。这是由于他们一般和居住比较集中的职工生活在一起,与单位关系密切,家属中许多实际问题都是依靠单位解决的。因此,分社对他们的管理工作,必须通过单位来进行,并根据居住的不同情况,分别按照如下管理办法:

(1)与单位住在一起的家属,成立家属委员会或家属组织,受单位和分社双重领导。组织生产、安排生活以及政治思想教育等工作,由单位主管。分社协助单位组织家属参加社会生产和社会活动,指导各项中心运动和其他与社会上有密切联系的各项工作,组织经验交流,帮助家属提高生产技术,开展家属工作的评比竞赛,搞好家务劳动。

(2)与单位不在一起的集中家属宿舍。庙街分社内有两种情况,第一种是与单位在同一分社,户口有的在单位,有的在街道上;另一种与单位不在同一分社,户口有的在单位,有的在街道上。调查中有人主张户口随单位,也有人主张按居住地区随街道。大家研究认为,城市人口居住情况错综复杂,不可能强求一致。就一般情况来看,属于第一种情况的家属,户口随单位管理为好。管理办法可按照第一条家属与单位居住在一起的管理办法管理。属于第二种情况的,不论户口在哪里,有关社会治安、民事纠纷、集会游行以及清洁卫生等工作,均应该接受当地分社管理,其他工作由单位主管。

(3)分散居住在街道上的家属,因与街道居民居住在一起,单位不便管理,他们的户口应归街道管理,和当地居民一道参加公社,其权利和义务与街道社员相同。

三、关于组织形式和规模问题

调查中,我们就庙街分社现有的组织形式和规模是否需要变动问题,征求了各个方面的意见。大家认为,街道居民占分社人口总数的比例很大,分社的组织形式应以街道居民为主体,其主要工作任务是管理街道上的各项生产、福利单位、商品供应以及政治思想工作。从目前分社的工作任务、管辖范围和街道居民的分布以及干部条件等情况来看,分社领导六个街道居委会的工作和管理全民所有制单位的部分工作(主要是家属工作和政权部分的工作),是比较合适的。座谈中大家还提出,分社的名称不够确切,容易使人误解为派出机构,而区公社仅是虚有其名,不如将现在的分社改为公社,取消区公社的名称,由区委、区人委来直接领导全社工作。因为庙街分社在实质上行使公社的政权;同时,全市现有公社的称谓也不统一,区公社称为"公社",农业、蔬菜公社也称公社,容易混淆。分社改为公社,有利于加强领导,统一称谓,便于工作。

四、关于组织领导方面的几个问题

1.关于社党委的组成人员问题。庙街分社党委是在去年筹建公社时成立的,党委委员大部分是全民所有制单位的负责人,党委第一书记系由省公安厅副厅长陈光武同志兼任,这在当时来说对建社工作起了一定的组织和推动作用。但是,问题在于分社党委与全民所有制单位的党组织在工作上不发生什么关系,兼职党委、委员都是单位的负责人,工作忙,会议难于召集,因而对于分社工作上的重大问题不能由党委集体讨论决定,分社干部要求改变这种状况。大家讨论意见,今后分社党委的组成人员应由分社、街道的党员干部以及党的组织关系属于公社党委领导的有关人员组成,以便定期召开会议,讨论工作,充分发挥党委会的集体领导作用。

2. 关于分社管理委员会组成人员问题。庙街分社管委会现由十九人组成,其中全民所有制单位负责人即有八人。由于单位负责人的比例过大,会议难于召集。管委会成立以来,很少开过会。大家认为,全民所有制单位是公社的组成部分,在政权工作方面与公社发生联系。为密切关系,全民所有制单位应该参加管委会,但不一定要单位的主要负责人参加,可由单位的行政部门或工会的负责人参加,比例不宜过大,一般以不超过管委会成员的百分之三十为宜,其余百分之七十以上均应由公社系统的有关人员组成,以利于加强领导,做好公社工作。

3. 关于社员代表大会的代表比例问题。庙街分社第一次社员代表大会的代表没有区分团体社员和街道社员,一律按照人数比例选择代表,结果百分之五十以上是全民所有制单位的代表,但会议讨论的问题,主要是街道工作,与他们关系不大,结果缺席多,表决有困难,不能充分反映街道社员的意见和要求。因此,大家认为今后社员代表大会的代表,街道社员应占百分之六十一百分之七十,职工家属占百分之二十一百分之三十,团体社员按单位选派代表参加比例最多不超过百分之十。

4. 关于公社的管理机构问题。庙街分社现设有工业、财贸、生活福利、文教卫生、人民武装部和办公室,现有工作人员十二人。有的部长是兼职,有的部只有一个人,"形同虚设"。经与分社干部研究意见,今后分社可不设部,总编制十二人至十六人,管委会配备正副主任二人至三人,下设一个办公室,配备办公室主任一人,一般干部五人至七人,分工管理街道各项工作和全民所有制单位政权方面的工作。分社党委会要配备正副书记二人,干部二人至三人,不设工作机构。

5.关于社办企事业的管理体制问题。庙街分社目前的情状是,社办的企事业有两种情况:一种是统一管理,统一核算,即收入全部归分社,开支也全部由分社负责;另一种是统一管理,单位分别核算,分社按纯利百分之二十五提成。街道办的企业也有三种情况:一种是统一管理,统一核算;另一种是统一管理,单位分别核算,街道提成。提成有从纯收入中提百分之十五—百分之二十的,也有从总收入(未除开支)中提百分之十一—百分之四十五不等的;再一种是统一管理,单位分别核算,街道不提成。

关于今后管理体制问题,我们进一步征求了分社、街道干部和职工的意见,大家认为:

1.对分社和街道办的企事业,应该分别由分社、街道统一管理,单位分别核算。这样可以发挥单位的经营积极性,促进生产的发展,可以防止平均主义。

2.关于上交积累问题,属于哪一级管理的企事业就上交给哪一级,百分之七十作为公积金,用于扩大再生产,百分之三十作为公益金,用于职工福利的开支。街道组织的个体小手工业(修理服务性的),在现阶段一般可让他们单独核算,自负盈亏,根据其收入情况,可上交少量的公积金。有些属于家庭副业的洗衣、缝补等,因为收入不多,街道只负责组织管理,不要提成。

为发挥街道委员会的经营积极性,目前街道可不向分社上交积累。

3.分社应尊重街道一级所有权,不能抽调街办企事业的资金和财产,不得无偿调拨劳力和物资。

中共合肥市委

一九六一年八月一日

（陕西省）汉中市城区人民公社自行车修理业工资问题调查[*]

（一九六一年八月十日）

城区公社自行车修理业共 5 个厂（管区管），11 个门市部，74 名职工，有 3 种工资形式：

基本工资加奖制：3 个厂，9 个门市部，64 人。有一定生产定额（纯修理业）和相应的基本工资，超定额按 40% 奖励个人；一般情况下达不到者扣罚 40%。

固定工资：1 个门市部，8 人，工资固定。确定每月休假 4 天，休假期间工资照发；旷工请假照扣；因公或病假（需经证明）不扣。

分成制：1 个门市部，2 人。规定总营业额扣除原材料费用后按"三（管区）七（工人）"分成。工人负担税金、房租电费和工具添置修理，也有基本工资。扣除上述后再以个人基本工资所占比例进行分配。

几名脱产干部是固定工资。20 名学徒有生活补贴，但劳动收入全发，没有定额。

社保福利除医疗费由厂负担 30% 外，别无待遇。困难户一般不照顾，个别厂有少量补助。

当前的主要问题是：

（一）定额偏高，而且有的一加再加。8 个基本工资加奖制门市部定额 3880.96 元，基本工资额只 1623 元，占总定额 41.82%。如除去干部、学徒无

---

　　* 原件现存于陕西省档案馆。

定额工资 397.6 元,则占总定额 31.57%。东大街 4 个门市部定额 2700 元,基本工资除去无定额部分为 786.4 元,只占 29.12%。这个厂从今年 2 月实行定额加奖制后,4 个月中就修订过 3 次定额。四门市 2 月定额 630 元,6 月提高到 770 元,提高 22%。有的工人竟增加到 50% 以上。曲武进 2 月定额 80 元,3 月加到 120 元,6 月又加到 130 元,增加 62.5%,但工资却一直未变。工人说:"反正是'水淹金山寺',你涨我也涨。"凡是定额高的,修理取费也高。以汉中路和东大街比较:擦车前者收费 0.8 元,后者要 1.2 元;补胎(大补)前者 2 元,后者 3 元;上下人力车胎前者 0.4 元,后者 0.6 元。结果是都加到顾主头上了。

(二)生活费用上升,工资收入相对下降。1958 年以前实行提成工资,每个技工平均每月收入 50—60 元,高的 80—90 元。1958 年以后实行月工资,平均水平 30 元左右,个人最高也只 48.6 元,特别是去冬以来,菜、柴涨价,生活费用较 1958 年前上升 52%,工资水平一直未作调整,虽然今年多数实行定额加奖制度,但由于定额偏高,许多都超额有限。甚至有时达不到定额。东关四门市的张瑞先 6 月份因雨无活,半个月只拿到 4.4 元工资。工资收入减少,和上交管区比例过大也有密切关系,上缴利润一般都占 90%。望江管区除了工资以外,利润全部上交而且工人还要负担税款、房租、电费等,职工意见很大,说"合作化时,除了工资年终还能分红,现在成了厂红也分不上,工资反倒少了"。

(三)脱产干部多,非生产开支大。东大、东关、汉中路 9 个门市部,有 69 名工人,12 名脱产干部(包括会计),平均 5.7 人供 1 名干部。厂长之外,4—5 人的门市部也配备 1 名脱产会计。东关修配厂 3 个门市部(包括五金),22 名工人就有 6 名脱产干部,平均 3—7 人供给 1 名干部,每个工人要负担工资 5 元左右。除了会计、出纳、采购脱产还有脱产厂长 3 人,甚至管区会计也挂上厂长名字在厂拿工资。

(四)工资水平不平衡。不仅是厂与厂不平衡,就是 1 个厂的门市部之间,甚至 1 个门市部人与人之间都不平衡。根据典型调查:

表1 　　　　　　　　　　　　　　　　　　　　　（单位:元）

厂和门市部	姓　名	定　额	基本工资额	基本工资占定额（%）
东大四门市部	郭守录	160	45.9	28.73
东大三门市部	杨志成	150	45.9	30.63
东大一门市部	陈忠祥	150	48.6	32.43
东大二门市部	张世动	130	48.6	37.43
东大四门市部	瑞水萍	130	36	37.43
东大四门市部	曲武进	130	30	233

表2 　　　　　　　　　　　　　　　　　　　　　（单位:元）

厂和门市部	姓　名	基本工资额	定　额	定额占基本工资（%）
东大四门市部	曲武进	30	130	433
东大三门市部	刘子明	30	110	366
东大四门市部	王吉明	30	70	233
东大四门市部	岳建东	28	60	214
东大一门市部	李贵华	20	110	550
东大三门市部	李永贵	20	100	500
东关二门市部	杜玉贤	20	70	350
汉中路一门市部	周玉珍	20	50	250

可以看出,有些人虽然定额相同但基本工资不同,或者基本工资相同而定额又高低悬殊。工人岳建东,人口多,劳力弱,技术差,定额60元,基本工资28元。相反,技术高的吴承业,却定额110元,基本工资20元。王吉明原是粮食局干部,因病退职,进厂就拿30元基本工资,而李贵华1958年进厂学艺,至今才拿20元基本工资。这次调整手工业所有制时,有些工人就提出再不解决问题,就只好出厂单干。

（五）机械套用超定额奖励40%比例,结果奖励部分的比例低于基本工资所占定额比例。汉中路2个门市部基本工资占定额41%—42%,而奖励只占超额部分的40%。中山街(月工资)还没有奖励制度。这些地方工人一般都情绪不高,不肯多接活,不愿超定额,服务质量也差,经常拖延修理时间,任意骑走顾主车子,有的甚至几天都不骑回来。

（六）老师傅虽然基本工资较高,但是赡养家口多,负担重,困难也大。最多的1个工人负担11人生活。家庭人口平均生活标准最少的只有4.5元。许多人经常拉债,有些还卖掉家具、衣服等。这些人有的拼命干活,甚至1天干到16小时;有的抬高定价,或者不讲质量,争取超定额;个别的工作不安心。他们共同思想都是不愿带学徒,怕影响收入,说"带学徒耽误工夫,弄不好还得自己返工"。

对于今后工资的意见:

调查中,普遍要求恢复合作社时期的分成工资。合作社时期分成比例规定:修理收入工人得6成,出赁车子收入得4成,出售零件收入归社,年终适当分红。从中山街（月工资）算账,1—6月共收入6184.7元,工资实支出1545.41元。如按上述比例分成,修理额2184.4元,工人可得1310.64元,出赁额609.87元,可得243.8元,共可得1554.44元,基本相等,但是将大大发挥工人的生产积极性,生产、积累和工资收入都将得到大大提高。

分成办法可以有两种:集体分成和个人分成。总之,无论哪种办法,都包含了奖励因素,贯彻了按劳分配原则,它有利于消除现行工资制度上的平均主义和某些不合理现象,能够进一步激发职工改进服务态度、提高工作质量、压缩非生产性人员、减少非生产性开支。他们说:"如果实行分成制,大家又会抢活做,谁也会考虑自己的门市招牌,争着揽顾主。"不过,多数职工主张集体分成,这样更能使大家关心集体经营,维护集体利益,统一质量,统一价格,更有利于不断改善企业的经营管理。

讨论中的具体意见:

以往集体分成,个人工资评定4级8等,最高不超过70元,低的40元。可以参照这个标准确定新的基本工资。评定基本工资等级,应该完全根据个人技术高低、工作质量好坏和劳动态度来确定,不能再夹杂其他因素。

分成比例:修理要高,出赁要低,出售零件可以不分成,年终适当分红。这在目前原材料供应不足的情况下,职工群众能够从当前情况出发,千方百计扩大修理业务,减少和节约原材料的使用。有些工人说:"旧社会条件比今天更困难,那时修车才真正是修,飞轮牙齿磨平了还要想办法镶上新牙。"要提倡这种"镶牙"作风,这样的分成比例比较合适。

实行比例分成要有相应的制度。要有质量检验制度、工作责任制度、出勤考勤制度,同时还要有主要工作量的明码修理价格,合理取费,包修保用。

实行独立核算、自负盈亏。一切经营权利都交给生产单位自己负责,让职工自己管理企业。管区和联社只在政治思想、经营方针和原材料供应上加以指导和扶持。门市部向管区或联社交纳一定积累,交纳比例要求一般不超过 10%。

干部由职工自己物色选举,一般不设脱产干部,因公报酬可以给予适当补贴,也可以经过评定,实误实补。

师傅带徒弟要给适当津贴。自行车修理技术不算深奥,一般 2 年可以出师,对师傅津贴也可以 2 年计算。初步确定:第 1 年每月给予 2—4 元的固定金额;第 2 年给予学徒劳动部分 8%—10% 的固定比例。学徒生活补贴仍按规定发给学徒。据调查,第 1 年学徒独立操作量很少,除独立操作收入归厂外,主要是当师傅助手,收入记在师傅名下,因此,师傅所得报酬实际超过确定标准。第 2 年学徒一般能独立操作,每月劳动值平均 60—70 元,按 10% 师傅可拿 6—7 元。这种报酬办法,能够促使师傅尽力教授学徒,多给学徒实习机会,熟练操作技术,适合于当前实际情况。

要求随着生产发展,适当增加职工福利,帮助解决困难户的问题和发展一些集体福利设施。今后对于困难户,一定不能再从工资待遇上加以照顾。

中共汉中地市委工作组

一九六一年八月十日

沈阳市劳动局关于城市人民公社在调整工作中对原属全民所有制单位职工的处理问题的通知*

（一九六二年五月二十一日）

市委各局、委，市管的中央、省企事业，沈铁沈阳办事处，各区人委劳动科：

过去几年来，为了加强公社的领导和技术力量，由国家机关和全民所有制的企事业单位，曾先后调到公社一批干部和工人，变为集体所有制单位的工作人员，他们在党的领导下，同社员一起在生产、工作上已取得了很大成绩。近来，由于城市人民公社进行转正，人员也进行压缩。对于这些干部和工人，据市委指示原则，作如下通知。凡具备还、下乡条件的，应动员还、下乡；可以退职、退休的老职工，尽可能由原支援单位解决退职、退休待遇等问题；对不能还、下乡和退职、退休的由公社与原单位协商尽可能调回安置工作；原单位不需要的，尽量分配到区级和公社机关、保留的企事业单位、原有的合作企业以及其他单位（包括全民所有制单位）需要加强的部门工作；对于其中自愿从事个体劳动的，公社亦应妥善安排和帮助。

根据上述精神调入人员的单位，凡属于全民所有制和市管的大集体所有制的单位，负责安排在本单位的定员之内，如本单位的定员编制已满，要增减相抵。

---

* 原件现存于沈阳市档案馆。

关于调动手续问题,除经有关人事部门同意外,按劳动部门关于在系统之间调动职工的有关规定办理。

沈阳市劳动局

一九六二年五月二十一日

中共沈阳市委城市人民公社调整工作领导小组转发市妇联党组《关于调整城市人民公社、托儿所、幼儿园的问题和处理意见的请示报告》*

（一九六二年六月十二日）

各区委城市人民公社调整工作领导小组，各城市公社党委，各有关局：

市委城市人民公社调整领导小组同意市妇联党组提出的《关于调整城市人民公社、托儿所、幼儿园的问题和处理意见的请示报告》，现转发给你们，请参照执行。

城市人民公社的托儿所、幼儿园，是一项为生产和群众生活服务的、培养、教育儿童的社会福利事业。各区、各社和各有关部门应加强领导，切实做好调整工作。托儿所，幼儿园调整后应该逐步划归政府有关部门领导。但是由于我们还缺乏经验，各区可根据具体情况进一步研究解决。

在调整之后，各区委城市人民公社调整工作领导小组应责成有关部门，调查研究托儿所、幼儿园的经营管理和经费收支问题，收费既不要过多，又能实现收支平衡；并需依靠群众，贯彻群众路线把托儿所、幼儿园办好、管好。

（附:妇联报告）

中共沈阳市委城市人民公社调整工作领导小组

一九六二年六月十二日

---

* 原件现存于沈阳市档案馆。

附：关于调整城市人民公社、托儿所、幼儿园的问题和处理意见的请示报告

（一九六二年六月六日）

根据市委批转市委城市人民公社调整工作领导小组《关于调整城市人民公社工作的几个问题的处理意见》的精神，我们对当前公社举办的托儿所、幼儿园（以下简称托、幼组织）做了调查和了解。现将发现的问题和我们提出的处理意见简报如下：

几年来，我市城市人民公社举办的托、幼组织，在各级党委的重视和关怀下，有了很大的发展和提高。这些托、幼组织对促进生产和儿童身心健康等方面都起到了一定作用。当前城市人民公社的托、幼组织大体有两种类型：一种是公社企业举办的，主要收托本企业社员子女；另一种是公社直接举办的，主要是收托外单位职工子女。随着城市人民公社调整工作和各企业、事业单位精简工作的进行，社办托、幼组织也有很大变化；有许多儿童退托，但保教人员的精简工作未能跟上，致使人浮于事、收不抵支的现象更加严重；有些托、幼组织为了做到"自负盈亏"，任意增加托费（一般的增加到八元左右，个别的增加到十三元）。

为了正确贯彻执行市委有关调整社办托、幼组织的指示，使托、幼组织更好地为生产、为生活服务，对现有公社直接管理的托、幼组织的调整问题提出如下意见：

（一）关于性质和任务问题

现有社办托、幼组织，凡是群众需要的，均应继续办好，并改为群众自办自营的、小集体所有制的社会福利事业。在经济上实行独立核算，自负盈亏。它的任务，主要是收托居住在本地区内的职工、居民的子女，为生产和群众生活服务。

也可以动员有条件的保教人员和社会居民，开设私人独自经营的家庭托儿所。

中共沈阳市委城市人民公社调整工作领导小组转发市妇联党组《关于调整城市人民公社、托儿所、幼儿园的问题和处理意见的请示报告》

（二）关于经营管理问题

小集体所有制的托、幼组织，在经营管理上，必须建立和健全托（幼）管理委员会，实行民主管理的制度，接受托儿家长的监督。坚持勤俭办事业的方针；精打细算，厉行节约，合理收费。防止单纯盈利观点。

（三）关于收益分配问题

托、幼组织的收益分配，应从有利于托、幼组织的经营管理和鼓励保教人员的劳动积极性出发，根据少积累、多分配、收入较少的暂时不积累的原则，按照各单位的具体情况，合理分配。在总收入中（不包括杂费、伙食费、取暖费），除提取少量公积金、公益金和扣除房租、水电、设备折旧、房屋维修等费用之外，其余应全部分配给个人；个人工资的确定，必须根据按劳分配的原则，经过民主评议，合理确定。

（四）关于组织领导问题

目前，各区的区妇联为主，吸收卫生、教育等部门参加，组成保教委员会负责全面领导。保教委员会可按实际工作需要，设专职干部一至二人（这两个专职干部，设在区妇联或区教育局，由各区研究决定），其经费开支，最好由各区行政编制内调剂解决，由国家开支；或者由各托、幼组织的收入中提取。至于这个委员会的日常工作由哪个部门领导，由各区委研究决定，待取得经验后，再作统一规定。

（五）关于调整过程中的几个具体问题

1. 各托、幼组织现在占用的房屋、设备和一切物资，应由各区按照他们的实际需要，进行核定。其中公社所有的财产，经过公社讨论和区人委批准，可以拨给他们作为各该单位的集体所有，但今后他们不准擅自调动和变卖。对于多余或不足的物资设备，可在全区托、幼组织中进行调剂。

为了减少托、幼组织的开支，现在占用门市房屋的，应在原社属企业进行事业的用房内加以调剂，如果解决不了，区房产部门应予协助。对于仍然解决不了的,房产部门应该适当降低收费标准(按民用房屋收租)。

2. 为使保留下来的托、幼组织逐步做到自负盈亏,继续办好,各公社应在交接时,分别按各托、幼组织收支情况一次拨给两个月的经费收支差额,由他们自己掌握使用。在公社拨款补差期间,各园所一律不得提高收费标准。各托、幼组织应积极改善经营管理,节约开支,争取两个月后,在不提高收费标准的条件下做到自负盈亏。

3. 托、幼组织在定额供应标准内节约的粮食、毛巾、肥皂等物资,一律跟孩子走。孩子合并到那里,上述物资带到那里。凡停办、解散的托、幼组织的上述结余物品,由各区根据实际情况,酌情处理。

4. 保教人员的精简和安排。凡合乎还、下乡及精简条件的,一律按统一规定处理。对办社、办厂、办园的积极分子和骨干,本着从工作需要和适当照顾的原则,适于留下的应留在托、幼组织中工作。还、下乡及精简的一切费用和办社、办园时社员、居民个人带入公社的物资的偿还问题,由公社审查批准后拨给托、幼组织掌握使用。原国家派到托、幼组织的工作人员,如工作需要,本人自愿到小集体托、幼组织工作的,应尽可能留下工作,其一切待遇与托、幼组织的其他工作人员相同。工作不需要和本人不愿留下的应另行安排。

5. 托、幼组织是一种小集体所有制的社会福利事业,在经费开支上,人民银行应允许单立户头,其待遇应和其他集体所有制企、事业相同。调整后,商业、粮食等部门在物资供应上,应象过去一样,给他们以必要的照顾。

以上意见如果得当,请批转有关部门参照执行。

沈阳市妇女联合会党组

一九六二年六月六日

（福州市）关于做好街办公社工业
调整后的财产、资金处理工作的指示*

（一九六二年十月十三日）

一九五八年大跃进以后，本市各区街道人民公社普遍地举办了许多小型工厂企业，它在组织城市居民群众参加劳动，提供工业产品，为人民的生产和生活服务，积累资金补助公社管理经费和促进福利事业的发展等方面，都起了一定的作用。

为了加强各街道办事处和居民委员会的经常工作，今后街道一般的不直接管理企业，以便集中力量，在群众中进行经常的思想政治教育，贯彻党的方针政策，并办好居民公共福利事业。为此，按照国民经济调整、巩固、充实、提高的方针，各区都全面地对街道公社工业进行了调整。此项工作已经基本结束，取得很大成绩。在街道工业调整之后，紧接着要认真处理公社及其企业的财产和资金，正确地执行有关这方面的政策。现提出如下几项处理原则：

（一）过去街道公社举办的企业，经调整后转为手工业合作社的，其财产、资金均应认真处理，在公社（即街道）范围内统一核算盈亏。结算后，凡企业积欠的，必须上缴公社的利润，应按过去规定的比例，如数缴给公社。若不能一次全部付清，可分期缴还。积欠的管理费（三金），如企业有困难，可减免一部分或全部。企业亏损者，由公社拨补。

（二）关于固定资产方面，如是公社投资而企业又没继续使用的，应折价退还公社，企业不需要的，则由公社收回。此项资产清理结算后，通过联社交付。凡是企业开办期间从企业留成部分购置的资产，应归企业所有。

---

* 原件现存于福州市档案馆。

（三）经过批准停办的企业或退回家庭手工业、副业的，原属公社的财产、资金，应该归还公社；属于群众的，归还个人。转为手工业合作社（组）的企业，凡是社员个人的财产、资金、工具，应作为社员股金，折价入股。企业积累的财产、资金，仍归企业所有，不得分配给个人。

（四）清理结算之后，街道公社（居民委员会）剩余的资金，首先应用于退赔从国家、集体、个人平调的财产；如还有多余时，则用作街道活动经费和居民的福利基金。关于街道活动经费的使用，应按照以下几条标准，即街道办事处办公费每月补贴不得超过 20 元，居民委员会的办公费补贴不得超过 5 元，居委会干部生活补贴每月不得超过 15 元。对于以上费用应新编造计划，报区财政局批准。

（五）街道公社、居民委员会现有资金（包括现金），从即日起一律冻结。需要动用资金，应经过区财政局批准。否则，人民银行不予付款。今后，街道及居民委员会的财务工作，由区财政局负责处理和监督。

（六）街道（公社）及居民委员会（大队）今后不得向个体手工业和家庭手工业、副业户提取管理费。

以上各点，希市财政局、人民银行、各区人民委员会及其所属有关部门和街道基层组织遵照办理。

福建省福州市人民委员会

一九六二年十月十三日

李任之同志的建议[*]

（一九六二年十二月二十九日）

　　五河城关镇公社反映目前城镇工作问题很多，需要研究解决，建议明年在适当时间召开一次城镇工作会议。此文件印发书记处同志阅。

　　该社是一九六〇年六月成立的，成立后，曾做了不少工作，起了一定的作用，但自一九六一年下半年以来，上级对城市公社工作没有做过布置，因此，工作都在摸索中进行，尤其是开放农村集市贸易以来，一些居民乘机投机倒把，合作商店和手工业因开支大，商品原料少，收入低下，不断出现退社、单干或自动离社，致使集体化企业难以巩固。

　　存在的问题：（1）有些规定行不通，如社员的生产资料一律折价入社，但公社付不出钱，一些工厂因原料、销路问题相继停止。（2）市场如何管理，对投机倒把的人，虽经教育仍不能制止，上级也无明确规定。（3）单干人员越来越多，目前没有具体办法。（4）原规定（一九六〇年工业五干会总结）县城实行两级管理，两级核算，现在手工业三十五条规定，共有四个单位使用。

　　他们要求对城市人民公社的工作规定条例和措施，对上述问题给予及时解决，并要求上级召开一次城市人民公社会议。

李任之

一九六二年十二月二十九日

---

　　* 此标题系编者加注。李任之，时任中共安徽省委书记处书记。原件现存于安徽省档案馆。

附：中共五河县城关镇公社委员会关于 对城市人民公社目前存在一些突出 问题和要求解决意见的报告*

（一九六二年十一月）

我公社是从一九六〇年四月份省委四级干部扩大会议，号召大办城市人民公社、在县委的直接领导下，根据我镇具体情况，经过一番努力，于六月二十九日轰轰烈烈地正式宣布成立。在成立公社的前后过程中，省、地委不断召开城市工作会议和下达指示文件，这对当时城市工作一般说来，处处表现主动，仅就当时健全组织机构、兴办公共福利、充实提高合作商店和手工业、组织闲散劳动力等一系列工作，就取得了显著成绩，广大社员的集体主义思想以及政治觉悟，随着形势的发展，和全国各地一样，都有所提高。但从一九六一年下半年以来，逐渐感到上级机关，不但没有召开过有关城市工作会议，并且连该项工作的具体指示、部署、措施也难见到。以前虽也有些规定，后因形势的发展，也逐渐不相适应。虽然省委在一九六〇年四月份发给一份《一九六〇年四月全省工业五级干部大会总结报告》，但该文实质只是属于工作意见，并非正式文件。我们看到近年来全国的工、农、商、文艺等方面，先后颁布了"六十条""三十五条""十条"等政策，使得工作上都能有所遵循，明确了方向，同时也提出不少方法和措施，我们城市工作，从未有过任何一条，仅就企业下放问题，省委工业会议做了总结和部署，虽对有些问题作了指示，但终属于工作意见，至今未能得到结果。由于上述原因，致使我们两年来在各项工作中，形成摸索、探讨、左右为难，有些地方甚至处于被动，更突出的是农村集市贸易开展以来，一些城市居民乘机大肆活动，投机倒把，牟取高利，因而猛然致富，生活突出提高，而合作商店和手工业，因杂项开支大，商品、原料少，收入降低，生活水平随之下降。虽然，我们也进行了一些集体主义思想的教育，但受个体经济

---

　　* 原件现存于安徽省档案馆。

的影响,不断出现退社、单干或者自动离社、各自经营的现象,公社只可动员,不可阻拦(当时有地委财贸部干事当面说的),致使集体化企业难以巩固,如副食业一九六〇年前从业人员一百二十人,一九六一年后,退社和自动离社就有九十五人,占原总人数的百分之七十九点二,对这些个体经营的(摊贩、长途等)纳税轻微,公社又不能收上缴费用(地委一九六二年七月六日〔62〕146号文件规定),这样一来,他们名为社员,实际已失去公社社员的职责和义务。我们认为城市居民(除四类分子外)都是社员,按社章规定,都有上缴公社积累的义务,即使农村责任田,社员也有完成征购和上缴公社积累的义务。为此,我们深感以上情况较为突出和严重,长此以往,势必影响人民公社和集体经济的巩固和发展。关于这些问题的处理,都关系到国家的方针政策,不能轻举妄动。故特将目前发生的实际情况,上报给你们,要求上级党委给予研究解决。

(一)基本情况

全镇总户数二千八百八十户,街道数十三条,街道委员会三个。总人口一万四千九百九十二人,其中居民八千五百六十三人。

经济面貌:

合作商店十一个,从业人员五百〇六人,平均每月收入二十八元,服务行业三十六个(内街道三十三个),从业人员一百二十八人(内中街道的八十三人),平均每月收入四十元,集体工业二十五个(内中街道十五个),从业人员四百九十九人(内中街道一百五十六人),平均收入五十元。

(二)建社及初期情况

1.社员思想动态

根据省委的指示和要求,建社前,首先展开了社会主义和共产主义的教育,宣传城市人民公社的优越性和办社的方针政策,在激发群众参加城市人民公社的自觉性和积极性及思想成熟的基础上,在县委的领导下,于一九六〇年六月底,我公社正式成立了。在当时,每个社员情绪很高,特别是妇女都纷纷要求参加街道新办工厂,有些居民让出自己家的住房,从家中拿出工具来支持办厂,他们认为自己成为公社社员,并又参加了集体生产感到非常光荣,在当时谁要说谁不是公社社员就恼死了,所以人们的集体思想便树立起来了。从这可看出大办城市人民公社符合了广大人民群众的要求和愿望。

2. 生产组织情况

为了体现城市人民公社的优越性,达到改造资产阶级分子、小商小贩和其他个体劳动者的目的,首先根据职业情况,把他们组织起来,同时把街道上的闲散劳动力计九百多人,集中在新办的如麻刀、竹器、洗染等四十三个厂里劳动,特别是其中的七百二十名妇女劳动力,从家务的圈子里解放出来了,并把原有的合作商店、照相馆、理发店等和手工业各厂进行了整顿。因此,县城内到处都呈现出集体生产、忙忙碌碌的新气象。

(三) 农村集市贸易恢复后的情况

1. 市场情况

一九六一年元月份农村集市贸易得到恢复后,市场便随之活跃起来了,这就大大地调剂了群众的物质生活。但有些人却利用这个机会做投机倒把生意,以此发财致富,因此,这个活动逐渐地猖狂起来。到目前已有四百五十三个小摊贩,大部分是自动开业的,经营油货、面食、熟锅和小百货、杂货、工业品等物,而且贩杀猪羊也相继上市,看来大都是一、二类物资,同时这些摊贩收入大、税收低、不交积累。如顺河居民委员会南化东街查从海,嘴上虽说他家摆小摊子,实际上确是个地地道道的小杂货铺,每月除交税十二元六角外,净利润三百五十余元。因此,他们的资本逐渐扩大。经过摸底,做生意的每户余款最少不低于一千元,资本主义的气焰越过越高。此外,经统计我公社还有七十多人长期在外跑长途生意,主要活动在杭州、上海、苏州、南京、蚌埠、徐州、德州、青岛、太安、沈阳等地,运去的物资大部分都是粮食、化肥、香烟、生猪、棉布等,带回百货、五金、文具和工业品等物。目前情况很严重。

2. 集体与个体收入的比较

由于小市场很猖狂,对集体单位的压力很大,经营萧条,特别如饮食合作饭店,七个门市部,共有社员一百〇七人,五月至八月份四个月的营业额共计五万二千元,按百分之二十六点五的利润计算,挣一万三千七百八十元,除去税款四千一百九十元(营业税二千八百六十元,鲜鱼水产税一千〇三十元,面粉加工成品税三百元)、杂支、电灯、房租费一千九百二十四元,计六千一百一十四元,净得七千五百六十六元(只占总收入的百分之五十),而四个月的社员工资计一万一千〇二十元(平均工资二十五元六角),尚差三千五百〇四元。这说明仍在饭店的社员每月连自己二十多元的基本工资都达不到,然而自动离业的如秦三在街上炸油条、馓子和做馒头、烩熟锅子卖,每月最少挣四百元,除交税五十元外,净得三百五十元,是同业人员工资的十四倍。

3. 思想动态

由于市场上面对面实际情况的影响,同时,有些自动离社做生意的,有意在原业门市部门口叫:你们看单干好不好,今天又挣二十头子(元)。因此分化作用很大,单干的越来越多,集体单位越来越不巩固,特别是饮食和收入少的商店及手工业单位的社员思想尤其混乱。现在看来,在业人员有三种情况:(1)思想上已打算好,寻找自己入股工具,一有机会马上散伙,把东西搬出单干;(2)有部分社员抱着等待观望的态度,考虑自己如若出去,单干或做其他生意是否能长久呢? 干脆再等一个时期吧,看大势再做决定;(3)还有少部分老年人思想上抱着:唉! 我们这号人即使出去又能干什么呢,将好就在这干吧,管他怎么变去。总而言之,我公社集体单位社员的思想目前是混乱的,并且逐渐趋向单干。

(四) 存在的问题及主要原因

1. 公社虽建立起来,有些事情在以后实际中行不通,省委一九六〇年四月全省工业五级干部大会总结报告第五十页第三行规定:社员的生产资料,如平架车、缝纫机等一律折价入社,一次或者分期付款。但新兴的城市公社无法解决钱款,以后一一被私人领回,单独生产。文件第四十八页第七行规定:在既不减少国家税收和利润,又能关照人民公社积极性的原则下,大体为一个公社服务的合作商店、理发店、照相馆、浴室等全部下放给公社。而我县城浴室主要是为全城关镇服务,我县未有明确,现仍属财政局管理。文件还规定下放给公社的合作商店,其公积金以百分之四十上交给市(县),有百分之六十为社支配,而我公社合作商店原来只缴公积金百分之四十与县,也不交公社,最近地委有关商业工作方面的文件规定,公积金既不交县,也不交公社,由本核算单位自己支配,这些情况很难处理;另外,建社初期,虽成立大小几十个工厂,但由于缺少原料或无销路等原因,新办厂前后相继停止,公社无法挽回。

2. 根据中央对市场管而不死、活而不乱的精神,我们在县委的领导下,做了很多工作,对做投机倒把生意的人进行了三番五次的教育,但仍不能制止,然而上级也未有具体明确的规定。

3. 单干人员越来越多,既不通过一定手续开业,也不上缴积累,并有的一跨几业做生意。如被服厂一工人说:行商再坐商,无事干裁方,做生意的一心想挣钱了。我们考虑公社社员应该在集体单位里生产,而且走集体道路才是我们的方向,而单干收入越过越富,资本主义思想逐渐滋长,同时对集体起着一定的分化作用,这将给我们建设社会主义和在将来实现共产主义带来障碍,然而宿县地委商业科卫科员来五说:可以恢复夫妻店(实质就是单干)。

4. 自一九六一年以来,上级对城市人民公社的巩固、发展工作,没有具体的措施和规定,使下级工作无法进行,有时处于被动,原来省委一九六〇年四月全省工业五级干部大会总结报告第四十七页第六行规定,县城可实行两级管理,两级核算,而现在根据手工业第三十五条文件规定,县里有手管局,公社没有手工业办事处,各厂的积累,连本单位也可私下使用。

(五) 要求和意见

我们认为,一九六〇年省委五级工业干部扩大会议文件中的规定是符合城市人民公社利益的,然而某些事情,在实际中无法着手,特别是以下几个问题:

1. 我们认为公社不能存在单干,而单干的却逐渐增多,同时目前又没有具体约束办法;2. 市场如何管理,小摊贩哪些该管,怎么管,也没有具体措施和规定;3. 折价入社的社员生产工具,新兴公社实际无法如期或分批付款。

在有关城市人民公社的规定上,与最近地委文件某些具体事情有些抵触,我们不好执行。

现我们反映的情况,估计其他地区也有存在,若不能很快地得到解决,贫富两极分化,将越来越厉害。因此,要求对城市人民公社的工作,要有规定的条例和措施,并且就我们反映的问题,要求上级给予及时的研究,尽快地予以解决(最好我们要求上级党委能召开一次城市人民公社会议当面汇报,便于更全面的了解)。

中共咸阳市委研究室

一九六二年十一月

（福州市）关于城市公社工业调整为手工业合作组织有关资财处理问题的通知[*]

（一九六二年十二月二十九日）

关于城市公社工业调整为手工业合作组织有关资财处理办法，市委已于1962年10月9日批转《市委调整手工业领导小组关于……社办企业资财处理的纪要》。省财政厅、手工业管理局、手工业联社已于1962年10月17日转发中央财政部、中华全国手工业合作总社关于国营工厂和城市公社工业调整为手工业合作组织的资财处理办法，但本市有些手工业企业和城市公社财政部门对城市公社工业转为合作组织的资财处理还不很明确，现再将社办企业转为手工业合作组织的资财处理有关问题通知如下，希遵照执行。

一、本市今年由公社工业调整为手工业合作组织的资财处理，应按市委10月9日总号(62)榕委字第156号文件和中央财政部、中华手工业合作总社关于城市公社工业调整为手工业组织的资财处理办法执行。1961年9月间公社工业调整为手工业合作组织的，应同样按上述办法，重新算账，原来是盈余的公社企业，经过这次重新算账后，而变为亏损或盈利减少，对已缴公社的盈余和税务部门所得税怎样退还企业，经研究后再另行通知。

二、公社工业调整为手工业合作组织在账未算清之前，公社留下的资财（包括固定和流动资产），公社应指派人员负责保管，如果公社无力保管，可委托手工业企业代管，以保证财产完整无缺，公社不能将留下的资财随便变卖、转借、转让。账算清之后，公社留下的资财（包括固定和流动），需要变卖时

---

* 原件现存于福州市档案馆。

（其中需要报请批准后才能处理的物资,均按有关物资处理规定办理）,应本着先卖国家,后卖集体的原则,变卖的资金,应存入银行,作为退赔款使用,不能随便使用。

三、公社工业在调整中进行资财清理时发生的损益,均应在结束期间根据有关规定上报处理,在未批准以前,一律列入"待处理财产损益",在批准之后,再作结束结算进行调整。

四、城市公社工业,现在恢复为手工业合作组织的,其资财的退赔和处理,仍按照中央财政部、手工业管理总局、合作总社、总行关于《手工业调整所有制中资财退赔处理办法》处理。

五、几条纪律。在体制调整中,有关企业的资财处理必须严格按规定办理。为保证集体财产不受损失,根据中共中央关于调整企业财产处理的指示,重申五项纪律:①不准徇私舞弊。②不准破坏集体财产。③不准盗卖和私分公物。④不准以集体公物送礼或作为职工福利支出。⑤个人管理的财产应如数移交,违反者以违反财政纪律论处。

福建省福州市人民委员会

一九六二年十二月二十九日

（福州市）关于做好城市公社
资财清理工作的通知*

（一九六三年五月二十一日）

各区人委、城区各公社、市财政局、手工业局：

　　关于公社内部财贸清理工作的有关问题的处理,本会曾于市办字第0180号通知各有关单位,但目前各有关部门还未很好地贯彻。自1958年以来,公社办工业、办农场有一定成绩。但存在的问题也很多,如公社、大队举办的农场财务制度混乱,公社、大队拆了群众的房屋未完全修缮,平调群众的房屋和财产未实现退赔。现在公社不办工业,大队更不能办工业。虽然公社调整为手工业企业的资财算账已基本结束,但公社本身的所属单位(调整为手工业合作社的在外)的资财尚未全面进行清理,必须认识到,平调了群众的财产,一定要退赔,这是中央既定的政策,未清算的账目一定要清算,即使今天不清算,今后一定要清算,而时间越拖长则更难算。为了使公社内部的资财清理工作顺利进行并要求在今年八月份前完成这一工作,现将有关问题再作如下通知：

　　一、为了加强公社算账工作的领导,决定由市财政局、手工业局等有关单位组成"公社资财清理办公室",由市财政局局长任办公室主任。各区亦应成立资财清理办公室,指定专人负责,迅速开展这项工作。

　　二、公社资财清理的范围是：公社、大队本身、社办下马企业、社办农场及公社所属其他单位的自1960年公社办工业以来的各年一切收支账目、债权和债务以及现有财产和物资。弄清收入的来源,支出的去向,核查上、下之间的

收支账目是否一致与合理，从而落实公社、大队等单位的家底。

三、各公社、大队的现库存物资和财产以及已经转制的社办企业与下马企业所留下的资财（包括固定和流动资产），应积极设法处理，以免财产受到损失。公社无法处理的物资，可报区手工业经理部帮助处理；区手工业经理部无法处理，可报市手工业经理部代为处理。对一时无法处理的物资，必须列册，由公社负责保管，不得散失。如果公社无力保管，可委托手工业合作社代管，但交接手续必须清理、财产必须保管好，应建立必要的责任制度。对丢失的物资应由保管人员赔偿，被私人拿去的应追回。

四、公社经过资财清理，对于收回的债款与物资变价款以及手工业合作社组织归还的款项，均应全部存入银行控制专户，由财政部门负责监督，公社不得擅自动用。各区应对前阶段已控制使用的社、队结余资金认真作一次检查，如不属于控制范围的资金或属于控制范围内但急于使用的资金，可以提出计划报市财政局审查予以解冻，并进行使用的监督。

五、公社的资财清理，是一项复杂的细致的工作，涉及面广，问题多，各区人委应指定一位区长领导这一工作。账未算清而已调出的有关会计人员，各区应立即通知调回，负责清理其所经手的一切账目，办好终结决算，办好移交手续，并经市、区公社资财清理办公室批准后，才能离开岗位，这是对人民和国家的态度问题。

六、公社及其所属单位在清理资财中，必须按照以上各项规定办理。为了保证国家和集体财产不受损失，规定以下几条纪律：（1）必须如实反映情况，不得徇私舞弊；（2）不准破坏国家与集体财产；（3）不准盗卖与私分公物；（4）不准以公社送礼或作为职工福利支出；（5）个人使用的公社财产应如数交还公家。违反者以党纪国法论处。

以上通知请研究执行，希今后将这一工作进展情况按时汇报本会。

福建省福州市人民委员会

一九六三年五月二十一日

合肥市人民委员会关于
撤销城市人民公社所属分社的通知 *

（一九六三年六月三日）

各区人民委员会、郊区区公所,各科、局、委、处、院、社、行:

接省人委一九六三年五月十八日议民帆字第 739 号批复,同意我市撤销城市人民公社所属分社。特此通知。

安徽省合肥市人民委员会

一九六三年六月三日

合肥市人民委员会关于城市人民
公社所属分社撤销后财产处理的通知*

（一九六三年十二月十六日）

各区人委，各科、局、委、处、院、行、室、社：

　　城市人民公社所属分社，业已撤销，各分社原有的房屋、家具及全部财产，必须加强清理。各区人委应立即组织专人进行清点登记，并于本月二十五日前将登记清单报市人委，然后由市委统一研究处理。任何部门、单位均不得转移、买卖、私分或挪用。希即遵照执行。

安徽省合肥市人民委员会

一九六三年十二月十六日

---

*　原件现存于合肥市档案馆。

沈阳市教育局"关于城市人民公社试办半工半读夜中学的情况和今后意见"的报告[*]

（一九六五年三月二十二日）

张副市长：

为了继续提高未升学高小毕业生的政治、文化科学知识水平，为工农业生产战线培养劳动后备力量，我们于去年三月在和平、沈河两区的部分城市人民公社试办了一些半工半读夜中学。从一年的试办情况看，这类学校很适合高小毕业生的特点，可以满足他们继续学习的要求，是安排高小毕业生的较好形式。因此，拟于今年暑假再适当地发展一批夜中学，以便妥善解决我市未升学高小毕业生的问题。现将"关于城市人民公社试办半工半读夜中学的情况和今后意见"报去审批。

一九六五年三月二十二日

附：关于城市人民公社试办半工半读夜中学的情况和今后意见

（一九六五年三月二十二日）

自去年三月开始，我市先后在和平、沈河和铁西等区试办了二十五所半工

　＊　原件现存于沈阳市档案馆。

半读夜中学,共开了九十四个班,有三千八百九十名学生约占全市历届未升入初中的高小毕业生百分之二十。学制暂定为三年。开设了政治、语文、数学和农业基础知识课。上课多在晚间。每周十八至二十节。中、小学寒暑假期整日上课(每天六课时,约一百二十至一百五十课时)每学期授课时数为四百二十课时左右,生产劳动开展较好,经常组织学生参加力所能及的体力劳动。经过一年左右的试办,学校已基本上稳定,并有了一定的发展。

夜中学一出现就受到广大劳动人民群众的欢迎和支持。学生家长们高兴地说:这是一件喜事,孩子又有书念了,又有活干,去掉了一块心病。因此,积极送子女入学。北市夜中学开始搞布轮生产时需要烘干炉和一些工具,家长就积极帮助解决砖和工具,几天就干起来了,和平区自办学以来,收到了一百多封人民来信,一致赞许办这类学校很适合,为社会、为家庭、为未升学的青少年解决了问题。

各区、公社党、政领导对试办夜中学也很重视。和平区在区委领导下统筹安排了青少年教育工作,区委书记亲自抓夜中学试点工作。区人委认真研究了夜中学的办学方向,领导问题,并定期召开社长会议统一布置和解决夜中学工作中存在的问题。各公社积极挖出公社的废旧物潜力。为夜中学解决课桌椅子不足的困难。和平区委和公社党委,由于狠抓了夜中学工作,不到半年已办起了十五所学校,组织了三千二百余名青少年参加了学习,在不用国家经费、不增加群众负担的情况下,基本上解决了历届未升学的高小毕业生的学习问题。

通过夜中学一年来的试办,学生的政治思想面貌有了较大的提高。逐步培养了劳动观点和劳动习惯,学习了一些生产技能。许多学生努力学习,初步端正了学习目的和态度。

夜中学开办至今,时间不长,在工作过程中,初步总结有以下几点体会:

(一)坚持半工半读办学方向是办好夜中学的关键。夜中学组织学生参加生产劳动是贯彻党的教育方针,提高学生社会主义觉悟的重要措施,也是培养革命接班人的一条正确道路。从劳动来说,学生家长和一些学生认为干点零活学不到技术,有的怕要衣服,多吃粮食,也有的嫌脏怕累。教师中也有怕劳动多,保证不了教学质量的思想顾虑。在贯彻方针上遇到了阻碍,通过召开各种会议,大力宣传了党的教育方针和青少年应该劳动化革命化的道理。先提高了教师对半工半读的认识,然后教育家长,取得了广大学生家长的支持。这样就打通了办学的道路,学生对劳动有了认识,劳动效果都比较好。各校在劳动中的出勤率都保持在 90% 以上,还取得了一定的经济收益,使各部分学校的办学经费基本上达到了自给自足。在劳动的同时也保证了文化基础知识课的教学时间,这一学期学校一般都上了政治、语文、代数、农业基础知识等四种,基本完成了规定的课程时数,还学了一些应用文和珠算,这就制造了办好这类学校的基本条件。

(二)必须以阶级教育为纲,首先抓住政治思想教育工作。这些青少年由于长期闲散在家,不可避免地受到了不同程度的资产阶级思想的影响和腐蚀,部分学生在课堂打架骂人,吸烟,破坏桌椅、玻璃窗等现象不断发生,个别破坏分子进入盗窃集团。当时有些教师对这些调皮捣蛋的学生感到束手无策,有的采取简单粗暴的办法。我们认为教育好这种学生,首先要组织教师学习党的教育方针,学习哈尔滨十二中学的工作经验,启发学生树立远大的革命理想,提高学生的阶级觉悟,通过多种多样的教育形式,如①请老工人叙无产阶级红色家谱;②请老红军老党员讲革命斗争故事;③开展向雷锋同志学习活动;④讲国内外大好形势等教育后,对学生启发很大,使他们逐渐懂得了一些革命道理,初步树立起为人民服务的观点,也使学生逐步懂得了万恶的旧社会是劳苦大众的苦根子,今天的好日子是共产党、毛主席领导着无数革命前辈流血牺牲换来的,社会主义生活来之不易,要保卫她、建设她。现在的学校都建立了少年先锋队组织,成立了班委会,学生会,开展了经常性的队会,班会活动。调动了学生的学习自觉性和积极性。现在课堂秩序开始好转,课外也很少出现打架骂人的现象。如砂山夜中学有两名调皮捣蛋的学生,已成为爱集体、爱劳动、学习好的优秀学生,全校学期末评出了 14 名优秀学生,11 名劳动积极分子。夜中学的学生还积极为居民委街道、火车站做好事,受到社会上的好评。染上坏习气的学生也有了突出的转变,有些有偷摸行为的不偷摸了,而且按时到校上课,参加劳动,帮助班级工作。出现了爱集体,爱公物,爱劳动,认真读书的新风气。

(三)必须认真选拔不断培养提高师资队伍。夜中学的教师大部分是历届高中毕业生和社会知识青年中选聘家庭出身好、政治思想进步、作风好、爱劳动,愿做教育工作的积极分子。他们工作热情认真。但是由于夜中学是新生事物,最初他们有不正确的看法。认为夜中学不"正规"、学不着啥,办不长,抱着"骑马找马"的想法。加之,办学初期困难较多,教师全是义务职,因之,教师队伍很不稳定。针对教师的思想问题公社党委加强了政治思想教育工作。统一安排了教师的政治、业务学习时间。首先组织教师反复地学习了《为人民服务》《纪念白求恩》《愚公移山》《反对自由主义》等文章。教师的思想觉悟有了提高。教育行政部门也加强了教师的提高工作。如和平区文教局举办了短期训练班,有120多名教师集中地学习了党的教育方针政策和关于半工(农)半读教育制度的有关文件,并着重对夜中学的性质、任务、重要意义等问题进行了讨论。从而增强了教师的事业心和光荣感。为了帮助教师尽快地掌握教学业务,还由区教师进修学院负责组织了定期的(每周一次)教学业务辅导。同时还根据各校的具体情况给教师解决了少量的生活补贴费,每月二十五元左右,目前大多数教师情绪比较稳定,热心教学。有些教师为了给学生补课,中午假日都不休息。对夜中学开始有了感情和责任感。

(四)必须党委重视,加强领导,才能把学校办好。这批夜中学能办起来,并得到发展,主要是区、公社党政重视,加强具体领导的结果。如和平区在区委书记亲自领导下,召集有关部门研究统筹安排这项工作。在会议上决定由区文教局、劳动科、团委、妇联、武装部门等组成了领导小组统一管理青少年教育工作。公社在党委统一领导下设办学委员会,并加强对学校的政治思想教育工作,区、社领导对学校生产门路选聘教师,都做了具体的解决。公社社长,团委书记经常给夜中学讲政治课。这些对学校的巩固发展起了保证和推动作用。

从试办的情况看,虽然取得了一定成绩,但还存在一些问题:

(一)对新生事物的态度不够积极。市里为了搞好试点,要求各区积极试办一二所。但到目前只有和平、沈河两区进行了试点,有的区个别公社自发地办了这样的学校,有的区对群众自发办学,未能积极领导,因此现在全市尚有万余名高小毕业生闲散在街道,这仍然是一个大问题。

（二）生产劳动门路还没有很好解决。由于生产企业部门对这种"非正规"学校，不能以勤工俭学的名义签订生产劳动合同。参加工厂企业劳动，受临时工的劳动工资计划限制。因此，目前尚未切实实现半工半读教学计划。

（三）师资流动性大。由于教师大部分是社会知识青年，没有任何福利待遇，生活补贴费也比较少。因此，教师流动频繁。这给教学和辅导工作带来了一定困难，和平区文教局搞了些教学业务辅导，但很多教师没等入门就走了。

（四）经费问题：在试办初期，由于生产门路没有解决，办学经费只靠学生缴纳一些学杂费，负担全部办学经费有困难。这些学校，每学期收缴学杂费的标准是四—五元，一班只能收 200 元左右（收资率 80%—90%）如果按 1：5 配备教师，教师生活补贴费的开支就有困难。如果收费标准过高，家庭负担过重，也不是办法。

为了认真贯彻执行中央关于两种教育制度，两种劳动制度的指示精神，结合我市的具体情况，在试办的基础上，对今后工作提出如下意见：

（一）任务与要求。今年暑假将有一万六千余名高小毕业生不能升入上一级学校，加上往届的共有二万五千余名。这些学生尚不完全具备生产劳动的条件。因此，应该积极试办半工半读夜中学和广播中学，为高小毕业生广开继续提高政治、文化科学知识的大门。为工农业生产战线输送劳动后备力量。要求各区教育局视条件和力量力争多办一些夜中学和多组织些往届与本届高小毕业生参加广播中学学习。

（三）办学方向和学制课程。夜中学是集体举办的，是国家教育事业的组成部分，必须认真贯彻党的"教育为无产阶级政治服务，教育与生产劳动相结合"的方针，实行半工半读教育制度，又劳动又学习，培养有社会主义觉悟，有一定文化和基本生产知识的劳动者。以阶级教育为纲，加强政治思想教育、劳动教育、工具学科和实用知识教育，适当地进行一些生产技术知识教育。通过三年的时间在主要学科方面达到初中毕业水平，掌握一些生产基本知识。在课程设置上要根据"精简集中，学以致用"的原则，设政治、语文、数学、农业基础知识、物理、化学和史地常识。教材暂用普通中学课本或业余中学课本，但要注意多讲些实际应用知识。

（四）切实解决生产劳动门路问题。为了在这类学校中切实贯彻执行半工半读教育制度,各有关部门应统一认识,根据贯彻中央两种教育制度,两种劳动制度的指示精神,统筹安排,为他们广开生产劳动门路,允许他们以勤工俭学的名义和工厂、企业、农林部门签订生产劳动合同。各工厂、企业也应积极协助给予方便。以便保证实现半工半读教学计划。

这类学校学生劳动创造价值多是用于办学经费。因此,税务部门也应根据具体情况免于收税。

关于劳动收益,主要用于办学费用,也可以给予学生少量的生活补贴。

学生因参加一些生产劳动,活动量较大,他们的粮食定量应与普通初级中学学生相同为宜。

（五）充实加强师资队伍,为了切实办好夜中学,应在党委统一领导下,选拔一批政治条件好,能够教初中课的高中以上文化程度的知识青年担任夜中学教师,并力求稳定。为了使他们能够基本稳定下来,必须加强对他们的政治思想教育和业务辅导,在工资待遇方面,应给与适当解决。其工资大体可按中、小学代课教师的工资(28—32元)作为生活补助费,其福利待遇如粮食定量、布票等应与普通民办中学教师相同为宜。

（六）办学经费主要依靠群众自筹。来源应以勤工俭学生产养校为主。如果生产门路尚未解决或生产收入过少的,可以收缴少量的学杂费,但标准不宜超过普通中学。这样,学校正常开支仍有困难时,应从教育经费中给予适当的补助,以便扶植这类学校健康的发展。

（七）各区教育局应把这项工作纳入议事日程,加强领导,对各区所设专职干部,应给予具体帮助。并应与品德教育办公室协商抽调几名专职辅导员放在区里统一使用,同时搞好青少年的品德教育和夜中学、广播中学工作。

夜中学是依靠群策群力办起来的,政府不能全包下来,必须调动广大群众的积极性。因此,应有公社党委统一领导下,由公社党政领导参加吸收共青团、妇联、派出所和中、小学负责人以及有代表性的学生家长组成办学委员会,定期召开会议研究解决办学中的重大问题,社长兼夜中学的校长,中、小学校校长兼副校长,具体负责学校的政治思想和教学领导工作。

为了把夜中学和广播中学办好,市、区教育行政部门,应深入调查研究,蹲点总结经验,切实解决工作中急待解决的问题,将夜中学越办越好。

沈阳市教育局

一九六五年三月二十二日

（二）区（县）、社级城市
人民公社档案资料

中共合肥市委批复西市区委、民政局党组关于试办城市人民公社的初步规划的报告[*]

（一九五九年八月十七日）

经研究决定,西市区应将庙后街人民公社在原有的基础上,继续把它办好,以吸取和总结经验,暂不扩大公社范围。

中共合肥市委员会

一九五九年八月十七日

附一：合肥市西市区委、民政局党组关于试办城市人民公社的初步规划的报告

（一九五九年八月十三日）

根据市委指示,在阜阳路以西、安庆路以北的地区内,试办 1 个人民公社。我们于 4 月 1 日开始,对所在地区的居民、机关、学校、工厂、企业人口、职业、生产等情况进行调查。调查结果:庙后街、六安路、霍邱路、大夫第 4 个居民委员会、1 个杏花村蔬菜公社,有居民 2023 户,共有 8934 人,男 4388 人,女 4606人;省、市、区机关、学校、工厂、企业单位 65 个,共 17713 人,男 11031 人,女6682 人,合计 26707 人,男 15419 人,女 11288 人。居民人口中,有固定职业的

＊ 原件现存于合肥市档案馆。

5020 人,临时工 229 人,能参加生产而未参加的 1205 人,年老体弱不能参加生产的 227 人。现有民办鞋厂 2 个,砖瓦石灰厂 1 个,农具厂 1 个,袜厂 1 个,缝纫组 2 个,缮写室 1 个,理发室 2 个,代销店 6 个,豆腐店 3 个,小吃部 1 个;计 10 个厂、室,6 个代销店,3 个豆腐店,1 个小吃部,职工 174 人,有固定资产 8145 元,流动资金 12797 元,今春产值 186444 元,纯利 18937 元,每人每月最高工资 50 多元,最低工资 10 元;现有儿童 2138 人,托儿所 19 个,保育员 75 人,已入托儿童 695 人,未入托儿童 1443 人;民办食堂 12 个,事务人员 56 人,已在食堂搭伙的 2433 人,未搭伙的 6385 人;省直机关 9 个,工厂 3 个,专科学校 2 所,宿舍 12 处;市直机关 12 个,专科学校 1 个,中学 2 所,卫生医疗部门 5 所,诊所 1 个,工厂 5 个,商店 12 个;区直机关 2 个,厂、社 8 个,小学 2 所,商店 1 个,计有固定职业的 16436 人,保姆 268 人,家属中能参加生产而未参加生产的 1043 人,年老体弱不能参加生产的 142 人。儿童 3313 人,已入托儿童 1515 人,未入托儿童 1798 人(详细情况另有附件)。根据上述情况和参观郑州、无锡市人民公社的实际做法,暂作初步规划如下:

一、公社的组织形式。我们意见,由 9—15 人组成社务管理委员会。正副社长 1—3 人,专职副社长 1 人,下设生产、政法、行政 3 个办公室,1 个组织部,拟配备专职干部 9 人,其中生产办公室 4 人,负责管理工业、农业、商业的生产、财务、计划;政法办公室不再配备干部,以原杏花村派出所全部力量,负责管理公安、民政、调处、人武等工作;行政办公室 3 人,负责生活福利、文教卫生、劳动力调配以及日常行政事务工作;信用部 2 人,负责信贷、储蓄工作。此外,根据社员的业务性质和居住条件,按大小单位和分片结合的办法,成立 6 个管理区。初步划分:公安厅、民警学校合一;淮河路以南机关、学校、工厂合一;淮河路以北机关、学校、工厂合一;杏花村蔬菜社单一;阜阳路以西原六安路、霍邱路及和平桥居民委员会部分地区合一;六安路以西庙后街、大夫第居民委员会合一。每个管理区由 7—11 人组成管理委员会,正副主任 1—3 人,委员 5—9 人。机关、学校、工厂的管理区,是一级核算单位。管理区委员会主任,由较大单位的负责同志兼任,副主任和委员,由其他单位的负责同志兼任,并配备专职干部若干人;杏花村蔬菜社管理区,也是一级核算单位,管理委员会正副主任、委员,仍由原来公社正副主任、委员继续充任;居民管理区不作为一级核算单位,由公社直接核算。管理委员会主任,拟挑选原居民委员会主任担任,副主任、委员由社办工厂负责人兼任。管理区的任务是:直接领导生产单位和没有参加生产的社员小组,搞好生产、政治、生活及地区的文教卫生工作。

为了加强党对人民公社的领导,公社成立党委会,由市委、公安厅、民政厅、工业专科学校、安徽日报社、邮电管理局、区委、杏花村公社的负责同志参加组成。区委有1书记任社党委书记兼社长,并下放1位同志担任专职副书记。下设办公室,配备专职干部2人,做好组织、宣传、人事、监督、共青团、妇联等工作。

二、大力发展社办生产,相应地搞好社员生活福利事业。社办生产必须贯彻"为国家工业建设服务,为农业生产服务,为城市人民生活服务,因地制宜,就地取材,依靠群众,勤俭办社,在国营经济的带动与积极扶持下,逐步建立公社物质基础"的方针,为此,应继续坚持"由土到洋,土洋并举,由手工业到机械化"的逐步发展过程。具体做法:除机关、学校、工厂的家属组织生产由各单位自行解决外,街道社员的生产,我们打算从两个方面着手:第一,将原有民办工厂扩大,即原2个鞋厂合并为1个厂,增加2部纳鞋底机,投资约5000元,现50人,可扩大到100余人;原2个缝纫组、15部缝纫机,合并为1个被服厂,增加85部缝纫机,投资约10000元,现15人,可扩大到200余人;原1个袜厂、4部缝纫机,投资约10000元,再增加几部,改为针织厂,现20余人,可扩大到100余人;原居民洗衣组24人,改为洗染厂,可扩大到50人;原临时工200余人,成立1个临时工大队,同时选调劳动力较强的100余人,解决杏花村蔬菜社劳动力不足的问题。上述6个扩建厂、队共投资25000元,使400多人参加生产。第二,新建5个生产单位,拟挑选劳动力较强的100余人,成立1个装卸队;建立麻棉加工厂1个,约400人,投资3000元;棉纱织布加工厂1个,约100人,投资10000元,设置铁木机30部;纸品加工厂1个,约40人,投资2000元,花边厂1个,约70余人,并在安庆路开设1个旅社,50张床位,投资5000元。上述5个厂、社共投资20000元,可供600多人参加生产。合计扩建和新建的厂、社、队需贷款投资45000元,基本上解决居民中能参加生产而未参加生产的1200多人。关于需要的技术人员,从两方面解决:一方面挑选有培养前途的青壮年到外地或本市有关工厂培训;另一方面请有关部门支持必要技术人员。此外,在蔬菜生产方面,要深耕细作,增加肥料,力争今年产值翻1番以上,保证有计划地供应市场需要,并大力发展副业生产;在商业方面,将原6个代销店进行适当的调整和扩大,增加1—200个百货商店。总之,要求达到"人尽其才,物尽其用,各得其所,各有所归"的目的。

在组织生产的同时,相应地搞好社员生活福利事业,认真贯彻"大集体,小自由"的原则。目前,除继续办好原有的12个食堂、19个托儿所、2个妇产院外,拟在居民管理区内,再增加5个食堂、5个托儿所、1—2个妇产队,1个敬老院,若干个哺乳室,并将原来医疗站改为公社卫生所。同时,为了丰富社员文化生活,在公社的中心地区内,建立俱乐部、图书室、少年之家各1所,合计投资15000元,资金来源,由民政局拿出10000元,其余由西市区委解决(机关、学校、工厂的食堂、托儿所由各单位自行解决)。食堂、托儿所的炊事员、保育员,从街道居民中挑选政治可靠、身体健康以及有一定文化、卫生知识的人担任,食堂应满足各种人的不同要求,使所有社员不论早晚下班,都感到方便。为了搞好集体生活,公社要大力组织副食品生产,并号召广大群众发展家庭副业生产;办食堂的人要热心服务,善于管理,经济公开,账目清楚。托儿所要设全托、日托、半日托,每个保育员,既要照管好孩子,又要教育好孩子,使儿童身心愉快,父母放心。

三、积极开展试办城市人民公社的宣传教育,自始至终地做好政治思想工作,切实掌握各种思想动态,针对不同的思想状况,采取不同的对策,抓住主要问题,及时开展辩论,扫除思想障碍。具体做法:先党内后党外,先干部后群众,大会动员,小会座谈、大鸣、大放、大字报、大辩论以及包干、登门访问,层层打通思想,并充分运用黑板报、墙报、扩大器、墙头诗、壁画等各种宣传工具,着重宣传城市人民公社的意义、办社政策、方法、步骤(宣传提纲拟请市委宣传部另拟)。通过宣传,使广大群众都认识到建立城市人民公社的好处,自觉地掀起参加公社、参加生产的热潮。

四、组织领导。试办城市人民公社,是一个新的工作,问题较多,涉及面也较广,为了加强试办工作的全面领导,我们意见:成立筹备委员会,党委书记任主任委员,徐方兴、王学芝、霍松林3同志担任副主任委员,委员由省委统战部、省妇联、公安厅、民政厅、邮电管理局、安徽日报社、工业专科学校、市委财贸部、宣传部、工业部、统战部的负责同志参加;下设1个办公室,由王学芝、霍松林两同志兼任正副主任,办公室下设秘书、生产、生活3个组,并请市委批准,从市委宣传部、统战部、政法部、民政局、轻工业局、商业局、劳动局、公安局、卫生局、粮食局、房产局、兵役局、建设局、邮电局、计委、银行、团市委、妇联等单位各抽调几名有一定工作能力的干部,负责试办公社的具体工作。

五、时间与步骤。5月15日起至5月20日止,成立筹备委员会,开展宣传教育;5月21日至6月20日,组织生产、组织生活;6月20日—7月1日,成立公社的组织机构,调整生产组织,订立各种制度,划分管理区,使生产、生活基本上安排就绪后,正式召开成立公社大会。

六、政策问题。

第一,年满16周岁以上未剥夺政治权利者,都可以做正式社员。入社的手续:由筹委会统一印制入社申请书,机关、学校、工厂、企业单位可集体申请入社,居民(已办理过入社手续不再搞)以户或个人申请入社,每人交5角钱的入社金,困难户可以少交或免交。在入社时,如遇个别确实思想不通、暂时不愿入社的人,我们应当有所等待。入社后,每个社员应行使社章所规定的权利和义务。第二,劳动力使用问题。在服从国家调配计划的前提下,根据全社劳动力的特点,采取因人因事、因地制宜、统一调配、统一使用的办法,对流动在社会上的劳动力,由公社统一组织起来参加各种生产。第三,居民社员的生产资料,应动员入社,由公社根据公平合理的原则折价,逐步还款,如属困难户可提前付款,对社员生活资料仍旧归私人所有,如公社需要私人住房,经过协商同意,由公社租用。第四,省、市、区机关,学校、工厂、企业单位的业务和财务管理,同公社不发生关系,仍归系统领导;工作人员的工资,还由原单位按原标准发给。各单位除完成本身业务工作外,可组织干部和工人参加各种生产,相应地办好托儿所。生产资金及设备,由各单位自行解决,公社仅对其生产进行督促检查。第五,资产阶级分子和资产阶级知识分子安排问题,我们意见:社员代表大会可安排少数有代表性的左派知识分子,实职不安排。第六,地富反坏分子,经过群众评审,根据他们表现情况,予以分别对待,即:真正老实守法、放弃反动立场并积极参加生产劳动、基本上改变了剥削阶级思想的分子,可摘掉帽子,作为正式社员;表现一般的分子,可作为候补社员;对尚未放弃反动立场、不积极接受改造、生产劳动消极的分子,仍要把他们分散在生产单位中,由各生产单位采取包教育改造、包监督劳动、包防止破坏和由地富反坏分子本人保证期限改造的办法,进行管理或监督劳动,但在经济上可以和正式社员一样,实行同工同酬;右派分子可进公社做非正式社员,由公社分散在生产单位监督劳动,工资待遇按右派分子处理规定发给。

　　人民公社的建立,是生产关系进一步调整和生活习惯的重大变革,是一场严重的思想斗争,特别是城市阶级成分复杂,无疑会有少数人对人民公社的深远意义缺乏正确的理解,因而会产生怀疑和误解,地富反坏分子也会乘机进行破坏工作,为此,必须坚持政治挂帅,自始至终地做好思想教育工作,提高广大群众的革命警惕性,加强对五类分子的监督改造工作,防止和克服任何盲目、麻痹、轻率从事的现象,同时还必须坚定不移地贯彻阶级路线。在配备干部时,要保持劳动人民中的积极分子占绝对优势,进一步发挥广大群众的积极性,使试办工作顺利进行。

　　以上报告妥否,请指示。

中共合肥市西市区委员会

一九五九年八月十三日

附二：合肥市西市区委、民政局党组关于参观郑州、无锡市人民公社的情况综合

（一九五九年八月十二日）

　　根据市委指示,在我区试办一个人民公社,经我们会同民政局、统战部、政法部研究决定以霍松林同志为主,并抽调三人组成一个工作组,于四月一日前往郑州、无锡两市参观学习建立城市人民公社的有关问题。历时十五天,采取层层了解、步步深入的办法,学习了不少东西,提高了认识水平。但

是,了解的面不够宽,接触实际问题不够广,现将他们看到和听到的情况,综合于后:

一、关于城市人民公社的组织形式和规模。郑州市以原一个市区成立一个区联社,在区联社统一领导下,成立若干个人民公社。各公社根据实际情况,采取不同的组织形式:1.几个单位合并组成;2.街道居民按片结合;3.一个大单位单独组成;4.以一个单位为主,吸收周围居民、小工厂、企业以及农业生产队参加。如郑州市纺织机械厂就是根据"以大带小,以全民带集体"的原则,吸收周围居民群众、农业生产队、商店等参加建立起来的。该市西太康路人民公社,因居民多,采取按片结合组成;河南省直机关,以省委办公厅和省人委事务局为主,联合成立一个人民公社。目前大的公社七万多人,小的公社两万多人。无锡市以原一个街道办事处建立一个公社,全市五十万左右人口,现已建立十五个公社,仅将能参加生产的街道居民组织起来参加各种生产,机关、学校、工厂、企业的职工均未入社。最近无锡市委正根据该市实际情况,提出两个未定型的方案:第一,以三个市区建立三个人民公社;第二,将全市划分四块,包括农业建立一个人民公社。

二、人民公社的体制问题。郑州市二七区联社,成立社党委,除省市有关领导同志兼任书记外,原区委书记兼任社党委书记,专管党委工作,下设组织部、统战部、宣传部、监委、工会、团委、妇联。社务委员会由所在地大型工厂、机关、学校的负责同志和原区人委的劳动人民委员参加组成,区长兼社主任,区人委还未撤销(未经选举,临时决定,非劳动人民能否参加,正在研究),下设计委、科学研究、福利卫生委员会,工业、农业、商业、文教、政法、劳武、人事监督、财务、生活福利等九个部。在人事配备方面:除省、市机关下放一批干部担任实职外,一般均由原区人委各科、局干部充任各部工作,如政法部就是区公安分局、法院、检察院三长担任正副部长,原公安分局、法院、检察院尚未撤销。二七区联社下设六个人民公社,各公社也成立社党委,由五人至九人组成党委会。配备专职书记二人,下设组织部,宣传部、办公室、团委、妇联;各生产单位成立党支部,社务委员会由十三人至十七人组成,正副社长五人,下设工业、农业、商业、财务、文卫、劳务、政法、生活福利等八个部,一个办公室,一个计委。干部来源,街道公社,除领导干部由区下放外,其余均由原街道办事处干部充任;机关、工厂、学校的联合公社,由较大单位的党委书记和行政负责同志兼任党委书记和社主任,其他单位负责同志任委员,并根据工作需要,各单位配准专职干部。各公社根据生产、工作的实际情况,下面成立管理区、分社或大队,由管理区内的有关人员参加组织管理委员会、分社委员会、队务委员会,作为公社派出的督导机构;机关、工厂、学校管理区,由各单位负责配备实职或兼职干部;街道管理区,按照实际需要配备专职或兼职干部,干部来源,一般由社办厂长、支书兼任。各社办厂,负责管理所属社员生产、政治、文化、生活。对尚未参加生产的社员,按一百户左右成立社员小组,负责管理政治教育和日常卫生工作。

无锡市人民公社成立党支部或总支、社务委员会,下设组织、工交、商业、内务、劳武、财务等七个部,正副主任由原街道办事处主任或派出所所长担任,下面成立工区或大队,也作为公社派出的督导机构,并配备专职干部一人至二人,干部来源,一般由居民委员会主任充任,根据介绍和实际参观的情况,目前还存在一些问题,未作最后定案,可能还有变动。

三、组织生产、组织生活。郑州、无锡两市积极贯彻"为国家工业建设服务、为城市人民生活服务、因地制宜、就地取材、依靠群众、勤俭办社、在国营经济的带动和积极扶持下逐步建立公社的物质基础"的生产方针,根据两市的实际体验,发展社办生产,必须大搞群众运动,千方百计地寻找生产门路,发展各种生产,充分利用现有设备和废物废料,走由土到洋、由小到大、土洋并举、白手工业到机械化的逐步发展道路。从实际参观情况来看,社办生产日用商品、加工以及为大工厂服务的一些制造和生产,特别是废物废材生产,资金少、利润多、门路广,又能适合城市妇女劳动力特点。例如工作组参观郑州市西太康路人民公社废铁料加工厂,他们就是采购各工厂、企业部门不用的短小和生锈的旧铁条,经过加工,制造铁丝筛子、洋钉等产品。无锡市人民公社织布厂与废品收购站挂钩,利用收购来的废料,经过加工,织成各种花布、帆布、毛巾、围巾、被单等产品,这就是发展社办生产的主要门路。生产资金来源,郑州、无锡市都从两方面着手:一方面是发动广大社员投资(现金和实物),同时,在少数积极分子的带动下,提出"苦战三个月,不要工资(实际工资金额照付)";另一方面从银行贷款。生产资料问题:两市都本着"因陋就简"的办法,动员社员将原来自用的生产资料入社,由公社作出公平合理的折价,逐步还款(无锡市当时未作价,群众不满意,现正在处理)。郑州、无锡两市对房屋处理办法是:凡已经过私改的房子,由公社作统一调整,不属私改的房子,如公社确实需要,应同房主协商租用或者征得本房主同意,由公社付房产税和修理费,不付房租。

郑州在组织生产的同时,相应地组织生活。该市二七区实际体会集体生活搞不好,不仅不能解放更多劳动力,而且关系着人民公社的巩固。因此,他们根据"大集体,小自由"的原则,社员、儿童参加和不参加食堂、托儿所由其自愿,但公社应将食堂、托儿所办好,食堂应满足各种人的不同需求,不能强求一律,所以各个食堂,饭菜做到多样化,价格不固定,并做到随到随吃,吃好、吃饱,还吃得省,使男女老幼都感到方便。无锡市公社食堂提倡"三热",即饭热、菜热、茶水热,"四化"即生活集体化、卫生经常化、饭菜多样化、管理民主化。两市公社托儿所有全托、日托、半托、婴儿室,并挑选和培养政治觉悟较高、身体健康以及有一定文化、卫生知识的人充当保育员,达到既要照管好孩子,又要教育好孩子,使儿童身心愉快,父母放心。郑州市为了搞好生产,同时又照顾到妇女的家庭生活,将生产和休息时间做适当安排,一般规定八小时工作,一至两小时政治学习,星期天休息,必要的可以缩短工时,如因私人事情,还可以请假,如属家务事多的人,可以采取半日生产或分散生产的方法。对人口多、收入少、生活确实困难的,由公社给予适当的补助。

四、分配和积累的比例办法。郑州市西太康路人民公社采取"按劳分配、多劳多得、统一领导、分级管理、各计盈亏"的原则。开始时,既要积累大于分配,又要照顾到社员生活较入社前略有提高,但不能高于国营工厂、企业部门的职工工资水平,否则,对国营工厂、企业职工有一定影响。同时,所有社员的工资,不能强求一律,因技术水平、劳动强度、劳动表现好坏有不同,工资待遇也就有所不同,目前他们工资等级标准,全社统一实行八级,并采取"死级活评"的办法,即每季度根据各方面表现进行评定,炊事员、保育员每人每月最高工资三十五元,最低十四元,技工最高五十六元,最低二十元。

　　该市红旗人民公社工资分配形式有五种:第一,基本工资加奖励。其核算方法:合理地核定生产定额和生产总值,分别情况,正确地决定积累与消费比例,再按所核定的生产定额和生产总值与所确定的消费比例,结合各单位的生产实际情况,分别评定同工种的级别与金额,并定为标准工资,在完成所规定的生产和生产总值时,按标准工资发给,如未完成,不论是主客观原因,按比例减发工资,如超额完成,即按规定给予奖励,即超额完成百分之五,加发奖金为标准工资的百分之二,超额完成百分之十,加发百分之三,超额完成百分之二十,加发百分之五,超额完成百分之三十,加发百分之八,超额完成百分之四十,加发百分之十,并予以适当的名誉奖励。第二,按件计工资加奖励。一是提积累加奖励;核算方法:合理核定生产定额和生产总值,按生产总值提出百分之十至百分之三十作为公共积累及百分之〇点三的奖励资金后,再按件计资;二是无积累加奖励;核算方法,除不提取公共积累外,与上相同。第三,包工包产,定额积累;核算方法:合理核定每月平均总产值,按每月平均总产值提交百分之十至百分之三十的公共积累。第四,固定工资,按级评发。第五,半供给半津贴,适合于炊事员,即炊事员在食堂吃饭不交费,由在食堂吃饭人员共同负担,津贴部分,由公社支付。该社实行十六级工资标准,最高的三十二元,最低的六元,每人每月平均工资为十八元。

　　无锡市强调分配大于积累。理由是:使社员生活较入社前略有提高,显得人民公社的优越性更加突出,对巩固人民公社起一定作用。例如他们纸品加工厂六十多名工人,第一季度总产值三万多元,其中加工费六千多元,积累三百多元。

　　五、关于劳动力使用问题。郑州市根据城市劳动力的特点,采取全社劳动力因人因事、因地制宜、统一调配、统一使用的办法,对流动在社会上的劳动力,由公社统一组织到各种生产岗位。

　　六、郑州市省、市机关,学校,工厂,企业的干部和工人以公民身份入社做社员,人民公社可以领导他们进行清洁卫生、义务劳动等工作,对于其业务、财务,同公社不发生关系,仍归系统管理,公社主要是将其能够参加生产的家属组织起来参加生产,相应地办好托儿所,生产资金和设备全部由各单位自行解决,公社仅对其生产进行督促检查。

七、几个具体问题:

1.年满十六周岁的公民都可以入社做正式社员,并行使社章所规定的权利和义务。对地富反坏分子及其他剥夺政治权利的人,允许他们进社做非正式社员,分散在各生产单位督促劳动,但在经济上可以和正式社员一样,实行同工同酬。

2.右派分子入社问题。郑州市委有三种未定型的意见:第一,应区别对待,属一、二类处理的右派,不能当社员,其他类处理的右派,可当社员。第二,右派分子经过群众讨论同意,可当社员,表现很坏、群众不同意,不能当社员,只参加生产劳动。理由是:右派分子是作为人民内部问题处理的,公社权没有取消,这样处理,有利于分化右派分子;虽经群众同意入社当社员,如表现恶劣,还可以取消社员资格。第三,看看再说,第一次选举不参加,全面规定后,再处理。

3.郑州市的入社手续,统一印制入社申请书,机关、工厂、学校、企业单位可集体申请入社,居民(已办理过入社手续的不再办理)以一户或个人申请入社,每个社员应缴五角钱以上的入金。在入社时,遇有个别确实思想不通、暂时不想入社的人,应当有所等待。

4.对资产阶级分子和资产阶级知识分子的安排问题。郑州市委有三种未定型的意见:第一,安排。因为阶级是客观存在,即存在,就安排,安排不影响无产阶级专政。第二,不安排。公社是劳动人民组织,安排民主人士不好办事。第三,社员代表大会代表可安排,社务委员一般不安排,要安排的话,只安排少数有代表性的左派知识分子。

无锡市人民公社于去年十月间,已将资产阶级分子和资产阶级知识分子及其家属安排为社务委员、副厂长等实职。

中共合肥市西市区委员会

一九五九年八月十二日

附三：合肥市西市区委、民政局党组关于准备试办城市人民公社的调查材料

（一九五九年八月十三日）

根据市委在阜阳路以西、安庆路以北地区试办人民公社的指示，我们进行了研究，并会同省、市委统战部，市委政法部抽调 10 多名干部组成工作组，对上述地区机关、学校、工厂、企业、居民等进行了调查摸底和登记工作，该区有省、市、区属机关、企业等 65 个单位，居民 2023 户，共 26707 人，其中男 15413 人，女 11294 人。具体情况是：

一、55 个省、市、区属单位有 17713 人（男 11031 人，女 5682 人），其中党员 1320 人，团员 2157 人，群众 14236 人。按属别分，省属 19 个单位 3798 人，市属 37 个单位 6225 人；区属 14 个单位 2924 人，共有职工家属 1185 人（能劳动而未参加者 1043 人，不能参加劳动者 148 人）；保姆 268 人；儿童 3313 人（内有入学入托的 1515 人）。按工作性质分：机关：省属 9 个，市属 12 个，区属 2 个，计 23 个单位 3059 人；工厂：省属 3 个，市属 5 个，区属 8 个，计 16 个单位 2012 人；商店门市部：市属 12 个，区属 1 个，计 13 个单位 101 人；学校：省属 2 所、市属 3 所，区属 3 所，计 8 所 7187 人；医院（站、所）：市属 5 个单位 588 人（单位名称附表一）。

上述工厂、企业中属地方国营的 15 个单位 2004 人，公私合营的 10 个单位 241 人（其中私方人员 188 人）；合作社营的 9 个单位 456 人。共有固定资产 2988547 元，流动资金 50148298 元，年总产值 17601184 元，年利润 1099668 元，月工资总额 121658 元，月平均工资 5758 元。

二、该地区有庙后街、霍邱路、大夫第、六安路 4 个居民委员会，1 个杏花村蔬菜社，共 2023 户计 8994 人（男 4388 人，女 4606 人），其中有党员 52 人，团员 45 人；文化程度：大学 42 人，高中 216 人，初中 426 人，小学 3475 人，文盲 671 人（儿童和 45 岁以上的老年共 4164 人，不属扫盲对象未列在内）。

上述人员的职业情况是：参加机关、工厂、企业的职工 2013 人，参加杏花村蔬菜社的社员 1288 人，参加居民自办企业工作的 309 人（分布情况附表二）；入学儿童 1545 人，入托儿童 695 人，尚未组织起来的 2991 人，其中有临时工 229 人，个体经营的 106 人（摊贩 55 个 64 人，小商 10 人，手工业者 32 人），休学学生 6 人，家务劳动 980 人（男 193 人，女 787 人），年老体弱不能参加劳动的 227 人，未入托儿童 1443 人。

目前街道居民（包括杏花村蔬菜社）有地主 19 人，富农 32 人，反革命分子 48 人，坏分子 41 人，右派分子 8 人，被开除回家的 5 人。

三、各阶层思想反映：

第一，积极拥护建立人民公社。如建筑工人刘治德已迁居北门外，听说办人民公社，就积极要求居民委员会主任给他迁回六安路，参加人民公社。城市贫民孙国珍说："我赶快把病治好，参加人民公社，参加生产。"60 多岁的徐庆平老奶奶兴奋地说："办人民公社可好了，我还要多活几年。"尤其住在该区的机关，对于办人民公社是热情支持的，如警备营得知办人民公社的消息后，主动派了两名干部帮助试办人民公社。

第二，怕生产、生活资料归公。商人沈思泽，听说要办人民公社，将借给别人的货架要回家，并说："办人民公社，烧锅算了。"接生员高邦珍将买回家刷墙的石灰，卖掉 250 斤，别人劝她不要卖，她说："不卖掉，公社化后都成了公家的。"蚌埠路派出所民警张国猛听说办人民公社的第二天，就对居民委员会主任说："我是来向你们打招呼的，我家门口的树，我要砍掉了，你同意也好，不同意也好，反正我要砍掉。"邮电局家属胡淑珍说："我真不走运，三个儿子快要毕业拿钱了，碰上办人民公社，以后拿不到钱了。"中农出身的朱志清兄弟二人对街道干部说："你们叫我参加人民公社，我就迁到公司去（做搬运工人）。"

第三，怕入社后，生活不自由，还有的怕参加劳动。如大夫第黄老奶奶以探问口气说："我年纪大了，参加人民公社吃饭不方便，我不参加可行？"佛教徒粟秀英说："我信佛，不能同吃荤的人一起吃饭。"六安路 17 组组长陈秀珍说："办人民公社好倒好，可是我身体不好（实际不错），参加公社后，可不能干重活。"邮电局职工家属田润珍说："参加人民公社可以，真要我劳动，我可坚决不干。"

第四,反对办公社。地主分子家属闻光秀要卖小石磨,干部不让卖,她说:"我家的土地给你们公掉了,房子也公掉了,我连小磨子都没权利卖吗?"又说:"我有关节炎,参加人民公社,要有人服侍我才行。"资产阶级家属王仲惠煽动说:"你们看×××干到现在,职都撤掉了(×××原系居民委员会副主任,因挑拨离间,破坏选举撤职——编者注),我们参加公社搞得好给碗饭吃,搞不好连饭都吃不上。"

在初步摸底中所搜集到的思想反映证明:绝大多数是积极拥护人民公社的,这主要是工人、城市贫民和解放后的翻身户,他们将成为建立城市人民公社的依靠力量;在人民群众中对于人民公社抱有怀疑态度或思想上有顾虑的多是生活比较富裕的,我们认为对这些人主要是采取教育,讲清政策,在积极分子的带动下,他们会逐步消除顾虑,参加人民公社。至于少数反对人民公社的阶级异己分子,应强制他们参加劳动,有破坏行动者必须及时进行严肃处理。

为避免上述思想反映可能引起一些副作用,我们已于四月二十八日召开工作组全体同志及全区居民委员会委员以上干部会议,按照中央八届六中全会关于人民公社若干问题的决议精神,进行了一次报告,并布置他们先对有思想顾虑的群众进行解释,对因办公社而出卖生产资料的群众进行劝阻。进一步端正思想,提高认识,还有待深入地开展宣传教育。

中共合肥市西市区委员会

一九五九年八月十三日

（陕西周至县）关于城关地区组织城市人民公社几个问题的调查报告*

（一九六一年五月三十日）

城关地区城市人民公社,是从 1960 年 5 月 1 日建立的,参加的共有 618 户 4345 人,除机关干部、学校教职工及学生、工厂工人等有正式职业外,实际参加城市人民公社的有 583 户 1835 人,其中有劳力 507 人。在城市人民公社的统一领导下,按县级的党群、文教、工交、财贸、农业和街道市民、公社企事业的职工家属等共划编为 7 个大队,大队下设生产队、厂。生产大队的规模平均为 89 户。城市人民公社的成立,解放了大批的劳动力,组织起闲散劳力参加了生产,把消费者变成了生产者,大大地促进了生产的发展。根据城镇需要和社员特长、身体强弱,本着为农业生产服务、为国家建设服务、为城镇人民生活服务的原则,共计开展的生产门路有:运输、洗染、修理、茶炉、编草帽、代客做饭,为工厂、机关砸石子、编草袋、打草帘、缝包皮、包糖果、捡纸、捡废铁、翻砂、糊粉笔盒、糊纸袋等共 28 种,支援了生产建设,便利了群众,活跃了市场,改善了城镇人民生活,同时有力地支援了夏收,1960 年夏收期间组织社员为附近生产队割麦 400 多亩。

城市人民公社成立以后,社员生活有了显著的提高。在城市人民公社化以前,城市居民、职工家属大部分没有工作做,有工作的也不可靠,他们说:"以前的工作是渭河滩的庄稼——靠不住。"家庭生活只靠职工工资维持,收入少,生活困难。公社化以后,人人有活做,增加了收入,生活有了保障,每个

---

* 原件现存于陕西省档案馆。

劳力每月平均收入在 20 元左右,最高月工资达 40 元。市民大队洗染厂社员侯××家庭 11 口人,过去仅靠 2 个儿子每月 50 元工资收入过活,生活非常紧迫,参加公社后老汉、老婆 2 人每月增加收入 30 多元,除生活以外,每月还向银行存款 10 元左右。同时由于集体生产、集体生活学习提高了社员的政治思想水平和文化程度,加强了组织观念,检举坏人坏事,对做好城镇治安工作起了很大作用。从 1960 年 8 月加强农业第一线后,把 327 户 943 位市民和职工家属下放到农村,下余仅有 55 户,一般都是病老残废的人,不能参加生产,对这些人放松了领导,城市人民公社各项生产形成了停滞自留状态。今年 1 月间根据统战政策又把资本家和私方人员家属 82 户转回城镇,由于没有及时组织他们参加生产,加之当时农村集市贸易的开放,少数人摆了小摊,甚至有的搞投机生意,转手倒卖,牟取暴利。市民大队的私方人员家属杜海林在外地托人从国家套购硫化氢、硫化蓝 400 多斤,每斤牟取暴利 2.8 元。绝大部分社员对这些现象不满,对城市人民公社放松领导有意见。贫农张梦花说:“城市人民公社开始办得很好,现在没有人管了,我们都成了没娘的娃,工作没有着落,生活没有保障。”

城市人民公社办不办,我们在现有的 232 户,768 人(男 383 人,女 385 人,其中 15 岁以下 379 人,16—45 岁 196 人,46—60 岁 179 人,60 岁以上 54 人)中经过座谈访问,其中有 179 户占 77.1%的积极要求办好,这些人主要是干部职工家属和思想认识较好的居民,特别是一些收入较少而人口多的家属和居民;有 36 户占 15.6%的动摇不定,这些人主要是家庭收入多,生活没问题,怕受约束;有的孩子多,怕收入少托人管、负担大,划不来账;有的对城市人民公社的优越性还有怀疑,有 17 户占 7.3%,不愿意参加,这些人一部分是资本家的家属,一部分是做投机生意想牟取暴利,怕劳动的人。根据 1 年来的经验和大多数群众的意见,城市人民公社必须加强领导积极办好。目前存在的问题:

(一)组织形式、规模和体制问题。原来城市人民公社的生产大队是按口划分,这样在初成立时,按口包干,便于领导,便于开会、学习,便于组织生活。但是由于居住分散,各网穿插遍及全城,不便于组织生产,有的生产门路多忙不过来,有的生产门路少,没有活做,不能有计划地安排生产。经过座谈研究,把原来按口划分的 7 个大队,合并为 1 个大队,成为 1 个核算单位,以街道为中心,根据职工干部家属,城市居民居住情况划分为 10 个生产队、厂(承包单位)。这样划分的好处是:第一,便于领导;第二,便于全面规划全城镇的生产和服务点的设置;第三,便于调配劳力;第四,便于组织生活、学习;第五,便于互相监督,互相帮助,共同提高。生产大队应有少量的土地,利用社员空闲时间种瓜种菜,改善生活。

(二)生产问题。发展生产是办好城市人民公社的中心环节,有利条件很多,门路很广,缺点是项目多,种类杂,战线长而且劳力弱,小孩多,拖累大,但有国营企业的带动和帮助,技术设备也比农村要好。根据国家建设、农业生产和城市人民生活的需要,城市公社的生产方针是:为工农业生产服务,为城镇人民生活服务。为此,必须大量举办生产加工、修理和服务业,要做到多种多样,需要什么就举办什么,以补充城市生产、生活之不足。城市人民公社组织起来后,有没有活路做? 根据计算,仅加工修理、洗染、服务几项就需要 457 个劳动力常年参加生产,现在仅有劳力 262 人,这说明不是没活做,而是现有劳力远不能满足城镇生产加工、修理和服务业的需要;在劳力安排上,必须照顾劳力的强弱和个人特长,做好经营管理,调动社员生产积极性;生产计划要根据与各部门的挂钩承包情况,分别按年、按季、按月制定,同时制定“三包、一奖”方案,由生产队、厂承包生产。生产队对社员要根据体力强弱拖累情况,每月评定基本劳动日。

收入分配工作,在生产大队的统一领导下,各生产队、厂按生产活路的特点,采取评工计分,按件记工,基本工资加奖励等办法分配,实行按劳取酬,多劳多得。生产大队只根据各生产队、厂的纯收入部分的多少按比例提取公共积累,本着多收入多积累、少收入少积累的原则,在保证社员逐步增加收入的基础上,提取公共积累一般应在 10%—20% 之间。公共积累绝大部分用于扩大再生产,少部分用于举办集体福利事业,其比例应该是以 50% 用于扩大再生产,以 30% 用于集体福利事业,以 5% 为管理费,以 5% 为奖励费,以 10% 上交公社,其余部分全部由生产队、厂给社员按劳分配。

(三)生活问题。在城市人民公社化初期阶段,职工家属全部在职工所在机关、学校参加吃饭;街道居民按居住情况举办了 5 个公共食堂,坚持到 9 月上旬,对节约劳力、便利组织生产起了一定作用。但也存在一些问题:主要是老人小孩多,吃饭要求不一;学生多,放学开饭时间不一致,加上机关伙食标准高、花钱多,这些人员虽在食堂吃饭,但内心不满意。这次了解,居民大队共49户,仅有4户单身汉,要求继续办好食堂,其余都不愿意参加。这些人当中,一部分嘴里说愿意,内心不愿,征求他们意见时,却说办食堂就是好,可是咱的孩子多,学生多,老汉挣钱少,和人家吃不到一起。这些人大部分是干部和积极分子,另一部分态度坚决,不愿办食堂,向他们征求意见时不表示态度。根据这种情况,应帮助愿意参加食堂的积极办好,对不愿意参加的也不要勉强,允许在家吃饭,但应注意解决在家吃饭和集体生产的矛盾问题,尽量使开饭时间统一,做饭尽量由家中老人承担,利用假日购买粮、柴、油、盐、菜等用品。对托儿所的意见,应以临时托儿为主,有条件的也可办一些长期的,以妥善解决社员拖累问题。

　　(四)领导问题。城市人民公社生产大队,从去年成立以后,在城关人民公社(管理区)的统一领导下进行工作,对发展生产、管好生活起了决定性的作用。但是由于没有专人管理,从加强农业第一线以后,在领导方面有所放松,使城市人民公社曾一度处于停滞状态。这次经过座谈,由于城镇过小,户数少,不宜单独建立城市人民公社,仍应成立生产大队,由城关人民公社具体领导,生产大队应根据现有条件成立党、团支部组织,设2名专职干部,分别担任支部书记兼队长、会计兼文书的职务。县工会和有关部门,应常帮助城市人民公社做好工作,加强领导,使城市人民公社有组织、有领导、不断地健康发展。

中共盩厔(今周至)县委调查组

一九六一年五月三十日

中共(西安市)阿房区委
关于庙后街分社分配问题的调查报告*

(一九六一年六月四日)

我们在庙后街分社地区内,对 3 个公社直属工厂、8 个分社直属工厂、12 个综合工厂、3 个修理服务行业、7 个公共食堂、8 个幼托单位的分配问题做了调查研究。情况、问题和意见如下:

一、现行收益分配的基本情况

(一)现行工资制度和工资水平。工资形式有 4 种:(1)固定工资。在 11 个直属厂中有 9 个工厂和全部公共食堂、幼托组织共 585 名职工实行这个办法。(2)计件工资。实行这种工资形式的有缝纫、棉毛 2 个厂 164 名职工。(3)提成工资。有 3 个修鞋门市部 8 名职工,提成比例企业与职工"三七"开。(4)计日工资。有木器厂 9 名职工,按级别做 1 天活,发 1 天工资。

各行各业各类人员现行工资水平如下表 　(单位:元)

人员 \ 单位		公社直属工厂	分社直属工厂	公共食堂	幼托组织	修理服务业
脱产干部工资	最高	65	60			
	最低	21	15			
	平均	35.30	35.51			

---

* 原件现存于陕西省档案馆。

人员 \ 单位		公社直属工厂	分社直属工厂	公共食堂	幼托组织	修理服务业
工人工资	最高	75	90	30	24	100
	最低	16	18	18	15	18
	平均	27.30	30.20	24	19.50	36.70
学徒工资	最高	28	27			
	最低	16.50	15			
	平均	21	14			
提成工资	最高					100
	最低					30
	平均					66.50
计件工资	最高		90			
	最低		3.14			
	平均		19.77			

（二）现行生活福利制度。有因公负伤休假,工资照发,医药费实报实销;企业备有简单药物(如止痛片、十滴水、仁丹、药棉、红汞之类);逢年过节公费看电影 1 次;个别工厂有工作服、口罩等。病、产假工资和医药费大多数没有,少数单位有,但也很不一致,不一致有如下几种情况:

单位 \ 项目	医药费	病假工资	女工产假			说明
			休息时间	产假工资	医药费	
副食品厂	每人每月限于报销五元	不发	45 天	付 50%	只报五元	
印刷厂	报销 50%	不发	56 天	工资照付	50%	
红旗制箱厂	50%	不发	无	不发	不发	
其余社办事、企业单位	无	不发	无	不发	不发	

有的在一个工厂内执行也不一致,如红旗制箱厂享受 50% 公费医疗的仅限于 18 名交过股金的职工,其余 8 名没交过股金的不能享受。五四塑料纽扣厂厂长是市塑料厂支援的干部,工资福利仍按原国营企业执行,本人享受全部公费医疗,病假工资照发,每月洗澡票、理发票 2 张,家属医药费企业给报销 50%。

(三)盈余分配方面,公社与企业利润提成的比例有如下 4 种:

(1)公社直属工厂,建厂较早,基础较好,规模较大,积累较多,上交公社纯利润 70%,企业留 30%;(2)1960 年以前建厂,现在分社直属工厂,条件较前述工厂次之,上缴利润约 30%,企业留 70%;(3)1960 年以后建厂,现为分社直属厂,条件较差,上缴利润约 20%,企业留 80%;(4)综合工厂、居委会按营业额收 5%—30% 的管理费。

1960 年利润及分配情况如下表 （单位:元）

项目 单位	1960 年 纯利润 金　额	公社提取		企业留成	
		金　额	占利润的%	金　额	占利润的%
副食品厂	8003	5858	70	2143	30
三刷厂	48317	33821	70	14491	30
五四塑料纽扣厂	5900	1183	20	4700	80
红旗制箱厂	6876.93	2395.95	30	4481.34	70
日用品厂	4848.53	1454.57	30	3394.01	70
新中化工厂	40368.13	8073.63	20	32394.50	80
木器厂	4659.32	1397.80	30	3261.52	70
棉毛厂	2286.59	685.98	30	1590.62	70
新中工艺厂	15312.28	4593.68	30	10718.60	70
东风日用五金厂	29233.33	11893.33	30	17340	70
跃进缝纫厂	8274.86	2425.22	30	5849.64	70

以企业留成作为 100,其分配比例如下:用于企业扩大再生产的公积金占 70%,福利补助基金占 20%,文化教育基金占 5%,奖励基金占 5%。

二、当前在分配问题上存在的几个突出矛盾

(一)工资制度不合理,高低悬殊,同工不同酬,平均主义。主要表现在以下几个方面:

(1)工资形式单调、呆板,绝大多数实行计时工资,由于工资固定没有奖励,对生产的促进作用不大。

(2)没有统一的工资标准和级别。现行工资都是历年自然形成的,来源很不统一,绝大多数单位没有工资级别、标准,只有钱数多少之差,没有级别高低之分;有的自定级别、标准;有的套用国营企业工资级别。如红旗制箱厂干部工人是执行地方国营企业级别;木器厂则参照国营企业级别,自己另搞一套。因此,现行工资级别、标准异常混乱,很不合适,有的高出国营工人工资,如木器厂的4名技工与国营对比:

级别	职工数	国营日工资(元)	该厂日工资(元)	比国营高(%)
四级工	2	2.10	2.30	9.5
五级工	1	2.50	2.60	4
六级工	1	2.70	2.90	7.4

(3)长期不考核技术,不评定工资。如新中化工厂1960年4月建厂时吸收的工人一律每月暂借18元,至今1年多仍未评定。东风五金厂、城隍庙修锁门市部都有这种情况。就是原来评过的工资,由于没有正式标准,加之几年变化,有些也早已不合适,需要重新评定和调整。

(4)平均主义,多劳不能多得。不少单位不管技术高低,工作多少,劳动好坏,只要进厂时间大致相同,一律同等对待,该拿多少钱都拿多少钱,不能体现多劳多得原则,对劳动多、劳动好的没有鼓励作用,对劳动差、不钻研技术的没有促进作用。

(5)同工不同酬,多劳少得,少劳多得,极不合理。如日用品厂的马翠兰

等每天织网斗 50—60 个,工资只有 15 元(进厂时间迟),而罗佩玲等人每天只织网斗 20 多个,工资却 32 元(进厂时间早)。三刷厂只因先后规定的工资标准不同,1957 年进厂的只拿 18 元,1960 年进厂的却拿 28 元。

(6)工资高低悬殊。社办工厂很大一部分技工是由国营工厂闹腾工资下来或用高工资挖来的,工资凭本人自报,要多少给多少,而且不少人乘机取巧,虚报工资级别,抬高身价,拿大工资。东风五金厂 14 名技工中有 12 名是因闹腾工资从大工厂下来的,进社办工厂后工资一般都提高 10%—30%,有的提高 1—2 倍。如一位张姓工人原在五一机械厂工资 55 元,现为 90 元;刘志英、郭士元原工资 25 元,自报技工拿工资 65 元;三刷厂厂长贺占华为了拉拢技工金东山,一次私自决定提高工资 20 元。因此,这部分人的工资高,超出国营工资水平。相反也有些以后参加工作的职工工资偏低,每月只有 13 元左右。

(7)学徒期限太长,工资待遇太低。有些简单加工行业,如织网斗、糊纸盒也要实行学徒制度,不够合理。有些学徒进厂几个月就掌握了生产技能,独立操作,甚至超过了一般工人水平,如东风五金厂徒工马秀兰、韩美英每月工资 16.50 元,但在生产上不论数量、质量都比该厂拿 70 元的钳工张春贵好得多。

(8)实行计件工资制的对师傅带徒弟没有奖励制度,影响带徒弟的积极性。

(9)社办工业干部具体工作多,经常加班加点,没有奖励,但病假、事假要扣发工资,他们也有意见。

诸如此类问题,长期没有得到妥善解决,已经影响职工的生产积极性,造成工人内部的不团结,而且对国营企业的职工也有不良影响。

(二)生活福利少而且不合理。当前社办事、企业基本上没有生活福利制度,绝大多数单位没有一定比例的公费医疗,病、产假不发工资;缺乏必要的防护用品;社办工业绝大多数职工是妇女,她们的孩子入托及在公共食堂进餐没有必要的津贴补助;少数厂子实行公费医疗和产假休息时间及待遇也不一致,甚至在同一个厂内一部分人公费医疗,一部分人不能享受。这在目前社办事企业职工一般收入不高、拖累较大(主要是女工)的情况下,不仅影响职工的生产积极性,而且对他们的生活也是有影响的。新中化工厂马秀芳每月工资

20元,叫别人看孩子每月要花去12元(企业没有一点补贴),加上病、事假扣发工资,每月收入无几,不能维持本人生活。东风五金厂徒工穆中喜每月工资15元,一次肚子痛得大哭,而无钱看病和害怕扣工资而不肯去医院,结果别人借给1.5元才去医院。有的工人反映:"上班是工人,有病无人管","有病治疗正是花钱的时候,反而扣发工资",不合情理。社办工业经过几年来的发展,都有一定的积累,根据当前经济力量适当解决这些问题完全是有条件、有能力的,从下表可以看出:

项目 单位	福利补助基金			文教卫生基金			奖励基金		
	1960年提取金额	实支金额	%	1960年提取金额	实支金额	%	1960年提取金额	实支金额	%
新中化工厂	6458.9	18	0.28	1614.73	90	5.6	1614.73	0	
木器厂	625.30	66.54	10.2	163.08	75.2	46.1	163.08	0	
新中日用工艺厂	2143.23	0		535.93	0		535.93	0	
东风五金厂	2477	184	7.4	4787	133	2.7		0	
红旗制箱厂	117.4	399.23	35	219.49	206.5	94	219.49	0	
跃进缝纫厂	1169.93	99.95	8.5	292.48	114	56	292.48	1.2	0.5

企业单位对公益金为什么用得很少,甚至在账面上根本不用呢? 据说是因为上级没有明确规定,不敢随便动用。

(三)公社向企业提成率偏高,影响企业的生产积极性。企业是组织生产和进行核算的基础单位,公社向直属厂提取纯利润70%,企业留30%。给他们留的利润过少,会影响他们的经济生活和生产潜力的进一步发挥,有些企业由于产品不能及时推销出去或者为了多储备一些原材料影响利润及时上交,或者及时上交了利润又影响企业资金周转和生产的正常活动,显然这对发挥企业的积极性和扩大再生产都是有妨碍的。过去公社为了解决这个矛盾就采取了缓期收交或收回后再借给企业的办法,因此,公社提取的利润也不能完全用在规定的项目上去,既然如此,就不如规定一个适当的、合理的提成比例更为积极,看来这是在分配上应该解决的一个重要问题。

三、几点意见

城市人民公社的经济性质属于社会主义集体所有制,因此它的分配制度也应该与此相适应,既不能完全追求国营企业的水平,也不能完全停留在原来街道工业的"苦战"阶段。我们的具体意见是:

(一)关于工资问题:据了解,市劳动局在今年3、4月间,曾提出过改进意见,当时因感到牵扯问题过多,没有向下宣布。现在看来,社办工业的工资问题,必须抓紧研究,拖得时间过长,存在的问题越多,但是马上解决也有困难,可否在紧缩城市人口的后期,通盘考虑,有计划、有步骤地予以解决。在解决的具体办法方面我们的意见是:

1. 社办企业一般的特点是设备简陋,技术简单。因之,在绝大多数单位没有必要实行学徒制,个别确实技术复杂的单位也可以实行学徒制,但在时间上应该根据实际情况分别定为1年、2年或3年。社办企业普通工人的工资,我们认为应该低于同行业同类型国营企业工人的工资的5%—10%(不宜过低,因为国营企业的福利较多,社办企业则较少或没有)。

2. 社办企业的工资形式,按照目前职工的觉悟程度和生产的实际情况,我们的意见不必强求一律,看来多数可以实行基本工资加奖励,少数可以实行计件制,个别的也允许实行提成制。无论采取何种形式,均须贯彻"按劳付酬"的原则。

3. 在调整现行工资制度的时候,对于那些从大厂子"跑"出来的和被"挖""诱"出来的工人,如果原单位生产上需要,应该送回原单位,如果经原单位同意继续留在社办企业工作时,其工资应该按新的工资制度重新评定,一般不能高于其在原单位的工资额。社办生活福利事业的炊管人员、保托人员的工资,一般应该按照他们的实际收入评定工资。如果其实际收入不能维持这些人员最低生活水平,而这些事业又维系群众迫切需要不能不办时,公社可以给以临时补助。

(二)关于生活福利问题。首先解决当前突出的、不合理的部分。

社办事、企业人员的生活福利的多寡,原则上应该视本单位收入情况决定,但几个基本的制度,应该大体上有一个框框,即生产定型的厂子,女职工的产假,应与国营企业一样定为 56 天,并应酌量给以补贴;职工病假期间的工资应该按工厂的收益和本人的生活情况酌量发一部分;职工医疗费用,因为社办事、企业人员老弱病残较多,如果实行全公费医疗,是包不下来的,所以我们意见可以根据本单位公益金的多寡,负担 20%—50%。目前存在于一部分单位的在生活福利上享受不统一不合理的情况,有的是由于所有制不同造成的,有的是大厂支援人员保留了大厂原有的福利待遇而造成的。因此对于这个问题,我们意见:应该从解决所有制问题入手,即分期分批退还职工个人的借款、股金和工具折价。在一个单位内实行统一的生活福利制度,对于大厂支援人员的原有生活福利目前一般地仍应保留,不予取消,这个道理可以向社办事、企业的职工讲清楚。

(三)关于利润提成和使用问题。社办食堂、托儿所等生活福利事业,没有上缴利润的任务,社办工业和修理服务也不应该事先分配固定的上缴利润数额的任务。但是,根据我们的调查,几年来由于社办企业不断发展巩固,生产管理水平和产品质量逐步提高,生产成本则不断下降,所以每年年终实际上都有若干利润。对这些利润,公社采取了前述分配方法,现在看来,对刺激社办事、企业的生产积极性是有影响的,所以我们意见,今后社办企业的利润,公社可以提取 10%—20%,个别企业利润特大时,公社提取的比例也以不超过 30% 为宜。

生产单位的留成部分,作为 100,其中 60%—70% 用于扩大再生产,其余 20%—30% 用于生活福利,5% 用于文化教育,5% 用于奖励。

中共西安市阿房区委

一九六一年六月四日

中共盩厔（今周至）县委调查组
关于城关公社社办工业职工
工资的调查报告*

（一九六一年六月十一日）

　　城关公社社办工业是在 1958 年大跃进中发展起来的,该社共有 11494 户 55480 人,其中:劳力 18415 个,耕地 1110101 亩,现有社办农具修配、化肥、砖瓦、鞋帽被服、米面加工、综合等 5 个厂子,包括 16 个行业,职工总数 243 名,其中:手工业转厂的老技工 57 名,1958 年吸收的新技工 73 名,学徒工 83 名,各种非生产人员 30 名,占全社整、半劳力的 1.4%。全社 36 个生产队,队办工业 34 个厂(组),以工为主,固定的从业人员 167 人,基本达到队队办工业、都有农具修配站的要求。

　　该社社、队办工业职工工资,没有一个统一规定标准,在原来手工业工资制度的基础上,几年来有好几次变动,1958 年前手工业工资形式,大都是计件和提成工资,1959 年初公社进行了 1 次工资改革,不分行业,一律实行计时工资,1960 年冬农村整风整社开始及对中央 12 条紧急指示信和 60 条的执行、贯彻按劳分配、反对平均主义后,社办工业工人的工资亦随着工种不同,相继实行了 6 种工资形式:

　　(一)"三包一奖":是城关公社米面加工厂,从今年 1 月份起,仿照农村"三包一奖"试行的一种工资制度。所谓"三包",即包产量、包工、包费用,"一

　　*　原件现存于陕西省档案馆。

奖",即超产节约奖励。即将每月米面的产量出粉率、机器消耗的机油、皮带等各种费用,包干到组,落实到人,每天按定额产面粉 600 斤、玉米 1440 斤,大米 3400 斤,超额按比例计分,月终一次结算付给,完不成定额,按比例扣除工资,节约出的费用采取"三七分成"的办法,30% 奖给工人。实行"三包一奖"后,工人工资较过去提高 12.1%。

(二)计件工资,是城关砖瓦厂从去年 5 月恢复实行的工资制度。规定每人完成 1 万块砖,付工资 44 元,1 万块瓦,付工资 34 元,砖、瓦坯下雨堆放均由个人负责保管,防雨设备由厂供给,厂方在装窑时按照瓦坯计收。实行计件工资后工人的工资较计时工资提高 11%。

(三)计时工资:管理人员、勤杂、一部分工作不固定的工人,均实行固定计时月工资。

(四)计时加奖励:综合厂、缝纫厂及机械厂的部分工种实行这种工资制度,即规定每人在工作时间,必须完成工作量(定额),超过部分,分别予以不同比例奖励。综合厂规定超额部分 80% 奖给本人,20% 留厂,完不成定额扣 40%;缝纫厂规定超额部分奖给本人 10%,交厂 90%;机械厂打镰刀子规定每人每日产 45 张,超过 1 个奖 8 分,按件计算。

(五)"定收入,计工分"。这是镇东生产队固定工业工人将工业收入随农业分配的一种工资形式,规定每个工日应完成收入额,按完成多少计工分,参加生产队分配,如规定缝纫业每日交工资收入 1.70 元计 10 分工,交 1.53 元即计 9 分工,交的款愈多,计工分愈多。

(六)定收入,计工分,超额奖励。这是镇东生产队队办工业对烘炉计算工资的一种形式,即规定每人日交 3.5 元,计工 14 分,超过部分的现金收入 70% 给本人,30% 上交大队。

以上 6 种工资形式,从实际执行情况看,是适应当前生产水平和群众觉悟的,体现了多劳多得、按劳分配的社会主义原则,克服了过去工资分配中的平均主义现象,调动了职工的生产积极性。城关面粉厂在实行"三包一奖"工资制度后,扭转了该厂松(劳动纪律松)、乱(思想乱)、低(出勤低)、差(任务完成差)、亏(月月赔钱)的局面,出现了"三高"(产量高、出勤高、出粉率高)、"四满意"(公社、群众、领导、工人满意)的新局面,1 月后月月完成计划,出粉率由 85% 提高到 90%,一转亏损为盈余,第一季度盈余 450 元,4、5 月份盈余 200 元,工人工资收入平均提高 10.7%。砖瓦厂在计时工资时,每人日制砖坯定额 800 个,经常完不成,改为计件工资后,平均每日完成 1000 个,有的还达到 2000 个,工作量较前时提高 25%,工人工资收入平均提高 11%。马掌业在计时工资时每盘炉子定额 35 付,经常完不成任务,实行计件工资加奖励后,平均每盘日产达 40 付,较计时工资时提高 21.3%,工人工资平均提高 12.1%,有的提高 17%。

上述工资形式均是在原手工业合作社的基础上形成和发展的,大体可分为 3 个阶段:1958 年前合作社时期,手工业普遍采用计件和提成工资,工资收入较高;1958—1960 年,一般的实行计时工资,职工工资收入普遍降低;1961 年农村整风整社后,推行"三包一奖"和计时工资加奖励,工资收入又开始回升。工资形式如何,关系到能否调动职工生产积极性,也直接关系到生产的发展。据典型调查,农具厂以张凤山等 5 个老技工为例,1957 年月平均工资 49.20 元,为 100%,1958—1960 年平均工资 40.70 元,较 1957 年降低 17.3%,1961 年 1—5 月份平均工资 43.70 元,较 1957 年降低了 11.2%,较 1960 年上升了 6.1%。总的来看,公社化后各行业工资普遍降低 15% 左右,1961 年以来,职工工资有所回升,平均 7.9%,其中最高竹器、砖瓦回升 12.1%,木器回升 6.9%,烘炉回升 4.5%,最低鞋帽业回升 2.5%。工资回升,产品普遍增长,每盘炉子 1960 年平均日产镰刀 40 张,1961 年平均日产水平达 50 张,较 1960 年提高 25%;1960 年每盘炉子产大锄平均日产 3.5 个,1961 年平均达到 4 个;1960 年木器工做 1 张椅子 1.5 个工,1961 年平均 1.2 个工,有的只用 1 个工,较 1960 年提高 20%。

职工工资水平,社办厂技工平均月工资 32.68 元,队办工业平均月工资 30.50 元,据在辛庄的典型调查,农村较强的全劳力年收入(包括供给制、自留地收入)297 元,平均月收入 24.70 元。从数字看,社办厂比队办厂工资高 7%,较农民收入高 32.2%,队办厂工人较农民高 23.4%,但是工人每月伙食一般 15 元左右,农民每月伙食仅 5—6 元,工人除工资外再无其他收入,农民有自留地和农闲副业收入,每人平均约在 20 元左右,这样农民的实际收入,较工人高 11.4%,特别是农民收入大都是实物,工人得不到实物,没有自留地,因而一些工人不安心工厂工作,要求回农村参加生产。

目前,在社办工业基本工资中存在的问题是缺乏健全的工资制度,新、老工人,技工,学徒工差额过大,某些生活福利规定不合理,执行不一致,影响到职工生活情绪,使一些工人,特别是新从农村调来的工人,不安心工作,其主要问题有:

(一)缺乏健全的工资制度。公社化后由于忙生产,对工人工资福利缺乏一套完整的工资制度,手工业转来的,以原来工资底分做现工资标准,大部分未动;农村新来的在技术上不分高低,一律按照规定工资发给,普工工资、学徒年限,未执行"三、五、八制度",也无明确规定,因人而定,执行混乱。1959年工交局给各社颁发了一个社办工业工资标准,不分工种,由18元起至51元,每级平均差3.00元,也有不尽合理之处,超定额收入,综合社给私人的30%,而鞋帽厂超额部分给工人分成10%,高的过高,低的过低。

(二)新、老技工工资差额过大。据在铁业的调查,1958年原手工业工资月平均53元,1958年后由农村吸收匠工工资每月平均29.70元,相距54.7%;农具厂原手工业五星铁业社锻工张云魁与新吸收的农村锻工荣志茂技术一样,张云魁月工资56元,荣志茂工资36元,荣不安心,曾多次要求回农村。

(三)职工福利规定有些不合理,也不统一。职工病假期工资,综合厂给技工每日补助0.60元,学徒补助0.40元;农具厂规定病假5天内每天补助伙食0.35元,5天以上每天补助0.20元;砖瓦厂规定病假付工资一半。药费开支:有的厂全报销,有的以比例报销,有的以提取药费包干。如综合厂规定每人药费0.80元,如40人提取药费32元,药费先由本人垫付,月末汇总,如药费总额不超过32元以实报销,如花药费64元,较药费总额多1倍,则按比例报销,每个只能报50%。有些职工反映说:"做活是厂里的,害病是自己的,趁着干。"影响劳动积极性的发挥。

在座谈会上,大家反映:社办工业的工人要求用钱买工分,参加农业分配,他们认为这样实际收入有保证,不至于有钱买不到东西,并应按社员一样给家中留自留地,这样有利于进一步调动职工生产积极性。

根据调整、巩固、充实、提高的方针,随着党在农村一系列政策的贯彻,建议对公社社办工业职工工资、福利普遍进行一次调整、平衡,并制定出一套合理的工资制度。

中共盩厔(今周至)县委调查组

一九六一年六月十一日

南宁市临江街社会主义教育运动试点总结（节选）[*]

（一九六四年四月）

临江街社教试点工作，自 1963 年 8 月 21 日开始至 1964 年 3 月 14 日结束，历时半年多，在市委、街道工委和中山公社的直接领导下，我们工作组对整个运动的步骤、做法及一些具体问题方面，摸索了一些经验和教训，现分两部分总结如下：

第一部分：运动的步骤做法和我们的体会。

第二部分：几个具体问题的经验和教训。

临江街共 394 户，1711 人，男 801 人，女 910 人，16 岁以上成年人共 995 人，其中在职职工 384 人，属街道居民 611 人（男 229 人，女 382 人），占成年人的 61.4%，除外出（合同工等）或运动中搬迁外，该街应受教育人数为 458 人（男 147 人，女 311 人），实际受教育人为 444 人，占应受教育面的 96.8% 强。在 458 人中属依靠对象 250 人，团结对象 189 人，专政对象 19 人（其中戴帽五类 10 人），依靠与团结对象共 439 人，占应参加运动 458 人的 95.85%，达到了团结 95% 以上群众的要求。

---

* 原件现存于南宁市档案馆。本文的制作时间系编者加注，依据文献第一段中关于"1964 年 3 月 14 日结束"的描述所作的判断。

第一部分
临江街社教试点的步骤、做法和我们的体会

临江街社会主义教育运动共分为五个阶段。一、宣传动员,说明来意,摸情况,武装骨干;二、访贫问苦,扎根串连,忆苦思甜,组织阶级队伍;三、报上当,划界限,正确处理人民内部矛盾;四、揭敌情,评审五类分子,开展批判斗争;五、组织建设,评功表模,开展五好劳动竞赛。现按五个阶段进行总结。

一、宣传动员,说明来意,摸情况,武装骨干

1. 宣传动员,说明来意。

宣传动员的目的,应该是使群众明确社教的意义,内容和大体做法,使群众感到社教运动非搞不可,启发群众自觉革命的精神,才能使运动收到效果。

做好宣传动员报告很重要,报告的内容应该是:(1)宣传形势,主要是国内形势,进行形势教育。(2)社教的目的、意义,要从国家、集体、个人、后代的利益说明社教的意义,要以阶级斗争的具体事实说明阶级教育的重要性,使群众懂得社教是关系到切身,关系到后代,关系到社会主义建设事业的大事。(3)运动的大体做法。(4)对群众提出要求,如积极投入运动,号召自觉革命;站稳无产阶级立场,分清敌我,向破坏活动开展斗争;分清是非,正确处理人民内部矛盾等等。

动员报告后组织群众讨论一、两次。

2. 摸情况。摸情况是一切工作之始。在宣传动员,说明来意后,即进行摸情况,方法是通过小组老骨干的介绍,登门访问老街坊和逐家逐户进行访问,即正面了解与侧面了解相结合。为了统一情况我们制定了 20 几种表格,对掌握该街的基本情况起了很大作用,但根据运动中的使用价值来看,以下几种情况最需要,如:(1)成年居民阶级成分的分析;(2)成年居民的职业情况;(3)居民生活水平的调查;(4)原有街干出身成分、政治情况、工作表现的调查;(5)各种不正确的思想和行为:如资本主义活动、封建迷信活动、青年受资产

阶级侵蚀的表现等;(6)敌情,包括五类分子活动表现,严重的投机倒把行为等。当我们掌握了这些基本情况以后,就便于确定在居民中依靠谁、团结谁、打击谁,便于确定对原有干部的使用;掌握了各种不正确思想行为后,便于在运动中有意识地进行教育,以事实教育群众划清界限;掌握敌情后,可以更好地以本地为例子对群众进行阶级和阶级斗争的教育。

我们的体会是:

(1)摸情况必须有明确的目的要求,才不致走弯路。根据运动的要求,首先必须摸清敌、友、我的情况,确定依靠对象,摸清人民内部矛盾和敌我矛盾的问题,才好开展教育。

(2)对所要摸的具体情况,也必须经过反复研究确定下来,否则也会反复改变。如在摸依靠、团结、打击对象时,由于缺乏经验,曾经过几次改变,最初认为可依靠的人太少,后来列为依靠对象的又过多,故在串连中也把小贩、散工等人作为依靠对象串了进来,直到学了中央关于社教的两个文件后,思想更明确了,在街道如何具体执行依靠工人阶级,团结劳动人民的阶级路线,经过一段摸索后,应该把退休职工、职工家属列为依靠对象,小商贩、散工,无固定职业靠劳动为生的居民,应列为团结对象。从第二组情况看,全组居民40人,原列为依靠对象的25人,团结的14人(其中教育改造的6人),专政对象1人;实际则应该是,依靠对象16人,团结对象23人(其中教育14人),专政对象1人。

(3)摸出情况后,即应进行分析和决定问题,如依靠对象的具体人问题、干部的去留和使用问题,这样才使所摸的情况起到参考和决定问题的作用,避免犹疑、反复现象,给工作带来不必要的弯路或困难。但有些情况是要在运动中逐步摸清的,如个别干部的情况或对干部的考察等。

(4)摸情况的工作方法,以依靠原街干,拜访老街坊和逐家逐户深入个别访问为宜,也可结合召开些座谈会等进行了解。

3.武装骨干。在摸清该街的基本情况后,我们即进行武装骨干,自11月13日至21日以8天时间训练了小组长以上街干、积极分子(其中包括初步选定的根子)、老街坊共53人,其中原街干25人,积极分子、老街坊28人。通过训练使这批骨干明确了社教运动的目的要求和意义;经过忆苦思甜、报上当,揭敌情,提高了阶级觉悟,初步划清了两个阶级、两条道路、两种思想的界限;懂得了运动的大体做法。这批骨干经过武装后,绝大多数成了运动中的骨干分子,积极进行串连运动、反映情况,有的活动能力虽差,但自己能从始至终参加运动的各种活动。从训练的 53 人看,积极起作用的 33 人,一般的 14 人,完全不起作用的 6 人(其中反属二人,小商成分一人,劳动人民出身的职工家属,因丈夫拉后腿而不起作用的一人,老街坊、阶级觉悟低目前生活不固定的二人)。

除集中训练外,在运动中我们采取各种方法培养和提高新老骨干、积极分子,如对可依靠的老干部多放手,通过他们去进行工作;对每阶段、每项工作,都通过小组核心成员的研究,以提高根子、老干部和积极分子的工作能力;对他们的提高和进步多给表扬和鼓励;对个别人采取一把钥匙开一把锁的办法,对症下药进行教育提高。

由于采用了这些方法,对老骨干和新积极分子,做了不少培养提高工作,因而大多数受训的骨干分子当选,训练 53 人当选干部的 39 人,14 人未当选,主要原因是:二人就业,一人迁出,三人活动能力差,五人觉悟不高(其中二人不应训练),二人反属,一人年老。此外在运动中又新培养积极分子 30 人,当选各部门主任、委员或民兵班长等职务,加上未参加训练(当时外出)但在运动中积极工作而连选连任干部二人,全街组成了一支 71 人的干部、民兵班长的队伍,其中老干部 23 人,积极分子当选的 48 人。

二、访贫问苦,扎根串连,忆苦思甜,组织阶级队伍

1. 关于访贫问苦,扎根串连工作。

访贫问苦,扎根串连是组织阶级队伍的基础工作,又是发动群众的根本方法,它贯串着整个运动的各个阶段,而中心环节是在于选好根子和把串连发动工作做好。临江试点的做法,是按访贫问苦,扎好根子;培养根子,把根子组织起来;分批串连;建立劳动人民阶级队伍的步骤进行的。在选根子方面:基本上是根据成分好,历史清楚,立场坚定;工作积极,热爱集体;联系群众好;作风正派等条件,通过访贫问苦选出再经训干后调换确定的,看来绝大部分根子符合条件,做到以身作则,积极参加运动,同时在串连发动群众中,在开展对敌斗

争中,都起了很大作用。在群众中,也树立了一定威信,十个根子有九个被选为居委会或妇代会的干部,得到群众的信任。

在串连工作方面,也基本上是随着运动的进展,结合串连对象的具体情况分为三批串连(个别组分四批),按照发展一批巩固一批的方法,共串连了250人,原列为依靠对象的基本串完。按行政组成立了十个核心小组(一般5至7人,多为第一批串连对象),都选出了组长,基本上形成了阶级队伍。虽然如此,但仍存在一些问题和缺点,如在选根时,对根子的政治表现和觉悟程度了解不够深透,有些根子的觉悟程度太低,扎根后,仍很少出来参加会议,参加会也不发言,起不到根子的作用。最初选定十一个根子,训干后虽然及时更换了七个,但仍有个别根子不愿出来搞街道工作,如第一组根子万富清,运动中虽做了不少培养教育工作,但仍未做到家,故未能起到根子作用,最后群众选她当妇女代表时,也坚决不干。这也说明对根子的培养教育不够。其次串连方法有些混乱,分批不够明显,因而不够严肃,同时对青年的串连发动工作做得也不够,尚有些青年没有串连起来。再有就是经过串连后虽已基本形成阶级队伍,但不够明显,声势不大,未能真正从组织形式上、思想上形成一个队伍,表现在每个小组串连后虽形成了核心,起到了一定的作用,但全街未能在每批串连后都及时进行全街性的组织工作,使被串连的人看到队伍的不断扩大,从思想上感到组织起来力量大,这样逐批地组织起来,在居委会骨干小组的领导下开展工作,才能真正成为运动中依靠的骨干队伍,试点经验证明,今后必须注意下面几项工作:

(1)选好根子。要弄清根子条件,根据条件,进行深入细致的访贫问苦工作,要从正面侧面了解根子各个方面的情况,选好根子。根子的条件是:成分好;历史清楚;苦大仇深;阶级觉悟较高;能联系群众,作风正派。现在强调要苦大仇深和阶级觉悟较高,是必要的,这次试点也有个别根子没有受过苦,而在串连时感到困难,如第三组根子苏丽英(职工家属)说:我没有受过苦,怎么去串连别人?另一方面有些只注意到受苦深,没有注意觉悟程度,因而也起不到根子作用。如第十组最初决定的根子周志荣两夫妇,不能起根子作用。

(2)注意对根子的培养提高,根子初步选定后,要吸收他们参加训干,使他们受到形势教育和阶级诉苦教育,提高他们的觉悟。并在这个基础上把他们组织起来,会前布置工作,告诉他们怎样做会后总结,逐步提高他们的工作能力,培养他们的责任感,如第五组根子陆琼芳就是这样培养起来的。此外,还要随时发现问题随时给予帮助,如第八组根子雷玉华,只知自己受苦,不知自己应怎样出来工作,因此不经常参加斗争会,后经过及时帮助使他认识到这样的会议是对敌斗争的阵地,我们必须守住,从此,不仅经常参加,而且主动去发动别人。

（3）做好串连发动工作。串连要贯彻阶级路线,弄清对象,串连对象主要是退休工人、在职职工家属,不能什么人都串,要把依靠对象和团结对象、专政对象等分清。串连工作应该随着运动的深入,由小到大,逐步发展,要针对串连对象的具体情况,结合运动的各个阶级,分期分批逐个串连,第一批应是有觉悟、工作积极的骨干分子,在第一阶段训干后串连。第二批是中间层,在第二阶段忆苦思甜中串连。第三批为后进层,在第三阶段报上当划界限时串连。串连方法:除第一批依靠根子串连外,其他应依靠核心小组成员去进行,事前要经过他们研究确定串连对象,由他们审查同意,然后分工个别去串,做到串一个发展一个,串一批巩固一批,再串一批,最后把95%以上依靠对象都串连起来。串连的比例是第一批达25%,第二批40%,第三批基本串完。对被串连对象的要求是:(1)积极参加运动;(2)如实反映情况;(3)共同做好串连工作,串连工作的内容应该是以苦引苦,结交知心朋友。

（4）组织阶级队伍。阶级队伍应该是跟着串连工作的发展逐步组织起来,在第一批串连后,即召开全街第一批队伍会,说明串连的意义及他们的任务,并在第一批的基础上各居民小组建立核心组,可以第一批串连的人为主(因为第一批对象都是比较合条件的,可以保证质量),选出小组长,然后由各组长组成全街的骨干小组,领导运动的进行。以后第二、三批串连后同样召开全街队伍会,使他们感到自己队伍不断扩大,也增强组织观念,这样才能从组织形式上、思想上、行动上形成阶级队伍。

2. 忆苦思甜工作。

（1）忆苦思甜工作,是提高居民群众阶级觉悟的最好方法之一。而群众的诉苦会便是忆苦思甜的主要形式,要开好诉苦会关键在于对典型苦主的培养教育工作,因此在访贫问苦中,就注意掌握苦情,有意识地培养出身好、历史清楚、苦大仇深的劳动人民作苦主;培养方法,就是常接近他,与其做知心朋友,有事和他商量,并帮他做些劳动工作和给他办好事,借以大谈其家史、苦史,进行全面了解其苦情,但有些苦主觉悟不高,初时有错误思想不愿谈其苦史的,更不愿在群众面前诉苦,怕诉了苦受人讥笑,丢面子、失威信等等,或认为旧社会那么苦,新社会也还是靠这条扁担生活,没心机去谈苦史,谈了也没有用,贱得揾眼泪来抹等等错误思想。因此,必须抓住这些活的思想,进行正面教育,指出新社会穷人翻了身,当家作主,出来管理国家政权,社会上安宁,米价稳定,人民生活有保障,穷人子弟能上学,目前的困难是暂时的,或是子女多劳动力少带来的困难,这些困难逐步会解决的,用这些活的事实教育提高他们的思想觉悟,同时要反复宣传社会主义教育运动的意义,说明老一辈要忆苦思甜,不要忘本,并且有责任用过去的苦来教育青年一代,使群众懂得诉苦是件光荣磊落的事。

对苦主要进行全面的了解和培养工作,审查苦情是否真实,受谁的苦,应不应该诉,要防止诉假苦,或诉旧社会的苦很成功,最后诉上现在的苦就不妙了,因此要求苦主有明确的阶级立场观点,最好是过去苦现在甜,苦与甜有显著变化的。

如第十组的小组诉苦会诉得较成功,主要是典型苦主培养得好,因此,带动提高了劳动人民的阶级觉悟,能引导劳动人民起来诉苦,全组有 4 个妇女——施日芳、罗日娇、冼桂珍、卢月兰等在旧社会里被卖当丫头、当童养媳的,也接着起来诉旧社会的苦楚,第七组曾凤仙诉其当婢女的苦,其夫(是拉木车工人)已睡,在房间听到了,也感动得同病相怜,跑出来参加小组会,诉其受旧社会的苦,经过诉苦后曾凤仙阶级觉悟提高,积极参加运动,后被选为妇女代表。

掀起了群众性的诉苦高潮后,一般掌握诉苦面占参加运动人数 15% 左右即可(临江街诉苦 68 人,占应受教育的 15.5%),不能人人都去诉苦,因为城市居民的阶级成分复杂,要防止资产阶级分子、地主分子及一些政治面目不清的人出来假装诉苦,一方面他们假装积极(如第八组已摘帽五类金边蚂蟥在诉苦、斗争等阶段表现很积极),二方面表示他们和群众一样苦,来骗取群众的同情,很容易使一些觉悟不高的群众上他们的当,失掉对他们的警惕性和斗争性。

当我们掌握的苦主基本诉完以后,即引导群众进入挖苦根,算出本街劳动人民的血泪账共 24 条,1. 受地主压迫的 22 人。2. 受资本家剥削的 22 人。3. 受封建把头压榨的 10 人。4. 受高利贷剥削的 7 人。5. 受伪街、镇长勒索压迫的 18 人。6. 被反动派拉兵征兵的 42 人(其中死亡 14 人)。7. 被日本帝国主义杀害的 28 人。8. 被日本帝国主义烧拆屋 31 间。9. 日寇侵占时,因逃难流离失所,有 123 人下落不明。10. 被日本鬼飞机炸死伤的 105 人。11. 解放前 9 人失业沦为乞丐。12. 解放前无衣无被盖麻包袋的 10 人。13. 解放前被生活所迫而卖儿卖女的 13 人,本人被卖的 13 人。14. 解放前住茅屋破房的 5 户。15. 解放前挑水及肩挑生活的 5 户。16. 被迫当妓女的 5 人。17. 解放前受烟毒害的 18 人。18. 解放前苛捐杂税达百多种。19. 解放前因赌博而倾家荡产及卖儿卖女的 6 人。20. 解放前挨饿、冻死的 8 人。21. 解放前因瘟疫无钱医治死去的 36 人。22. 解放前本街没有自来水和没路灯。23. 解放前劳动人民子弟无钱读书。24. 解放前的妇女得不到政治地位。

挖苦根之后,又引导群众挖甜根,启发劳动群众大谈翻身史,先谈近后谈远,先谈小后谈大,先谈本市后谈全国各地的经济、工业、商业、农业及文化教育事业等方面的伟大建设成就。同时又算出本街劳动人民的翻身史共 13 条。1. 成立居委会选出干部,人民当家作主。2. 选为历届人民代表,出席市积极分子,仅 1962 年就有 6 人,入党 24 人,入团 45 人。3. 解放后有 348 人成了国家机关、企业的干部和职工。4. 解放后劳动人民子弟读书人数大大增加,有大学 16 人(是解放前的四倍),高中 47 人(解放前 10 人),初中 188 人(解放前 52 人),小学 360 人(解放前 52 人),解放前女子读书 71 人,解放后增加到 299 人。5. 无依无靠的老人得到政府的关怀照顾和救济。6. 政府出资动员本街群众搞福利事业,自 1961 年至 1963 年上半年就有各种补助 1106 元。7. 安装有线广播 48 只。8. 解放后本街居民普遍添置了衣服、棉被、水壶、雨鞋等。9. 部分人购置车间、衣车、手表、钟、收音机,人民的生活大大改善。10. 本街建立了俱乐部、文工团等,开展了文娱活动。11. 居民的生活水平大大提高,全街有分伙户 435 家,平均工资在 21 元以上的 109 户,占 25%,7 至 20 元共 295 户,占

67.8%。大多数人有了固定的或半固定的收入。12. 劳动人民翻身当家作主,有了选举权和被选举权。13. 社会治安,人民过着安居乐业的日子。这些活生生的事实,解放前是无法想象的,从今天的幸福生活和过去的苦作了鲜明的对比,使群众深深地体会到今天的甜,从而提高群众的阶级觉悟,树立永远听毛主席的话,永远跟共产党走的决心。

（2）家史教育。

家史教育不能家家户户都进行,只能有组织有步骤地在劳动人民的家庭中进行,还应根据各人各家的具体情况和存在问题,用工人阶级的思想立场,用回忆对比的方法以及翻身不忘本的观点去耐心反复地进行教育,这样才能收到良好的效果。如第十组温科卓和妻梁凤鸣（小组诉苦典型）,于1962年因年老力衰被从豆腐厂精简回来,为照顾他们的生活,准许自己磨豆腐卖,但温的阶级觉悟低,他为了多赚钱,时常怨商业部门批给他的黄豆少,因此对现实有些不满,很少参加街道开会。此外,家庭不和,因为四个子女中,两个大的是妻带来嫁的,各人心存隔阂,常因些小事发生争吵,大女儿因要承担主要劳动而不高兴,生活上有点不合意就发脾气,有时早上请三请四也不起床磨豆腐。我们根据各人的不同情况,运用新旧社会回忆对比的方法进行教育,对温科卓首先说明商业部门配给黄豆是按照政策办事的,不能随便多配或少配,多配做豆腐多赚钱多,这样易促使小贩走资本主义道路,产生发财致富思想,配少了也影响小贩的生活。同时以温在旧社会给人打工,又做过扫街老,辛辛苦苦还吃不饱穿不暖,直到解放后四十多岁才结上婚;其妻梁凤鸣也是苦大仇深,解放前被卖三次等这些活生生的事实,自己教育自己一家人。从此,其家庭争吵现象大大减少,儿女们也有了很大进步,大女儿主动做工做家务,积极参加街道工作,后被群众选为该组副组长。大儿子13岁,由于管教不周,对父母感情也不好,有时父母骂他几句,就几天几夜不回家,到处乱睡,夏天别家小孩睡在门口,他用纸包屎塞到小孩嘴里,是个十分恶劣的顽童,读书也逃学,去年九月间学校同意他离校,经过这次家史教育后,他也有了很大的改变,上述缺点基本改正了,今年还主动要求上学,老师也来家庭访问,看到他有进步,也很欢迎他回学校学习了。

三、报上当,划界限,正确处理人民内部矛盾

在社教运动中能否真正达到团结95%以上的群众,提高觉悟,划清界限,轻装上阵,共同对敌的要求,做好发动引导群众自觉报上当,划清界限正确处理人民内部矛盾的工作是非常重要的。要做好这步工作必须以中央社教文件为武器,反复交代政策,说明两类不同性质矛盾的处理方法,打消群众顾虑,先干部后群众,以干部、以典型带动群众引导群众自觉地革命,这样效果才更大。

临江街共有128人报了上当,占应报148人的86%强,占应受教育439人(专政对象除外)的30%弱。看来应报的基本上都报了上当,而上当的程度一般都是资本主义思想作怪,有些有了行动,有的为贪小便宜而上了当。从群众所报上当的种类看共有21种:(1)贩卖烟叶、烟籽、木薯、红薯、青菜等;(2)封建迷信,为看病、求仔而问仙算命;(3)短途贩运;(4)怕辛苦或领导闹意见而退职退厂;(5)买卖票证;(6)借钱给别人做生意;(7)受五类分子麻痹放松管制;(8)偷朋友几尺布;(9)困难时卖萝卜汤七天赚24元;(10)利用合法牌照克扣斤两骗人,如卖牛血多渗水,秤盘下面放铜钱等;(11)排队抢购转手买卖;(12)为贪小利或想多吃而托人走后门受骗,钱物两空;(13)因不关心政治少参加活动不懂政策而被坏人骗去钱和衣服;(14)借回娘家为名来往贩卖东西;(15)为贪市场开放,退职而不要党籍(预备党员);(16)当牛当狗获利;(17)子女教不好而去劳改;(18)贩鱼花;(19)跳厂搞单干;(20)忘本思想不愿搞街道工作;(21)思想上受资本主义影响,眼红心动手痒但未有行动。在基本报完转入划界限时,以小组为单位,重点批评帮助了资本家出身现仍做摊贩跨行杀牛获利的王秀洪,和小商出身从事无证收买鸭毛而克扣群众布票的陈海山二人。

群众通过报上当和重点批评后,思想觉悟大大提高,首先表现在受教育人数增加,在报上当初期尚有146人未发动起来,其中一部分是青年,自开始报上当后有70人投入运动,尚有76人未动起来,其中除47人为老弱残病采取登门补课进行教育外,在29人落后层中至报上当末期除尚有20人未发动起来外,受教育面达95%。再从思想认识提高来看,通过报上当划界限后,绝大部分群众都分清了资本主义道路和社会主义道路的界限,纷纷表示以后再碰

上这些事决不再上当了，已经有了行动的人表示坚决改，思想模糊的提高了认识，如女青年李月英，运动初期仍经常外出不在家，常与一些投机倒把的人在一起，也曾想到玉林贩布卖，报上当后有了很大转变，不再与那些人来往，积极投入运动，并被聘为校外少年儿童义务辅导员，又如一组的女青年杨艳芳说："经过报上当划界限后知道什么是资本主义，要是过去见到卖布票的我也要买。"妇代会主任张荣珍自报上当后，打破封建迷信思想，连她的家婆也不再装香拜佛了，社教前儿子结婚时安设的土地神位、天官赐福等也拆了，就连春节也没再设。

通过重点批评后，群众认识了资本主义思想行为的危害性，懂得看人要看本质，如五组群众说：王秀洪是本质未变，六组群众改变了过去只认为陈海山勤劳动的片面看法；被批评者在事实面前心服口服，改变了过去对群众的态度，如陈海山过去对群众、干部的态度非常傲慢，向干部大喊大叫说：我不犯法我什么也不怕，我纳了税有没有牌照无关系。并且很少参加开会。经过小组批评后态度改变了，承认自己是非法经营，过去根本就没想申请领牌照，而且积极参加开会了，同时还改变了对妻、儿的态度，连他老婆也认为批评得好。小组骨干通过批评会后看到了依靠群众力量解决内部矛盾的效果，因而更体会到群众力量大，也学会了怎样运用群众力量来帮助教育后进群众的工作方法。

临江街试点的做法和体会：

报上当的目的要求要明确，主要是通过报上当，划界限分清是非，放下包袱，轻装上阵，共同对敌。做法在临江街分为五步：（1）报；（2）归纳；（3）划；（4）挖；（5）批。具体做法是：

1. 反复宣传中央关于社教两个文件的精神，再三交代政策，说明对待两类不同性质的矛盾的处理方法，表明我们不追不迫的态度，强调号召群众自觉革命，自我教育，做好这一步工作非常重要，可通过小会、个别教育去进行。

2. 光做宣传动员工作还不够，更重要的是培养好典型，首先以干部带头报是打消群众顾虑的最有效的办法。临江街共培养六个典型在大会报，有干部（居委会主任和妇代会主任）有群众，有老年有青年也有职工家属，从所报的问题看，有政治上当受五类分子拉拢的，有封建迷信，有受资本主义思想影响想投机倒把而被儿子制止的;有见市场开放而退职的;有贪小利而受骗的;有忘本对政府不满而不安心街道工作的青年。从临江街所培养的典型类别看,缺少已有资本主义行为的,总之应该是干部、群众、老年、青年;政治上、经济上、思想上、行动上都有典型,通过他们当众报,才能使群众更相信我们的政策。选择典型除注意类别外,主要是劳动人民成分(只有基本群众才是上当)思想有一定认识,群众所知能基本报完为群众满意的,这样的人才能做典型。

干部带头报上当,既有力地宣传了政策,也是一次生动的教育课,教育了群众也教育了自己。如第一组组长万大姐,在训干班时还不敢报她在困难时期卖玉米之事,直到群众中开展报时,也就是再次听到大会典型报上当后,她才相信了政策,在小组会上也带头报了,由于她带头,群众也轻松愉快地报了上当。

3.当群众性报上当开始后,一般掌握在上当的人基本报完即可转入划界限,挖根源找危害,同时在此时应多做些个别启发、帮助工作,如二组陈月英最初不承认投机行为,说是为回娘家找车费,经个别启发后才主动地报了上当。当群众基本报完后应将全街所报类型归纳起来,以便进一步教育群众认识问题的严重性,也为划界限、分清是非做好准备。

4.划界限主要是四个方面,即两个阶级,两条道路,两种思想,两个社会制度的界限,根据临江街的情况看属具体是非界限有以下几方面:

(1)家庭副业与投机倒把;

(2)有证摊贩与无证摊贩;

(3)卖自己票证与贩卖票证;

(4)一般迷信习惯与利用迷信敲诈勒索;

(5)国家调整价格与投机倒把操纵物价;

(6)国家财贸工作人员短斤少两与私人商贩克扣斤两。

以上六条是非界限,前者一般属正当的,如家庭副业,或工作疏忽,如国家工作人员短斤缺两,或属轻微错误的,如出卖自己票证等,应与后者非法行为分清。当群众弄清界限后,即可引导群众自觉地按照自己或根据别人所报的问题,进行分析划清属于什么问题,注意引导群众从自己去检查,如有的人在划界限中,还错误地认为我上当是因为国家困难所以才去做。因此,同时要注意表扬和发动经得住考验的基本群众去反驳,如二组就以职工家属欧惠珍,七口人每月收入 50 多元,生活虽困难,但一贯坚持精打细算,勤俭持家渡过困难,而不去投机倒把的事例教育群众。这样既表扬和树立了艰苦的榜样,也反驳了推卸责任的借口,收效更大。

5. 在划清思想是非界限后,即转入挖根源找危害,主要从四方面找:(1)对国家;(2)对自己;(3)对人民;(4)对后代。根据临江个别组的教训看,挖根找危害也要事先培养典型,不能一般的谈,否则就会出现像五组那样,只谈到吃木薯中毒,卖食品不卫生是危害人民,而忽略对国家对后代的危害,忽略对政治上、国民经济上的危害。

与划界限挖根源危害的同时,即可批评有较严重的资本主义活动但又非敌我矛盾的人。准备工作应在报上当开始即注意,如有没有该批评的对象,具体事实是什么,一定要查对清楚,而且要本着批评、团结的方法做些个别工作,再通过群众力量是可达到批评教育团结的目的的,如六组陈海山的转变就是个例子。

总之,在此阶段,从始至终要注意:(1)宣传贯彻政策;(2)启发群众自觉革命;(3)耐心细致地做好思想工作,等待群众的觉悟,这样才能真正达到提高群众觉悟,放下包袱,轻装上阵的要求,群众心情舒畅积极性更高,这就为对敌斗争阶段做好了调动群众和武装群众思想的准备工作。

四、揭敌情,评审五类分子,开展批判斗争

在人民内部矛盾基本解决,居民群众思想觉悟提高,划清了界限、放下包袱的基础上,即转入第四阶段,处理敌我矛盾。这一阶段也可说是运动的最高峰,既打退敌人的嚣张气焰,进行了评审,也锻炼了干部和群众,进一步增加了敌情观念,提高了对阶级存在和阶级斗争的认识,从而加强和巩固了无产阶级专政在街道居民中的力量和阵地。

1. 做法:

(1)第四阶段共分为四步进行,即:(A)揭敌情,可先一般揭,以更多地掌握敌情,教育群众,凡本街、本市、外地的敌情都可以揭。然后再转入重点揭,

即对本街五类分子逐个揭,在此步工作中要做好知情人的工作,在临江试点中,根据我们所掌握有知情者91人,其中83人揭了敌情,占知情者的91.2%。(B)转入评审。先背对背评,以小组为单位(必要时可联组),由五类分子先检查,检查完即离开会场,群众根据其检查进行初步评审,可根据五类分子在四个时期(备战时期、市场开放时期、困难时期、帝国主义各国反动派和修正主义反华大合唱时期)和三个方面(思想、政治、经济)的表现,按照表现好的为一类,一般的为二类,有轻微违法破坏的为三类,有严重破坏、不服管制的为四类的条件进行评审划类,这次会是使群众了解五类分子的情况,练好兵,做好组织、思想、评审准备的会议,因此必须开好。然后进行面对面的评审,在此期间应对五类分子做些教育工作,促使其思想斗争和改造,以便更顺利地接受群众的评审,面对面评审时,可让五类分子再做补充坦白,然后由群众发表意见,展开评审,最后由群众提出评审意见,该划为那一类。至于需要多少时间,要以五类分子的具体表现决定,但应按照先易后难的原则进行,这样即使工作进展快,又起到分化的作用,如第五组评审两个五类分子,原打算先评审肖普强(批判对象),此人问题多,思想顽固,后注意了对敌斗争的策略,改为先评审徐仲奇(一般汉奸),群众意见较少,该人表现还好,原划二类,经群众评为一类使其过了关后,思想轻松,跟着在评肖普强时,他也积极发言。(C)批判。对一般的进行评审后,即转入批判。临江街因以小组为单位进行,故评审、批判同时进行,一般评审的先结束,有批判任务的小组,经过两次武装练兵后才展开。(D)处理。经评审、批判后,即上报呈批及处理经济问题如贪污、漏税等。

(2)四清工作的做法:除转入第四阶段,着重进行评审五类分子外,从运动开始就结合各步骤进行四清工作。(A)四清工作组学习有关社教意义、目的要求和政策界限的文件。(B)翻箱倒柜集中和翻阅所有档案材料,列出问题和名单交社教工作组同时掌握,在做好材料准备的同时,对面目不清的外来人口及时发出函调。(C)全面深入细致、逐人逐户了解情况,进行阶级站队,排出调查对象和问题。(D)通过群众揭敌情,全面收集调查整理专政对象材料,以做好评审的准备工作。(E)逐人审查定案处理,做好组织建设和制度建设等工作。

2. 收获和体会：

（1）基本上把四种人的底摸清，和弄清了面目不清的外来人口，运动中发出函调97件，至运动结束共收到复函61件，发现地主分子三名，地主家庭成员三名，富农三名（尚未弄清是分子还是成员），反属三名，伪军官家属二名，伪兵一名。评审四类分子六名（其中管制三名），其中纠正不做五类分子看待的一名，摘帽的一名。批判四类分子四名，现实有四类分子八名。

（2）在四清工作中，干警认真学习和正确地贯彻了党的政策，以政策来衡量每一个四类分子，认真维护政策的严肃性，群众认为表现好的，经过查证，倾听群众意见，给予摘帽；表现坏的，则发动群众进行批判或斗争，通过认真学习政策，使干警也进一步提高了政策水平，以致在执行政策上没有出现过什么偏差。例如：纠正了一名过去未经呈批手续，因贪污280元而划为四类的张瑞琪；摘掉一名双目失明，已失去活动能力，列改后表现较好的地主分子孔繁琪的帽子。

（3）通过评审、批判四类分子，使群众掌握了对敌斗争的政策和策略，坚持说理说法、不打不骂，以揭露敌人的破坏事实，作为打垮敌人的法宝，使敌人在群众以事实说理说法的斗争中，低头认罪，口服心服。如批判黄少白时，最初他不承认有变天思想，后经群众揭发黄在备战时期晒毯子之时，他才承认当时是准备国民党反攻，外汇中断（靠外汇为生）时，就卖这些东西度日，因此，拿出来晒好收藏，以防万一。当群众进一步批判他为什么别人都是响应号召积极备战，以随时反击蒋匪的侵犯，而黄少白却做与人相反的打算时，他哑口无言，最后不得不承认自己有变天思想。

（4）召开反属和四类分子家属会，交代政府对他们的政策，号召他们站在人民的立场，划清界限，大胆检举和帮助正在被关、管或列改的亲人，积极靠拢政府和人民，遵守政府政策法令，前途还是光明的。在临江街试点中，除对他们进行个别教育争取外，先后开过两次会，一次在运动初，一次在揭敌情前，同时也采取不同对待的方法，对表现好的给以表扬，对坏的进行批判。通过这些工作，起到了瓦解敌人和争取教育其家属的作用。如四类分子古典功的老婆李秀珍，揭发古不让她教仔，致使仔偷窃而被教养，并在批判会上展开批判，为此，最后群众也送她一功。坏分子苏灿光之妻，能经常参加开会，也检举了苏卖假药的行为,并揭发家公苏享官系地主分子的事实,还跑到西乡塘串连其细婶回来参加揭发家公的会议。对思想顽固、表现不好,仍依仗过去官太太身份,纵子欺压群众,为周围群众所愤恨的五类分子家属曾琼芳,根据群众要求,进行了批判,通过批判打下了嚣张气焰,群众说:现在态度好多了,也不敢在门口泼水了,并告诉孩子要听群众的话,说:我们斗不过群众。

召开反属会的教训:临江街试点中,召开第一次反属会,包括五类家属,现关反属及反革命分子已死的反属,这次会对前两种人起到了分化教育争取的作用,但对后一种人,由于不加区别对待,起了一些副作用,如七组李琼英,丈夫已死,自己靠担沙养活三个孩子,居委会反映该人表现一般,能刻苦生活,自从叫她开了这个会后,抵触情绪很大,她说:我不要救济,也不剥削人,不讲一点好,还叫我动员丈夫坦白,人都死了。防火检查时叫她买灯罩,她也气冲冲说:"没钱"。三组谢秀明,丈夫1952年死,现靠在重型机械厂工作的儿子养活,也叫她参加了反属会,回来后她说:人已死,还是反属,又叫我动员家属坦白。此人在小组表现还积极,看来对这种人,除非思想仍反动或仍同情反革命分子的人应列为反属会议对象外(但都应分别开),对那些思想表现一般,或已改嫁的人,不必与现关、管反属同时开,必要时应分别召开,才易对症下药,起到教育的作用。

(5)由于贯彻了政策,坚持了说理说法的斗争,在事实面前,五类分子基本上口服心服,认识了群众的威力,通过评审、批判,有了愿意接受群众监督改造的行动,如黄少白,过去每逢扫除,都是拿一把骨头扫,扫帚尖刚沾地,比画两下就算了,自批判后,买了一把新扫把,每天早晨都打扫屋前屋后及担水码头了。此外,对四类分子的生活也要给予适当关怀,这也可起到分化瓦解敌人,消除其不满情绪,促使其自动改造,靠拢政府的作用,如四类分子姚增汉,家庭人口多,生活确实困难,街道和公社就出证明给他儿子交学费,他很感动,因此,有一天晚上,带病仍参加派出所召开的会议。

(6)通过评审、批判四类分子后,群众的敌情观念增强,警惕性大大提高,加强了监督改造四类分子的力量;群众看到了自己的力量,长了勇气,不再害怕四类分子报复了。如未评审前,群众不懂五类包括哪几种人,有的街干也说不出,也不知本街五类是哪些人,如十组群众说:最近看见苏璨光出来扫地,才知他是五类，甚至连住隔壁的都不知，六组妇女群众张平与五类分子姚增汉一板之隔，但不知他是五类，直到揭五类的破坏行为时才知道，或知道人不知为什么划五类，通过群众性的评审、批判后，群众都懂得了五类分子和基本知道这些人的罪恶事实。又如第一组群众原怕五类分子冯任及其妻曾琼芳报复，但大家也非常愤恨，经批判后，见到五类分子服了输，也看到了自己的力量，长了群众的志气，灭了敌人的威风，群众表示不怕他了，并说：如果敢报复，再拿来批判。该组群众周彩英说：过去我根本不懂得谁是四类分子，隔离邻舍，谁出出入入我都不管，通过运动，认识了四类分子后，我今后要加倍注意他们的行动。

总之，在此阶段必须认真贯彻政策，坚持说理说法斗争，分化瓦解敌人，同时认真发动与组织群众，解除思想顾虑，组织斗争队伍，才能取得斗争的胜利。

五、组织建设，评功表模，开展五好劳动竞赛

这个阶段的工作不仅是衡量整个运动是否搞深搞透，同时更重要的是通过社教运动在城市街道政权中，是否真正体现工人阶级领导的重要标志。评功表模也是进一步激发全体干部和人民群众的革命热情和生产、工作积极性、促进我国建设社会主义事业迅速发展的良好办法，在整个阶段中，纯洁健全了居委会、妇代会的组织，加强了干部力量；建立了民兵、青年俱乐部、少年之家等组织。

1.关于组织建设方面。

第一步：物色干部、培养和提高干部、积极分子的工作能力，逐步树立他们的威信，做好选举前的准备工作。

临江街原基层组织比较薄弱，部分干部不纯，个别小组还处于半瘫痪状态，从这个街的居委会和妇代会两个机构，原有30名干部的情况看，属于阶级成分不纯的有3名(二人是反属，一人是贪污劳改犯家属)，还有二人长期不出来工作，一人长期外出，一人就业，剩下23人。青年、民兵、俱乐部、校外儿童等组织，都不健全或没有，因此，物色人员，培养干部，健全组织，更是一项重要的工作了。

根据上述情况，从运动一开始，则着手抓这一工作。对原有干部、新的积

极分子(包括各小组的根子在内),采取了边物色、边培养提高的办法,在运动中锻炼考察他们,树立他们的威信。

第二步:个别串连,征求意见,小组讨论酝酿后选人,开好小组选举会,进行选举。首先与主要骨干研究,提出初步名单,临江街试点当选干部的初步名单,都是由原居委会主任与妇代会主任(社教运动骨干小组)两人研究提出的,然后交骨干小组酝酿,没有意见后再由骨干分头带到各小组去酝酿,酝酿内容,应该是干部条件,什么人能当干部,什么人不能当,如:必须是政治可靠、历史清楚、立场坚定、斗争坚决、热心街道工作的人才能当干部;原有干部可连选连任,具体候选人等,这些都经过群众充分酝酿,初步确定候选人。这样做,既鼓舞干部,树立光荣感,又使群众感到真正当家作主,既民主又集中。酝酿成熟后,即可进行选举。切忌工作组包办,一定要坚持自下而上提名选举的方法才好,如第六组做得较好,在酝酿时,先由该组的骨干分子与积极分子酝酿好名单,并分了工,到小组酝酿时,由不当选干部的积极分子提出名单,这样既民主,又发扬群众当家作主的精神,比第二组由候选人之间互相提名好得多。

从临江街选出的干部情况来看,基本符合条件,而且真正是群众自己选举的,也说明经过社教后,群众认识提高,树立了当家作主的主人翁感,因此选举得顺利而圆满。

第三步:召开各种代表会议,进行委员分工,建立新机构。

小组选举结束后(各小组按照工作需要和本组干部人才,确定产生多少名,一般3—5名,有的组七名),即分别召开居民代表会,妇女代表会及劳动人民代表会,进行总结工作,分工产生委员、主任等职,订立制度等。与此同时,青年、民兵、少年儿童、劳动队、居民互助储金会等组织,也应进行改选或建立。

临江街通过改选后,干部队伍大大加强,由原有23名干部增加到71名,其中居委会干部55人(委员17人,其他部门委员38人),妇代会委员代表11人(一人兼居委会副主任),其他为民兵班长。在新选干部中,原有干部当选23人,占原30人的70.06%强,但由于原有干部中情况复杂,成分不纯三人,根本不具备干部条件,还有二人长期外出和就业,二人一向不出来工作,从上述情况看,实际原有干部应为23人,现在全部当选,达到了团结95%以上干部的要求。再从当选干部的阶级成分看,体现了工人阶级的领导,居委会正副主任和部门主任七个主要干部中,退休女工一人,职工家属五人,只有文教主任是新选的青年,家庭是屠商;妇代会正副主任都是职工家属。

在此步工作中,临江街既有成功的经验,如自下而上由群众酝酿选举工作,做得较细致,因而选举顺利,群众与当选人都满意。但也有失败的教训,即在居委会委员分工时,由于对调换新主任人选之事,事先未与原骨干充分酝酿,做好思想工作,因此在分工会上,老干部闹不干,影响其他干部,后又花了不少工夫才扭转(具体教训见第二部分第一个问题第四点)。

2.关于评功表模,开展五好劳动竞赛方面。

临江街的评功表模,是在传达学习解放军、学习大寨、学习先进单位的基础上开展的,整个活动大体分为:宣传动员、学习讨论、提高认识、统一思想;摆好送功,建立表扬台;评比五好;分析提高;庆功总结,开展竞赛等五步进行。

第一步:学习解放军的先进事迹和先进经验,采取先干部后群众,在干部基本学懂、统一认识的基础上,召开全街群众大会,进行宣传动员,号召掀起学习解放军的高潮,启发群众以解放军为榜样为镜子,总结和对照自己的、本组的、本街的工作成绩、经验、进步。

第二步:以小组为单位,组织群众进行讨论,在群众提高认识,统一思想后,转入评功摆好、摆成绩、摆进步、摆先进、摆风格。在评功摆好过程中,必须注意干部与群众一起摆,特别是干部带头给群众摆,群众也就很自然地给干部摆,这样互相摆,又进一步密切了干群关系。妇代会主任张荣珍在第九组,由于带头给群众摆,很快就形成一个群众性的摆功热潮,连原未参加开会的临产妇彭秀珍(群众)也睡不着觉了,赶来给张荣珍送功,这更促使评功摆好活动活跃而深入地开展。真是人人摆,个个摆,你送我,我送你,会场活跃,摆得大家心情舒畅,个个喜笑颜开。

第三步:比功,评五好,树立标兵,表扬好人好事。这一步也是做好学赶标兵,开展竞赛的准备。在摆好送功基本结束后,即按照大家的功以五好为条件,即(1)政治思想好;(2)生产劳动好;(3)勤俭持家,安排生活好;(4)邻里团结,家庭和睦好;(5)教育子女好。进行评比五好户和五好个人(均参照以上五条)。凡评上五好户和五好个人的,在庆功会上由居委会颁发奖状,其他在小组摆功会上表扬。临江街共评出五好户20户,五好个人20人(五好户内的个人不在内)。

第四步和第五步,可分开进行(第四步分析提高可在摆好送功后进行),也可连接进行,通过分析提高,更明确先进人物为何先进,应该如何学习先进,学习什么,最后总结、订立措施,个人表决心,激发广大群众比、学、赶、帮的热情,使五好竞赛活动经常化,促进社会主义建设事业的迅速发展。

最后,召开庆功大会,总结运动的收获,表扬好人好事,鼓励五好户和五好个人,大树标兵,掀起轰轰烈烈的比、学、赶、帮热潮。

第二部分
几个具体问题的经验教训

一、根据城市特点,社会主义教育运动的内容应该是什么,如何贯彻党在城市的阶级路线

城市包括了工农兵学商各个阶层,在旧社会是三大敌人统治压迫人民的中心。南宁又是祖国南方最后解放的一个城市,遗留下来的伪军政人员甚多。解放后,为逃避斗争从农村跑到城市的地主、富农阶级分子,也不是个别现象。资产阶级还存在,还有剥削残余,资产阶级思想影响仍是一件残存的习惯势力。另外,还有一部分是解放前因生活所迫从农村逃避城市谋生的贫下中农。因而城市的阶级成分,政治思想非常复杂。居民住户迁出迁入流动性也大。根据这种情况,我们认为在城市街道进行社会主义教育运动的内容主要是:1. 阶级斗争;2. 社会主义教育;3. 摸清居民政治情况,组织阶级队伍;4. 纯洁充实基层组织几个方面。

1. 向居民进行系统的社会主义教育。

解放十几年来,街道中经历许多革命教育运动,广泛宣传了党的方针政策,居民群众的社会主义觉悟有了很大提高,普遍的热爱党、热爱祖国、热爱毛主席、热爱社会主义。但由于居民多为无固定职业,而大部分又是老弱和妇

女,没有严密的组织和纪律,自由散漫现象比较严重,资本主义思想容易侵蚀和泛滥,也是阶级敌人最容易躲藏的地方。因此在居民中彻底搞臭资本主义,大力宣传社会主义是十分重要的。为此,必须教育群众划清资本主义道路和社会主义道路、资本主义思想和社会主义思想、资产阶级和无产阶级的界限,才能调动起居民参加和支援社会主义建设的积极性。

从摸底和居民报上当看也说明划清界限的重要性,突出地表现在国家困难时期,经不起考验,部分人走上资本主义道路。有的居民对投机倒把行为则熟视无睹,认为别人有本事、会捞钱、会搞食,不关己事,甚至产生羡慕。妇女群众对封建迷信行为司空见惯,不以为然。

其次是不能正确处理国家与个人之间的关系。如青年人轻视农业劳动(家长思想更为严重),不愿去农林场,不服从国家调配,但又埋怨国家不关心青年,少数居民对国家计划供应粮、油、棉布还有意见,特别是棉布。

再次是一部分居民在处理人与人之间的关系上,未能平等相待、和睦相处。如全街有 30 多户人经常发生家庭内部或邻里之间的纠纷。原因有家庭经济不公开,不勤俭持家,用钱用粮无计划,乱搞男女关系,不尊老爱幼,不奉养老人,歧视寡妇改嫁等,都在一定程度上影响了职工的生产。

由此可见,系统地向居民进行社会主义教育是十分必要的。教育的内容主要是以阶级教育为纲,进行形势教育、爱国主义教育、社会主义前途教育、各种政策法令的教育等,以社会主义思想占领街道居民的阵地,加强和巩固社会主义建设的"后勤部"。

2. 基本摸清居民政治情况,明确依靠谁? 团结谁? 打击谁? 组织阶级队伍。

城市民兵的特点是阶级成分,政治情况复杂,流动性大,往往一个人同时有着几重身份。因此必须先摸清居民的政治情况,分清敌我友,才能明确依靠谁,团结谁,打击谁,才能正确地贯彻党在城市的阶级路线。一般的以解放前三年的成分为依据,再参考解放后的变化和表现。这样则可把大部分居民的情况基本摸清。但还有少数外来户是不大容易摸清的,主要还是看他们解放后的经济情况和政治表现。

在街道居民中,如何贯彻毛主席党中央所指示的,在城市工作中依靠工人阶级团结其他劳动人民的阶级路线，经过调查分析和实践，具体地说，应该是依靠退休老工人和职工家属。团结散工、小贩、无固定职业的城市贫民。对资产阶级分子、资属，不戴五类分子帽子的伪军政人员及其家属、劳改释放犯、五类分子家属，则团结教育改造，达到团结95%以上的居民群众的目的，对五类分子实行专政。

但在贯彻阶级路线的具体过程中，还会碰到许多具体问题，需要很好地区别对待，主要表现在依靠职工家属这个问题上。工人家属是工人阶级的一部分，从政治上经济上翻了身，生活有保障，和党一条心，是可依靠的。但由于解放后各项生产迅速发展，职工人数大量增加，人员来自四面八方，情况比较复杂，加以南宁是个消费城市，产业工人和血统工人极少。从临江街职工家属的具体情况来分析，有以下几种情况：第一种是职工和家属出身都贫苦，解放前就是工人，或是解放前一贯依靠劳动为生，解放后成为工人和家属的，是我们依靠的对象。如这次新选的妇女副主任李秀华，解放前丈夫十几岁当学徒，现在是汽车司机，做了二三十年的工，她自己是贫苦人家的女儿，一向参加手工业劳动，历史清楚，作风正派，和党一条心，在运动中能积极发动群众，大胆向工作组反映情况，又如雷万春，本人解放前以挑水卖为生，解放后几个儿子都有了工作，生活大大改善，她深感旧社会的苦，新社会的甜，热爱新社会，常以过去自己亲身经历的苦去教育群众，十几年来保持一贯的革命干劲。第二种是职工出身不好如做过伪职，但家属出身较好的，他们经过教育，划清界限后，其中一部分还是可以依靠的。第三种是职工出身好，家属出身不好的，如原是地主婆、伪军官老婆、老板娘，解放后才嫁给工人干部的，他们的剥削阶级思想意识，不容易改造好，是不可靠的。第四种是双方出身都不好的，如何玉莲丈夫原是伪团长，自己原是老板，解放后成了食品公司的职工和家属，现在老怕工作组不信任他，工作不积极，政治上靠不住，事事考虑个人得失，碰到具体问题时，不能和党一条心。现据第一、二居民小组的统计共有职工户28户，有16岁以上职工家属34人。其中属第一、二种的28人，属第三、四种的6人，可依靠的占80%左右。这就明确了我们扎根串连的对象。

在团结城市的其他劳动人民方面。我们认为散工和肩挑劳动者，只要有工做就有饭吃，工资是按劳取酬，物价稳定，因而他们还是拥护党的政策和社会主义制度。但散工生产任务不固定，无固定收入，劳保福利待遇极少，一遇到较长时间的停工和发生天灾人祸生活有困难时，就会产生不满情绪。政治热情不稳定。如这次我们扎了一个根子，她爱人是劳动调配站临时调配的木工，自己挑沙，收入不固定，社教训干和训练计划生育宣传员时有工资补助，她都积极参加，但平时则很少参加开会，原因是丈夫拉后腿，怕她晚上不得休息，影响白天做工，加以自己思想落后，结果变成了死根。小贩则是本小利薄，主要靠肩挑摆卖，他们整天总是在每斤菜每件物品能赚多少钱上打主意，有的还大秤进小秤出，偷漏国家税收等等斤斤计较，分厘必争，这实际属于资产阶级思想范筹〈畴〉，如小贩彭秀珍，头一天刚在训练班学习，批判了资本主义思想，第二天又用大秤向农民买回柴火。城市贫民，多是做些家庭手工业生产，或靠出租一两个房间为生，收入有限，要提高改善生活也比较困难，政治思想上易动摇，像这几种人应列为团结对象。

对于非劳动人民出身的群众，他们中绝大多数的共同处境是：在旧社会里有一定政治地位，过去的物质生活比现在好，思想上或多或少留恋过去，不满现实。如资属、伪军政人员家属等，这些人应列为团结教育争取的对象。

对五类分子（戴帽和不戴帽的）实行专政。在这个问题上，主要是教育群众认清敌人真正面目，对敌人实行群众性的监督、管制和改造。

3.纯洁整顿充实街道基层组织，是加强街道工作的一个关键问题。

该街原有居委会、妇代会两套组织，干部基本配备，有一定数量的骨干，大部分是职工家属和劳动人民，但还有少数不纯分子。全街共有小组长、代表以上干部30人，其中主要不纯的有反属二人，贪污盗窃、投机倒把分子家属一人，伪军官老婆改嫁给工人的一人，共4人，占干部总数13%。居委会主任是贫民出身，在旧社会里曾任过伪职，未能体现工人阶级的领导。另外，还有两个当选后一直没有出来工作过的妇女代表。主要是干部中，争功思想比较普遍，常因此而闹不团结。

从工作来看，居委会工作多是应付日常行政事务，忽视对居民的思想教育，关心群众生活也差，该救济的孤老未及时救济，干部群众都没有学习制度，没有读报组，黑板报也不按时出，青少年工作完全是空白点。妇代会日常工作主要是调解家庭纠纷，干部主要是做居委会工作，和居委会干部一样使用,没有一定的独立活动。原因是居委会主任统得过死,妇代会干部又有依赖思想。

根据以上情况,从摸底开始,我们即有意识地提高原有成分好的骨干的工作能力和发现培养新的积极分子,吸收他们参加训练班学习,在每个阶段工作中逐步放手运用他们,培养工作能力,树立威信,为整顿组织做好了干部准备。有了干部,整顿了居委会和妇代会组织,建立了青年俱乐部、民兵连、少年之家等组织和各种工作、学习制度。在新选的干部队伍中,退休工人和职工家属担任主要职务,掌握了领导权,从而纯洁了基层组织,如居委会主任改由供电所工人家属陆琼芳来担任。同时我们注意了大胆培养年轻干部,增加了一批新生力量。现全街共有各部门干部71人,其中退休工人和职工家属29人(□□□),占40.8%,25岁以下青年24人,占33.8%。对原有干部除了成分严重不纯和真正不愿干的之外,绝大多数都给予适当安排。30个原有干部中,除二人就业和外迁和五人落选处,继续当选的23人,占留在街道里的28人的82%。平均每个居民小组有六七个干部,加强了小组的基层工作,全街工作面貌大改变。特别是经过评功表模,全街共评出"五好"户20户"五好"个人20人,(不包括五好户中的个人),形成了人人学先进,人人争当"五好"的新气象,共产主义风尚大发扬。

但在这次改选居委会主任时,走了弯路。问题发生在委员分工时,因为陆琼芳是运动中新出现的积极分子,这次虽由小组群众民主选上来,但过去没有当过街干,群众基础差。因此个别老干部当场闹不干了,这种情况影响了群众,街头巷尾议论纷纷。检查原因主要有:①关于新主任的人选,工作组和公社党委的内部久久不能取得一致意见,直到斗争阶段基本结束才最后决定,因而未能培养她出来多参加全街性的活动,更好地锻炼工作能力,树立群众威信。②入选内部确定后,委员分工前,未能事先在干部和群众中做好酝酿工作,特别是未和几个主要干部酝酿,没有把陆的有利条件摆出来,帮助大家了解。事情发生后,我们才回过头来逐个做干部的思想工作,检讨了工作组事先和大家商量不够,承担起责任来,这才风平浪静,出现了老干部帮助新干部,新干部积极向老干部学习,团结互助的新局面。这是一场值得吸取的教训。

二、如何发动群众,使 95%以上的居民受到教育

运动从始至终,每个阶段工作的过程,都是放手发动群众的过程,经验证明,群众发动不起来,将一事无成。

1. 在宣传动员摸底阶段,通过广泛向群众宣传政策,个别深入访贫问苦,与群众建立了感情,是发动群众之始。我们采取了挨家挨户的访问,谈生活,谈家常,谈过去,谈现在,帮居民搞家务等方法,慢慢地和群众建立了感情,因而能积极地向我们反映情况。但出来开会的人仍然很少,全街群众大会只有一百人左右,小组会十来个人,有时少到几个人,老年人强调晚上走路不便,要带孙,中年妇女强调家务孩子忙离不开,做散工的强调太疲劳要休息,青年人借故去联系工作而去逛大街、看电影。

2. 忆苦思甜,是深入进行思想发动的好办法,是生动的阶级教育。通过大会典型诉苦,小组诉苦,以大苦引小苦,如苦大仇深的梁凤鸣诉出自己父亲因帮地主做工活活被石灰淹死,自己几次被贩卖的苦情,引起了冼桂英诉出过去从来不敢讲的被贩卖当妓女之苦,苦人纷纷诉说,感动诉说的人、听的人都痛哭流涕。在此基础上对比新社会穷人翻身,妇女解放的幸福生活,大大地提高了群众的阶级觉悟,来开会的人逐渐增多了。

3. 报上当是解决人民内部矛盾,调动群众积极性的好办法。但开始时群众有顾虑,怕讲出来挨斗争,开会不发言,有的甚至不来开会,经过反复交代政策,说明要自觉自愿,不追不逼,主要是使大家提高认识,这样,报的人逐渐多了,去掉了包袱,更轻松地投入了运动。如职工家属陈××,1962 年曾短途贩运过头菜等少量物资,群众对她越有意见,她的抵触情绪也越大,运动初期不参加开会,经个别教育忆苦思甜后,提高了觉悟,主动报了上当,从此积极投入运动。过去在她家开会都不参加,现在白天去打柴走了 80 里路,晚上还来开会。各小组参加会议的人数也普遍增加,最多的达 30 多人。

4. 评审五类分子,批判有破坏行为的五类分子和家属,使群众看到自己的力量,增加信心。如地主分子黄少白,平时不服管教,思想顽固有变天思想,通过群众三番四次的批判,打下了他的威风,承认了错误。又如反革命分子冯任的妻曾××,以旧社会官太太身份欺压群众,全组居民被骂遍,附近几组的小孩

被打得不敢从她门口走过,人人痛恨,但又不敢面对面批判,恨日后教育,经过几次批判后,把她制服了,曾××对儿子说:人家叫你做什么,你就做什么,我们是拗不过群众的。

5.随着运动的发展,对群众的发动步步深入,更加细致,用一把钥匙开一把锁的方法,既解决思想问题也要解决实际问题。如有的家属怕出来开会影响家务、孩子,料理得不好职工会有意见,有的是职工怕家属(老人)白天忙了家务,晚上又开会太疲劳,不让去。这就要同时做好职工和家属的思想工作,说明家属参加社会活动的重要,并帮助他们安排好家务,家庭成员合理分担。白天晚上交叉召开会,白天开方便老人和孩子拖累太多的妇女参加,晚上则方便去做散工的人,青年认为和老年人在一起谈不来,就单独开青年会,有分有合。

关心居民群众生活,是发动群众投入运动的有效措施。运动中碰到有的居民一时没有工作,柴米油盐都成问题,有病无钱治,因此,无心开会。如第十组居民梁松南,晚上小孩发高烧,正在家愁得无法,工作组卢金庆同志发现后,马上带他到公社要记账单,送他小孩到医院急诊。后来他感动地对人说:如果没有卢同志,我的小孩早就没命了。从此更积极出来开会了。

居民的家庭邻里纠纷不解决,也会影响群众的积极性,第二组妇女李玉莲,两个儿子都是青年,但有封建思想,对母亲改嫁不满,怀恨已十多年之久,母子经常争吵,造成母子分居。经我们帮助她召开家庭会议,把问题摊开来,李玉莲用过去受苦,解放前丈夫和女儿被贫病所逼死去,被逼卖小儿子给别人,生活重担逼着自己改嫁的血泪史教育儿子后,分清了发生纠纷的责任,指出今后如何搞好家庭和睦。十几年的疙瘩解开了,儿子搬回来住了,从此李玉莲心情舒畅,开会积极发言了。

在这次运动中,共安排就业11人,救济28户(其中二户是长期救济),解放了家庭邻里纠纷28户,帮助解决看病问题的11人。

通过一系列的艰苦发动工作后,全街除外出的,共有16岁以上居民439人(不包括专政对象19人),已发动起来的425人,发动面达96.8%强。青年(指未婚)过去是最落后的,平时开会只有20多人,现在也有七、八十人了,变阻力为动力,尤其在评审五类分子阶段,充分发挥了青年人大胆、勇敢,敢于斗争的作用。

三、如何发挥居委会、妇代会的组织作用，结合运动开展经常工作

工作组入街，首先是依靠原有组织和干部进行调查摸底，如召开全街干部会议进行动员，请居委会主任介绍本街情况，然后由工作组分头下去向小组干部了解各户情况，在此基础上进一步家访等。因此主要情况都来自基层干部。尤其是训练原有街干，提高觉悟，促使其积极投入运动，成为运动的骨干。

运动中还结合做好公社所布置的各个时期的中心工作和经常业务。如动员青年去农林场，宣传计划生育，植树造林、送肥支援农业、节约储蓄、优抚烈军属、节日清洁卫生、冬令救济等工作。工作组除按地区分工外，还按业务分工，有人分别兼管居委会、妇代会、青少年工作。工作组树立了全面观点，统筹兼顾，在时间和人力上给予适当安排。任务较艰巨的，工作组就多抓，如动员青年去农林场，工作组协助做好深入的思想动员工作。一般的任务主要交居委会和妇代会去做。

但工作组还普遍存在着不同程度的包办代替作风，往往大小事都要工作组亲自动手，有的连通知群众开会也包起来，直到运动后期才引起足够重视，大胆放手给基层干部去做。再就是只注意发挥干部个人作用，而发挥组织作用不够。如经过训练的干部，一般在运动中都是积极肯干的，但只是发挥了个人作用，以工作组来说，如何通过原有组织进行工作还做得不够。因此使原居委会主任感到工作组不依靠他，使他无事可做（经了解此人仍属可依靠的干部）。

四、关于工作方法问题

搞好社教工作最根本的方法，是加强党的领导，贯彻阶级路线和群众路线，扎根串连，抓两头带中间，培养和发挥骨干小组作用，培养典型示范，大会小会结合，分工包干，层层发动。解决思想问题和实际问题结合，一般教育和个别教育结合等等都是在运动中行之有效的工作方法，现根据临江街的实际工作谈几个工作方法。

（一）一般教育和个别教育结合：

社教运动是重新教育人的运动，是群众自我教育的运动，而街道居民的出

身成分,经济生活不同,政治觉悟高低亦有不同,所以在运动中除抓一般教育外,抓好个别教育是重要的一环。如第二组居民潘丽珍在运动开始,叫她开会老是不来,思想落后,有时还对组长讲风凉话,甚至大骂组长不够资格。这个人按成分、出身是劳动人民,但为什么老不积极参加社会活动呢?经正面和侧面了解,知道她嫁爱人时,是为贪别人有钱。婚后家庭生活一时比以前困难些,就闹离婚,但经过个别谈话,对她表示关心,指出优缺点,讲清道理后,思想有了好转,积极参加运动。又如第七组青年通过忆苦思甜后,思想觉悟有了提高,绝大多数青年都积极参加运动,但女青年杜秀群,算是这个组的青年死角,很少出来参加运动,经过个别串连教育,发现其本人认为父母、姐姐都是在职职工,就剩下自己一人未有固定岗位,感到在街道没有什么搞头,不好意思出来,通过个别的交谈,知道她的姐姐是先由参加街道工作,以后才参加了固定工作的,指出了她的前途,在报上当时谈了自己的思想,心情舒畅,参加了运动。

(二)解决思想问题和实际问题结合:

由于居民群众职业不同,工作不同,有较富裕的也有因家庭人口多,暂时又未找到固定工作生活较困难的,这些群众所考虑的是如何安排好家庭生活,他们谈运动、讲开会则兴趣不大。如第十组居民梁桂南,当我们去串连,她开始以为工作组是劳动调配站人员,开口向我们找工作干,经了解,她的爱人由园艺场精简回来快半年了,没有工作,全家六口人(四个小孩)生活的重担就靠她本人担煤收入维持,几个小孩开学,又要学费,针对这个情况,我们积极和劳动部门联系解决了他爱人的工作,去搞临时工,事前又给临时生活补助五元,梁桂南感动地说:"人民政府派来的工作组,真够关心我们人民了,才来不几天就帮我丈夫找了工作。"这样尽管他们夫妻俩早出晚归,劳动一天很累了,还是积极参加开会。又如:在晚上开会比白天好,人数来的多,因为白天劳动人民都去做工了,但是年纪老的,眼睛不好,行动不便的又不能参加,我们就把老人会改为白天开。

(三)坚持正面教育,以表扬为主:第二组陈月英在运动开始,组长去找他开会,总不出来,如果对她说重了,又不满意,以后组内群众针对她的优点,有意识表扬她心地好,能助人为乐,她见到群众不因为过去不出来开会讲她落后,相反表扬了她的优点,以后开会积极了。

（四）通过家访，抓活的思想。第七组 62 号有位职工家属王桂珍，总不出来开会。什么原因呢？经过深入家访发现王桂珍白天带三个孙子，他的儿子（职工）又怕老人家出来开会影响带小孩。我们找了职工讲明社教的意义，并希望她儿媳下班回家在这段时间尽量帮助老人，让老人家多去开会，结果这位老人也积极起来了。

五、关于召开各种座谈会的问题

为了配合社教运动的开展，各种座谈会（青年、妇女、老人、民兵、退休工人、职工、少年儿童、五类分子及其家属会），都应该在各个阶段，各个步骤结合进行，根据各阶段工作内容的不同，提出不同的要求。

①在第一阶段召开的职工会、青年会、妇女会等，人数可以多些，因为这阶段主要是宣传运动的意义，向他们提出要求希望。

②职工座谈会，在第二阶段揭敌情时，应以小型为主，对象也应事先研究，应该抓住 1. 懂情况的；2. 老街坊；3. 思想好和肯反映情况的，这样才能达到我们的要求。

③民兵座谈会：主要内容是根据各个时期内容，提出对民兵的要求，发挥民兵的积极作用，如做好巡检工作防止破坏，大胆揭发敌情等。

④五类分子家属会：一般可开一至三次，1. 运动开始讲清运动意义，分化瓦解敌人；2. 要求五类家属站稳人民立场，帮助和动员五类分子交代问题。

六、关于青年、民兵、少年儿童的组织建设问题

居委会俱乐部（或青年俱乐部）是向群众进行社会主义教育的阵地，当前街道的民兵是以加强政治思想教育为主，所以这些组织在社教开始就应该指定一专人去着手建立或健全，以发挥组织作用，去团结更广泛的群众，受到社会主义教育。

临江街青年俱乐部是在社教第二阶段末（即报上当划界限）建立的，（看来是迟了些）通过中央两个文件的学习，青年们提高了思想，划清了两个阶级、两种思想、两条道路的界限。所以在评四类分子斗争中，青年起了先锋作用，在批判斗争会上，敢揭发敌人，敢面对面开展斗争，通过社教运动的教育、

培养,涌现了大批的青年积极分子,最后当选为各部门主任、委员或民兵班长的就有 24 人,占全部街干 71 人的 33.8%,青年周洪声、女青年王艳群,都是成立俱乐部后新发现和培养的积极分子,现分别选为俱乐部主任兼劳动队长和文卫主任,他们工作都很积极。

在未成立俱乐部以前,青年参加开会的人数很少,全街只有 23 人参加小组会,有三个小组是空白点,以后根据青年的特点,单独组织他们学习中央两个文件(揭敌情和批判四类分子则参加小组会),经常到会的就有 70 多人,占全街青年的 95%(外出不算),听说是青年开会他们都乐意来,说要参加小组会有不少青年就不愉快了,因为和老人谈不来,如第四组青年谢光华说:"过去我是懒开会的,工作组同志叫我开会,我还去看电影,经过几次会议,懂得不少道理,开会是提高思想,但是我就不愿和老太婆一起,婆婆妈妈,啰啰唆唆,合不来,没有我们青年干脆。"

七、关于社教举办展览问题

举办街史家史的展览,是阶级教育的重要内容和有效方法之一,他是一个最生动的、全面性的回忆对比的自我教育。"不怕不识货,就怕货比货"。只要一对比,新旧社会的制度谁好谁坏就了如指掌。临江街第七组蒙氏说:"看一次展览胜过召开三次会。"15 岁的赖灿和看了展览后,回家对他妈妈说:妈!隔离的黄公公(指黄少柏)是五类分子(原来不知道),有一次有个担柴的人来找黄少柏,因不见暂到赖屋休息,这个少年就把他赶走了。

搞街、家史展览到底在哪阶段好:根据①讲,请苦大仇深的劳动人民诉苦。②问,组织青年访问苦大仇深的劳动人民、父母、亲邻。③展,就是举办街、家史展览。④议,即诉苦后进行讨论,挖苦根,挖甜根等步骤方法,我们认为搞展览应在摸底阶段筹备,在第二阶段结合忆苦思甜展出。应以家史、街史为主,以后在报上当,评审四类分子,组织建设,评功表模时再逐步增加"阶级斗争""好人好事"等内容。

八、怎样培养提高居民小组长的工作水平

居民小组长是居委会的主要骨干,按其任务说:应该是除负责一些行政工

作外如收发票证、组织群众开会等,还应负责本组居民的思想教育、组织学习、管理治安、关心生活等工作。但从临江街居民组长的工作情况来看,一般对自己的任务不明,只知开会通知人,收发粮簿、票证、派班,再多是管理人口来往等,所以小组长没能真正起到组长的作用,每逢开群众会讨论,都是分三片,由居委会主任,妇代会主任,治保主任三人掌握,行政小组等于虚设,不过在十一个小组长中有的能力确实低,如一、二、七组组长出身成分好但年老能力差,七组组长(男)当群众叫他发言时,他说:我发什么言,我是管通知人开会,收发票证,派巡逻班的。所以开小组会都是由妇代会宣传委员掌握,而组长一言不发,坐在会场打瞌睡,甚至会没有开完,组长也不宣布散会,自己先回家睡觉了,习以为常,群众也不以为然。

根据这一情况,在运动中我们就注意发现和培养民民小组长的工作:

①提高原有组长的工作能力;

②培养新的骨干分子,以便当选组长,主要是在原组长成分不纯或工作能力太差的组这样做;

③成分好,积极肯干的年老、能力差的组长,则培养配备年轻的副组长做助手,以便老手带新手,逐步提高增添新生力量。

对培养提高新老组长、骨干分子工作方面,我们的体会是:必须反复学习居民小组长的职责任务,使之明确自己该干什么工作;其次在运动中通过具体工作,使其认识自己的职责,以不断提高工作水平,但在这方面做得还不够,以后还要补课。另外注意培养小组长,如何领导开好小组会的工作方法,主要是:会前必须使小组核心分子都了解会议的内容,目的要求,会中会遇到什么问题,该怎样解决,会议怎样结尾,这样使组长心中有了底,核心分子也可协助组长掌握小组会,如带动群众围绕会议中心发言等,否则有时会出现各自为政的场面。会议结束后,进行总结,让他们自己谈成功或失败的原因,我们再加以分析提高,交代办法。经过这些工作后,有的组长得到提高,如老组长雷万春和新组长陆琼芳(已当选为居委会主任),基本可以单独召开居民小组会议了,再不像运动初期只管催人来,开会要等工作组主持的局面了。但对年老、记忆力差的老组长,的确难以在运动中提高的,本应在运动初期就注意培养副手,以便经过运动培养锻炼独立工作能力,但我们抓得晚一些,直到组织建设阶段,才由群众选举副组长,这些人虽然也经过运动的锻炼,工作积极,但未能有意识地培养担当副组长的工作能力,其本人感到吃力,我们的工作也没算做到家,工作组走了,小组会又开不成了,这是今后要引以为训的。

临江街社教工作组

一九六四年四月